TRANSNATIONAL MANAGEMENT

21世纪国际商务系列教材

跨国公司管理

主编 ／ 崔新健　王生辉

中国人民大学出版社
·北京·

图书在版编目（CIP）数据

跨国公司管理/崔新健，王生辉主编．—北京：中国人民大学出版社，2015.3
21世纪国际商务系列教材
ISBN 978-7-300-20987-6

Ⅰ.①跨… Ⅱ.①崔… ②王… Ⅲ.①跨国公司-企业管理-高等学校-教材 Ⅳ.①F276.7

中国版本图书馆CIP数据核字（2015）第053940号

21世纪国际商务系列教材
跨国公司管理
主编 崔新健 王生辉
Kuaguo Gongsi Guanli

出版发行	中国人民大学出版社		
社　　址	北京中关村大街31号	**邮政编码**	100080
电　　话	010－62511242（总编室）		010－62511770（质管部）
	010－82501766（邮购部）		010－62514148（门市部）
	010－62515195（发行公司）		010－62515275（盗版举报）
网　　址	http://www.crup.com.cn		
经　　销	新华书店		
印　　刷	中煤（北京）印务有限公司		
规　　格	185 mm×260 mm　16开本	**版　　次**	2015年4月第1版
印　　张	24.75 插页1	**印　　次**	2021年1月第5次印刷
字　　数	534 000	**定　　价**	45.00元

内容简介

经济全球化与中国对外开放趋势下，跨国公司管理成为越来越重要的研究领域和企业人员的必备知识。跨国公司管理是一个处于交叉融合、快速发展的学科，相关专业著作或教材内容和特点各异。本书基于企业微观层面构建适应环境变化的跨国公司管理基本框架与主体内容。

本书阐述了跨国公司管理的基本理论、基础知识和运作方法，在夯实跨国公司管理理论基础的同时，从跨国公司中高层管理者视角阐释跨国公司管理基本职能及其运作方式。在理论基础与环境分析前提下，依照跨国公司管理基本职能——战略、组织、营销、研发、人力资源、财务、供应链、跨文化及企业伦理与社会责任等不可或缺的方面展开，突出普遍适用于世界范围的跨国公司管理框架，以及知识性、实操性和时代性的特色。

本书与中国跨国公司背景贯通相连，以引发读者对中国跨国公司管理的思考和认识，强化学以致用的成效。本书适合作为高等院校经济管理类专业硕士、学术硕士、MBA 的教材，也适合作为政府与企业各类管理人员的培训教材以及理论研究人员的参考书。

主编简介

崔新健，中央财经大学商学院教授、博士生导师、副院长，中央财经大学校学术委员会委员，中国企业管理研究会常务副理事长，中国企业联合会管理现代化工作委员会副主任，教育部新世纪优秀人才，第十届北京市高等学校教学名师。荣获第五届蒋一苇企业改革与发展学术基金专著奖、河南省科技进步奖二等奖、北京市高等学校精品课程（国际市场营销学）。主要从事跨国公司管理与国家创新体系教学与学术研究。

王生辉，中央财经大学商学院副教授、博士，主要从事跨国公司管理与技术创新学术领域的研究与教学。

前 言

经济全球化与中国对外开放趋势下，跨国公司管理成为越来越重要的研究领域和企业人员的必备知识。根据联合国贸易和发展会议（UNCTAD）《2014 年世界投资报告》，2013 年全球外国直接投资流量恢复上升趋势，全球外国直接投资流入增长 9%，达到 1.45 亿美元；全球外国直接投资存量增长 9%，达到 25.5 万亿美元。2013 年，发展中国家和转型经济体占据世界前 20 位最大流入国的一半。中国的流入达到历史新高 1 240 亿美元，并继续位居世界第二大输入国。发展中国家的跨国公司外国直接投资创造历史新高，达到 4 540 亿美元。连同转型经济体一起，占全球外国直接投资流出总量的 39%，这一比例在 21 世纪初仅为 12%。来自中国跨国公司的外国直接投资攀升 15%至 1 010 亿美元，位居世界第三位。国际生产继续稳定增长，就海外经营扩张而言，来自发展中国家和转型经济体的跨国公司比来自发达国家的竞争对手更快，但两者的国内经营比率大致相同，因此总体上维持在一个稳定的国际化指数水平。中国企业“走出去”速度在加快，与此同时企业国际竞争力不断增强。2014《财富》世界 500 强排行榜显示，中石化取代了埃克森美孚，在榜上排名第三，中国两岸三地上榜公司数量创纪录地达到 100 家，美国上榜公司数量为 128 家，中美两国上榜公司的数量差距正在进一步缩小。随着越来越多中国企业“走出去”和国际竞争力提升，跨国公司管理人才与知识的需求在增加。

中央财经大学跨国公司管理研究与教学逐步形成了自身的特点与影响。1996 年中央财经大学国民经济学博士点设立涉外经济管理与宏观经济运行研究方向，本人在王巾英教授指导下攻读博士学位，步入外国直接投资与中国利用外资学术领域。2004 年中央财经大学设立跨国公司管理专业博士点，这一领域的学术研究和人才培养加速发展，该学科一直关注跨国公司管理领域的理论前沿，并且坚持理论联系实际，深入研究中国企业走出去亟待解决的问题。2010 年跨国公司管理学科点成为交叉学科北京市重点学科。自设立跨国公司管理专业博士点伊始，本人与学生共同聚焦跨国公司学术领域研究，伴随人才培养与学术研究，教学经验与科研成果不断累加。回顾 10 年的历史颇感欣慰，在学校、学院领导的支持与同仁的共同努力下，学科特色与影响日渐形成。

跨国公司管理是一个交叉融合、快速发展的学科，这无疑令教材的编写难度增加。本书尝试从企业微观视角确立适应变化的跨国公司管理的基本框架与主体内容，主要突出以下特点：一是知识性。简要介绍重要的相关理论，以便读者明确课程的理论基础与思辨的理论逻辑。推荐读物及网站主要给读者提供进一步研修相关主题的各类文献。二是实操性。教材框架反映企业跨国经营的逻辑步骤与职能关联；各章以“开篇案例”引出正文，具有时效性与中国视角；各章加入数个“全球观察”小栏目，展示不同市场的文化特色与当代趋势。三是时代性。重视和反映环境发展的变化及其趋势，各章设立“延伸阅读”引起读者关注，提供研讨专题与背景。本书强调理论性与实践性相结合，适合作为高等院校经济管理类专业硕士、学术硕士、MBA、本科生的教材，也适合作为政府与企业各类管理人员的培训教材以及理论研究人员的参考书。

本书是中央财经大学跨国公司管理学科点师生集体智慧的结晶。具体撰写分工如下：崔新健（中央财经大学商学院教授、博士）第1章、第2章；王生辉（中央财经大学商学院副教授、博士）第3章、第7章；李培馨（中央财经大学商学院副教授、博士）第4章；李煜伟（中央财经大学商学院副教授、博士）第5章；曲杨（中央财经大学商学院副教授、博士）第6章；周燕华（新疆财经大学工商管理学院副教授、博士）第8章；赵云辉（内蒙古财经大学副教授、博士）第9章；张宏伟（内蒙古财经大学商务学院讲师、博士）第10章；时秀梅（大连外国语大学副教授、博士）第11章；王海妹（中央财经大学商学院副教授）第12章。主编对全书进行总纂定稿。书中难免存在疏漏与不妥之处，敬请读者交流指正（电子信箱：xinjiancui@cufe. edu. cn）。

感谢中央财经大学商学院教授、博士生导师王巾英老师和南开大学跨国公司研究中心教授、博士生导师冼国明老师一直以来给予的指导和帮助！与美国哥伦比亚大学（Vale Columbia Center on Sustainable International Investment）卡尔·沙旺（Karl Sauvant）教授、美国乔治城大学沃尔什外交学院约翰·克莱恩（John Kline）教授、加拿大 *Transnational Corporations Review* 杂志主编休（Hugh）、美国夏洛特北卡罗来纳大学陈自恬（Victor Z. Chen）博士等国外学者的学术交流令我收获颇丰，在此致谢！感谢中国人民大学出版社编辑的支持！

崔新健

目　录

第1章

导 论

本章学习目标

1. 了解跨国公司的发展历史及其主要阶段
2. 掌握跨国公司、外国直接投资的概念
3. 掌握跨国公司管理的概念
4. 熟悉跨国公司管理学的主要内容
5. 了解中国对外开放与利用外资的历程
6. 了解中国跨国公司的发展与现状

开篇案例 TCL的跨国经营之路

TCL品牌正在成为国际品牌。在亚洲市场，尤其是东盟国家市场，TCL自主品牌业务已经打破日韩品牌的统治；在越南，TCL品牌的彩电市场份额长期居前三位，年增长率超过50%；在菲律宾，TCL与索尼、三星等家电品牌齐名；在阿根廷市场，TCL经过6年耕耘也成功进入主流市场，市场占有率稳居前三位，已经成为当地家喻户晓的知名品牌。TCL集团股份有限公司是中国最大的、全球经营的消费类电子企业集团之一，旗下拥有4家上市公司。从1999年进入越南市场起，TCL集团国际化历经15年，从中国市场的区域性品牌成长为海外销售收入占比40%、初步完成国际化布局的国际化品牌。TCL的跨国经营之路经历了4个阶段。

1. 起始阶段

1999年，通过收购陆氏香港公司，迂回登陆TCL海外第一站——越南。TCL从新兴市场入手，坚持自主品牌。在越南市场上TCL非常艰难，甚至集团一些管理者都产生了畏难退出的想法。经过18个月的亏损后，2000年9月，越南市场开始盈利。

越南市场取得突破，给了 TCL 信心和经验，接下来又在菲律宾、印度尼西亚、印度、俄罗斯、阿根廷等 20 多个国家和地区建立分支机构，基本完成全球新兴市场布局，初步建立起完善的全球市场网络。

2. 发力阶段

和很多家电企业一样，TCL 国际化也是“由易转难”，先攻下新兴市场再向欧美发达国家和地区进军。只不过 TCL 用“并购”的方式实现了这个“转折”。2002 年，TCL 收购德国品牌施奈德的品牌资产及部分固定资产，进入欧洲市场。2003 年 8 月，TCL 间接收购了美国的 Govedio 品牌，切入美国市场。接着，TCL 彩电业务与法国汤姆逊合并，组成全球最大的彩电企业；2004 年 6 月，TCL 以 5 500 万欧元拿下法国阿尔卡特的手机业务，打出了世界消费电子主流产业的“中国牌”。

3. 调整阶段

2002—2004 年，TCL 集团一直受一系列跨国并购海外业务不景气的影响，2005 年开始亏损，2006 年亏损额高达 19.3 亿元。虽然从 2007 年下半年开始实现整体扭亏，但是 TCL 的欧洲、北美和新兴市场多媒体业务依然没有完全实现经营性盈利，而此前连续数个季度盈利的 TCL 通讯也在金融危机的冲击下，从 2008 年第四季度开始重新出现亏损。

4. 全球化攻坚阶段

TCL 的国际化并没有在质疑声中败退。2006 年 7 月李东生在《鹰的重生》一文中，清晰地呈现出一条 TCL 跨国经营之路。李东生先是做了资产整合，果断卖掉了当时盈利不错的国际电工公司和智能楼宇公司。随后开始对欧洲和新兴市场的业务架构、流程做全面梳理和重组，并搭建完善的风险管控体系。经过资产整合、管理结构扁平化、品牌策略调整等一系列举措，侧重建立产品竞争力与完善价值链布局。2009 年，TCL 实现了集团国际化并购后的首次收入正增长，营业收入 442.95 亿元，其中销售收入 429.19 亿元，同比增长 14.86%；净利润 4.7 亿元，同比增长 213.39%。同时，TCL 国际化业务终于进入有条不紊的发展状态，当年实现海外盈收持平。2013 年公司实现营业总收入 853.2 亿元，同比增长 22.9%；净利润 28.9 亿元，同比增长 126.7%。集团的海外业务销售收入达 353 亿元，同比增长 37%，海外业务规模占公司的销售收入比重已提升至 42.25%（上年同期为 37.43%），彩电销量跻身全球第三，手机销量跃升至全球第六。从市场上看，TCL 的国际化战略经过从第一阶段的 OEM/ODM 到第二阶段的自我品牌发展代理商再到现今的海外建分公司，已经稳住阵脚，进入收获期。TCL 这家从广东起家的企业已经走向了世界，成为真正意义上的跨国公司。

TCL 国际化发展历程为中国企业“走出去”展示了一条路径。TCL 尽一切努力实现国际化，正进入全球化攻坚阶段，力争早日实现 TCL 人的梦想：TCL 与三星、索尼这样的全球顶尖消费电子企业在伯仲之间。

资料来源：根据以下文献编写：陈庆春：《TCL 全球化攻坚》，http：//tech. sina. com. cn/e/2010-11-10/19324851361. shtml，2010-11-10；李晶：《TCL 的国际化持久战》，http：//tech. sina. com. cn/it/2010-03-20/12373966001. shtml，2010-03-20；《两度失足三年闭关：TCL 国际化再启航》，http：//finance. qq. com/a/20091204/000068_5. htm，2009-12-03)；《TCL 国际化渐入佳境》，http：//news. 163. com/10/0714/14/6BIDP48500014AED. html，2010-07-14；《TCL 集团股份有限公司 2013 年年度报告》，http://quotes. money. 163. com/f10/ggmx_000100_1300552. html。

1.1 跨国公司发展历程

跨国公司现已成为学术界高度关注的研究领域，尽管第二次世界大战后跨国公司才开始大量出现，跨国公司的历史却非常悠久。学术界普遍认同，1600 年 12 月 31 日由英国女王伊丽莎白一世颁发特许状创办的英国东印度公司是第一家跨国公司。但是，著名学者约翰·邓宁（John Dunning）的研究表明，从腓尼基人和罗马人的殖民活动或是更远古的文化中已经可以找到跨国公司初始发展的例子，并建议用文字将这段跨国公司发展史保留下来。正是出于填补这个学术空白的动机，卡尔·穆尔（Karl Moore）和戴维·刘易斯（David Lewis）对从亚述王国至罗马帝国长达 2 000 年的历史中古代跨国公司（ancient international business）的起源和发展进行了研究，他们认为，早在亚述王国时期，亚述商人便建立了真正意义上的跨国公司。①

跨国公司是世界经济发展到一定历史阶段的产物。随着殖民主义势力的发展，16—18 世纪，欧洲出现了大型的贸易公司；19 世纪初，英国保险公司在美国开设了第一家办事处，英属银行随后在美国的专卖店内建立分支机构；19 世纪 30 年代，瑞士企业在德国南部建立了棉纺织厂；1851 年，美国的合资企业巴拿马铁路公司修建了第一条横越中美洲的铁路；1885 年，德国西门子公司在俄罗斯建立了一家工厂。美国的胜家公司是第一家在国外生产和销售同一种产品的跨国公司，公司于 1851 年发明缝纫机，随后在美国开始生产，1866 年在英国建立分厂，以后陆续扩展到欧洲一些国家，占领了欧洲市场。美国的爱迪生电灯公司、柯达公司、奥的斯兄弟电梯公司等也将其新产品和技术在国外投资和生产。19 世纪后期，欧洲一些国家的贸易公司已扩张到许多地区。1876 年日本成立了第一家综合商社三井物产公司。

1870—1914 年是现代跨国公司的初始时期，多数跨国公司海外生产或经营仅限于某一海外国家进行，只有少数跨国公司在两个以上海外国家开展业务，可与现代跨国公司概念相匹配。19 世纪末 20 世纪初，由于运输和通信的创新，远距离和跨国界的企业协调、控制和影响首次成为可能，新产品、新工艺以及新的企业组织形式促进了跨国公司的发展，真正步入现代跨国公司时期。根据赫特纳（Hertner）和琼斯（Jones）的研究，19 世纪下半叶，在一个以上国家拥有和控制制造业和采掘设施的企业或公司已经活跃于世界经济中，到第二次世界大战时已有数千家跨国公司。②

从外国直接投资视角研究跨国公司的起源与发展可以得到基本一致的结论。外

---

① Karl Moore and David Lewis, *Birth of the Multinational*: *2000 Years of Ancient Business History—From Ashur to Augustus*, Copenhagen: Copenhagen Business School Press, 1999.

② Peter Hertner and Geoffrey Jones (eds), *Multinationals*: *Theory and History*, Aldershot: Gower Publishing Co., 1986, p. 1.

国直接投资或称国际直接投资是跨国公司的特有属性，因此，外国直接投资可以从另一个视角定量地阐释跨国公司的起源与发展。一种观点认为①，外国直接投资最早可上溯到公元前2500年，苏美尔商人在外国设立商站是外国直接投资的先驱。另一种观点认为②，外国直接投资至少可追溯到中世纪的欧洲，北德汉萨同盟在欧洲各地建立商站，弗兰德斯的布吕赫（1252年）、英格兰的伦敦（1267年）、俄罗斯的诺夫哥罗德（1272年）和挪威的卑尔根（1278年）号称“四大商站”，在各自辖区内还设有次一级的营业所或账房。

外国直接投资的研究更为翔实地揭示了跨国公司的发展及其阶段性特点。相关研究表明，1913年外国直接投资占世界总产出的9%，这一纪录一直保持到20世纪90年代才被超过。③ 截至1914年，世界外国直接投资累计存量达150亿美元，其中，约有63%的投资流向以拉丁美洲和亚洲为主的发展中国家或地区④⑤，并且50%以上集中于初级产品生产行业。⑥ 世界上第一个工业化国家英国是当时外国直接投资的最大来源地（占45.5%），其次为德国、美国、法国、瑞典和比利时。⑦

第一次世界大战后，外国直接投资仍有所发展，1938年外国直接投资存量增至263.5亿美元，其中，英国由65亿美元增加至105亿美元，所占比重从45.5%下降到39.8%；美国由26.5亿美元增加至73亿美元，所占比重从18.5%上升到27.7%。

第二次世界大战后至20世纪70年代，外国直接投资进入稳步发展时期，外国直接投资从1945年的200亿美元增加至1978年的3 693亿美元，年均增长9%。美国超越英国成为外国直接投资最大来源地，1966年占全球总量的60.8%；投资主要集中于制造业，美国制造业外国直接投资所占比例从1950年的32.5%增加到1975年的45%；外国直接投资的东道国从以发展中国家为主转变为以发达国家为主，1978年外国直接投资于发达国家所占比例达到69.6%，外国直接投资于发展中国家从1960年的约占一半减少到1970年的仅占1/4。

20世纪80年代以来，外国直接投资进入高速发展阶段，在世界经济中占有日

---

① Mira Wilkins, *The Emergence of Multinational Enterprises: American Business Abroad from the Colonial Era to 1914*, Cambridge, Massachusettes: Harvard University Press, 1971.

② Geoffrey Jones (eds), *Transnational Corporations: A Historical Perspective*, London: Routledge, 1993.

③ P. Bairoch and R. Kozul-Wright, Globalization Myths: Some Historical Reflections on Integration, Industrialization and Growth in the World Economy, In R. Kozul-Wright and R. Rowthorn (eds), *Transnational Corporations and Global Economy*, London and New York: Macmillan Press Ltd. and St. Martin's Press, 1996, pp. 37-68.

④ 约占当时直接投资总量的63%，不过美国和沙皇俄国也分别占了10%和7%，参见：J. H. Dunning, J. A. Cantwell and T. A. B. Corley, The Theory of International Production: Some Historical Antecedents, In P. Hertner and G. Jones (eds), *Multinationals: Theory and History*, Aldershot, Hants/Brookfield, Vermont: Grower Publishing Company Limited, 1986, pp. 19-41。

⑤ K. H. O'Rourke, *Globalization and Inequality: Historical Trends*, NBER Working Paper No. 8339. Cambridge, MA: National Bureau of Economic Research, 2001, 12.

⑥ J. H. Dunning, *Multinational Enterprises and the Global Economy*, Boston: Addison-Wesley, 1993, p. 116; Geoffrey Jone (eds), *Transnational Corporations: A Historical Perspective*, London: Routledge, 1993, p. 2.

⑦ Mira Wilkins, European and North American Multinationals 1870—1914: Comparisons and Contrasts, In Geoffrey Jone (eds), *Transnational Corporations: A Historical Perspective*, London: Routledge, 1993, pp. 23-62.

益重要的地位与作用。《2013年世界投资报告》指出，2012年全球外国直接投资共计1.35万亿美元，约为1978年的3.66倍。许多跨国公司在重新布局海外投资，包括资产重组、剥离、再分配。发展中国家外国直接投资流入量首次超过发达国家，占外国直接投资总量的52%，两者差额达1 420亿美元。发展中国家外国直接投资流出量共计4 260亿美元，占全球总量的31%。金砖国家（中国、巴西、俄罗斯、印度、南非）继续引领新兴市场国家外国直接投资。2000—2012年，金砖国家外国直接投资流出量由70亿美元增长至1 450亿美元，约占全球总量的11%。国有跨国公司的数量由2010年的650家增长至2012年的845家，其外国直接投资总量达1 450亿美元，约占全球总量的11%。2012年，实现海外资产并购的国有跨国公司主要来自发展中国家，大多以战略资产（例如科学技术、人力资本、商标品牌）和自然资源为外国直接投资导向。2012年外国直接投资排名中，中国由第6位上升至美国、日本之后的第3位。

1.2 跨国公司管理概念与内容

1.2.1 基本概念

1. 跨国公司

跨国公司（transnational corporations，TNC），又常称为多国公司（multinational enterprises，MNE）、国际公司（international corporations）和全球公司（global corporations），这些名称均强调企业从事跨国经营活动，但各自内涵与空间活动范围有所不同。1960年美国田纳西河流域管理局局长戴维·依·利林塔尔在卡内基梅隆大学所作的一次演讲中首次提出多国公司[①]，此后，多国公司这一名称逐渐被社会和学术界接受。20世纪70年代初，联合国相关机构开始跨国公司的研究，在对《世界发展中的多国公司》报告讨论时[②]，拉丁美洲国家的代表建议采用“跨国公司”替代“多国公司”，因为在拉美一体化文件中，“多国公司”一词专指《安第斯条约》国际组织成员国联合创办和经营的多国公司。联合国经济理事会最终采纳了这个建议，此后联合国文件及其有关资料中统一地使用“跨国公司”一词。跨国公司的定义可分为4种类型[③]：

第一类定义从语义学或地理学维度明确跨国公司的概念，跨国公司就是跨越国界、在国外经营业务的企业组织。“跨国公司指在基地之外拥有或者控制

① D. K. Fieldhouse，The Multinational：A Critique of a Concept，In Alice Teichova，Maurice Levy-LeBoyer and Helga Nussbaum（eds），*Multinational Enterprise in Historical Perspective*，Cambridge：Cambridge University Press，1986.

② UNCTAD，*Multinational Corporations in World Development*，New York：United Nations，ST/ECA/190，1973.

③ 参见藤维藻、菌枋：《跨国公司概论》，8～15页，北京，人民出版社，1991。

生产和服务设施的企业。”① 这一定义存在的争议在于，从统计学角度讲，究竟多大的国际化程度或跨国性才属于跨国公司？这里人为地规定标准在实际上会产生一些困难。

第二类定义从所有权的法律基础来限定跨国公司的属性，即以跨国公司的股权拥有、管理权控制或公司所依据的法律基础，作为划分跨国公司的标准。此处对所有权标准存在不同的观点，从拥有10%的股权到持有50%的股权，分歧极大。例如，美国商务部设定为10%，国际货币基金组织则设定为25%。

第三类定义从经营管理的特点来确定跨国公司的特征，从经营学的角度看，跨国公司应定义为跨越国界的多单位或多工厂企业。学术界、工商界以及国际组织普遍接受邓宁的定义：跨国公司是从事国际直接投资以及在一个以上国家拥有或控制价值增值活动的企业。这一定义反映了跨国公司经济学上的本质内涵：跨国公司是管理技术和组织创新的产物，是人类为适应现代化的大规模生产方式所创造的一种组织形式。

第四类定义采取诸因素的综合分析，目前在国际会议上广泛引用的一个综合性定义源于联合国。联合国《跨国公司行为守则草案》将跨国公司定义为：“由两个或更多国家的实体组成的公营、私营或混合所有制企业，不论此等实体的法律形式和活动领域如何；该企业在一个决策体系下运营，通过一个或一个以上的决策中心得以具有吻合的政策和共同的战略；该企业中各个实体通过所有权或其他方式结合在一起，从而其中一个或更多的实体得以对其他实体的活动实施有效的影响，特别是与其他实体分享知识、资源和责任。”② 这类定义更突出跨国公司内部一体化的经营策略。

全球观察1—1

跨国公司的主要特征及其指标

由于对跨国公司的成因、性质和特征的看法不同，跨国公司的各类定义所强调的重点也不尽相同。日本学者马渊纪寿提出了跨国公司的主要特征及其指标（见表1—1）。

表1—1 跨国公司的主要特征及其指标

特征	代表性指标
企业规模巨大	销售额 子公司分布的国家数* 国外子公司数*
对市场的支配性影响（不完全竞争市场）	技术创新能力 知名度 垄断水平**
全球竞争战略	技术、财务、市场营销的组织与管理

① UNCTAD, *Multinational Corporations in World Development*, New York: United Nations, ST/ECA/190, 1973.

② 参见王林生：《跨国经营理论与实物》，11页，北京，对外贸易教育出版社，1994。

续前表

特征	代表性指标
中央集权式的经营组织	运用转移价格 组织企业内工程间分工 事业活动最佳配置 决定国外子公司的红利
知识产权的所有与控制	拥有软性经营资源（开拓市场/技术开发/融资/组织管理/财务管理） 对上述经营资源进行“一揽子方式”的利用***

*定量标准很难明确规定，其看法因学者而异。

**所指的垄断水平在定量方面也是一个难题。例如，贝茵的五阶段垄断标准中，究竟达到哪一水平才算为跨国公司，或在计算市场集中度时，究竟以国内市场为基准还是指国际垄断水平等，尚存在歧异之处。

***有些学者认为只有软性经营资源的“一揽子方式”的投入才是综合利用其关联技术创新产品。

资料来源：朱传耿：《跨国公司空间组织研究》，天津，南开大学博士学位论文，1995。

2. 外国直接投资

外国直接投资（foreign direct investment，FDI），又称为国际直接投资或对外直接投资。尽管提法有所不同，但它们的基本含义是相同的，只是有时应用角度略有区别。从东道国角度而言，一般称为外国直接投资；而从投资国角度出发，通常称为对外直接投资。国际直接投资两种情况均可使用。

国际货币基金组织对于外国直接投资的定义是：“在投资者以外的国家（经济）所经营的企业中拥有持续利益的一种投资，其目的在于对该企业的经营管理具有有效的发言权。”① 换言之，外国直接投资是“涉及工厂和土地等生产资料所有权”或“股票所有权使股东控制了厂商的经营活动的投资”，外国直接投资者的目的是获得有效的控制权以及参与管理的权利，外国直接投资所取得的是企业的利润。而间接投资的概念是“为了获得投资收入或资本收益，而不是对企业的经营有直接兴趣”。② 外国直接投资是指受到或有潜在可能受到母国总部的控制或至少是很大影响的企业投资。③

直接投资与间接投资（尤其是证券投资）有时区分起来比较困难，因为要发挥管理性作用所需的股权数量并非总是一样的，这与投资的性质和规模等因素有关。建立新企业（绿地投资）或购买某一外国公司大量的有投票权的股票可以视为倾向于参与企业经营管理；而只是购买债务票据或某一外国公司少量的普通股将不足以参与公司管理。美国政府主要负责海外投资的部门——美国商务部将美国投资者拥有外国企业10%以上股权的投资，不管其他任何情况一律视为直接投资。经济合作与发展组织也提倡其成员采用10%的标准。显然，这种区分标准纯粹是为了统计分类，并不表明对外国企业的实际管理权或控制权。

---

① IMF，*Balance of Payments Manual*，Washington D. C.，1977，p. 408.

② ［英］约翰·伊特韦尔等：《新帕尔格雷夫经济学大辞典》，第2卷，423页，北京，经济科学出版社，1992。

③ Mira Wilkins，“European and North American Multinationals，1870—1914：Comparisons and Contrasts，” *Business History*，1988，30（1）：8－45.

跨国公司是外国直接投资的主要承担者，外国直接投资是跨国公司在世界范围内组织经济活动的重要形式。外国直接投资是适应高度复杂化的生产技术以及伴随资本和管理人员合理移动的经济方式，是跨国公司对外扩展的有效手段，是跨国公司在全世界范围合理配置要素资源、实现全球化战略的有力工具，是跨国公司所从事的最重要的组织活动。目前，全球已有8万余家跨国公司，这些公司拥有约79万家地区总部和分支机构，实现了全世界65%的国际商品贸易、60%以上的国际技术贸易，控制着全球80%～90%的产品研发；这些跨国公司对外直接投资额达15万亿美元，控制了全球90%的外国直接投资，形成了一个庞大的全球生产、销售网络体系。如美国花旗银行总部位于纽约，在全球拥有1.6万个机构网点和30多万名雇员，业务覆盖140多个国家和地区；英国石油公司总部位于伦敦，在全球100多个国家或地区拥有地区总部和生产经营机构。

全球观察1—2

外国直接投资的动机及其决定因素

对于跨国公司参与国际化生产或从事外国直接投资的动机及其决定因素，约翰·邓宁从四个分析视角进行研究后，提出了跨国公司外国直接投资四大动机说：自然资源寻求型、市场寻求型、效率寻求型与战略资产寻求型（见表1—2）。其中，效率寻求型外国直接投资与生产成本（如劳动力、材料、机器等）、聚集经济和投资激励措施等相关，而战略资产寻求型外国直接投资则主要取决于两个因素：一为获得与知识相关的资产和保护、增强投资企业的所有权优势，二为影响外国企业获得这些资产方便与否的制度和其他因素。[①]

表1—2　跨国公司外国直接投资决定因素变量与外国直接投资动机的关系

动机类型	企业变量	区位变量	公司战略目标	典型行业
自然资源寻求型	资本、技术、占有的市场、互补性资产、规模、谈判力量、投入要素或中间品控制、销售市场控制	自然资源、相关交通通信基础设施、税收及其他激励	获得竞争者没有的资源使用特权	(1) 石油、铜、香蕉 (2) 出口加工，劳动密集型生产或加工
市场寻求型	资本、技术、信息管理和组织技巧、研发和其他能力的剩余、规模经济、培育品牌忠诚的能力、信息成本、合同成本和风险、销售市场控制、知识产权保护	原材料和劳动力成本、市场规模	保护占有的市场、与竞争者抗衡、排除占领新市场的竞争或潜在竞争	计算机、医药、汽车、香烟、食品加工、航空服务

① John H. Dunning, "Location and the Multinational Enterprise: A Neglected Factor," *Journal of International Business Study*, First Quarter 1998.

续前表

动机类型	企业变量	区位变量	公司战略目标	典型行业
效率寻求型：(1) 产品生产；(2) 加工过程	同上，还包括占有的市场、范围经济、地理分散、投入要素资源国际化、共同控制经济、纵向整合和横向分散化经济	(1) 生产专业化和集中化经济 (2) 劳动力成本低廉、政府对生产当地化的鼓励	作为区域或全球生产合理化的一部分，获得加工专业化优势	(1) 汽车、电子器具、经营服务、一些研发工作 (2) 家用电器、纺织品和服装、照相机、医药
战略资产寻求型	上述任何为协同现有资产提供机会的要素；风险分散	上述任何对企业不完善之处提供技术、市场和其他资产的要素	加强全球创新，提高生产竞争力，获得新的生产线或市场	资本密集型（固定资本比率高）行业，提供巨大的规模经济或协同经济

资料来源：根据邓宁有关观点整理，详见崔新健：《外商对华直接投资的决定因素》，68页，北京，中国发展出版社，2001。

3. 跨国公司管理

跨国公司管理（transnational corporations management）是指跨国公司根据一定的理论、原则、程序和方法，在全球范围内运用组织资源，有计划地组织、协调和控制各个层级企业的经营活动，以实现跨国公司目标与战略的过程。

跨国公司管理的核心仍然是管理，与一般企业管理概念的本质区别在于其跨越国境和跨文化导致管理存在一些特殊性。

关于管理的各种定义有助于从不同视角明确跨国公司管理的概念。亨利·法约尔（Henri Fayol）在其名著《工业管理与一般管理》中给出的管理概念是：管理是所有的人类组织都有的一种活动，这种活动由五项要素组成：计划、组织、指挥、协调和控制。“科学管理之父”弗雷德里克·泰罗（Frederick Winslow Taylor）在《科学管理原理》中提出：“管理就是确切地知道你要别人干什么，并使他用最好的方法去干”，管理就是指挥他人用最好的方式去工作。管理学大师彼得·德鲁克（Peter F. Drucker）在《管理——任务、责任、实践》一书中指出：管理是一种工作，它有自己的技巧、工具和方法；管理是一种器官，是赋予组织以生命的、能动的、动态的器官；管理是一门科学，一种系统化的并到处适用的知识；同时管理也是一种文化。诺贝尔经济学奖获得者赫伯特·西蒙（Herbert A. Simon）在《管理决策新科学》中提出：管理就是制定决策。

本书沿用法约尔管理过程学派的概念，认为管理是由计划、组织、指挥、协调及控制等职能要素组成的活动过程。此处要特别注意：(1) 管理是为了实现组织未来目标的活动；(2) 管理的本质是职能；(3) 管理存在于组织中；(4) 管理对象的重点是人。

全球观察 1—3

国内企业管理与跨国公司管理的比较

跨国公司管理人员面对的许多因素不同于国内企业，管理人员必须同具有不同文化和教育背景以及价值观的员工打交道，还必须应对各种法律、政治及经济等因素。因此，不难理解，这些环境因素对管理职能和职能的实施方式会产生影响。国内企业管理与跨国公司管理的比较如表 1—3 所示。

表 1—3　　国内企业管理与跨国公司管理的比较

管理职能	国内企业	跨国公司
计划		
审视环境中的机会与威胁	国内市场	全球市场
组织		
组织结构	国内经济结构	全球化经营结构
管理层的看法	类似	不同
人员		
管理人才的来源	国内劳动力市场	世界范围劳动力市场
管理人员的定向	母国取向	全球取向
领导		
领导与激励	受相近文化的影响	受多种不同文化的影响
沟通	相对较短	长距离的网络
控制		
汇报系统	类似要求	许多不同的要求

资料来源：[美] 海因茨·韦里克、哈罗德·孔茨：《管理学——全球化视角》，北京，经济科学出版社，2004。

1.2.2 主要内容

跨国公司管理学是一门研究跨国公司管理基本理论和方法、揭示跨国公司全球范围经营管理普遍规律的学科，是一般管理原理与方法应用于跨国公司和国际环境管理情境后形成的理论。管理学是跨国公司管理学研究的前提和基础，跨国公司管理学是一般管理职能在国际范围的拓展和应用。

跨国公司管理学的研究对象为跨国公司，跨国公司是跨国公司管理的主体。研究内容是跨国公司人员、商品与资源的管理问题，重点是有关跨国公司全球经营管理及东道国经营管理的特殊性，揭示其中的规律与原理，以理论支持和指导跨国公司跨国的管理实践，最终通过提高管理的有效性实现跨国公司的发展目标。

跨国公司管理学的研究范围主要为一般管理基本职能在全球特别是东道国环境中的拓展和应用。从一般管理职能层面分析，跨国公司管理仍要执行计划、组织、指挥、协调及控制等管理基本职能，需要遵循一般管理原理和原则，但是，跨国公司管理并不是简单地在跨国经营与管理中照搬或复制一般管理职能及其做法，而是要基于一般经济学和管理学理论，创造性地应用一般管理原理和原则，根据不同的国家环境创新或调整计划、组织、指挥、协调及控制等职能。从企业经营与管理职能角度分析，跨国公司管理同样要进行战略管理、组织管理、营销管理、研发管理、人力资源管理、财务管理、供应链管理等活动，但是由于跨越国境和跨文化的环境变化，国内企业经营与管理的经验和做法毫无疑问需要进行适应性创新和变革。因此，由于国际环境复杂性、跨文化差异性、环境的不确定性增加等，跨国公司管理与国内企业管理相比，将面临一些全新的问题以及更大的挑战。一般管理理论奠定了跨国公司管理理论的基础，但并非一般管理理论应用于地理空间的简单扩展。跨国公司管理学不仅指导实践，而且其发展源于实践。伴随经济全球化发展，跨国公司管理学正在不断丰富发展。

本教材主要包括4部分：第一部分是跨国公司管理理论基础，奠定跨国公司经营与管理的理论基石，主要包括国际贸易理论、国际直接投资理论、国际经营理论；第二部分基于跨国公司经营环境分析框架，从世界环境、区域环境到东道国环境三个层次展开，尤其关注跨国经营风险的识别与防范；第三部分基于跨国公司经营管理职能框架，重点阐述战略管理、组织管理、营销管理、研发管理、人力资源管理、财务管理、供应链管理7个方面的内容；第四部分根据跨国公司管理学的发展及其趋势，特别分析和介绍跨文化管理、跨国公司伦理与社会责任两个当代热点主题，以期不仅有助于把握当今跨国公司管理的关键挑战，而且有利于促进跨国公司管理学的发展。

1.3 中国对外开放与企业“走出去”

1.3.1 中国对外开放奠定企业“走出去”的基础

改革开放以来，中国对外开放及利用外资战略有两次重大的转变：一是“引进来”从“量”到“质”的根本转变；二是由“引进来”向“走出去”的根本转变。根本转变是我国经济发展、对外开放发展和利用外资发展所决定的。《中国利用外资“十一五”规划》明确指出，中国将进一步推动利用外资从“量”到“质”的根本转变，使利用外资的重点从弥补资金、外汇不足切实转到引进先进技术、管理经验和高素质人才上来，更加注重生态建设、环境保护、资源能源节约与综合利用。2000年“十五”计划建议中首次提出实施“走出去”战略①，2001年“十五”计划纲要将“走出去”与对外贸易、利用外资并列为“十五”开放型经济发展的三大支柱。2002年党的十六大报告指出，要坚持“引进来”和“走出去”相结合，全面提高对外开放水平。

早在1979年改革开放初期，国务院就明确规定允许中国企业出国办企业，由此逐步构建“走出去”政策法规体系，基于当时的指导思想，主要以规范限制为主线。20世纪90年代“走出去”战略思想孕育形成，经济全球化趋势下，中国加入世界贸易组织为中国企业“走出去”提供了有利的国际环境；改革开放以来，中国

① 参见《中共中央关于制定国民经济和社会发展第十个五年计划的建议》，载《人民日报》，2000-10-12。

综合国力的增强、中国企业国际竞争力的提高，为中国企业“走出去”构建了竞争的实力基础，在这样的背景下“走出去”战略得以明确提出，“走出去”政策法规体系转向以鼓励支持为主线，逐步构建了“走出去”的支撑体系。中国的企业到国际经济舞台上去施展身手，对增强中国经济发展的动力和后劲、促进我国的长远发展，具有极为重大的意义。

经济全球化趋势促进了中国企业“走出去”的步伐。21 世纪，经济全球化的进程在加快，生产要素的国际流动、全球范围的资源配置是经济全球化的决定性因素。全球化正在进一步分解价值链，有越来越多的产品和制造、服务环节可以进行全球分工，有更多的生产要素以外国直接投资为载体在全球范围内配置。企业参与国际竞争，进行跨国经营是导致国际生产要素流动和资源配置加速的一个根本原因。资本流动是其他生产要素在全球范围内流动和重组的主要载体。在每一个细分的产品市场上，各个企业特有的优势资源是不同的，要在激烈的竞争中不断增强自身优势，需要不断重组和更有效地配置内外部资源，而这个过程往往通过资本流动得以实现。经济全球化的各个层面都因资本流动而密切连接。新一轮国际产业转移契机有利于我国企业对外直接投资。经济全球化使我国企业获得了良好的国际投资环境与投资机遇。

中国加入世界贸易组织标志着中国对外开放进入新的阶段，为中国企业“走出去”参与国际竞争搭建了平台。中国加入世界贸易组织后市场逐步开放，世界贸易组织其他成员也对中国进一步开放市场，提供贸易投资便利，为中国企业“走出去”创造了更有利的条件。为了适应经济全球化和加入世界贸易组织的新形势，必须进一步提高对外开放水平，既要以扩大国内需求为经济发展的基本立足点，也要在更大范围、更广领域、更高层次上参与国际经济技术合作与竞争，充分利用国际、国内两个市场，拓展发展空间，以开放促改革促发展；既要积极引进国外资金、技术和设备，也要充分发挥中国外汇储备相对充裕、综合制造能力较强和劳动力资源丰富的优势，积极地走出去，把资源优化配置扩展到国际、国内两个市场，推进国内结构调整，拉动经济持续快速增长；既要大力支持国有企业走出去，也要采取切实有效的政策措施，大力支持和鼓励有条件的各种所有制企业开展对外投资，从事境外生产、贸易、服务，带动商品、技术和劳务出口，形成一批中国自己的跨国企业和企业集团，培育一批在国际上享有知名度的著名品牌。

中国综合国力为企业“走出去”构建了坚实的经济实力基础。改革开放以来中国经济社会发展取得了举世瞩目的成就，国民经济平稳快速发展，经济总量跃上新的台阶，综合国力进一步增强，国际地位和对世界经济的影响力进一步提高。随着中国综合国力大大增强，对世界经济的影响力进一步增强，在世界经济中的地位进一步提升，中国经济成为世界经济增长的重要驱动力之一。中国国民经济快速发展，综合国力日益增强，为开展对外投资奠定了必要的物质基础。基于邓宁国际直接投资发展阶段理论，随着总体经济实力的提升，中国已经进入对外直接投资的起步阶段。应用经济统计数据对对外直接投资和中国经济发展水平之间的关系进行实证研究证明，中国对外直接投资符合邓宁的投资发展周期理论关于经济发展与对外投资之间的关系，但中国现阶段的实际情况与理论预期还存在较大的差距，发展阶段滞后于整体经济发展水平。①

中国企业国际竞争力提高反映企业具备了一定的竞争优势，为"走出去"奠定了比较优势基础。实行对外开放的基本国策，通过积极引进国外的资金和先进的技术、管理经验来发展壮大中国企业，这是中国经济和社会发展取得重大成就的一条成功经验。一些企业还通过在资本市场发达国家投资，为国内经济建设筹集资金。一些大型企业和企业集团通过专业化、集约化、规模化的跨国经营，在更大范围内优化资源配置，增强了参与国际竞争的能力。中国企业与世界著名跨国公司之间的相对规模差距在逐步缩小，《财富》世界500强排名显示了中国企业国际竞争力的上升，1998年中国大陆仅有5家企业进入500强，没有1家企业进入100强；2014年中国上榜公司数量创纪录地达到100家。中石化取代了埃克森美孚，在榜上排名第三。中国已拥有一批具备一定技术经济实力、熟悉国际化经营管理和适应国际市场激烈竞争的企业，在"走出去"方面积累了许多宝贵经验。中国部分企业已具备对外投资的各类比较优势，通过"走出去"必将会强化其比较优势和形成新的比较优势。

1.3.2 中国对外直接投资的发展历程

中国对外直接投资也从探索阶段、尝试阶段、起步阶段进入对外直接投资迅速增长的成长阶段。在对外直接投资实践的推动下，国内学术界在国际直接投资主流理论基础上，借鉴发展中国家对外直接投资理论的研究成果，结合中国的现状与理论需求，对中国对外直接投资的理论进行了富有价值的探索。

1. 改革开放前（1949—1978年）

新中国成立后，到实行改革开放政策前，中国企业在海外开展了一些小型的直接投资活动。为了开拓国际市场，发展与世界各国的贸易往来，各专业外贸总公司先后分别在巴黎、伦敦、汉堡、东京、纽约、香港、新加坡等国际大都市设立了海外分支机构，建立了一批贸易企业。一些与贸易相关的企业也在海外投资开办了一些远洋运输和金融等方面的企业。这是继新中国政府接管在香港的一批中资企业后，新中国国内企业自己到海外投资开办的首批企业。这批境外企业的投资规模普遍较小，大多分布在一些世界著名的港口城市，主要从事贸易活动，基本属于贸易型的对外投资。这批海外企业的设立为新中国对外贸易事业的发展作出了积极的贡献。

1954—1978年间，我国政府先后向朝鲜、越南、阿尔巴尼亚、柬埔寨、也门、坦桑尼亚等近70个国家提供了援助，承担项目达1 298项，建成884个大中小型项目，其中投资1亿元以上的项目10个，投资1 000万元以上的项目96个。② 这些对外投资活动是由政府间协议确定的，而且项目的全部费用是由中国政府通过无息

---

① 参见薛求知、朱吉庆：《中国对外直接投资发展阶段的实证研究》，载《世界经济研究》，2007（2）。

② 参见石林：《当代中国的对外经济技术合作》，34页，北京，中国社会科学出版社，1989。

贷款甚至无偿捐助提供的。这些活动并不属于企业对外直接投资范畴，但是它们为后来企业对外直接投资奠定了一定的基础。

2. 探索阶段（1979—1982 年）

1979 年 8 月 13 日，在 15 项经济改革措施中，国务院提出“要出国办企业”，这一政策标志着中国企业开始了对外直接投资的探索之路。为了贯彻执行国务院提出的“要出国办企业”的政策，1981 年对外经济贸易合作部颁发《关于在国外开设合营企业的暂行规定》及《关于在国外开设非贸易性企业的暂行规定》。

凭借其海外经营经验、进出口渠道稳定等优势，一些长期从事进出口业务的专业外贸公司和具有对外经济合作经验的企业，首先开启对外直接投资活动，开设海外代表处或海外贸易公司。1979 年 11 月，北京市友谊商业服务公司同日本东京丸一商事株式会社合资在东京开办了京和股份有限公司，这是中国实行改革开放政策后在海外开办的第一家合资经营企业，拉开了中国企业对外直接投资的序幕。这一时期，对外直接投资管理上实行中央高度集中的统一管理，企业对外直接投资大多是探索性的，投资规模较小，投资领域主要集中在饮食、承包建筑工程、咨询和服务业、航运服务、金融保险等方面，机械加工制造业较少，分布在 40 多个国家和地区，特别以中国香港和中国澳门为主。对外直接投资总额有所突破，呈现较大幅度增长，但是规模极其有限，从 1979 年 53 万美元增加到 1982 年的6 579万美元。这批海外企业的建立，对于扩大对外经济合作领域、探索新的合作方式起到了积极作用。

3. 尝试阶段（1983—1991 年）

从管理角度讲，为加强对外直接投资的管理，政府初步实现由个案审批向规范性审批的转变。从企业视角看，投资领域多元化及各类企业展开对外直接投资活动，对外直接投资的领域进一步拓宽，由服务业向资源开发、加工装配、交通运输、医疗卫生等 20 多个行业延伸；参与海外投资的国内企业类型增加，不仅外经外贸企业，而且工业企业、商贸物资企业、科技企业及金融保险企业等也参与到海外投资之中，投资主体由专业外贸公司和省市国际经济技术合作公司向多行业的生产企业转变。

这一阶段，中国对外直接投资继续扩大，新增非贸易性境外企业 965 家。从中方对外直接投资存量看，1983 年为 0.74 亿美元，1991 年增加到 14.53 亿美元，平均每年新增境外直接投资额近 1.53 亿美元。各年兴办的企业数快速增长，累计投资境外企业达 1 052 家。投资区位进一步扩大，增加到 90 个国家和地区。并且，中国涌现出诸如中国远洋运输集团公司、首钢集团等一批在国际市场上初具经济规模并有一定竞争力的企业。

4. 起步阶段（1992—2001 年）

2000 年，党的十五届五中全会首次明确提出实施“走出去”战略，2001 年“走出去”战略正式列入国家发展规划，这标示着中国“走出去”战略真正开始起步。这一阶段，“走出去”战略的明确促使对外直接投资政策法规体系由强化管理监督转向大力鼓励支持。20 世纪 90 年代初，中国实行经济结构调整，抽紧银根，力图实现经济软着陆。与此同时，国家决定对海外投资企业进行清理整顿，对新设海外企业实施严格的审批登记制度，并对原有的境外企业进行重新登记。世纪之交，为了促进“走出去”战略的实施，国务院及其相关部门陆续出台了一系列配套的政策法规，还为企业走出去提供更多的服务和支持，包括设立外贸发展基金支持中小企业开拓国际市场，为企业走出去建立信息平台，开辟“境外经济合作区”等。

1993—1998年海外投资业务随着经济结构调整进入清理和整顿时期，国家主管部门对新的海外投资实行严格控制的审批政策，并对各部门和各地方已开办的海外企业进行重新登记，海外投资的发展速度开始放慢。在这6年间，中国对外直接投资为10.22亿美元，批准设立海外企业1 046家。

5. 成长阶段（2002年至今）①

随着中国加入世界贸易组织，逐步与国际接轨，以及对外直接投资政策法规体系逐渐完善，中国对外直接投资进入高速增长的成长阶段。2004年国际贸易总额名列世界第5位，国际贸易方面获得的巨大成就为中国企业进一步进行对外直接投资准备了必要的物质基础。这一时期对外直接投资高速增长，平均投资规模逐渐扩大。2002—2007年6年间，中国非金融类对外直接投资流量由9.83亿美元上升至248.40美元，增加了25.26倍。

1.3.3 中国对外直接投资的发展现状

中国对外直接投资已经位居全球前列。近年来，中国深入实施“走出去”战略，对外投资合作的规模迅速扩大，领域不断拓宽，经济效益和社会效益明显提高。2011年，中国对外直接投资流量746.5亿美元，较上年增长8.5%；2011年末，中国对外投资存量4 247.8亿美元，非金融类对外直接投资达3 189亿美元。中国对外直接投资流量名列全球国家和地区排名的第6位，存量居第13位。2012年，在全球对外直接投资流出量较上年下降17%的背景下，中国对外直接投资创下流量878亿美元的历史新高，同比增长17.6%，首次成为世界三大对外投资国之一。

中国对外直接投资的区位分布广泛，遍布全球近八成的国家和地区，投资存量高度集中。截至2012年底，中国1.6万家境内投资者在国外和境外设立对外直接投资企业近2.2万家，分布在全球179个国家和地区，覆盖率达76.8%，其中亚洲地区的境外企业覆盖率高达95.7%，欧洲为85.7%，非洲为85%。2012年末，中国对外直接投资存量高度集中，前20位的国家和地区存量累计达到4 750.93亿美元，占总量的89.3%。它们是中国香港、英属维尔京群岛、开曼群岛、澳大利亚、新加坡、卢森堡、美国、南非、俄罗斯、加拿大、中国澳门、缅甸、巴基斯坦、哈萨克斯坦、德国、瑞典、蒙古、英国、尼日利亚、印度尼西亚。

中国对外直接投资覆盖了国民经济所有行业类别，行业结构相对集中。2012

① 数据来自商务部《2007年度中国对外直接投资统计公报》。

年末，中国对外直接投资行业存量超过100亿美元的行业有租赁和商务服务业、金融业、采矿业、批发和零售业、制造业、交通运输/仓储和邮政业、建筑业，上述7个行业累计投资存量4 913亿美元，占我国对外直接投资存量总额的92.4%。

中国对外直接投资的主体呈现多元化。中国对外直接投资者达到了13 000多家，已经形成了国有企业、有限责任公司、股份有限公司、私营企业、外资企业、集体企业、港澳台企业共同开拓国际市场的格局。从在中国工商行政管理部门登记注册的情况看，近60%的境内投资者为有限责任公司，国有企业占10.2%。在非金融类对外直接投资者中，中央企业及单位数仅占5%，但是中央企业仍是中国企业走出去的主力军，2010年中央企业非金融类对外直接投资达到424.40亿美元，占比仍高达70.5%。2011年，中国非金融类对外直接投资685.6亿美元，其中国有企业占55.1%，有限责任公司占26.4%，股份有限公司占11%，股份合作企业占3.7%，外商投资企业占1.9%，其他占1.9%。

跨国并购与工程承包是中国对外直接投资的重要方式。中国对外直接投资由最初的货币投资、实物投资向跨国并购方式扩展，并有越来越多的企业采取入股及股权置换等方式对外投资。近年来，中国企业的跨国并购规模不断扩大，2008—2011年年均增幅44%。2012年，中国企业共实施对外投资并购项目457个，实际交易金额434亿美元，两者均创历史之最。其中，直接投资276亿美元，占63.6%；境外融资158亿美元，占36.4%。2011年，对外承包工程（包括设计咨询）完成营业额1 034亿美元，比2002年增长6.2倍，年均增长28.0%。此外，仅“十一五”时期累计派出各类劳务人员就达192万人，是“十一五”规划目标的1.5倍。

1.4 延伸阅读：中国利用外资30年（1978—2007年）：历程、成效、挑战

改革开放30年，中国利用外资的实践和理论已为世界所瞩目。利用外资是改革开放的一个重要组成部分，改革开放为利用外资创造了前提条件，利用外资又促进了改革开放。中国利用外资正进入一个新的阶段，以科学发展观回顾中国利用外资30年的实践，对于提高利用外资质量和水平、实现我国构建和谐社会的战略目标具有重大的现实意义和理论价值。

1.4.1 中国利用外资的历程及其特点

1978年党的十一届三中全会决定把全党、全国的工作重点转移到经济建设上来，制定了以经济建设为中心、坚持四项基本原则、坚持改革开放的基本路线，并将对外开放确定为中国的一项基本国策。中国的改革开放为利用外资奠定了可行的理论与实践基础，世界不同类型国家和地区利用外资实现经济发展的成功经验为中国提供了可借鉴的模式，经济全球化为中国融入世界经济体系和利用外资提供了历史契机。

中国利用外资30年发展迅速，已经进入利用外资东道国的前列。利用外资包括利用国际直接投资和国际间接投资，这里聚焦于外商对华直接投资。1979—2007年，我国利用外资协议金额达19 842.94亿美元，实际金额达11 889.01亿美元。利用外资协议金额和实际金额基本上保持持续增长态势，年均增长速度分别达到31.65%和22.58%。其中，外商直接投资协议金额达15 606.16亿美元，实际金额达7 666.66亿美元（见图1—1）。自1993年起，中国利用外资流量长期居发展中国家之首、世界第二的位置，在创造经济增长奇迹的同时也创造了利用外资的世界奇迹。

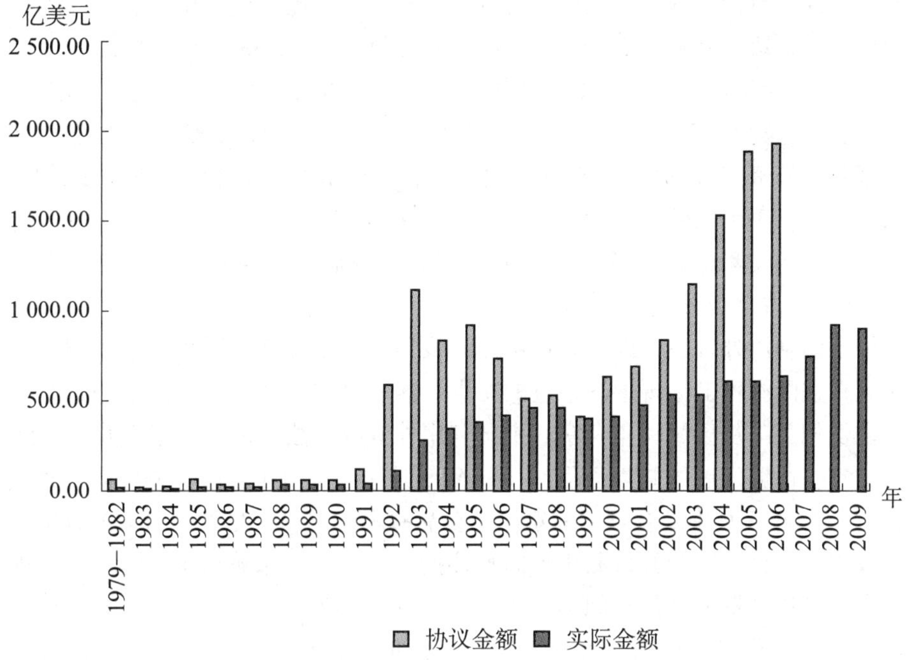

图1—1 1979—2007年外商对华直接投资金额变化

中国利用外资的政策法规是外商对华直接投资的重要区位决定因素，在利用外资中发挥了重要的作用。在经济体制改革进程中，外商直接投资的环境得到逐步改善，对利用外资产生了极大的推动作用。计划经济体制逐步向社会主义市场经济体制转轨，市场在资源配置中的基础性作用迅速扩大，使外资企业的生产经营环境得到改善，外资获得越来越多的投资机会。中国经济体制转轨是外商对华直接投资迅速增加最主要的决定因素，“经济全面转轨是外商对华直接投资奇迹般高速发展的深层次原因”。① “中国利用外资的成就与改革开放是紧密联系在一起的。”② 1979年7月1日，中国颁布了第一部外商投资企业法《中华人民共和国合资经营企业法》，30年来始终坚持改革开放的政策不动摇，基于利用外资工作的重点不同，利用外

① 崔新健：《外商对华直接投资的决定因素》，125页，北京，中国发展出版社，2001。
② 同上书，192页。

资的政策法规在不断调整和完善，现已基本构建了适合中国对外开放的利用外资政策法规体系。

中国利用外资发展历程的阶段性与利用外资观念上的突破密切相关。30 年来中国利用外资政策变化主要有四次观念上的突破：一是 1978 年中国将对外开放确定为一项基本国策，对利用外资进行试点；二是 1983 年后陆续开放沿海城市和沿海经济开发区，对“经济特区”模式予以充分肯定；三是 1992 年邓小平同志发表“南方讲话”，从理论上消除了利用外资的障碍；四是 2001 年末中国正式加入世界贸易组织，中国加快改革开放步伐，进入全面开放的新时期，利用外资政策法规实现由“优惠政策”到“国民待遇”的根本转变。与此对应，中国利用外资的历程可划分起步阶段（1979—1982 年）、成长阶段（1983—1991 年）、提高阶段（1992—2001 年）和稳步发展阶段（2002 年至今）四个阶段，起步阶段中国利用外商直接投资实际金额 22.1 亿美元，初步打开引进外资的局面；成长阶段在全世界发展中国家利用外资流入量排名中，中国名列新加坡和墨西哥之后的第三位；1993 年中国成为仅次于美国的第二大吸收外商直接投资的东道国。2007 年，中国利用外商直接投资的实际金额达到 747.68 亿美元，占发展中国家吸收外商直接投资金额的 15.88%；占全球的 4.40%。

中国利用外资在空间上呈现由点、线到面不断展开的图景。中国利用外资政策法规在空间维度上呈现逐渐推进的特点，这一时空模式与中国的渐进式改革开放进程密切相关。从区域视角考察，中国利用外资政策法规的出台沿循从点、线、面到区域整合协调发展的基本进程。1979 年 9 月中国签订了第一家外商对华直接投资协议；1980 年 5 月中港合资的北京航空食品有限公司（编号“0001”的合资企业）正式成立，开创了改革开放利用外商直接投资的先河。伴随利用外资政策法规的陆续出台，利用外资的区位空间不断扩大，由点（经济特区）到线（沿海港口城市及长江三角洲、珠江三角洲、闽南厦漳泉三角地区）再到面（开放地带遍布沿海、沿江、沿边、沿路，覆盖 354 个市县），直到实现“国民待遇”的中国版图全面性开放。截至 2006 年底，全国各省区累计实际使用外资金额 6 854.47 亿美元，其中，东部地区、中部地区和西部地区所占比重分别为 86.85%，8.79%和 4.36%。

中国利用外资在产业上反映了适应产业政策调整而相对有所变化的规律。外资产业政策法规是影响外商直接投资产业流向的最直接决定因素之一。中国利用外资政策法规在产业维度上呈现不断演进的特点，采用鼓励性和限制性的产业政策，有意识地营造或消除结构化不完全市场，间接地作用于外商直接投资的抉择，从而引导外商直接投资的产业流向，推动外商直接投资流入产业的转向，促进技术进步和产业结构升级。利用外资起步阶段和成长阶段，第二产业和第三产业所占比重变化起伏较大；提高阶段第二产业和第三产业一升一降；进入稳步发展阶段第二产业和第三产业均在增加，所占比重前者稍降后者稍升。截至 2006 年，中国累计利用外商直接投资协议金额为 14 858.48 亿美元，其中，第一产业、第二产业和第三产业所占比重分别为 1.91%，68.28%和 29.81%。

中国利用外资在方式上呈现从“合作”、“合资”到“独资”的演变趋势。中国利用外商直接投资的主要方式是中外合作经营企业、中外合资经营企业和外商独资企业三种方式，三种方式各有其特点，在控制度和风险分散方面存在本质差异。三种方式的结构随着时序推移发生了根本变化：起步阶段是合作企业为主导方式的时期；成长阶段是合资企业替代合作企业为主导方式的时期；提高阶段是独资企业替代合资企业为主导方式的时期；稳步发展阶段是独资企业为主导方式的时期。这种变化基本反映了利用外资主导方式从低资源投入、规避风险型的方式转向资源投入高、控制性与战略性强的方式的演变规律。截至2007年，中国累计利用外商直接投资中，无论是协议项目数、协议金额还是实际利用金额，合作企业、合资企业和独资企业三种方式所占比重之和都超过了97%。在实际金额中，独资企业、合资企业和合作企业所占比重分别为50.31%，34.67%和12.16%；其他方式占2.86%。

1.4.2 中国利用外资的成效

利用外资对中国社会经济发展发挥了积极的作用。中国利用外商直接投资的基本目的是促进社会经济的可持续发展。外商直接投资对东道国必然会产生正负两方面的效应，应按该标准从全面、长远、发展的角度对此进行客观公正的评价。判断利用外资工作得失的唯一标准是是否有利于发展社会生产力，是否有利于增强国家综合国力，是否有利于提高人民的生活水平。30年的实践证明，改革开放是实现中国社会主义现代化的必由之路，利用外资是促进经济发展的重要动力。利用外资的积极作用："一是有利于弥补国内建设资金的不足；二是有利于引进先进技术，促进产业升级；三是有利于吸收先进的企业经营管理经验；四是有利于创造更多的就业机会和增加国家的财税收入；五是有利于促进对外贸易和对外经济合作的发展；六是有利于社会主义市场经济体制的建立和完善。"① 利用外资所取得的显著成效如下：

1. 外商直接投资是中国经济持续增长的一个重要推动力

外商直接投资增加了资金存量，对中国经济增长产生直接影响。改革开放初期，利用外资确实有效地解决了中国经济发展中资金与外汇两个方面的重要问题，大大提高了中国的投资水平，加速了资金积累。更重要的是，外商直接投资提高了资金的配置效率，改善了资产形成的质量。

2. 引进国外的先进技术一直是中国利用外资的一个重要目标

外商直接投资的技术溢出效应，对中国的技术进步产生了推动作用。示范—模仿效应、竞争效应、联系效应及培训效应是外商直接投资外溢效应发挥作用的主要渠道，外商直接投资促进了中国的技术进步，为优化产业结构作出了积极的贡献。

3. 外商对华直接投资对中国就业发挥了积极的作用

作为最大的发展中国家以及人口最多的国家，维持稳定的就业增长、控制失业率是政府重要的宏观经济目标之一。从就业数量效应来看，外商直接投资提供的就业机会在不断增加，自1990年以来，在境外投资机构就业的人数的增加快于全国

---

① 江泽民：《总结经验，开创利用外资工作的新局面》，见李岚清主编：《中国利用外资基础知识》，序言，北京，中共中央党校出版社，1995。

就业人数的增加，2007 年境外投资机构就业所占的比例达到 2.1%。从就业质量效应来讲，在聘用制度的规范化、报酬制度的市场化、培训制度的常规化各方面，利用外资均发挥了积极作用。

4. 外商直接投资迅速扩大了中国国际贸易的规模，对进出口商品结构优化产生了积极的作用

外资企业的进出口贸易是中国国际贸易的重要组成部分和发展推动力量。外资企业进出口的增长一直快于中国总体国际贸易的增长，它在中国进出口总额中的比例持续上升，2007 年三资企业出口、进口占全国的比重分别为 57.10%和 58.56%。此外，外资企业对国内企业产生的示范效应，会促进国内企业出口创汇的扩大。在提高中国出口产品的结构层次和建立有效的进出口方式结构，从而增强中国经济的国际竞争能力方面，三资企业发挥了国内企业难以替代的作用。

5. 外商直接投资促进了中国的市场化进程，有利于中国社会主义市场经济体制的建立和完善

迄今为止，中国经济体制转轨最为深刻、全面的时期，也是外商对华直接投资发展最快的时期，这并不是偶然的巧合，两者之间存在内在的因果关系。追溯改革开放的历程，经济体制改革的政策与措施几乎都是在外商直接投资进入较早和最为密集的省市或地区率先试行的。外商直接投资促进了中国经济管理体制的改革、市场机制和竞争机制的形成、国有企业的改革和现代企业制度的建立和完善，对于中国从计划经济体制向社会主义市场经济体制转轨起了不可忽视的作用。

1.4.3 中国利用外资面临的挑战

中国利用外资取得显著成效的同时也面临着挑战。尽管从经济发展与增长视角考虑，东道国从外商直接投资中获得的收益大大超过潜在成本①，外商直接投资是获得外国技术、技能和其他重要资源，进入一体化国际市场营销和生产网络，提高东道国企业竞争能力与国家经济业绩的重要途径。但是，现实远非如此简单，外商直接投资带给东道国的不仅有正面效应，而且有负面效应，总体净效应有赖于各种效应的综合，而各种效应取决于诸多决定因素，无法得到一个简单的、一般的、具有普遍意义的理论模型及明确结论，只能视具体情况而定。中国利用外资中仍存在一些问题需要关注或有待解决。

1. 利用外资的结构

利用外资来源地的构成、利用外资的区域分布和利用外资的产业结构是利用外资的结构合理化最为引人关注的三个重要方面。利用外资的结构合理化不仅是有效利用外资来加速经济发展的前提，也是充分发挥外资对经济发展正效应的必要条件。如果利用外资的结构不合理，不仅不利于外资正效应的发挥，相反还有可能对国民经济发展产生负效应。必须以科学发展观为目标和基本原则，只有树立科学发

---

① 参见联合国贸易和发展会议跨国公司与投资司：《1996 年世界投资报告》，211 页，北京，对外经济贸易大学出版社，1997。

展观，才能真正实现中国利用外资结构的整体优化。

中国利用外资来源地结构具有鲜明的特点，尽管来源地广泛，但是外资主要源于少数几个国家或地区；外资主要源于发展中国家或地区，尤其来自中国香港的外资占有很大比重，而来自发达国家或地区的外资规模相对有限；来自华商的外资占有较大的比重，而来自西方发达国家的外资规模有限。外资来源地构成的突出问题更多不在于来源地本身，而是不同外资来源地的投资特点及其对我国经济、国际贸易的影响程度；外资来源地相对集中本身就是引发金融风险的潜在因素。

中国利用外资区域分布存在的主要问题是空间分布呈现显著的不均衡特征。由于中国各地区经济状况、资源禀赋及区域性利用外资政策的差异，以及中国利用外资政策法规出台沿循从点、线、面到区域整合协调发展的基本进程，外商直接投资分布呈现“东高西低”的格局。利用外资区域分布的不均衡直接影响各区域外商直接投资的资本挤入（挤出）效应、对外贸易效应、技术溢出效应，进而扩大各区域的经济增长差距和经济水平差距，加剧城乡各群体之间的收入差距。要解决利用外资区域分布的不均衡，必须突破利用外资的区位“瓶颈”——西部地区。

中国利用外资产业结构存在的主要问题之一是三次产业结构不合理。中国利用外资产业结构严重失衡，以第二产业、第三产业为主，第一产业最少；第二产业内部外资行业分布明显不均衡，内部结构趋同；第三产业内部外资行业分布结构与发展中国家存在显著的差异；外商投资企业在部分工业行业中已占有重要地位，在轻重工业上的地位都很突出，尤其在轻工业中的地位更加重要。利用外资产业结构的不合理及其内部的非均衡发展，可能会加剧产业结构失衡、影响工业结构效益、进一步扩大城乡差别。要促进产业结构优化，必须加强外资流入的产业导向。

2. 环境保护

环境保护是中国的基本国策，保护良好的生态环境、防治污染是社会经济可持续发展的重要方面，在利用外资中同样要重视环境保护。纳入环境因素后，对外商直接投资效应的评价会产生变化。例如，大量外资将污染密集型产业向中国转移；以投资为幌子直接向中国倾倒有害废弃物；转移不完善的高技术，引进还不十分完善的技术会影响中国的自然环境，其中典型的是引进转基因技术；争夺和垄断重要经济资源。这些会直接导致中国的环境恶化。

外商直接投资对东道国的环境效应存在正负两个方面，中国应该趋利避害。“污染避难所”假说阐释了负环境效应产生的“向底部赛跑”现象；“污染晕轮”假说解释了正环境效应带来的“向顶部赛跑”现象。环境效应取决于东道国的政策和规制框架，跨国公司的强大财务、管理和技术力量能够在东道国环境保护中起到重要作用。在评价利用外资的环境效应时不仅要注意参照系，而且要考虑其对环境规制变迁的溢出效应。

3. 国家经济安全

利用外资与国家经济安全有着密切的关系。它有正负双重作用，积极作用是有利于提高中国国际竞争力和经济总体实力，加强国家经济安全；负面影响则是会削弱国家经济安全。外商直接投资对于东道国的经济安全效应具体体现在自主权效应和竞争效应上。经济全球化的开放性和渗透性与发展中国家主权的排他性和经济安全性是相矛盾甚至是对立的。经济全球化要求必须更新维护国家经济安全的理念。构建全面且有效的维护国家经济安全政策体系是一项十分复杂的工程，需要大智慧进行思考和整合，采取积极措施来维护国家经济安全。

伴随国内外环境的不断变化，中国利用外资的战略需要进行相应的调整。经济全球化趋势与中国加入世界贸易组织的背景下，中国由有限范围和领域内的开放转变为全方位的开放；由试点为特征的政策性开放转变为在法律框架下的制度性开放；由单方面为主的自我开放转变为与世界贸易组织的成员之间的双向开放；由被动接受国际经贸规则转变为主动参与国际经贸规则制定。中国利用外资从政策优惠的吸引转变为竞争秩序和投资环境的吸引；由“超国民待遇”和“非国民待遇”转变为国民待遇；由注重吸引资金转向注重引进技术。中国利用外资正进入一个新阶段，由美国次级债引发的全球经济危机在全球蔓延，中国利用外资面临前所未有的挑战。

本章小结

跨国公司历史悠久，已成为学术界高度关注的研究领域。外国直接投资视角的研究更为翔实地揭示了跨国公司的发展及其阶段性特点。跨国公司管理的核心仍然是管理，与一般企业管理概念的本质区别在于其跨越国境和跨文化导致管理存在一些特殊性。跨国公司管理学是一门研究跨国公司管理基本理论和方法、揭示跨国公司全球范围经营管理普遍规律的学科，是一般管理原理与方法应用于跨国公司与国际环境管理情境后形成的理论。改革开放以来，中国对外开放及利用外资战略有两次重大的转变。跨国公司管理学对于中国企业具有重大的现实意义和理论价值。

本章主要概念

跨国公司（transnational corporations，TNC）

外国直接投资（foreign direct investment，FDI）

跨国公司管理（transnational corporations management）

思考题

1. 跨国公司发展经历了几个阶段？各有何特点？
2. 跨国公司概念与外国直接投资概念之间有什么关系？
3. 跨国公司管理与一般管理的主要异同有哪些？
4. 跨国公司管理学主要包括哪些内容？
5. 改革开放以来，中国对外开放的主要特点有哪些？

6. 中国利用外资为什么会发生两次根本转变?

7. 中国利用外资具有哪些积极意义?

8. 中国利用外资面临哪些问题与挑战?

9. 中国企业“走出去”的发展与现状有何特点?

10. 结合现状，谈谈学习跨国公司管理有何价值。

开篇案例讨论

1. TCL 跨国经营中遇到的主要问题是什么?

2. TCL 全球整合是否会产生协同效应?

3. TCL 的跨国经营之路是否具有普遍性? 哪些是中国企业“走出去”普遍面对的挑战?

4. 中国企业“走出去”应该选择哪种方式或路径? 应该特别注意什么问题?

推荐读物及网站

论文

1. UNCTAD. World Investment Report 2014.

2. WTO. Annual Report 2013.

3. S. P. Douglas and Y. Wind. Myth of Globalization. *Columbia Journal of World Business*, 1987, 22 (4): 19 - 29.

4. T. Levitt. The Globalization of Markets. *Harvard Business Review*, 1983, 61 (3): 92.

5. Otto Anderson. On the Internationalization Process of Firms: A Critical Analysis. *Journal of International Business Studies*, 1993, 24 (2): 203 - 209.

6. G. Gereffi, J. Humphrey and T. Sturgeon. The Governance of Global Value Chains. *Review of International Political Economy*, 2003, 11 (4) .

著作

1. 迈克尔·波特. 国家竞争优势. 北京: 华夏出版社, 2002.

2. 钱德勒. 看得见的手——美国企业管理的革命. 北京: 商务印书馆, 1991.

3. 王巾英, 崔新健. 中国涉外经贸: 理论、运行、政策. 北京: 中国计划出版社, 2001.

4. 王巾英, 崔新健, 王彦华. WTO 框架下中国涉外经贸运行与管理. 北京: 中国财政经济出版社, 2006.

5. 崔新健. 中国利用外资三十年. 北京: 中国财政经济出版社, 2008.

网站

1. http: //www. un. org/en

2. http: //www. oecd. org

3. http: //www. mofcom. gov. cn

4. http: //www. wto. org

第 2 章

跨国公司管理理论基础

本章学习目标

1. 理解垄断优势理论
2. 理解比较优势理论
3. 掌握赫克歇尔-俄林理论
4. 了解新经济地理理论
5. 熟悉折中理论
6. 掌握国际产品生命周期理论
7. 熟悉国际投资发展阶段理论
8. 掌握国际管理定位理论
9. 理解自我参照准则
10. 了解发展中国家对外直接投资主要理论

开篇案例　一个世界，一个福特：昨天、今天、明天

昨天：亨利·福特制造出了 100%的美国产汽车

福特公司在密歇根州迪尔本的工厂建于 1919 年，生产美国第一代 T 型汽车。该厂在一个厂区拥有自己的钢铁厂、玻璃厂和另外 32 家制造厂。T 型车的唯一外国货是来自马来西亚的橡胶。亨利·福特曾经试图种植橡胶树，可谓英雄之举，但告徒然。直到 20 世纪 40 年代出现了合成橡胶，福特汽车才成为 100%的美国货。轿车全部在罗杰工厂生产，该厂是当时世界上最大的工业联合企业。

20 世纪 60 年代初期，形势开始发生变化。一份福特公司的备忘录记载着这样一段话："为了进一步扩大我们在世界范围内的业务，在采购活动中应考虑在世界各地

选择货源。”换句话说，如果国外便宜，就从国外购买。福特公司的备忘录预示了美国公司的未来。

今天：全球开发、制造和销售

福特嘉年华是在美国构思，在日本由马自达设计，在韩国由起亚制造的。水星由福特设计，在墨西哥埃莫西约的马自达生产平台上制造，采用在墨西哥制造的福特引擎和来自中国台湾的零部件。

根据福特的2000年计划，福特的美国公司和欧洲公司将正式合并为一个超级组织；拉美公司和亚洲公司以后也将采取同样的步骤。这一设想旨在在世界范围内创建并使用相同的系统和流程，以便设计出略做调整就能在不同地点制造、销售的产品。同样的平台、同样的生产和设计流程将用于在美国市场生产小型汽车。美国的四个车辆工程中心将负责设计较大的汽车和卡车，在世界各地销售，甚至将采用相同的制造系统和几乎相同的平台在世界各地制造。公司预计这样可以节省巨额资金。

福特2000年计划并不是让大家都用一种车，看似集约化，实为非集约化。尽管基本的生产平台减少了，但是同样的平台会用于大不相同的车辆。福特欧洲公司设计的世界小型汽车将在世界各地采用相同的引擎、传动器和其他主要元器件，但是将有不同的风格迎合当地的偏好。2004年，福特的327 000名雇员在世界200多个国家和地区的福特汽车制造和销售企业中，共同创造了35亿美元的净收入。2010年福特在全球销售汽车共计531万辆，盈利达到66亿美元，为过去10年中的最好成绩。

明天：全球产品将变为现实

在2010年北美车展上，福特公司发布了全球产品计划，将在包括美国密歇根韦恩、德国萨尔路易斯、西班牙巴伦西亚、俄罗斯圣彼得堡、中国重庆在内的5个地区工厂构造全球工厂体系，并加强和全球供应商的联系。

福特的首款全球化产品——新型中级平台的推出是福特在日益重视全球供应商方面迈出的重要一步。正如需要全球制造资源一样，福特的全球装配运营比以往任何时候都更依赖真正全球性的供应基地。随着公司从区域转向全球业务关系，为新的中级产品组合建立一个坚实的全球供应基地已经成为福特在世界各地的采购组织的主要目标。福特历时4年制定的“联合业务框架”(ABF)原则为福特与供应商的合作提供了准则，从而为福特在全球范围内与供应商进行有效合作铺平了道路。

为了尽可能在资本密集的汽车行业利用其资源，对于汽车中最具价值的112种商品(占车辆总生产成本的80%，动力系统的部件除外)，福特制定了一套“商品业务计划”，并使之在“同一个福特”的协作模式下得以增强。每项计划都有关于技术开发、成本驱动因素、采购策略和全球供应商的详细评估。这一策略使新型中级车的部件通用性有了显著提高，达到了80%。福特与其供应基地一直保持合作，从而推动了供应商的全球化发展。福特及其供应商攫取全球规模的好处。在其推动之下，效率得到了提高，从而使得福特的开发成本与2006年开发的车辆相比减少了60%以上。

福特全球产品开发集团副总裁德里克·库扎克(Derrick Kuzak)解释道：“提高质量和扩大规模的措施之一就是减少供应商的数量。质量和效率不仅可以使福特获得回报，还可以使外延企业与我们的供应商合作伙伴都获得回报。”

看今朝，一个世界，一个福特，一类产品。

资料来源：根据以下文献编写：菲利普·R·凯特奥拉、约翰·L·格雷厄姆：《国际市场营销学》，4页，北京，机械工业出版社，2000；刘卫琰：《福特制定全球化产品计划 重庆工厂年产15万》，网易，http://auto.163.com/10/0111/16/5SOU1VST000836P0.html，2010-01-11；福特汽车中国网站，http://www.ford.com.cn。

2.1 国际贸易理论

早在公元前4世纪，古希腊著名的学者色诺芬（Xenephon，公元前430—公元前355或354）在他的“经济论”中就谈到了对外贸易对一国经济的影响。但是，通常认为国际贸易理论始于重商主义①，重商主义形成于15世纪末期，发展历经早期和晚期两个阶段。两个阶段的基本思想是一致的，区别在于两者对通过顺差贸易来获取金银货币的看法和主张不同。早期重商主义主张在国际贸易中尽量不买或少买；晚期重商主义主张将拥有的金银货币投入到流通领域，强调在国际贸易中多卖。产生于英国17世纪中叶的古典经济学，标志着国际贸易理论走向成熟期，以亚当·斯密和大卫·李嘉图为代表。

2.1.1 绝对优势理论

1776年，亚当·斯密出版《国民财富的性质和原因的研究》一书，对重商主义的思想进行深刻批判的同时，提出了绝对优势理论。所谓绝对优势（absolute advantage），是指如果一国相对另一国在某种商品的生产上有更高的效率，则称该国在这一产品上有绝对优势。绝对优势可以通过劳动生产率来度量，如果一国生产某单位产品所需投入的劳动更少，或者投入单位劳动所获得的产出更多，则表明该国在生产这一产品上具有绝对优势。因此，该国应该充分利用这种优势，发展这种产品的生产，并且出口这种产品，以换回他国在生产上占有绝对优势的产品，这样对贸易双方都更加有利。

绝对优势理论认为，国际贸易是社会分工的必然结果。分工的最大好处是降低生产成本，提高劳动生产率，增加社会财富。分工的原则是成本的绝对优势或绝对利益。国际分工是各种分工形式中的最高阶段，国际贸易是实现国际分工的重要途径。由于各国自然禀赋和后天的有利条件不同，每个国家都有适宜生产某些特定产品的绝对有利的条件，如果每个国家都按其绝对有利的生产条件去进行专业化生产，然后彼此进行交换，则对所有交换国家都是有利的。贸易会使各国的资源、劳动力和资本得到最有效的利用，这将会大大提高劳动生产率，增加物质财富，并且各国均能从国际贸易中获利。

① Peter H. Linder, *International Economics*, Richard D, Irwin, Inc., 1986, p. 15.

全球观察 2—1

亚当·斯密

亚当·斯密（1723—1790），经济学古典学派的奠基人之一，国际分工、国际贸易理论的创始者，倡导自由贸易的带头人。

亚当·斯密 1723 年出生在英国苏格兰地区克尔卡第小镇一个海关官员的家庭，在他出生前两个月父亲去世，他由母亲一手抚养长大。1737 年，斯密进入格拉斯哥大学学习，三年后转入牛津大学攻读哲学与政治经济学。他的老师大卫·休谟反对重商主义，提倡自由贸易，这一主张对他后来形成自由贸易思想产生了很大的影响。

1746 年，斯密毕业后回故乡从事学术研究。两年后，他被爱丁堡大学聘请为修辞学和英国文学史讲师。由于在爱丁堡大学出色的教学表现，1751 年，他被母校格拉斯哥大学聘为逻辑学教授；1752 年，担任该校伦理学教授；1759 年，他将讲授伦理学的讲义整理为《道德情操论》（*The Theory of Moral Sentiments*）一书出版，该书使他获得了很高的声誉。一位名叫汤森的政治家通过此书认识了他，将他推荐给自己的亲戚——年轻的布鲁克奇公爵。1764—1766 年，他担任布鲁克奇公爵的私人教师，并获得终身养老金，期间陪公爵去欧洲大陆旅行。在巴黎，他结识了法国重农学派的一些主要人物，受到重农学派理论的影响，逐渐形成了自己的经济学体系。回国后，他辞去工作回到故乡，埋头致力于政治经济学的研究与写作。1776 年 3 月，他的《国民财富的性质和原因的研究》一书出版，该书对经济学科的发展影响巨大。1778 年，他被任命为爱丁堡海关专员，工作之余仍然从事著述活动。1787 年，他担任格拉斯哥大学校长，1790 年去世。

资料来源：《新帕尔格雷夫经济学大辞典（第 4 卷）》，北京，经济科学出版社，1992。

亚当·斯密主张实行自由贸易政策，反对国家对外贸的干预，认为自由贸易能有效地促进生产的发展和产量的提高，一切限制贸易自由化的措施都会影响国际分工的发展，并降低社会劳动生产率和国民福利。亚当·斯密认为，国家为了保护某一产业限制某种外国产品的进口，这说明该产业没有国际竞争力，生产效率较低。这种保护表面上看保护了本国的产业，但实质上是使本国的资源从效率高的部门转移至效率低的部门，从而造成资源的不合理配置和使用。

全球观察 2—2

绝对优势理论：两个国家两种产品模型

假定世界上只有两个国家：本国和外国，以生产棉布和葡萄酒为例。

两个国家两种产品的劳动生产率存在差异，本国生产葡萄酒的劳动生产率（单位劳动投入的产出量）为 8，生产棉布的劳动生产率为 20，本国在棉布的生产上有绝对优势，外国在葡萄酒的生产上有绝对优势（见表 2—1）。

表 2—1　　国际分工之前两国的劳动投入和产出

	葡萄酒		棉布	
	劳动投入量	产出量	劳动投入量	产出量
本国	15	120	5	100
外国	10	120	10	100

按照绝对优势的专业化分工原则，本国应把全部生产要素都用于生产棉布，而外国应把全部生产要素都用于生产葡萄酒，国际分工将导致两国的产出发生变化（见表 2—2）。虽然整个世界葡萄酒的产出量仍是 240，但是棉布的产量增加到 400，比分工之前增加了 200 单位。这说明国际分工使两国的资源得到了更有效的利用。

表 2—2　　国际分工之后两国的劳动投入和产出

	葡萄酒		棉布	
	劳动投入量	产出量	劳动投入量	产出量
本国	0	0	20	400
外国	20	240	0	0

假定两国间开放贸易，每个国家都会从各自的利益出发，进口较便宜的产品，以从贸易中获益。假定本国用 200 单位棉布与外国 120 单位葡萄酒进行交换（见表 2—3），与没有国际分工和国际贸易相比，本国和外国的消费量各增加了 100 单位棉布。因此，两国开展国际贸易后都从中得到了利益。

表 2—3　　开展国际贸易后两国的消费

	葡萄酒消费量	棉布消费量
本国	120	200
外国	120	200

资料来源：亚当·斯密：《国富论》，北京，中国华侨出版社，2010。

绝对优势理论首次从生产领域阐述国际贸易的基本原因，将劳动分工的概念扩大到国际范围，揭示了国际贸易及其收益产生的原因，明确肯定了国际贸易可以为参与双方带来经济利益，提出了用经济学理论分析国际贸易的思路，从而为国际贸易古典理论的形成奠定了基础。然而，绝对优势理论存在明显的局限性，它只能解释经济发展水平相近国家之间的贸易。

2.1.2　比较优势理论

大卫·李嘉图发展和修正了斯密的理论，他认为在国际贸易中起决定作用的是比较优势（comparative advantage），而不是绝对优势。在所有阐明国家之间的差异如何导致贸易所得的理论中，李嘉图的理论是最为简单明了的。

全球观察 2—3

大卫·李嘉图

大卫·李嘉图（1772—1823）是著名的英国经济学家，古典经济学的集大成

者。李嘉图出生在一个伦敦证券交易经纪人的家庭里，父亲是荷兰人，后定居英国，信仰犹太教。李嘉图幼年时仅在商业学校读过2年书，14岁就开始参加交易所的活动。

1793年，因与一位基督教女子结婚，触犯了父亲，被迫脱离家庭，独自从事证券交易。由于他善于做投机买卖，25岁就成为拥有百万英镑的大资产者。生意之余，李嘉图自学数学、物理、地质学等知识。1799年，他接触到亚当·斯密的《国富论》，从此开始对政治经济学感兴趣，但他真正开始政治经济学研究是在10年后。1810年，李嘉图发表了自己的第一篇论文《金块的高价》(The High Price of Bullion)。1814年，他又发表了《论谷物低价格对资本利润的影响》(Essay on the Influence of Low Price of Corn on the Profits of Stock)。同年，他退出交易所，成为土地所有者。1817年，他的代表作《政治经济学及赋税原理》(*On the Principles of Political Economy and Taxation*)问世，这本书对经济学的影响毫不逊色于亚当·斯密的《国富论》，尽管该书的逻辑结构要比《国富论》显得不足。两年后，他被选为爱尔兰波塔林顿下议院议员。1821年，他创办政治经济学俱乐部。1823年，他因耳疾逝世。

在西方经济学界，许多人认为李嘉图对经济学理论最重要的贡献有两个：一个是他的地租理论；另一个是他的国际贸易比较优势理论。他创立了国际贸易基本分析原理，被人们称为“国际贸易理论之父”。

资料来源：《新帕尔格雷夫经济学大辞典（第4卷）》，北京，经济科学出版社，1992。

李嘉图理论所阐述的贸易的利益性是绝对的，既不需要国家有“竞争实力”，也不要求“公平交换”。其明确了三点：第一，即使一个国家所有产业的劳动生产率都比贸易伙伴低，它也能从贸易中获利；第二，即使外来竞争优势是建立在低工资的基础上的，一国也能从贸易中获利；第三，即使一个国家的出口产品所包含的劳动投入大于它的进口产品的劳动投入，贸易对它也是有益的。若将李嘉图两种产品的单一要素模型扩展到具有多种产品的世界市场范围，也不会改变这些结论。唯一的区别是，后者需要通过对劳动的相对需求来确定相对工资率，而前者是通过对产品的相对需求来确定相对工资率。

全球观察2—4

比较优势理论：两个国家两种产品模型

李嘉图用两个国家两种产品模型来阐述比较优势理论，在这一模型中劳动是各个国家产业部门唯一的生产要素，劳动生产率的不同是各个国家产业部门之间的唯一不同点。

“英国的情形可能是生产毛呢需要100人一年的劳动；而如果要酿制葡萄酒则需要120人劳动同样长的时间。因此英国发现对自己有利的办法是输出毛呢以交换葡萄酒。”“葡萄牙生产葡萄酒可能只需要80人劳动一年，而生产毛呢却需要90人劳动一年。因此，对葡萄牙来说，输出葡萄酒以交换毛呢是有利的。即使葡萄牙进口的商品在该国制造时所需要的劳动少于英国，这种交换仍然会发生。虽然葡萄牙能够以90人的劳动生产毛呢，但它宁可从一个需要100人的劳动生产毛呢的国家输入，因为对葡萄牙说来，与其挪用种植葡萄的一部分资本去织造毛呢，还不如用资本来生产葡萄酒，因为由此可以从英国换得更多的毛呢。”

无论生产毛呢还是葡萄酒，英国比葡萄牙都没有优势，但在劣势中比较而言，英国生产毛呢比生产葡萄酒的劳动生产率要高。葡萄牙在两种产品的生产上都具有优势，但在优势中比较而言，生产葡萄酒比生产毛呢的劳动生产率更高（见表2—4）。

表2—4　　国际分工之前两国生产单位产品劳动生产率比较

产品/国别	英国		葡萄牙	
	劳动量	相对优势	劳动量	相对优势
生产单位毛呢	100人年	1.11（100/90）	90人年	0.90（90/100）
生产单位葡萄酒	120人年	1.50（120/80）	80人年	0.67（80/120）

李嘉图理论认为，一国出口劳动生产率相对高的产品，进口劳动生产率相对低的产品，换言之，一个国家的生产模式由比较优势来确定。在实现国际分工与国际贸易之后，两国在劳动投入量不变的情况下，产出量将增加，英国增产0.20单位的毛呢；葡萄牙增产0.125单位的葡萄酒（见表2—5）。

表2—5　　国际分工之后两国生产单位产品劳动生产率比较

产品/国别	英国		葡萄牙	
	劳动量	生产量	劳动量	生产量
专业化生产毛呢	220人年	2.20（220/100）	0	0
专业化生产葡萄酒	0	0	170人年	2.215（170/80）

在资本和劳动力生产要素没有在国家间实现自由流动的情况下，这种专业化分工提高了资源配置的效率，对两国都是有利的。可以用两种方法来阐明国际贸易给两国带来的利益：第一，可以把贸易视为一种间接生产的方法，这种方法通过生产别的产品换取所需要的产品来代替直接生产。理论模型表明进口某种产品意味着这种非直接“生产”所需要投入的劳动比直接生产要少。第二，理论模型还表明贸易扩大了一个国家的消费可能性，这也是贸易所得的表现。贸易所得的分配取决于各国产品的相对价格。相对价格也隐含了相对工资率。

资料来源：彼罗·斯拉法主编：《李嘉图著作和通信集（第1卷）》，北京，商务印书馆，1992。

李嘉图的模型对于研究国际贸易产生的原因和国际贸易对各国福利的影响非常有价值。但李嘉图理论也存在一些显而易见的问题：第一，李嘉图模型预测了极端的专业化分工，而在现实世界中根本不可能存在；第二，李嘉图模型忽视了国际贸易对国内收入分配的影响，并据此认为国家作为一个整体始终能够从国际贸易中获利；第三，李嘉图模型忽略了各国资源的不同也是国际贸易产生的一个重要原因，遗漏了国际贸易体系中的一个重要方面；第四，李嘉图模型没有考虑规模经济也可能是国际贸易的起因，这使他的理论无法解释明显相似的国家之间大量的国际贸易往来。尽管李嘉图理论中的一些预见明显不切合实际，而且很少有经济学家认为，李嘉图理论对世界贸易的起因和结果作出了完全恰当的描述，但是它的基本理论，即国家倾向于出口劳动生产率相对高的产品，已经被许多研究证实。一些学者使用第二次世界大战后初期的数据，对美国和英国两国的生产率和双边贸易进行了比较，实证检验的结论充分证明了李嘉图的基本观点：国际贸易靠的是比较优势而非绝对优势。但新近的证据却不是十分明确清晰，部分原因在于世界贸易的增长以及随之带来的国家间的专业化生产意味着难以找到这些国家的弱项。

2.1.3　要素禀赋理论

要素禀赋理论最早是由瑞典经济学家伊莱·赫克歇尔（Eli Heckscher）和伯蒂尔·俄林（Bertil Ohlin）提出的、用各国之间的资源差异来解释国际贸易原因的学说，通常又称为赫克歇尔-俄林理论（H-O 理论），后经保罗·萨缪尔森等经济学家不断加以完善。要素禀赋理论在学术与应用中都取得了巨大成功，以至于在 20 世纪前半叶到 70 年代末几乎成了国际贸易理论的代名词。H-O 理论是在比较优势理论基础上发展起来的，克服了斯密模型和李嘉图模型中的某些局限性，提出生产产品需要不同的生产要素而不仅仅是劳动力。资本、土地以及其他生产要素也都在生产中发挥重要作用并影响到劳动生产率和生产成本。H-O 理论是国际贸易理论从古典向新古典发展的标志。

全球观察 2—5

伊莱·赫克歇尔

伊莱·赫克歇尔（1879—1952），瑞典经济学家，瑞典学派的主要人物之一。1879 年，赫克歇尔出生于斯德哥尔摩的一个犹太人家庭。1897 年起，在乌普萨拉大学跟随耶尔纳（Hjarne）学习历史，跟随戴维森（Davidson）学习经济，并于 1907 年获得博士学位。毕业后，他曾任斯德哥尔摩大学商学院的临时讲师；1909—1929 年任经济学和统计学教授。此后，因他在科研方面的过人天赋，学校任命他为新成立的经济史研究所所长。他成功地使经济史成为瑞典各大学的一门研究生课程。

赫克歇尔写过大量的文章和小册子，主要涉及三个领域：国际贸易理论；经济史；人口问题。其中，在自由贸易方面的论点和有关瑞典人口变化的研究成果使其享有盛名。

在经济理论方法，最主要的贡献可以概括为他最著名的文章——1919 年发表的《外贸对收入分配的影响》，这是现代 H-O 理论的起源。在该文中，他探讨了李嘉图学说中，两国间比较成本差异的产生和这种差异在两国贸易发生后的变化及影响。他指出，国际贸易的发生是因为比较成本差异的存在，但比较成本差异的存在需要两个前提：第一，两国存在不同的生产要素拥有量和分布量；第二，两国生产不同商品所使用的生产要素的比例不一样。其后，这个理论由他的学生俄林进一步加以发展。

在经济史方面，赫克歇尔更享有盛名。主要著作有《大陆制度：经济的解释》（*The Continental System*：*An Economic Interpretation*，1922）、《重商主义》（*Mercantilism*，1931，1955）、《瑞典经济史》（*An Economic History of Sweden*，1954）等。赫克歇尔通过对史料提出更广泛的问题或假定，进行深入的批判性研究，从而在经济史和经济理论两个方面架起了桥梁，并把两者有机地结合起来。

资料来源：《伊·菲·赫克歇尔生平简介》，http：//wiki. mbalib. com/wiki/%E8%B5%AB%E5%85%8B%E6%AD%87%E5%B0%94，2011-01-03。

一个国家某种资源对其他资源的相对供给比较大，就称这种资源为这个国家的充裕资源。H-O 理论的基本结论是：一个国家将生产充裕资源密集型产品，并倾向于出口其国内充裕资源密集型产品。俄林是这样阐述的：“出口那些需要多用本国充裕的生产要素而少用本国稀缺的生产要素的产品，用以交换其要素比例正好相反的产品。因此，间接地讲，充裕供给的要素用于出口，稀缺供给的要素则进口。”①

全球观察 2—6

伯蒂尔·俄林

伯蒂尔·俄林（1899—1979），瑞典著名经济学家，现代国际贸易理论的创始人。1899 年，俄林生于瑞典克利班。1919 年毕业于斯德哥尔摩大学，获学士学位。1924 年，获博士学位。俄林的博士论文《贸易理论》发表之后，国际贸易理论问题成为他的主要研究课题。

1925 年，俄林通过竞争获聘丹麦哥本哈根大学经济学教授。1930 年，他应聘回到母校斯德哥尔摩大学商业经济学院，接替他的老师赫克歇尔任经济学教授，从此担任这一职务达 35 年之久。1933 年，俄林出版《地区间贸易与国际贸易问题》一书。在这本书中，他对赫克歇尔的论点加以发挥，提出了著名的 H-O 理论。

1977 年，俄林因对国际贸易理论和国际资本运动理论作出了开拓性的研究，

① Bertil Ohlin，*Interregional and International Trade*，Cambridge：Harvard University Press，1933.

与英国剑桥大学的詹姆斯·爱德华·米德一同获得了诺贝尔经济学奖。

除了从事国际贸易理论研究，他还对货币理论、就业与经济波动等问题有深刻的造诣，这方面的代表作有《世界经济萧条的过程与阶段》（*The Course and Phases of the World Economic Depression*，1931，1967）和《就业稳定》（*Employment Stabilization*，1949，1977）。

俄林不仅是一位经济学家，还是瑞典著名的政治活动家。1938年，俄林当选议会议员。1944年，他出任瑞典主要反对党自由党的主席。同年，在联合政府中任贸易部部长。他连任自由党主席达23年之久。但是，使他失望的是，他想当首相的宿愿一直没有实现。

资料来源：《新帕尔格雷夫经济学大辞典（第4卷）》，北京，经济科学出版社，1992。

为了理解资源在国际贸易中扮演的角色，可以采用两种生产要素来生产两种产品的模型。这两种产品具有不同的要素密集程度，也就是说，对任一给定的工资/地租比率，其中一种产品的土地/劳动比率要高于另一种产品的比率。只要一国两种产品都生产，则在这两种产品的相对价格和用以生产这两种产品的要素的相对价格之间存在一一对应的关系。若劳动密集型产品的相对价格上升，将使收入分配急剧地朝有利于劳动的方向转变：不管对哪种产品，劳动的实际工资都将上升，与此同时土地所有者的实际收入都会下降。一种生产要素的供给增加会扩张生产可能性，但却有强烈的偏向型：在商品相对价格不变的情况下，该要素密集型的产品的产出会增加，同时另一种产品的产出实际上会下降。

由于产品相对价格的变动对要素所有者的相对收入有很大的影响，而贸易导致了相对价格的改变，因此国际贸易有很强的收入分配效应。一个国家相对充裕资源的所有者从贸易获利，稀缺资源的所有者遭受损失。在理想的模型中，国际贸易会导致两国要素（如劳动和资本）价格相等化。实际上，由于资源差异、贸易壁垒和技术差异的原因，完全的要素价格相等化是不存在的。

全球观察2—7

两个国家两种生产要素生产两种产品的模型

H-O理论贸易模型的假设如下：两个国家为中国和美国；两种生产要素是劳动力和资本，以资本/劳动力的比率来衡量，中国是劳动力充裕的国家，美国是资本充裕的国家；两种产品是大米和钢铁，大米假定是劳动力密集型产品，钢铁是资本密集型产品；劳动力和资本可以在国内各部门间自由流动，但不能在国家间流动；各国的生产技术是相同的。

中美两国的贸易状况如图2—1所示，两国在发生贸易之前，各自根据社会的需求偏好和生产成本选择A点作为生产和消费的均衡点。由于中国缺乏资本，中国钢铁的相对成本（用P_s/P_r表示，也是A点上生产可能性曲线（PPC）和社会无差异曲线（CIC）的斜率）比较高，假定为1.5。美国拥有相对充裕的资本，钢铁生产的相对成本比较低，假定为 0.5。而两国大米生产的相对成本恰好相反，中国是 2/3，美国是 2，中国大米的成本比较低。若两国发生贸易，根据比较优势理论，美国会多生产钢铁并向中国出口以换取大米，而中国则相反。各国的生产点都会从原来没有贸易时的 A 点转移到 S_1 点，然后根据双方都接受的国际价格进行交换。假定 1 吨钢铁可以交换 1 吨大米。对于中国而言，生产 1 吨钢铁要牺牲 1.5 吨大米，现在则可用 1 吨大米换 1 吨钢铁；对于美国而言，生产 1 吨大米要支付 2 吨钢铁的代价，现在则可用 1 吨钢铁换 1 吨大米。双方都愿意进行贸易。在此，中国出口 20 吨大米以进口 20 吨钢铁；美国正好相反。新的消费点在 C_1，生产点在 S_1，生产与消费之间的差别就是国际贸易量，C_1，E 和 S_1 三点所组成三角（图中的阴影部分）称为贸易三角。

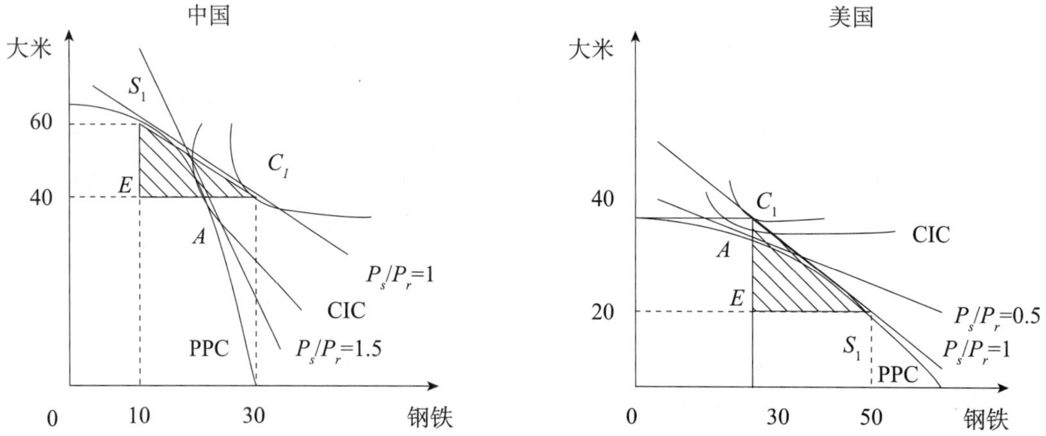

图 2—1 生产要素比例不同的国家之间的贸易

资料来源：保罗·克鲁格曼、茅瑞斯·奥伯斯法尔德：《国际经济学（第四版）》，北京，中国人民大学出版社，1998。

H-O 理论是国际经济学中最具影响力的理论之一，因此成为大量实证分析检验的课题。经济学家瓦西里·里昂惕夫（Wassily Leontief）发现美国出口产品的资本密集程度要低于其进口产品的资本密集程度。① 这一结论被称为里昂惕夫悖论。这是与 H-O 理论对立的一个最大的证据。但许多学者的研究证实 H-O 理论应用于南北贸易时比应用于整个国际贸易时更有效。② 尽管实证研究的结果有反对 H-O 理论的，也有支持的，但大多数研究者并不相信单单是资源差异就能解释世界贸易模式或世界要素价格。相反，似乎有必要充分看到国际上实际存在的技术差异。无论如何，H-O 模型仍然相当有效，尤其是用来分析贸易对收入分配的影响时。

① Leontief, "Domestic Production and Foreign Trade: The American Capital Position Re-Examined," *Proceedings of the American Philosophical Society*, 1953 (97), pp. 331-349.

② Adrian Wood, "Give Heckscher and Ohlin a Chance!," *Weltwirtschaftliches Archiv* 130, January 1994, pp. 20-49.

全球观察 2—8

瓦西里·里昂惕夫

瓦西里·里昂惕夫（1906—1999），美籍俄裔著名经济学家，是投入产出分析方法的创始人。1973 年诺贝尔经济学奖获得者，1974 年成为美国全国科学院院士。在哈佛大学经济系任教期间，约瑟夫·熊彼特是他的同事，并且对他的研究成果极为推崇，还有两位诺贝尔经济学奖得主保罗·萨缪尔森和罗伯特·索洛是他的学生。

1906 年，里昂惕夫出生于俄国圣彼得堡，1921 年进入列宁格勒大学学习，1925 年毕业于该校经济系，获文学硕士学位，留校担任经济地理辅导员的工作。1925 年秋去德国柏林大学学习，于 1928 年获哲学博士学位。1927—1928 年和 1930 年，在德国基尔大学世界经济研究所任研究助理，1928—1929 年到中国南京，任国民党政府铁道部经济顾问。1931 年初，由德国柏林移居美国纽约，任美国全国经济研究局研究助理。1931—1975 年在哈佛大学经济系任教，期间先后任讲师、助理教授、副教授和教授。1953—1975 年，任亨利·李氏政治经济学讲座教授。期间，里昂惕夫还参加了美国政府部门的许多实际工作。

里昂惕夫发表的各种论文约有 200 余篇，散见于西方各重要报刊上。重要专著有《美国经济结构，1919—1929》（1941）、《美国经济结构研究：投入产出分析中理论和经验的探索》（1953）、《投入产出经济学》（1966）、《经济学论文集：理论与推理》（1966）、《经济学论文集：理论、事实与政策》（1977）、《世界经济的未来：联合国的一项研究》（与其他人合作，1977）。

资料来源：《新帕尔格雷夫经济学大辞典（第 4 卷）》，北京，经济科学出版社，1992。

2.1.4　新经济地理理论

20 世纪 90 年代，克鲁格曼的《收益递增与经济地理》（1991）一文中对新经济地理学思想进行了系统的阐述，标志着新经济地理学这一新兴学科的创立。与传统的经济地理学相比，新经济地理学将收入递增——不完全竞争以及运输成本、历史、预期、多重均衡等要素引入空间分析中，以解释大规模的生产聚集，从而丰富和发展了经济地理学的理论内涵，也为研究国际经济问题提供了另外一种新视角。

全球观察 2—9

保罗·克鲁格曼

1953 年，保罗·克鲁格曼出生于美国的一个中产阶级家庭，父亲是保险公司

的经理。他在纽约的郊区长大，童年时代喜爱看科幻小说，曾梦想成为一名心理学家或历史学家。当他成为一名著名的经济学家后，他诙谐地说："有趣的思想与有趣的生活经历关系甚微。"

1974年，保罗·克鲁格曼毕业于耶鲁大学。在大学期间主修经济学，但他只上了经济学必修课，选的更多的是历史课。克鲁格曼最早在经济学领域向传统挑战是在1973年春天。当时著名经济学家威廉·诺德豪斯（William Nordhaus）举行了一个关于能源和自然资源的讲座，克鲁格曼写了一篇论文，表明汽油的长期需求富有价格弹性，这一观点与当时流行的观点恰好相反。克鲁格曼对经济问题的深刻理解引起了诺德豪斯的关注。

大学毕业后，在诺德豪斯的推荐下，克鲁格曼进入麻省理工学院攻读博士学位。在1977年取得经济学博士学位之后，便直接去耶鲁大学任教，从此开始了他作为经济学家的研究生涯。

克鲁格曼的成名是在1978年。他当时写了一篇关于国际贸易的论文（即《规模报酬递增、垄断竞争和国际贸易》，于1979年发表于《国际经济学杂志》），并于当年7月在美国国民经济研究局（NBER）的研讨会上宣读。参加这个会议的都是当时国际上最有影响的经济学家。当他开始宣读论文时，人们没有加以注意。然而，随着克鲁格曼一步一步地展开他的分析，大厅渐渐地安静了下来，人们开始专心地倾听克鲁格曼的演讲。他的这篇论文奠定了国际贸易理论新的分析框架，从而也使克鲁格曼一夜成名。克鲁格曼回忆道："那是我生命中最美好的90分钟。"

克鲁格曼是一个不安于现状、不断向自己及社会挑战的经济学家。1982年8月，他成为美国总统经济顾问委员会的主要成员，对一系列的传统毫不客气地提出挑战。由于他的这种坦率和自身与政界的不融合，一年后便重新回到学校做学者。此后，他与海尔普曼（Elhanan Helpman）合著《市场结构与对外贸易》以及一系列具有真知灼见的经济著作（包括已经翻译成中文的《流行的国际主义》、《汇率的不稳定性》、《地理和贸易》等），在经济学界和政界产生了巨大反响。

克鲁格曼对于国际经济学的贡献主要包括：第一，突破了传统的国际贸易理论，对战后大量出现的工业国家之间和同行业之间的贸易作出了解释。通过引进微观经济学中的产品差异、垄断竞争、规模经济等原理，不仅为国际贸易理论建立了一个新的分析框架，而且将经济学基本原理与国际贸易中的新思路有机地结合起来，从而为当代国际贸易理论的发展作出了开创性的贡献。第二，分析了国际贸易中的寡头竞争行为，为战略性贸易政策的研究奠定了基础。与传统的贸易政策不同，战略性贸易政策有时不仅可以保护国内市场，也可以促进出口。政府对某些产业的有限保护有助于该产业获得规模经济，降低成本，提高竞争力。克鲁格曼认为，相比之下，自由贸易仍是最好的政策选择。第三，在汇率和发展中国家债务等问题上独有建树，其中最主要的贡献是关于汇率的“目标区域”理论，主张汇率的有限浮动等。

由于在国际经济学领域的杰出贡献，克鲁格曼于1991年获得了两年一次颁发给40岁以下美国杰出经济学者的约翰·贝茨·克拉克奖；2008年，获得诺贝尔经济学奖。

资料来源：克鲁格曼的个人网页，http：//www. mit. edu/people/krugman/index. html。

新经济地理理论主要研究报酬递增规律如何影响产业的空间集聚，即市场和地理之间的相互联系。其基本观点有：第一，强调规模经济、运输成本、要素流动性、产业关联、地租和经济一体化等多种“向心力”和“离心力”因素的相互作用对聚集形成的综合影响。这些因素作用的机理是：规模经济往往促成生产在某些区位上的集中，这种集中又会吸引具有流动性的生产要素（如劳动力）的转移。劳动力的集中反过来促进该区位消费需求的增长，使得该区位对企业更具吸引力，从而进一步强化了企业聚集。相应地，这些因素的不断变化将导致均衡结构的不连续变动，从而出现多种可能的聚集格局。第二，聚集引发的正外部性是一种自我强化的累积过程，使得该区位即使并不具有最初的“天赋”（first-nature）优势，也能形成一种内生的“后天”（second-nature）优势，从而导致中心—外围结构的形成和发展。引发这种累积过程的直接原因可以是一些微不足道的历史事件，预期也在其中发挥重要作用。

克鲁格曼运用中心—外围模型分析产业集聚的形成原因。该模型假定世界经济中存在两个地区和两个部门，两个地区具有相同的偏好和技术，即初始条件相同，世界经济中存在两个部门：一个是规模报酬不变的完全竞争的农业部门；另一个是规模报酬递增的垄断竞争性的制造部门。每个地区有两种生产要素，每种生产要素分别服务于特定的部门，即农民只能从事农产品的生产，工人只能从事制造业产品的生产。农民在两个地区均匀分布，完全不能在地区之间流动，农业工资各地相等，农产品是同质的且不存在运输成本，因此两个地区农民的收益是相同的，农民和农业这一部分暂时可以忽略。制造业部门工资的名义值和实际值之间则存在地区差异，制造工人从事制造品的生产但可以在地区之间流动，因而制造业工人可以视实际工资的高低由低工资区向高工资区流动。制造企业选择区位是为了追求利润最大化，工人关注的是实际工资而不是名义工资，制造业商品存在固定比率的运输成本，存在大量的制造企业，每个企业只生产一种商品。

该模型通过将报酬递增条件下的制造业份额与工人的流动份额内生化，得出地区生产结构随运输成本的变化而呈现出非线性关系。高运输成本、微弱的规模经济以及在制造业商品上的低消费份额将阻止产业的地理集聚，刺激制造业部门选择靠近消费市场的区位进行产品的生产，所以产业将在两个区域均匀分布。当运输成本降到中间水平时，企业将在某一地区形成集聚。出现这种情况是因为在运输成本处于中间水平时，前向效应和后向效应最强：一个地区的市场需求越大，由于存在较强的规模经济、价格指数效应以及累积循环因果效应，该地区的制造业份额也越大，商品的价格指数也就越低，厂商能够支付给工人的工资也越高，也能够吸引越多的外地区工人，这将促使该地区的市场容量进一步变大；由于存在规模报酬递增，越来越多的制造企业就会进入该地区。在此情况下，两地区的对称经济结构变得不可持续，于是制造业就由世界经济中原来的均匀分布逐步演变成一种核心—外围的经济结构。与此同时，核心地区的制造性份额也就大于外围地区的份额，从而该地区也就变成了一个制成品的净出口地。在运输成本进一步降低的情况下，企业是进一步集中还是开始分散，要看分散化力量和集聚性力量谁居主导地位，当运输成本降到使分散化力量占主导地位时，企业就不必接近市场布局，产业就可能出现分散化。

2.2 国际直接投资理论

国际直接投资理论是西方经济学中派生出来的一个重要分支。1960 年，斯蒂芬·H·海默（Stephen H. Hymer）的博士论文《国际经营：国际直接投资研究》①在理论上开创了以国际直接投资为研究对象的崭新的研究领域。国际直接投资理论一直在试图探求跨国公司国际直接投资的动因、决定因素和条件。从各种学说研究视角考察，可以分为两大体系：一是从微观角度出发，即从企业层面出发进行分析，主要包括垄断优势理论、内部化理论、折中理论等主流理论。这些理论普遍存在三个共同点：理论假设前提是市场不完全性；比较优势理论和资源禀赋理论是重要的理论基石；跨国公司具有对外扩张的优势。二是从宏观角度出发，以国际贸易理论为基础的体系，主要有国际产品生命周期理论等，重要假设之一是市场完全竞争。

全球观察 2—10

斯蒂芬·H·海默

斯蒂芬·H·海默（1934—1974）于 1934 年出生在加拿大蒙特利尔，1974 年 2 月悲剧性地死于纽约州高速公路上的一次车祸。

海默在麦吉尔大学开始学习经济学，于 1960 年在麻省理工学院获得经济学哲学博士学位。他在 20 世纪 60 年代早期在加纳工作多年，1964—1970 年在耶鲁大学任教。在 60 年代晚期，他日益频繁地活动于激进派之间，然后转向马克思主义学说，为此被耶鲁大学解聘。此后，他前往社会研究新学院的研究生教师团，并帮助促成了一个政治经济学计划。

海默的主要贡献是对跨国公司直接投资的分析。早在他 1960 年的始创性论文中，海默就与国际贸易理论决裂，而把外国直接投资看做跨国企业的特殊性内部矛盾和它们竞相扩张领土控制的一个直接后果。海默还对于表述一个现代的、复杂

① Stephen H. Hymer, *The International Operations of National Firms*: *A Study of Direct Foreign Investment*, Cambridge, MA: MIT Press, 1976. 海默的博士论文完成于 1960 年，但直到 1976 年才正式公开出版。

的、分析严密的马克思主义政治经济学作出了重要贡献。他在国际经济和全球经济方面的最佳论文以《跨国公司》（*The Multinational Corporation*：*A Radical Approach*，1979）为题汇集发表。

资料来源：《新帕尔格雷夫经济学大辞典（第 2 卷）》，北京，经济科学出版社，1992。

2.2.1　垄断优势理论

垄断优势理论形成的基础有二：一是传统的工业组织理论，海默第一个将工业组织理论研究范围拓展到国际领域，将国际直接投资与有价证券投资区别开来；二是国际贸易与资本运动理论中的传统资源禀赋理论，海默创造性地将企业垄断优势（即企业所有权优势）置于国际直接投资理论的核心，他具有前卫性概念的洞识理清了国际投资理论与国际贸易理论之间的浑浊关系。

垄断优势理论提出的假设前提突破了新古典贸易理论有关生产要素的不可移动性、产品功能的同一性、自由竞争三个基本假设条件。金德尔伯格（Charles P. Kindleberger）指出垄断优势理论的假设前提有两个：一是外国企业相比本地企业具有一些优势；二是国际直接投资属于垄断性竞争理论的范畴。

市场不完全性和垄断优势是垄断优势理论的核心。在海默的基础上，金德尔伯格强调指出，“在一个产品和要素完全竞争的世界里，国际直接投资不可能存在”①，因为在这种情况下，没有企业拥有确保国际直接投资获利的优势。金德尔伯格认为，国际直接投资者反对共享权益或合资的主要原因正是外国企业相比本地企业具有这些垄断优势，而且外国企业不愿与本地企业分享专有知识。垄断优势的主要来源为：

第一，来自产品市场不完全性的优势。例如，产品差异、商标、营销网络和技术，以及价格操纵等。

第二，来自生产要素市场不完全性的优势，包括专利、专有技术、资金实力、管理技能等。专利和专有技术可以使企业的产品区别于其他企业，因此可以获得对价格和营销的控制能力。专利等知识优势可以限制竞争者的进入，维护企业的垄断地位。跨国公司一般拥有雄厚的资金实力，在资本市场上可以获得较低利率的贷款，或者优先得到贷款，在需要巨额资本的行业具有得天独厚的优势。

第三，来自内外部规模经济的优势。跨国公司通过水平的或垂直的一体化经营，可以取得本地企业所不能达到的生产规模，从而可以实现规模经济，并且对产品价格或原材料价格拥有一定的控制能力，能通过提高产品价格或压低原材料价格获取更多的利润。跨国公司还可以运用国际专业化生产，避免本国或东道国市场对规模经济的制约，利用各国生产要素的差异，合理布置企业生产区位，实现企业内部与外部规模经济，增强企业竞争力。

---

① Charles P. Kindleberger, *American Business Abroad*, New Haven: Yale University Press, 1969, p. 13.

第四，来自政府对进出口限制的优势。跨国公司在世界范围的生产布局，可以使其在实现水平的和垂直的一体化经营的同时，有效地配置资源和调度资源。跨国公司通常运用的转移定价就具有转移资金、减少税收、调节利润、降低风险、增强竞争力和避免东道国的价格控制等诸多功能。在应对母国和东道国的各种限制方面，跨国公司拥有本地企业无法比拟的优势。

垄断优势理论是阐释国际直接投资的重要理论，能够较好地解释美国跨国公司对外直接投资的动机和条件。但是，这一理论也具有明显的局限性：其一，该理论只说明了企业对外直接投资的条件，而没有涉及投资区位；其二，垄断优势只是对外直接投资的必要条件，而非充分条件，该理论无法说明为何放弃出口方式而选择直接投资；其三，该理论是一种静态分析，缺乏动态分析，企业的优势是相对的，随着时间的推移不断变化；其四，该理论是以资本或技术密集型行业的垄断企业为研究对象得出的结论，时空上缺乏普遍性。

全球观察 2—11

垄断优势理论的推论与历史事实

根据垄断优势理论可以得到推论：国际直接投资主要集中于某些特定的行业，各国处于这些行业的企业面临同一市场；进行国际直接投资的主要是少数大公司，因为只有这些实力雄厚的大公司所拥有的优势才足以克服跨国经营带来的障碍；国际直接投资会发生在利润负相关的企业之间，会出现不同行业企业的合并；由小公司构成的行业一般不会发生国际直接投资。

历史事实与垄断优势理论的推论是基本一致的。1950 年美国官方统计资料表明，美国国际直接投资主要集中在石油、橡胶、汽车等少数几个行业。在这些行业中少数几家大公司（通常是 5～7 家）处于国际直接投资的主导地位。1953 年加拿大的统计资料以及学者对西欧的研究也都不同程度地得到了近似的结论。

资料来源：保罗·克鲁格曼、茅瑞斯·奥伯斯法尔德：《国际经济学（第四版）》，北京，中国人民大学出版社，1998。

2.2.2 折中理论

1977 年，邓宁在《贸易、经济活动的区位与多国企业：折中理论探索》一文中，首次提出其独特的国际直接投资理论——折中理论。折中理论的基础是垄断优势理论、内部化理论和区位理论，邓宁尝试将各种已有的国际直接投资理论相互补充、融合纳入一个统一的分析框架。他将折中理论定义为一个可应用于国际贸易和国际生产系统的企业所有权优势理论。

折中理论的核心是 OLI 分析范式（ownership-location-internalization）。企业要进行国际直接投资，必须满足三个条件：一是在当地市场，企业比竞争对手拥有所有权优势；二是企业控制这些优势比以出租或许可证方式转给当地企业获利更大；

三是企业将这些优势至少与某些投入要素（包括自然要素）联系在一起是可行的，否则完全可以采用出口方式。OLI分析范式的三个基本条件可简单地概括为企业优势、内部化优势和区位优势。

第一，企业优势。它是指一国企业拥有或能够获得的、东道国企业所不具备或无法获得的资产及其所有权，这里资产一词含义较广，泛指任何能够带来未来收益的东西。企业优势可分为三类：一是在同一区位内，企业拥有的高于外国企业的优势。这些优势来自对有形资产和无形资产的占有，有形资产包括规模经济、多样化经营以及对产品市场和原材料市场的垄断；无形资产包括技术专利权、商标和管理技能等，无形资产的流动性使其在任何地方都可以使用。因此拥有无形资产对国际直接投资而言极为重要。二是企业分支机构在生产管理上的集中所形成的优势。三是企业由于多国经营所形成的优势。

第二，内部化优势。它是指企业将所拥有的所有权优势在内部使用而带来的优势。由于某些产品或技术通过市场转移时会提高交易成本，因此企业可以通过国际直接投资将不完全性市场内部化减少交易成本。企业进行国际直接投资不仅取决于其所拥有的各种所有权优势，而且取决于其将各种所有权优势加以内部化的意愿和能力。邓宁认为，企业将其所拥有的各种所有权优势内部化的动机在于，避免外部市场的不完全性所产生的不利影响，实现资源的最优配置，继续保持和充分利用其所有权优势的垄断地位。企业对所有权的利用途径一般可以分为两条：一是将其所拥有的资产或资产的使用权出售给其他企业，也就是将资产的使用外部化；二是由企业自己使用这些资产，也就是将资产使用内部化。邓宁强调内部化对企业国际生产具有的重要意义，企业的国际竞争力不是来自对技术的占有，也不是来自传统的垄断优势，而是来自技术优势的内部化。

第三，区位优势。它是指企业在投资区位方面所具有的优势，主要体现在不同国家或地区的劳动力、能源、原材料等生产要素具有不同的价格结构和质量差异。区位优势取决于：要素投入和市场的地理分布状况、各国的生产要素成本的质量、运输成本与通信成本、基础设施、政府干预与调节措施的范围和程度、各国的金融状况和金融制度、国外市场与国内市场类型的差异程度，以及由于经济条件不同形成的国内市场与国外市场的物质和经济距离或由于历史、文化、语言、风俗、偏好、商业惯例等形成的心理距离等。企业进行国际直接投资要受这些因素的影响，只有当某国区位优势较大时，企业才可能进行国际直接投资。

邓宁认为，这三类优势都不能单独用来解释国际直接投资，企业只有具备这三类优势时才可能进行国际直接投资。换言之，企业优势是国际直接投资的必要条件，而非充分条件。若外国区位优势缺乏吸引力，企业可以选择出口方式。若不但外国区位优势缺乏吸引力，而且企业无须保持内部化优势，企业就可以选择许可证方式。这三类优势是相互关联、紧密联系的，在国际直接投资决策中发挥着各自的作用（见表2—6）。

表 2—6 三类优势与跨国经营决策的关系

	企业优势（O）	内部化优势（I）	区位优势（L）
国际直接投资	有	有	有
出口贸易	有	有	无
许可证协议	有	无	无

资料来源：J. H. Dunning，*International Production and the Multinational Enterprise*，London：George Allen and Unwin，1981.

折中理论是被广泛接受的国际直接投资理论。邓宁的贡献在于综合吸收其他理论关于国际直接投资决定因素的分析，从中归纳出三组变量，并利用这些变量解释国际直接投资所应具有的各种条件。折中理论是迄今为止国际直接投资理论中最具影响、适用范围最广的理论。

2.2.3 国际产品生命周期理论

弗农·雷蒙德（Vernon Raymond）于 1966 年 5 月在《经济学季刊》发表了其《产品周期中的国际投资和国际贸易》一文。弗农认为，垄断优势理论没有完全说明企业需要通过国际直接投资去占领海外市场，而不是通过产品出口和许可证协议获利的根本原因，而产品周期理论则可以解释发达国家从出口贸易、许可证协议到国际直接投资的发展过程。由于他认为美国企业的国际直接投资活动与产品周期性相关，因此他对美国企业战后国际直接投资的解释便称为国际直接投资的产品周期生命理论，一般简称为国际产品生命周期理论。

全球观察 2—12

弗农·雷蒙德

弗农·雷蒙德出生于 1913 年，是第二次世界大战以后在国际经济关系研究方面一位最多产的作者。他的著作反映了多方面的职业生涯，包括将近 20 年在政府部门供职，短时期从商，担任过 3 年纽约市区研究中心主任，从 1959 年开始在哈佛大学工作，先是商学院国际商业的教学和研究骨干，后来在肯尼迪管理学院一直是克拉伦斯·狄龙（Clarence Dillon）国际问题讲座教授。

弗农早期的研究贡献之一是区域经济学。信息和专业化服务也很显著地出现在他关于跨国公司的大量著作中。他揭示了信息和专业化服务如何内在化和怎样转化为专有知识，跨国公司可以利用这种知识获取在国内外市场上的垄断地位。通过把生产转移到位于常规的生产要素最便宜的国家中的子公司，同时把总部放在新产品和新工艺的发祥地——最发达的市场，使这些企业的垄断地位从“产品生命周期”的初始阶段一直延续到成熟阶段。

弗农单独或与同事和博士生合作，出版了大量关于跨国公司的著作以及论文。在《对海湾的主权》（*Sovereignty at Bay*：*The Multinational Spread of U.S.*

Enterprises，1971）和《跨国公司面临的风暴》（*Storm over the Multinationals*：*The Real Issues*，1977）两本书中，弗农概括了他对跨国公司的研究，对跨国公司领域的研究具有重要意义。

资料来源：《新帕尔格雷夫经济学大辞典（第4卷）》，北京，经济科学出版社，1992。

国际产品周期理论的前提假设是：一是消费者偏好依收入的不同而不同；二是企业之间以及企业与市场之间的沟通和协调费用随地理位置的增大而增加；三是产品生产技术和营销活动的变化存在一定的规律性；四是国际技术转让市场具有不完全性。企业的国际直接投资是企业在产品生命周期运动中，由于生产条件和竞争条件变动而做出的决策。国际产品周期可分为产品创新、产品成熟及产品标准化三个阶段（见图2—2）。

第一阶段，产品创新阶段。企业产品创新的方向受到最能促进创新的市场条件的影响。根据经济理论，在市场经济中，任何产品的初始创新方向都会受到市场消费者需求的引导，而消费者需求偏好及其对产品的选择会随着收入的高低而变化。弗农认为，由于美国的人均收入高、市场容量大、开发与研究资金多，因此在开发新产品和采用新技术方面居于优势地位。这一阶段，美国企业的生产一般都集中在国内，主要原因如下：一是产品尚未标准化，需要不断改进设计以适应消费者的要求与偏好。二是产品所需的生产要素投入和加工工艺及规格的变化也很大，企业需要同材料供应厂家，甚至同竞争者保持迅速和有效的联系，以便迅速了解市场动态，距离市场越近，通信成本也就越低。三是企业的产品差别程度较高，产品特异性强，存在某种程度的产品垄断，新产品的需求价格弹性很低，生产成本对企业生产区位选择的影响不大，企业主要利用产品差别等手段竞争，或力图垄断技术与产品生产来占领市场。四是对于其他发达国家如西欧国家，由于经济结构与消费结构大致相同，对这种产品也有需求，美国企业主要可通过出口来满足国外市场的需求。这些原因导致这一阶段生产集中在国内进行。

第二阶段，产品成熟阶段。主要特点为：一是随着国内外需求的增加，产品样式开始稳定，产品逐渐标准化。产品与技术的稳定使企业愿意进行长期投资，扩大生产规模，进行大批量生产，以降低产品价格，扩大市场，取得规模经济的效益。二是消费品对价格的敏感度增加，产品的需求弹性增加。同时，由于新产品的种类和样式日益增多，产品的交叉需求弹性也增加了。企业这时必须重视价格因素在竞争中的作用。随着新产品和新技术的稳定，仿制品出现并且不断增多，具有新产品的企业的技术垄断地位及寡占市场结构被削弱，价格竞争占主导地位，生产成本成为企业考虑的首要因素。三是在国内市场趋于饱和时，加之降低成本和追求规模经济，迫使企业日益重视国外市场，考虑对外直接投资。20世纪50年代末，西欧国家经济迅速恢复，市场扩大，因此可在西欧国家进行大规模生产，同时西欧国家的劳动力成本也低于美国，因此在这些国家投资生产可降低成本。四是由于产品出口量急剧增加，生产企业拥有的垄断技术也因此逐渐扩散到国外竞争者手中，西欧国家企业的实力增强，可以通过仿制美国企业的产品来排挤美国产品，运输成本及西

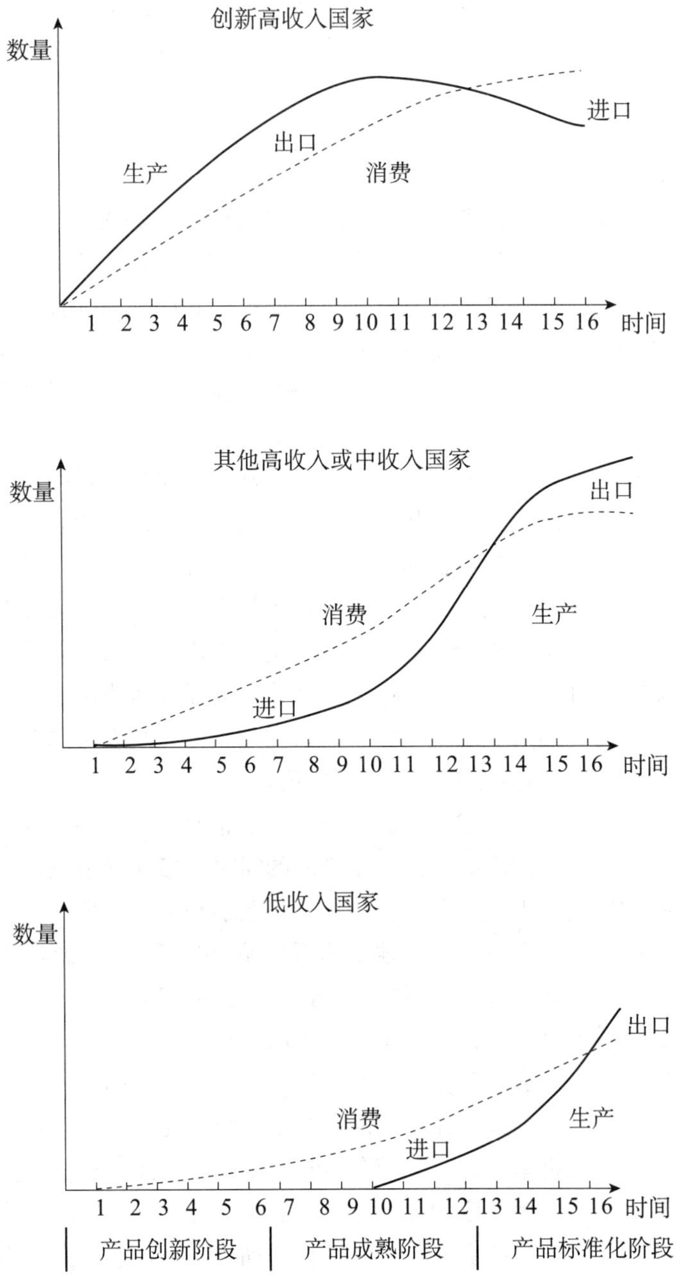

图 2—2 国际产品生命周期理论

资料来源：Raymond Vernon，"International Investment and International Trade in the Product Cycle，" *Quarterly Journal of Economics*，May 1966，p. 199.

欧国家的关税壁垒也使美国企业处于不利的竞争地位。这些因素导致美国企业对西欧国家进行直接投资，以弥补出口减少带来的损失，预先防止西欧国家企业的潜在竞争。

第三阶段，产品标准化阶段。产品的生产技术、规模及式样等都已完全标准化。企业的寡占优势已不复存在。企业之间的竞争基础是价格与成本。这时企业最关心的是寻找成本低的产品生产区位，于是劳动力成本低的发展中国家便成为跨国公司选择的最佳生产区位。弗农认为，那些生产过程需要大量劳动投入、对外部条件依赖较小、产品需求弹性高的标准化产品最有可能转移到发展中国家生产。在发展中国家生产的这些产品或是运往国内供应国内市场，或是销往其他国家。

概括地讲，该理论认为许多产品经历了周期循环，在这一周期循环中，高收入、高消费国家从初始的出口国，逐渐失去其国际市场，到最终成为这种产品的进口国；与此同时，其他一些中收入的国家从进口国转变为出口国；再后来，低收入国家也从这种产品的进口国转变成出口国。以弗农的研究为例，美国推出新产品后，出口增加，而西欧各国开始以较大规模生产这种产品时，美国就会从出口的高峰开始下降，到西欧各国产品开始出口时，美国的出口已下降到接近零，并随后开始进口。当西欧各国上升到出口高峰时，美国可能正向生产的低谷下落，但是，当发展中国家从开始生产这种产品转向大规模向欧美出口时，西欧各国也会从出口的高峰转为下降，并步美国的后尘，逐渐向生产的低谷下滑。与此同时，发展中国家则开始向出口高峰上升。

弗农的理论解释了战后美国企业在西欧大量投资的动机、原因和特征，并对国际直接投资理论的发展产生了重大影响，为当时的跨国公司理论增添了动态分析或时间因素。他与垄断优势理论的创始人海默等不同，将企业的技术优势及垄断视为伴随产品周期的动态变化过程，分析了技术优势变化对企业对外直接投资的影响。在分析方法上，他把美国宏观经济结构的特征与美国企业创新方向联系起来，说明了美国企业技术优势的特征及海外生产的动机与区位分布格局。他还力图将贸易理论与国际直接投资理论统一起来。

2.2.4　国际投资发展阶段理论

1979年在美国檀香山召开的一个主题为“发展中国家的跨国公司”的国际会议上，邓宁首次提出国际投资发展阶段理论，旨在从动态角度解释各国在国际直接投资中的地位及其变化，进一步完善折中理论。

通过对67个发达国家和发展中国家1967—1975年期间国际直接投资流出量与流入量的实证分析，邓宁发现人均国民生产总值达到一定的水平后，就与国际直接投资的流出量和流入量有关，这种关系就是所谓的投资发展周期。当一国的人均国民生产总值达到一定水平后，该国的国际直接投资流出量和流入量将与国民生产总值同步增长，其净投资流出量曲线是U形，这就是国际投资发展周期模型。这一理论认为，一国国际直接投资流量的决定因素与该国经济发展水平存在系统的关系。处于较低发展水平的国家，国际直接投资流出量较小，流入量较大；处于较高发展水平的国家，国际直接投资流出量增加，净流出量也增加。这里，邓宁提出了净对外直接投资地位的概念，一国的净对外直接投资地位是指该国对外直接投资总额减去引进外国直接投资总额。一国的净对外直接投资地位与其经济发展水平存在密切的正相关关系，因此考察一国国际直接投资的地位，就应从表示该国经济发展水平和阶段的重要指标——人均国民生产总值出发，据此国际投资发展周期可划分为四个阶段。

第一阶段，是人均国民生产总值为400美元以下的发展中国家。这类国家是最贫穷的国家，引进外资规模极小，无任何对外直接投资，即净对外直接投资为负值。一方面，这类国家国内市场狭小，缺乏适当的工业、商业、法律、运输和通信等基础设施，尚未形成足够的区位优势来吸引大量的外国直接投资，外国直接投资流入量极其有限；另一方面，由于这类国家经济落后、技术力量薄弱，其企业尚未形成足够的所有权优势和内部化优势，即便略有一些，也只能通过出口贸易的方式加以利用，没有足够的能力进行对外直接投资。

第二阶段，是人均国民生产总值为400～2 000美元的国家。这类国家引进外资规模不断扩大，对外直接投资流出量较小，净对外直接投资为负值。这类国家的国内市场得到一定程度的扩大，投资环境有所改善，形成了较强的区位优势，对外国直接投资的吸引力增大，外国直接投资大量流入。外国直接投资主要集中在进口替代行业、资源开发行业和劳动密集型行业。生产要素市场的不完善是这一阶段制约外国直接投资的重要因素。由于经济实力和技术水平所限，企业所拥有的所有权优势和内部化优势还不够充分，对外直接投资处于较低的水平。

第三阶段，是人均国民生产总值为2 000～4 750美元的国家。这类国家的企业形成了较强的所有权优势，对外直接投资大幅上升，其发展速度可能超过引进外国直接投资的发展速度，但净对外直接投资仍为负值。进入这一阶段，标志着国家已经步入国际生产专业化的道路。这类国家所有权优势最强而区位优势最弱的部门进行对外直接投资，所有权优势最弱而区位优势最强的部门引进外国直接投资。新兴工业化国家和部分发达国家处于这一阶段。

第四阶段，是人均国民生产总值为4 750美元以上的发达国家。这类国家的企业具有强大的所有权优势，对外直接投资的增长速度快于引进外国直接投资的增长速度，净对外直接投资为正值。

实证表明，有些国家随着经济发展会过渡到较高阶段，这时其对外直接投资增加，国际直接投资净流入量减少。某些发展中国家，如尼日利亚和印度尼西亚第二次世界大战后已从第一阶段上升到第二阶段，一些新兴工业化国家如巴西、新加坡、墨西哥等已迅速从第二阶段过渡到第三阶段，而美国、日本及西欧一些国家已完成了周期的发展阶段。

邓宁认为，一国的所有权优势和区位优势与引进外国直接投资呈正相关关系，与对外直接投资呈负相关关系；内部化优势既可以促进对外直接投资，也可以促进引进外国直接投资，取决于投资国与东道国的市场不完全性程度。一国的经济发展水平决定了其企业所有权优势、内部化优势和区位优势的大小，而三个优势的均衡决定了一国的净国际直接投资地位。工业国和新兴工业化国家一般都有较高的国际直接投资净流出量，较低的国际直接投资净流入量，而资源丰富的国家一般而言国际直接投资流入量较大，流出量较小，其原因就在于这些国家的企业所有权优势、内部化优势和区位优势是不同的。

国际直接投资发展阶段理论在不断发展完善。1990 年斯托沃（W. A. Stoever）按一国对外国直接投资的吸引力强弱，将世界所有的国家划分为五个不同的发展阶段，并且与沃尔特·W·罗斯托（Walt W. Rostow）划分的经济发展阶段相对应。邓宁与纳勒（Rajneesh Narula）1996 年合写的《再论投资发展路径》一文中，对国际投资发展阶段理论做了最新的阐述，根据一国国际直接投资流出或流入倾向，也将国际投资发展周期修正为五个阶段，各个阶段的倾向是由该国企业所有权优势和区位优势，以及通过内部化将两种优势合二为一的能力决定的。净流出量取决于以下四个因素：一是该国的经济发展水平或阶段；二是该国的要素禀赋结构、市场结构；三是该国的政治、经济体制；四是中间产品市场不完全性的性质和程度。以净对外直接投资地位表示的投资发展路径如图 2—3 所示。

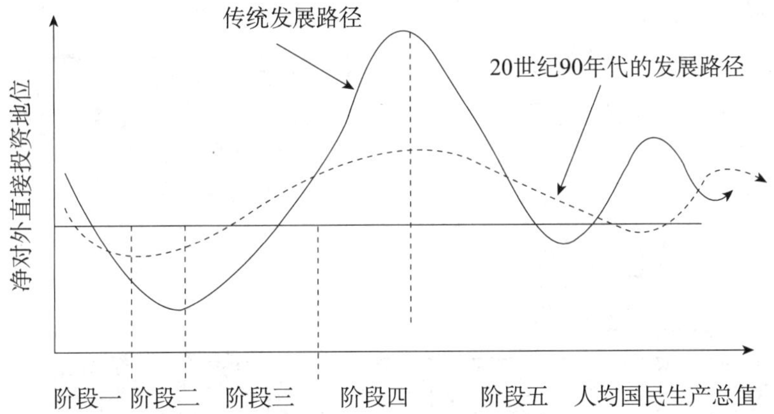

图 2—3　国际直接投资发展路径示意图

资料来源：John H. Dunning and Rajneesh Narula，*Foreign Direct Investment and Governments*，ROUTLEDGE，1996，p. 2.

国际投资发展阶段理论在一定程度上反映了国际直接投资带有规律性的发展趋势，即对外直接投资较多的国家通常是经济发展水平较高的国家。尤其这一理论与折中理论之间的内在联系，构成了国际直接投资微观理论与宏观理论相互融合的理论体系，同时增强了两种理论的说服力。国际投资发展阶段理论具有很高的实用价值，一个国家处于某个阶段，必然与相应的国际直接投资政策特征联系在一起，诸如进口替代、出口刺激、地方化要求、保护民族工业的高关税、设备进口关税优惠、税收减免等。但是，该理论与现实也存在不符之处，国际直接投资与经济发展周期只是一般总的趋向，各国具体情况不同也会存在差异。例如，有些人均国民生产总值处于同一阶段的国家，国际直接投资流入量和流出量并不相同。英国和新西兰的人均国民生产总值大致相同，但英国国际直接投资的净流出量很大，而新西兰却有较大的国际直接投资净流入量，这些不一致反映了这些国家经济结构的差异。换言之，影响一国对外直接投资的制约因素很多，仅考虑经济发展水平这一因素显然是不全面的。

2.3 国际经营理论

2.3.1 国际管理定位理论

霍华德·玻尔马特（Howard Perlmutter）认为[①]，国际企业管理决策者用于指导其工作的定位有种族中心（ethnocentric）、多重中心（polycentric）、区域中心（regiocentric）和全球中心（geocentric）四种，这四种定位共同构成一个框架，称为 EPRG 框架（见图 2—4），即国际管理定位理论。管理定位通常是一种关于世界环境属性的无意识或有意识的假设或信念。一个企业对全球市场机会所作出反应的形式和内容在很大程度上取决于企业决策者对世界环境的假设或信念，即决策者的管理定位。

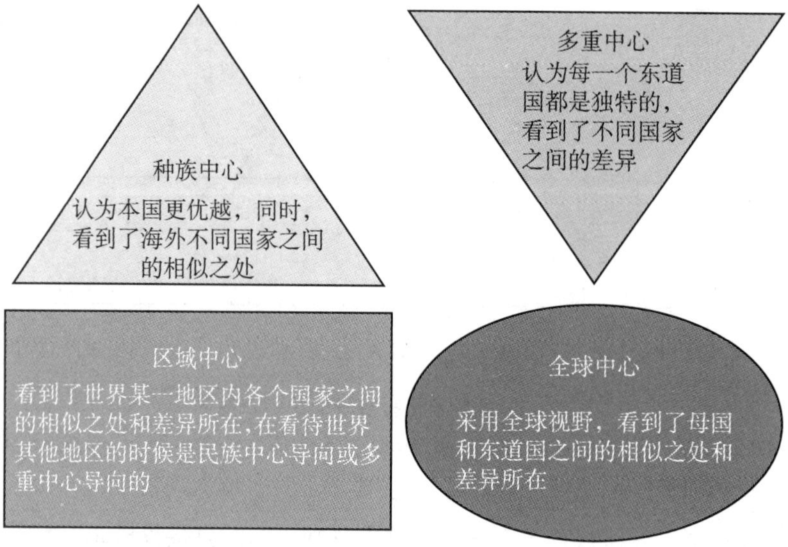

图 2—4 EPRG 框架

种族中心定位的前提假设或信念是本国最为优越。以此定位者主要关注各国之间的共性，因为本国最为优越，所以在本国获得成功的知识和经验在世界各地都普遍适用。在这类公司里，海外业务只是被视为国内业务之下的二类业务，是处理国内过剩生产能力的一种途径。对海外市场的开拓由国内人员按照与国内完全相同的政策和方式进行，没有针对海外环境的调研，没有对企业经营的适应性改造，没有真正关注海外市场消费者的需求。

多重中心与种族中心观念正好相反。它的信念是每个国家之间都存在差异，每个国家都是独一无二的。由于各国文化、经济和市场条件都存在巨大差异，因此引进其他国家的经营方式是不会获得成功的。要想在各个国家获得成功就必须适应每

① Howard Perlmutter, "The Torturous Evolution of Multinational Corporations," *Columbia Journal of World Business*, January-February 1969.

个国家的特点。以此观念定位，公司会在海外市场建立子公司，而且每个子公司相互独立，明确当地经营目标与方式，独立开展业务。跨国经营以国家为单位进行组织，各个国家执行不同的经营策略。

区域中心和全球中心的前提假设或信念是，各个国家之间实际存在的相似性和差异性与想象的不同，对现实中的各个国家之间的相似性和差异性是可以进行鉴别的，并且在此基础上可以形成整合的区域或全球经营战略。奉行区域中心与全球中心的公司将整个区域或全球视为一个市场，寻求发展整合的区域或全球的经营战略。全球中心是种族中心与多重中心的综合，它以一种世界视角审视各个国家及其市场的相似性与差异性，寻求确立能够完全适合各个市场需求和要求的全球战略。区域中心是全球中心限定在区域范围的一种定位，也就是说，以全球中心对待某一区域，而对这一区域之外的国家经营或者采用种族中心定位，或者采用多重中心定位，或者两者兼而有之。

全球观察 2—13

花旗集团的管理定位

20 世纪 90 年代，花旗集团在全世界的金融服务运作还建立在多重中心的定位上。花旗集团的一位高层管理者詹姆斯·贝利（James Bailey）描述公司“好像一个中世纪的国家。有国王和众臣，但是他们并不掌权，真正掌权的是那些拥有封地的各国当权者，国王和众臣可以指手画脚，可是这些当权者却各行其是”。花旗集团的首席执行官约翰·里德（John Reed）意识到金融服务行业的全球化趋势，试图采用通用电气的方法，在集团内部培育全球中心定位的氛围，提高集团各战略业务单元的一体化程度。

资料来源：Saul Hansell，“Uniting the Feudal Lords at Citicorp,” *New York Times*，16 January 1994，Sec. 3，p. 1.

国际管理定位的 EPRG 框架奠定了跨国经营与管理观念的基础，框架的理念有助于阐释决策者内在思想演变为指导观念的关系；国际管理定位决定了决策者对于国际市场经营与管理的态度和做法。种族中心定位是一种集中化经营管理；多重中心定位是一种分散化经营管理；区域中心和全球中心定位则是两者的整合。毫无疑问，区域中心和全球中心定位对现实的把握更加准确，但是，这一切并不意味着任何公司都要按区域中心和全球中心定位进行跨国经营与管理，因为以此定位必须具备丰富的跨国经营与管理的经验和人才，以及其他许多苛刻的前提条件。因此，经验有限的公司最为明智的做法也许是，先采用集中化或分散化战略，直到积累了足够的经验之后，再尝试运用整合的跨国经营与管理战略。企业跨国化程度和投入不同，对于国外经营业务就有不同的定位和观念，并且这种定位和观念会随着企业跨国化程度的演进发生变化。

2.3.2 自我参照准则障碍

跨国经营与管理成功的关键在于适应不同国家文化环境之间的差异。为了达到

“适应”的目的，跨国公司管理者有意识地探究和预测国内外不可控环境因素对企业经营与管理的影响，据此调整经营与管理方式以使其适合相应的文化环境。在认识和判断不同国家文化环境的过程中，跨国公司管理者面临一系列的问题或障碍，自我参照准则是影响跨国经营与管理成功的一个重大障碍。

自我参照准则（self reference criterion，SRC）是指个人按照本国文化环境中所养成的思维方式和行为准则，无意识地参照自己的文化价值观、经验和知识，未加改变地分析在他国所遇到的问题，并以此作为决策的基础。这一概念是由美国学者詹姆斯·A·李（James A. Lee）首先提出来的。[①] 人们分析和认识问题总是基于一定的准则或参照系，所谓参照准则，是指个人确定自己的判断、信念和行为时用作参考的那类标准，它受一个人的经历、见识、价值观、生活方式、期望值、个性、信仰甚至周围发生的个别事件的影响。面对一系列事实，一个人总是根据生活中所积累的知识（这种知识是自身文化的历史产物）无意识地迅速做出自发反应，这一反应过程中极少加以思考和理性分析。当一个人在陌生国家文化环境中，根据自我参照准则本能做出反应时，所得到的观点和决策通常存在问题，因为引发反应的基础是与个人自身文化相关的意义、价值观、符号和行为，而这些意义、价值观、符号和行为在外国文化中往往不同甚至有时相反，所以由此得到的观点和决策难以达到预期的效果。

自我参照准则是国际管理定位中种族中心认识世界的方法，种族中心和自我参照准则妨碍了个人正确认识和评价国外环境的能力，甚至导致跨国经营战略整体失败。“国内成功的经验已证明这是正确的”这种观念导致人们容易先入为主且根深蒂固，这本身忽略了任何观念行为在不同区域、条件具体运用时所发生的差异性，无意识地参照了自己以往的文化价值观而忽视了现在环境的不同特点。自我参照准则会产生极大的负面影响，可能使人们认识不到文化差异的存在；或者认识不到这些差异的重要性；或者影响对外国经营与管理方案合理性的评估，认为针对本国的经营与管理方式也适用于外国市场。这样一来，在跨国经营与管理行动中，要么认识不到采取行动的必要性，小看不同国家之间的文化差异；要么我行我素，无视文化差异的存在，导致方案失败；要么单凭自己的经验评价跨国经营与管理方案，无法全面地理解适应文化差异性所必须进行的调整。

全球观察 2—14

自我参照准则与交谈的距离

为了说明自我参照准则的影响，不妨看看在不同的文化环境中，人们之间的距离可能会造成的误会。当某人离我们太近或太远时，我们总感觉不舒服，不是走远些，就是靠近点儿，调整彼此之间的距离。在此过程中，我们所依据的就是自我参照准则。

当中国人与外国人交谈时，由于不了解另一文化中可以接受的距离，则可能导

① James A. Lee, “Cultural Analysis in Overseas Operations,” *Harvard Business Review*, March-April 1966, pp. 106－114.

致对方无意识地作出反应，按照其自我参照准则调整到适当的距离。因而，双方都会感到慌乱，外国人主观地认为中国人过于热情，而中国人则认为外国人过于冷淡，不够友善。双方都依据各自的自我参照准则行事，则都成为文化误解的受害者。

资料来源：根据相关文献编写。

控制自我参照准则影响的最有效方法，是承认自我参照准则存在于我们的行为之中，并对文化的差异具有足够的敏感性。尽管对于任何一个人来说，几乎不可能深入了解各种文化，认识到各种文化所有重要的差异，但是如果在另一文化环境中经营时，明确识别文化差异的必要性，谦虚好学、不耻下问，就可以避免许多失误。虽然可以肯定各国文化之间相似性会多于差异性，可是通常尚未发现的相似性不会导致问题，而忽略微小的差异性则可能导致彻底失败。文化之间的相似性可能会使跨国公司管理者产生一种明显相同的错觉，这种错觉伴随着自我参照准则，常常是跨国经营与管理重大失误或失败的起因。

理解并应对自我参照准则是跨国经营与管理的两个重要层面。在承认自我参照准则存在的前提下，为了避免经营决策中的错误，必须进行跨文化分析，需要理解各个国家包括母国的文化，理解和明确母国文化是分析他国文化的基础。针对克服自我参照标准的影响，詹姆斯·A·李提出了具体行动步骤：第一步，按照母国的文化特征、习惯或规范界定业务问题或目标；第二步，按照外国的文化特征、习惯或规范界定经营问题或经营目标，但不进行价值判断；第三步，分离自我参照准则的影响，仔细分析自我参照准则的影响如何使问题复杂化；第四步，在没有自我参照准则影响的情况下，重新界定并解决问题，谋求最佳经营目标。

2.4 延伸阅读：发展中国家对外直接投资理论

对外直接投资理论的发展仍与现实需求存在差距，尤其是发展中国家对外直接投资理论。主流对外直接投资理论是探求中国对外直接投资理论的基础，发展中国家对外直接投资理论则对阐释中国对外直接投资理论具有更多的适应性。主流外国直接投资理论基本上都以发达国家作为其研究的出发点，来分析跨国企业对外直接投资行为的动机和条件，沿循的基本分析逻辑是“本国企业比东道国企业具备一定的优势，通过跨国界扩大企业规模会产生内部化优势，选择具有一定区位优势的国家投资将会获得更多的收益”，这一分析问题的逻辑思路具有普遍意义。此外，诸如邓宁的投资发展周期理论、尼克尔博克（Frederick T. Knickerbocker）的寡占反应理论等对发展中国家同样具有很强的阐释力。这一切无疑奠定了探求中国对外直接投资理论的基石。

2.4.1 小规模技术理论

1977年，美国经济学家刘易斯·T·威尔斯（Louis T. Wells）在《发展中国家的企业》一文中提出小规模技术理论（theory of small-scale technology）。该理论指出，国际市场是多元化、多层次的，即使对于那些技术不够先进、经营范围和生产规模不够庞大的企业来说，参与对外直接投资仍有很强的经济动力和较大的市场空间。传统对外直接投资理论的最大缺陷是把竞争优势绝对化，发展中国家跨国公司的竞争优势是相对的，主要来自低生产成本，这种低生产成本是与其母国的市场特征紧密相关的。威尔斯指出，不仅大规模生产中的现代化技术是企业的竞争优势，而且适合小规模生产的技术同样可以在竞争中占有优势。

该理论认为发展中国家跨国企业的比较优势在于：一是拥有为小市场服务的生产技术，这些技术具有劳动密集型的特征，成本较低，灵活性较高，特别适合小批量生产，能够满足低收入国家制成品市场的需要，而发达国家跨国公司拥有的大规模生产技术在这种市场上无法获得规模效益。二是发展中国家企业对外直接投资有很多是满足海外同一种族群体的需要，形成民族纽带性的投资，独特的文化特色也是竞争优势所在。三是通常采取低价策略，企业不需要高昂的广告费用，以物美价廉为特色，是大型跨国公司无法比拟的。发展中国家对外直接投资最重要的动机是保护出口市场，其他投资动机还包括“寻求低成本优势”、“分散资产，防范政治风险”、“母国市场的局限”和“获取先进技术”等。

该理论的最大特点在于，摒弃了只能依赖垄断的技术优势打入国际市场的传统观点，将发展中国家对外直接投资竞争优势的产生与这些国家自身的市场特征有机结合起来，从而为经济落后国家对外直接投资提供了理论依据，奠定了进一步分析发展中国家对外直接投资理论的空间。

2.4.2 技术地方化理论

1983年，英国经济学家拉奥（Sanjaya Lall）对印度跨国公司的竞争优势和投资动机进行了深入研究之后，在《新跨国公司：第三世界企业的发展》一书中提出了技术地方化理论（theory of localized technological change）。该理论强调技术引进的再生过程，发展中国家跨国公司的技术特征表现在规模小、使用标准技术和劳动密集型等方面，但是这种技术的形成却包含企业内在的创新活动，即发展中国家对外国技术的吸收不是一种被动的模仿和复制，而是对技术的消化、改进和创新，正是这些创新活动使发展中国家的跨国公司形成、具有和不断发展自己的“特有优势”（proprietary advantage）。发达国家跨国公司的竞争优势主要源于前沿性的技术创新（如拥有专利和专有技术）、高超的市场营销技能和管理技术等，而发展中国家的“特有优势”则有所不同（见表2—7）。

表 2—7　　发展中国家与发达国家跨国公司竞争优势的来源比较

发展中国家	发达国家
1. 企业/集团规模小	1. 企业/集团规模大
2. 技术更适合发展中国家	2. 接近资本市场
3. 一定程度的产品差异	3. 拥有专利或专有技术
4. 市场营销技巧	4. 产品差异化
5. 适合当地条件的管理技术	5. 市场营销技巧
6. 低成本投入（特别是管理和技术人员）	6. 管理经验和组织能力
7. "血缘"关系	7. 低成本投入
8. 东道国政府的支持	8. 对生产要素和产品市场的纵向控制
	9. 东道国政府的支持

资料来源：S. Lall，*The New Multinationals*：*The Spread of Third World Enterprises*，London：John Willy & Son，1983，p. 5.

发展中国家跨国公司"特有优势"的形成和发展的条件有四：一是技术知识的当地化是在发展中国家环境下进行的；二是生产的产品适合发展中国家的经济条件和市场需求；三是技术创新一般集中于具有更高经济效益的、小规模生产技术的发明与应用；四是开发出与国际名牌产品差异化的消费品。发展中国家的企业应着重于利用当地廉价的生产要素及本地创新所形成的特有技术来形成一定的国际竞争优势，并通过积极利用外资来增强本国企业的技术、组织创新能力。

技术地方化理论不仅分析了发展中国家跨国公司的国际竞争优势，而且强调了形成竞争优势所特有的企业创新活动。这一理论表明了发展中国家的企业以比较优势参与国际生产和经营活动的可能性。

2.4.3　技术创新与产业升级理论

20 世纪 90 年代初期，在对发展中国家对外直接投资问题进行系统考察后，坎特威尔（John A. Cantwell）和托伦蒂诺（Paz Estrella Tolentino）提出了技术创新与产业升级理论（theory of technological innovation and industry upgraded），又称技术累积理论，应用发展中国家内生技术创新能力和产业结构阐释发展中国家对外直接投资趋势。该理论提出了两个基本命题：第一，发展中国家企业技术能力的提高是一个不断积累的结果，企业技术能力的稳步提高推动了发展中国家产业结构的升级；第二，发展中国家企业技术能力的提高是与它们对外直接投资的增长直接相关的。现有的技术能力水平是发展中国家对外直接投资的决定因素，同时也影响发展中国家对外直接投资的形式和增长速度。

无论是发展中国家还是发达国家，技术创新仍然是一国产业、企业发展的根本动力，区别仅仅在于表现特征不同。发达国家企业的技术创新表现为大量的研发投入和掌握尖端技术，引导技术发展的潮流；而发展中国家企业的技术创新是依据有限的研发能力，利用特有的"学习经验"和组织能力实现对现有技术的掌握和开发。

发展中国家对外直接投资的产业分布和地理分布是随着时间的推移而逐渐变化的。从产业分布讲，是先以自然资源开发为主的纵向一体化生产活动，后以进口替代和出口导向为主的横向一体化生产活动，即从资源型产业向技术型产业升级发展，对外直接投资已经不再局限于传统产业的传统产品，开始从事高科技领域的生产和开发活动。从地理区位扩展看，发展中国家企业在很大程度上受“心理距离”的影响，对外直接投资遵循“周边国家—发展中国家—发达国家”的渐进发展轨道，即先积累跨国经营经验和提高工业化程度，再从高科技领域获取先进复杂的制造业技术，向发达国家逆向投资。

这一理论比较全面地解释了 20 世纪 80 年代中期以后发展中国家对外直接投资加速增长的趋势，尤其是一些新兴工业化国家和地区开始将对外直接投资的触角伸向发达国家且成为当地企业有力的竞争对手的现象，对于指导发展中国家对外直接投资尤其是向发达国家逆向投资具有一定的意义。

2.4.4 中国学者提出的部分理论

基于发达国家经验形成的主流对外直接投资理论，尚无法深入阐释中国的对外直接投资。借鉴近年来形成的发展中国家跨国公司理论的研究成果，探索适合我国对外直接投资的理论依据，阐释我国对外直接投资的合理性，对于构建我国对外直接投资的理论体系、指导我国对外直接投资健康发展具有重要的现实意义。① 一些有影响的国内研究成果对此做了富有价值的探索。

1. 技术累积和竞争策略模型②

有学者构造了学习型对外直接投资模型和策略竞争模型来解释发展中国家对发达国家的逆向投资以及对其他发展中国家的水平投资。该理论认为，逆向投资的学习型对外直接投资主要是为了获取先进技术或管理技能，以加速技术积累的速度和动态效果，来弥补那些差距。如果不进行学习型对外直接投资，发展中国家可以通过其他方式来实现技术积累。在前期通过学习技术或采取其他方式得到技术积累后，再与发达国家争夺其他发展中国家市场，即进行策略竞争型对外直接投资。换言之，发展中国家对发达国家对外直接投资，是非利润导向的，其目的是学习技术，进而到其他发展中国家投资以实现投资收益。

2. 二阶段理论③

企业在国内和国外两个市场同时进行经营活动的目的是实现综合收益最大化。对外直接投资是一个动态过程，分为“经验获得阶段”和“利润攫取阶段”两个阶段，前一阶段主要为了获取跨国经营经验、提高经营资源水平；后一阶段主要为了获取利润。发展中国家一般要先经历前一阶段，只有在获得了足够的经验之后才会转向第二阶段。与东道国企业相比，不具有投资优势的企业虽然无法依靠垄断优势实现利润最大化的目标，但却可以为了获取其他收益而进行对外直接投资，通过对外直接投资适应东道国的环境并在此过程中提高

---

① 参见薛求知、朱吉庆：《中国对外直接投资与“走出去”战略：理论基础与经验分析》，载《复旦学报》，2008 (1)。

② 参见冼国明、杨锐：《技术积累、竞争策略与发展中国家对外直接投资》，载《经济研究》，1998 (11)。

③ 参见吴彬、黄韬：《二阶段理论：外商直接投资新的分析模型》，载《经济研究》，1997 (7)。

自身的综合状态水平；发现东道国与母国间的差距，并考虑母国企业应如何寻求优势、培养优势以提高整体收益。

3. 技术扩散框架①

跨国经营的实质不仅在于利用和发展原有的优势，还在于保持和寻求新的优势。从技术扩散的角度出发，研究论证了技术落后厂商进行对外直接投资可能是为了在地理上靠近先进厂商以分享技术扩散的好处并积累优势，而不是为了利用已有的优势，从而在理论上阐明了发展中国家企业进行外国直接投资的经济合理性。由于技术扩散效应的存在，技术优势可能会成为对外直接投资的"障碍"。因此，一旦将技术扩散纳入对外直接投资的分析，技术优势就不再是对外直接投资的必要条件，对外直接投资也不再是垄断厂商的专利。技术扩散的存在使得通过对外直接投资来寻求技术成为可能，一些发展中国家的公司以合资的形式到发达国家进行直接投资，其主要目的之一就是最大化公司之间的技术扩散，以最大可能地寻求和利用发达国家企业的先进技术。大量的跨国公司涌向一些发达国家的科技园区，其目的之一也是从知识的外溢中受益。

本章小结

通常认为国际贸易理论始于重商主义，亚当·斯密提出了绝对优势理论，大卫·李嘉图认为在国际贸易中起决定作用的是比较优势。H-O理论用各国之间的资源差异来解释国际贸易的原因，是国际贸易理论从古典向新古典发展的标志。克鲁格曼提出的新经济地理理论主要研究报酬递增规律如何影响产业的空间集聚。国际直接投资理论是西方经济学中派生出来的一个重要分支，主要包括垄断优势理论、内部化理论、折中理论、国际产品生命周期理论等主流理论。种族中心、多重中心、区域中心和全球中心四种定位共同构成国际管理定位理论。自我参照准则是影响跨国经营与管理成功的一个重大障碍。对外直接投资理论的发展与现实需求存在差距，尤其是发展中国家对外直接投资理论。

本章主要概念

绝对优势（absolute advantage）
比较优势（comparative advantage）
垄断优势（monopoly advantage）
内部化优势（internalization advantage）
区位优势（location advantage）

① 参见马亚明、张岩贵：《技术优势与对外直接投资：一个关于技术扩散的分析框架》，载《南开经济研究》，2003（4）。

净对外直接投资地位（net outward investment）
种族中心（ethnocentric）
多重中心（polycentric）
区域中心（regiocentric）
全球中心（geocentric）
自我参照准则（self reference criterion，SRC）

思考题

1. 绝对优势理论与比较优势理论有何区别？
2. H-O 理论主要阐述了什么原理？
3. 里昂惕夫悖论说明了什么？
4. 新经济地理理论有何意义？
5. 什么是 OLI 分析范式？如何应用其分析国际直接投资？
6. 什么是国际产品生命周期理论？结合现实进行阐释。
7. 国际投资发展阶段理论与现实是否一致？如何理解？
8. 为什么会存在自我参照准则？如何克服这一障碍？
9. 你如何理解国际管理定位理论？你认为哪种定位适合中国企业“走出去”？
10. 发展中国家对外直接投资理论有哪些？你认为哪个理论能够阐释中国企业走出去的行为？

开篇案例讨论

1. 福特发生的变化说明了什么？尝试用理论进行阐释。
2. 福特的今天与明天，对于中国企业意味着什么？
3. 中国企业应如何应对未来的挑战？

推荐读物及网站

论文

1. J. H. Dunning. The Eclectic Paradigm of International Production: A Restatement and Some Possible Extensions. *Journal of International Business Studies*，1998，19，pp. 1－31.

2. P. J. Buckley and M. C. Casson. Models of the Multinational Enterprise. *Journal of International Business Studies*，1998，29（1），pp. 21－44.

3. P. J. Buckley. Problems and Development in the Core Theory of Transnational Business. *Journal of International Business Studies*，1990 Fourth Quarter，pp. 657－665.

著作

1. J. H. Dunning. *The Theory of Transnational Corporations*. London：Routledge，1993.

2. P. J. Buckley and M. C. Casson. *The Economic Theory of the Multinational Enterprise*. New York：St Martin's Press，1985.

3. B. Kogut（eds）. *Country Competitiveness：Technology and the Organizing of Work*. New York：Oxford University Press，1993.

4. Philip R. Cateora，Mary C. Gilly and John L. Graham. *International Marketing*. McGraw-Hill Education，2008.

5. S. Hymer. *The International Operations of National Firms：A Study of Direct Investment*. Cambridge，Massachusetts：MIT Press，1976.

6. 钱德勒．企业规模经济与范围经济：工业资本主义的原动力．北京：中国社会科学出版社，1999.

7. 崔新健．外商对华直接投资的决定因素．北京：中国发展出版社，2001.

8. 崔新健．国际直接投资理论与政策．北京：中国财政经济出版社，2002.

9. 王巾英，崔新健．中国利用外资：理论、效益、管理．北京：北京大学出版社，2002.

10. 崔新健．外资研发中心的现状及政策建议——基于国家创新体系框架的研究．北京：人民出版社，2011.

网站

1. http：//cts. nankai. edu. cn

2. http：//www. caitec. org. cn/cn/index. html

3. http：//ccsi. columbia. edu

4. http：//www. tnc-online. net/index. php

5. http：//www. tncchina. org. cn

第3章

跨国公司经营环境

本章学习目标

1. 了解和掌握经济全球化的含义、成因和趋势
2. 了解主要的国际组织和重要的国际协定
3. 了解主要的区域经济集团及其规则
4. 了解构成东道国国家环境的主要因素
5. 了解东道国国家环境因素对跨国经营的影响

开篇案例　华为美国市场发展受阻　在加拿大获得支持

中国电信设备供应商华为虽在美发展受到阻挠，但在另一北美市场——加拿大的发展前景良好。国际数据公司（IDC）在2014年7月发布的一份世界智能手机市场调查报告显示，华为2014年第2季度智能手机出货量几乎翻了一番，达到2 030万台，仅次于三星和苹果。

2012年美国众议院情报委员会发布的一份详尽报告中称，华为对美国国家安全构成了“威胁”，美国公民应尽量避免购买华为公司的产品。华为公司做出回应，坚决否定了美国方面的言论，称它们“让人厌倦、毫无根据且带有诽谤成分”。

虽在美国遭遇阻碍，但在美国的邻国加拿大，华为发展势头良好并受到了优厚得多的待遇。华为为加拿大贝尔（Bell）和研科（Telus）两大电信巨头提供3G和4G网络设备。建设萨斯喀彻温省4G网络的硬件全部由华为提供。加拿大电信运营商SaskTel也依靠华为来解决技术问题和制定扩张方案。“华为并不是来这里卖出设备后就离开，”SaskTel的首席执行官罗恩·斯泰尔斯（Ron Styles）表示，“他们会与我们一起坐下来讨论，针对什么是顾客需要的做出决定。”

虽然华为第2季度的出货量几乎翻了一番，但目前华为加拿大企业和政府事务部门副总裁斯科特·布拉德利（Scott Bradley）仍把公司开拓北美市场的策略称为“保持一种相对较低的姿态”。华为出口的对象主要是欧洲、非洲和中东，虽然现在正努力进军加拿大市场，但市场占有率还不到1%。“鉴于在美国遇到的挑战，我们无法快速在加拿大建立品牌，但现在形势有了变化。”布拉德利说。7月29日IDC发布的一份报告中称，数据显示华为公司毫无疑问具备了向薄弱市场进一步推进的强劲动力。

布拉德利表示，华为在加拿大的发展得到了新机遇，因为有规定自2014年12月起废除运营商与客户的三年期合同，向两年期合同过渡。更短的期限迫使运营商减少对高价手机的补贴，因而华为产品变得更具吸引力。在iPhone和三星Galaxy受到大力补贴而与华为价格可比的情况下，华为不是它们的对手，但如果消费者要支付它们的真实价格，那么华为公司就会占有优势。

为在加拿大更好地销售产品，扩大市场营销，2014年夏天华为赞助了流行歌手凯蒂·佩里（Katy Perry）巡回演唱会的加拿大站；向35个加拿大业余冰球、冰壶和足球队提供队服和器材；向加拿大北部的偏远地区捐赠网络硬件设施，使他们享受到更好的移动网络连接。“我们想要深深植入人们的生活。”华为加拿大最高行政官表示。

资料来源：赵文琪编译：《美媒：华为美国市场发展受阻　在加拿大获支持》，环球网，http：//tech. huanqiu. com/comm/2014-08/5101327. html，2014-08-11。

环境是企业生存和生产经营的基础，对企业发挥着重要的影响。每一家企业都必须根据所处的外部环境制定适当的策略，才能在瞬息万变的环境中求得生存和发展。特别是对于跨国公司来说，随着经济全球化和信息技术的高速发展，所面临的环境更为复杂和多样化，这也对跨国公司的综合实力和经营管理活动提出了更高的要求。

3.1　世界环境

3.1.1　经济全球化

1. 经济全球化的含义

关于经济全球化这一概念，目前还没有公认的、统一的界定。世界贸易组织1995年度的报告指出：“对全球化的定义和描述，首先应着重‘质’而不是‘量’，它是不同国家的市场和生产日益相互依存的过程，这是由于货物和服务贸易的发展以及资本和技术的流动造成的。”联合国贸易和发展会议1997年度的报告指出：“全球化的概念既指货物和资源日益加强的跨国界流动，也指一套管理不断扩大的国际经济活动和交易网络的组织结构的出现。”国际货币基金组织在1997年发表的《世界经济展望》中对经济全球化下过这样的定义：“全球化是指跨国商品与服务交易及国际资本流动规模和形式的增加，以及技术的广泛迅速传播导致的世界各国经济的相互依赖性的增强。”这些界定都从不同的角度探讨了经济全球化的内涵。本书认为，经济全球化是指商品、服务和生产要素在全球范围内自由流动、合理配置的趋势不断扩大和加深，在这一趋势中，各国逐渐建立起统一的市场经济运行体制，各国经济的依赖性、渗透性日益增强。

2. 经济全球化的成因

经济全球化的形成与发展不是在短时间内一蹴而就的，而是多方面因素在漫长的时间内交互作用的结果。

(1) 科学技术进步的迅速发展。20 世纪以来，科学技术越来越成为经济发展的第一推动力和决定各国经济增长至关重要的因素。以电子技术、信息技术、基因技术、新材料技术、航天技术等为特征的第三次科技革命带动了一大批新兴产业在发达国家出现，使一些传统产业特别是劳动密集型和资源密集型产业转移到发展中国家，世界从整体走向了工业化，经济全球化进程加快。与此同时，由于科技的迅速发展，一些国家在许多产业上的优势并不如以前那样明显，各国几乎处于同等的竞争水平，导致更多的产业内部分工得以出现。而远洋运输和航空货运技术的不断进步，使国际运输与信息交流的成本大幅下降，进而使得全球生产布局和管理成为可能。

(2) 市场经济体制被越来越多的国家采用。自 20 世纪 80 年代以来，许多国家都实行了以市场经济为导向的改革，各国在经济体制上日益趋同，逐渐消除了商品、生产要素、资本以及技术在各国自由流动的体制障碍，从根本上促进了经济全球化的发展。可以说，经济全球化的实质是市场机制的全球化。

(3) 跨国公司在全球范围内的不断扩张。第二次世界大战后，跨国公司得到空前发展。跨国公司根据其自身的经营战略在全球范围内进行研究、开发、融资、生产和销售，使生产要素突破了国家的经济界限，在全球范围内合理流动。跨国公司的全球性经营战略，实质上就是经济全球化战略。尤其是近年来，全球企业的兼并与收购趋势越来越明显，成为跨国公司发展和运营国际化的一个重要特征，也进一步推动了资源的优化配置和全球经济的融合。

(4) 信息技术日新月异的进步。信息技术不断加速发展，为全球化提供了坚实的基础。20 世纪末期兴起的信息革命不仅降低了交易成本，缩短了生产周期，而且使国际投资速度加快，跨越国界的资金流量增大，巨额金融资本的国际转移在短时间内得以完成。同时，信息技术的进步能够降低企业的远距离控制成本，增大企业的活动半径。

(5) 国际经济组织的作用日益加强。世界贸易组织及其前身——《关税与贸易总协定》通过组织多边贸易谈判，降低关税和消除非关税壁垒，有力地促进了世界贸易自由化。此外，国际货币基金组织、世界银行等经济组织在世界经济事务中的作用日益加强，成为推进全球化进程的又一动力。

3. 经济全球化的趋势

经济全球化以不可逆转的趋势在发展，概括起来，这种趋势主要表现为：

(1) 国际贸易规模扩大，自由化程度加深。第二次世界大战后，国际贸易增长十分迅猛，大大超过了世界国内生产总值的增长速度，国际贸易增长率一般都高于世界国内生产总值增长率1倍以上。除了传统货物贸易，包括服务、技术和知识产权等一些新领域在内的贸易自由化的范围也不断扩大。

（2）生产国际化不断发展，跨国公司继续保持强劲的发展势头。目前企业的生产经营不再是以一个或几个国家为基地，而是向高度的国际化发展，形成了全球的研发、生产、销售、服务网络，每个国家都成为这个网络中的一部分。而生产国际化的一股重要推动力量是跨国公司的飞速发展。20世纪70年代末，跨国公司只有1万多家，拥有子公司4万多家，进入80年代以来，跨国公司数量大幅增加。联合国《2010年世界投资报告》显示，目前全球共约有8.2万家跨国公司和超过80万个国外子公司。2009年这些国外子公司创造增值5.4万亿美元，雇用约8 000万名员工，出口货物和服务价值超过5万亿美元。

全球观察3—1

全球性消费者的出现

在经济全球化的时代，尽管各国在文化、政治、经济制度等方面仍然存在巨大差异，但各国消费者对许多商品和服务的需求越来越相近，进而涌现出一种新型的消费者——全球性消费者。他们在世界范围内求购自己需要的商品，而不考虑是哪个国家制造的。商品价格和质量要比商品的国籍更能影响消费者的购买决策。

相似消费者需求和全球性消费者的出现将使各国经济联系起来。对厂商而言，为所有消费者提供同一种商品更容易；对个人而言，可以更容易地在任何地方买到任何商品。随着发展中国家不再仅仅是廉价生产的源泉，而日益成为最大的消费者源泉，这种趋势将会持续下去。

资料来源：约翰·库伦：《跨国管理：战略要径》，13～14页，北京，机械工业出版社，2003。

（3）金融全球化进程迅速发展，自由化程度将继续提高。金融全球化始于20世纪70年代，到了90年代，更是以迅猛之势席卷全球。金融全球化的主要表现是：第一，银行资本、证券资本在全球范围内流动规模的急剧扩大和流动速度的急剧加快。第二，跨国银行间的兼并和重组，通过合并，进一步提高了商业银行和投资银行的国际竞争力，获得了规模效益。第三，国际直接投资的资本流量大幅增长。

（4）区域性经济组织间的协作日益完善。一些地缘相近、经济发展水平相近的国家或地区相互提供贸易、投资便利，在全球范围内建立了各种形式的区域经济合作组织，在区域内实行贸易、投资等一体化措施，消除各种壁垒，实现商品、技术、资本、人员的自由流动，优化资源组合，提高经济效益。

（5）国际产业结构继续调整。随着经济全球化进程的推进，世界范围内先后发生了三次产业结构调整。第一次是20世纪60年代初，一些发达国家将劳动密集型产业转移到劳动力成本低廉的发展中国家，而重点发展资本密集型产业和技术密集型产业。第二次是20世纪70年代，受能源危机的影响，发达国家将消耗大量能源和资源、对环境有严重污染的重化工业向发展中国家转移。第三次是20世纪80年代以来，随着知识经济时代的到来，发达国家再一次进行产业结构调整，致力于发展知识、技术密集型的高科技产业，将劳动密集型产业和一部分资本密集型产业向发展中国家转移，主要发达国家开始向后工业化社会过渡。这一产业升级尚未完全完成，仍在继续。

3.1.2 主要的国际组织

1. 世界贸易组织

世界贸易组织的前身是1947年在美国的倡议和推动下，由美、英、法、中等23个国家缔结的《关税与贸易总协定》(General Agreement on Tariffs and Trade, GATT)。GATT的宗旨集中体现在其序言中，即缔约方“认为在处理它们的贸易和经济事务关系方面，应该以提高生活水平，保证充分就业，保证实际收入和有效需求的巨大持续增长，扩大世界资源的充分利用以及发展商品的生产与交换为目的”。为了实现这一宗旨，采取的措施是“切望达成互惠互利协议，大幅削减关税和其他贸易障碍，取消国际贸易中的歧视待遇，以对上述目的作出贡献。”

GATT是历史上第一个准国际贸易体系，对于降低关税壁垒和促进世界贸易发挥了重要的作用。但是，由于它不是正式的国际组织，加之法律与规则的一些漏洞，因此不可避免地存在一定的局限性。作为GATT乌拉圭回合谈判的最重要成果，世界贸易组织于1995年元旦正式成立，自1996年1月1日起彻底取代GATT，开始正常运行。

世界贸易组织在其协议序言中明确规定了其宗旨：“本协议各成员，承认其贸易和经济关系的发展，应旨在提高生活水平，保证充分就业和大幅稳步提高实际收入和有效需求，扩大货物与服务的生产和贸易，为持续发展之目的扩大对世界资源的充分利用，保护和维护环境，并以符合不同经济发展水平下各自需要的方式，加强采取各种相应的措施。”换言之，世界贸易组织的目的在于通过实施非歧视原则，削减贸易壁垒，促进贸易自由化，从而在可持续发展的基础上，充分扩大商品的发展和交换。

与GATT相比，世界贸易组织发生了质的变化，两者的主要区别为：

(1) 两者的法律依据不同。世界组织协定在各成员代表草签后，需经各成员立法机构批准，是一个国际公约。而GATT未经各国立法机构的批准通过，只经行政当局订立议定书后付诸实践，是一个行政性协定。

(2) 两者的国际地位不同。联合国宪章规定，GATT不是联合国的专门机构，只能算是一个联系机构，而世界贸易组织作为法人，是国际法的主体，享有外交特权和豁免权，其地位与世界银行和国际货币基金组织相同。

(3) 两者的制约力不同。世界贸易组织在法律的规范性、统一性及约束性上比GATT都要高，它取消了部分被称为“灰色区域”的规则，将其逐步纳入统一管辖范围之内。世界贸易组织设立了争端解决机构，与GATT相对零散的解决争端机构相比具有更高的效率和权威性。

(4) 两者所涵盖的范围不同。世界贸易组织涉及的范围更为广泛，不仅将贸易自由化延伸到农产品和服装纺织品等商品上，而且超越了纯货物贸易范围，扩大到服务贸易、知识产权和与货物贸易有关的投资等三个新的领域。

在存在区别的同时，世界贸易组织也继承了GATT的基本原则，主要包括：

(1) 非歧视原则。它是指各成员在国际贸易多边谈判中要本着互惠互利的原则相互开放市场并减让关税，以推动贸易自由化的发展和统一大市场的逐步形成。这主要体现在最惠国待遇原则和国民待遇原则两大法律体系之中，前者是要维持各国之间的非歧视，后者是要维持外国和本国之间的非歧视。

(2) 自由贸易原则。它是指在世界贸易组织的多边规则和框架下，通过多边贸易谈判实质性地降低关税和减少非关税壁垒，扩大各成员之间的货物、服务和知识产权贸易，逐步减少和消除阻碍贸易发展的各种贸易壁垒、障碍和歧视。这一原则的五个要点是以共同的规则为基础，以多边谈判为手段，以争端解决为保障，以贸易救济为“安全阀”，以过渡期方式体现差别待遇，使各成员逐步开放货物、服务市场，逐步实现全世界的贸易自由化。

(3) 公平贸易原则。它是指各成员为了维护公平竞争的原则应该尽量避免采取扭曲市场竞争的措施，反对和纠正不公平贸易行为，创造和维护公开、公平、公正的市场环境。这体现在货物贸易、服务贸易和知识产权领域，既涉及各成员的政府行为，也涉及企业行为。

(4) 政策的统一性和透明度原则。政策的统一性是指成各员的中央政府和地方政府在贸易法律、法规和规章中都应该遵守世界贸易组织的各项规定，地方政府必须和中央政府保持一致，同时各地方政府之间的立法也应该保持一致。透明度原则是指各成员的贸易法律、规章与措施应该具有透明度，即对于新制定的或修改的贸易政策应立即向世界贸易组织有关机构和各成员通报，使它们能够熟悉、了解和适应这些新的政策。

(5) 发展中国家优惠的原则。在世界贸易组织的各个协议和规定中一般都强调对发展中国家的特殊优惠政策，以利于这些国家经济和贸易的发展。它体现在非互惠原则、保护幼稚工业原则以及国际收支恶化时的数量限制。

自成立以来，世界贸易组织在世界经贸活动中发挥着越来越重要的作用，一方面它致力于扩大货物贸易、服务贸易和与贸易有关的投资措施的自由化，另一方面又致力于加强与贸易有关的知识产权的保护，并允许各成员对贸易予以必要的保护。总体来看，世界贸易组织促进了世界范围的贸易自由化和经济全球化的进一步发展，改变了世界市场的竞争方式与竞争手段，转变了传统的贸易政策措施。

2. 国际货币基金组织

国际货币基金组织于1945年12月27日成立，是世界两大金融机构之一，主要目标是促进国际货币合作，方便国际收支平衡以及维持外汇稳定。截至2014年9月底，国际货币基金组织的成员已达到188个国家和地区。

国际货币基金组织的宗旨是稳定国际汇兑，消除妨碍世界贸易的外汇管制，在货币问题上促进国际合作，并通过提供短期贷款，满足成员国际收支暂不平衡时产生的外汇资金需求。它的资金源于各成员认缴的份额。各成员的份额由该组织根据各成员的国民收入、黄金和外汇储备、进出口贸易额以及出口的波动性等经济指标确定。成员的份额决定其向该组织缴款的最高限额、投票权和可从该组织获得贷款的限额。成员的主要权利是按所缴份额的比例借用外汇。

该组织主要通过三项主要职能来达到自己的目标。第一，监督国际货币体系和成员的政策，并跟踪各地的经济和金融情况，在必要时提出警告；第二，向有国际收支困难的国家和地区贷款；第三，提供技术援助和培训，帮助成员发展健全的制度和经济政策工具。

全球观察 3—2

国际货币基金组织帮助成员从稳定迈向可持续增长

国际货币基金组织总裁克里斯蒂娜·拉加德在 2014 年 10 月 3 日发布的《国际货币基金组织 2014 年年报——从稳定到可持续》的序言中指出，全球金融危机爆发 7 年后，世界经济仍有一段长路要走，尚未实现以经济增长强劲、就业迅速增加、所有人受益为特征的可持续复苏。

“复苏仍在继续，但是在变幻莫测的金融市场氛围下，这种复苏缓慢且脆弱。失业者数以百万计。各种不确定因素也许在不断减弱，但显然并未消失。”拉加德女士说，对国际货币基金组织的全体成员而言，“在整个危机过程中以及经济复苏期间，国际货币基金组织一直是并且以后也将继续是一个不可或缺的经济合作促进机构”。

报告涵盖国际货币基金组织执董会的工作，并包含 2013 年 5 月 1 日至 2014 年 4 月 30 日这一年的财务报表。报告描述了国际货币基金组织向 188 个成员提供的支持，侧重于国际货币基金组织的核心职责领域：评估成员的经济和金融政策，在必要时提供资金，以及在主要经济政策领域开展能力建设。

资料来源：国际货币基金组织：《国际货币基金组织帮助成员从稳定迈向可持续增长》，http：//www. imf. org/external/chinese/np/sec/pr/2014/pr14456c. pdf。

3. 世界银行集团

世界银行集团，通常简称为世界银行（World Bank），是与世界贸易组织、国际货币基金组织并列的三大国际经贸体系支柱之一，也是世界上主要的政府间金融机构之一。它包括 5 个成员组织，即国际复兴开发银行（IBRD）、国际开发协会（IDA）、国际金融公司（IFC）、多边投资担保机构（MIGA）和解决投资争端国际中心（ICSID）。成立之初，它的使命是帮助在第二次世界大战中被破坏的国家重建。现在，其使命是帮助发展中国家消除贫困、促进可持续发展。其资金主要来自三个方面：各成员缴纳的股金、向国际金融市场借款以及发行债券和收取贷款利息。

世界银行的贷款有三个限制条件：第一，只有参加了国际货币基金组织，才允许申请成为世界银行的成员，贷款是长期的，一般为 15～20 年不等，宽限期为 5 年左右，利率为 6.3%左右。第二，只有成员才能申请贷款，私人生产性企业申请贷款要由政府担保。第三，成员申请贷款一定要有工程项目计划，贷款专款专用，世界银行每隔两年要对其贷款项目进行一次大检查。

3.1.3　重要的国际协定

1. 有关可持续发展与环境保护方面的国际协定

20世纪下半叶以来，伴随着众多有关可持续发展与环境保护方面的会议的召开，一系列的双边、多边条约及国际公约陆续产生。这些协定充分体现了当今人类社会可持续发展的新思想，反映了关于环境与发展领域合作的全球共识和最高级别的政治承诺。

(1)《保护臭氧层维也纳公约》与《关于消耗臭氧层物质的蒙特利尔议定书》。1985年3月，联合国环境规划署在奥地利维也纳组织召开了保护臭氧层外交大会。会议一致通过了《保护臭氧层维也纳公约》(简称《维也纳公约》)，并于1988年9月生效。

《维也纳公约》申明了臭氧层变化对人类健康和环境可能造成有害的影响，指出保护臭氧层需要国家间的合作与行动，并依靠科学技术的发展。《维也纳公约》要求各国采取法律、行政、技术等方面的措施保护人类健康和环境，减少臭氧层破坏的影响，并鼓励政府间在研究和有计划地观测臭氧层、监督氟氯烃（CFC）的生产和信息交流等方面开展合作。

1987年9月，由联合国环境规划署组织的保护臭氧层公约关于含氯氟烃议定书全权代表大会在加拿大蒙特利尔召开，会议通过了《关于消除臭氧层物质的蒙特利尔议定书》(简称《蒙特利尔议定书》)，具体规定了五种破坏臭氧层物质的生产、使用控制时间表，并对缔约国中的发达国家和发展中国家赋予了不同的责任，是第一个反映发达国家与发展中国家承担不同义务的国际环境公约。

(2)《控制危险废料越境转移及其处置巴塞尔公约》。《控制危险废料越境转移及其处置巴塞尔公约》(简称《巴塞尔公约》)，于1989年3月22日在联合国环境规划署于瑞士巴塞尔召开的世界环境保护会议上通过，1992年5月正式生效。

《巴塞尔公约》旨在遏止越境转移危险废料，特别是向发展中国家出口和转移危险废料。公约要求各国把危险废料数量减到最低限度，用最有利于环境保护的方式尽可能地就地储存和处理。

(3)《联合国气候变化框架公约》。《联合国气候变化框架公约》(简称《框架公约》)是1992年5月22日联合国政府间谈判委员会就气候变化问题达成的公约，于1992年6月4日联合国环境与发展大会上通过，并于1994年3月21日正式生效。

《框架公约》是世界上第一个为全面控制二氧化碳等温室气体排放，以应对全球气候变暖给人类经济和社会带来不利影响的国际公约，也是国际社会在应对全球气候变化问题上进行国际合作的一个基本框架。

(4)《生物多样性公约》。1992年6月1日由联合国环境规划署发起的政府间谈判委员会第七次会议在内罗毕通过《生物多样性公约》，1992年6月5日由签约国在巴西举行的联合国环境与发展大会上签署。联合国《生物多样性公约》缔约国大会是全球履行该公约的最高决策机构，一切有关履行《生物多样性公约》的重大决定都要经过缔约国大会的通过。

《生物多样性公约》是一项有法律约束力的公约，旨在保护濒临灭绝的植物和动物，最大限度地保护地球上多种多样的生物资源，以造福于当代和子孙后代。

（5）《里约环境与发展宣言》。《里约环境与发展宣言》（简称《里约宣言》，又称《地球宪章》）在 1992 年 6 月 14 日里约热内卢举行的联合国环境与发展大会上通过。宣言包括 27 项原则，重点在于：各国有责任确保在本国境内开展的一切活动不会损害别国的环境；环境保护构成“发展进程中的一个组成部分”；发展中国家，尤其是最穷国家和“环境方面最薄弱的国家”的需要应得到重视。

《里约宣言》指出，各国应本着全球伙伴精神，为保存、保护和恢复地球生态系统的健康和完整进行合作。鉴于导致全球环境退化的各种不同因素，各国负有共同但是有差别的责任。

（6）《21 世纪行动议程》。1992 年 6 月 14 日在里约热内卢的联合国环境与发展大会上通过的《21 世纪行动议程》（*Agenda 21*），提出了 2 500 余项各种各样的行动建议，包括如何减少浪费，扶贫，保护大气、海洋和生物多样化以及促进可持续农业的详细提议。后来联合国关于人口、社会发展、妇女、城市和粮食安全的各次重要会议又予以进一步的扩充并加强。

《21 世纪行动议程》反映了关于发展与环境合作的全球共识和最高级别的政治承诺。圆满实施议程是各国政府首先要负起的责任。

（7）《关于持久性有机污染物的斯德哥尔摩公约》。2001 年 5 月 23 日在斯德哥尔摩通过的《关于持久性有机污染物的斯德哥尔摩公约》（简称《POPs 公约》），旨在通过全球努力共同消除 POPs 污染，保护人类健康和环境免受 POPs 的危害。

《POPs 公约》规定，各缔约方应采取必要的法律和行政措施，以禁止和消除有意生产的含 POPs 的产品及其使用，并严格管制其进出口；促进最佳实用技术和最佳环境实践的应用，以持续减少并最终消除无意排放的 POPs；查明并以安全、有效和对环境无害的方式处置 POPs 库存及废弃物。

2. 有关知识产权保护方面的国际协定

19 世纪后半期特别第二次世界大战结束以来，知识产权国际化保护的步伐进一步加快，协调各国专利、商标、版权等知识产权内容的国际公约和协议不断出现，世界知识产权组织这一政府间组织也于 1970 年成立。这些组织及公约，在协调各国知识产权保护、促进创造性智力活动的开展等方面起到了积极的作用。

（1）《保护工业产权巴黎公约》。《保护工业产权巴黎公约》（简称《巴黎公约》）是世界上最早签订的有关商标、专利等工业产权保护的国际公约，于 1883 年 3 月 24 日在法国巴黎签订，1884 年生效。

《巴黎公约》是工业产权方面现行 10 多个条约、协定中最重要的一个国际公约，保护范围涉及专利、实用新型、工业品外观设计、商标、服务商标、厂商名称、产地标记或原产地名称、制止不正当竞争等。

（2）《保护文学艺术作品伯尔尼公约》。《保护文学艺术作品伯尔尼公约》（简称《伯尔尼公约》）在 1886 年 9 月 9 日在瑞士首都伯尔尼召开的第一次版权国际会议上通过，并于1887年12月15日生效，标志着国际版权保护体系初步形成。

《伯尔尼公约》对受保护的作品的类型、由各成员国自己决定是否给予保护的对象、公约规定不受保护的对象、著作权的主体、著作权产生的条件、权利内容、著作权限制、著作权的保护期、著作权保护的溯及力等一些实质性的基本内容做了规定。

(3)《商标国际注册马德里协定》。《商标国际注册马德里协定》(简称《马德里协定》)是1891年由法国、比利时、西班牙等国缔结的有关商标保护的协定。它是对《巴黎公约》中关于商标的国际保护的补充，该协定的参加者必须是《巴黎公约》成员国。该协定缔结后，先后修订了6次，最近一次的文本为1991年的华盛顿文本。

该协定对商标的国际注册、国际注册的效力和有效期以及国际注册与国内注册之间的关系作了具体规定。

(4)《世界版权公约》。《世界版权公约》是1947年由联合国教科文组织主持准备的，1952年在日内瓦缔结，并于1955年生效。

公约由7条实体条文与14条行政条文组成。它的实体条文不像《伯尔尼公约》规定得那么具体，而是比较笼统。但是，公约不允许参加它的国家作任何保留。该公约保护的作品版权主要包括文学、艺术和学术三个方面。公约对版权保护对象、保护范围、取得保护的条件、保留及解决争端、执行机构，以及关于翻译、复印他人作品等问题，作了具体规定。

(5)《与贸易有关的知识产权协议》。《与贸易有关的知识产权协议》(TRIPS)是GATT乌拉圭回合谈判最后形成的21个文件之一，于1994年4月15日由包括中国在内的各成员代表签字，并于1995年1月1日起生效，由同时成立的世界贸易组织负责管理。

TRIPS的目标是减少国际贸易中的扭曲和阻力，促进对知识产权进行充分、有效的保护，保证知识产权执法的措施与程序不至于变成合法贸易的障碍。TRIPS可以说是当前世界范围内知识产权保护领域中涉及面广、保护水平高、保护力度大、制约力强的一个国际公约。

TRIPS由序言以及7个部分共73条条款构成。其特点是：第一，首次将最惠国待遇原则引入知识产权的国际保护领域；第二，要求成员对知识产权（限于其明文规定的7种客体）提供更高水平的立法保护；第三，要求成员采取更为严格的知识产权执行措施；第四，要求成员的知识产权获得和维持程序必须公平合理；第五，将成员之间知识产权争端纳入世界贸易组织争端解决机制，加强了协议的约束力。

3.2 主要区域经济集团及其规则

3.2.1 区域经济集团的发展

区域经济集团化又称区域经济一体化，在经济领域最初用来表示企业之间以各种形式形成的经济联合体。20 世纪 50 年代初，人们开始用国际经济一体化来表示各国在经济上结合起来形成一个经济联合体的趋势或过程。现在，区域经济集团化指的是成员国相互取消贸易障碍，进行某种程度的合作与协作，以促进参与国之间的贸易经济发展。

区域经济集团化随着时代的发展也在不断演化。20 世纪五六十年代，伴随世界政治和经济发展的不平衡，区域经济集团化组织开始出现。1949 年 1 月苏联和东欧国家成立了经济互助委员会。1958 年 1 月 1 日，由法国、联邦德国、意大利、比利时、荷兰和卢森堡 6 国组织的欧洲经济共同体（European Economic Community）正式成立。1960 年英国联合瑞典、丹麦、挪威、瑞士、奥地利和葡萄牙，建立了欧洲自由贸易联盟（European Free Trade Association）。此外，发展中国家建立了 20 多个区域经济和贸易组织，例如东南亚国家联盟和南亚地区合作组织、拉美一体化协会、海湾合作委员会、阿拉伯合作委员会等。70 年代中期至 80 年代中期，一些区域经济集团化组织遭受挫折或解体，整个区域经济集团化趋势处于停滞阶段。进入 20 世纪 90 年代以后，世界区域经济集团化步伐进一步加快，规模不断扩大。

3.2.2 区域经济集团的组织形式

区域经济集团的组织形式是根据各参加国的生产力发展和经济技术水平，以及它们所制定的发展目标要求而形成的。不同的组织形式反映区域经济集团化的不同发展进程，反映成员国之间贸易壁垒取消的程度以及与经济相关联的深度和广度。区域经济集团常见的几种形式如下：

（1）优惠贸易安排，是指成员国之间通过协定或其他形式，对全部商品或一部分商品规定特别的关税优惠。这是区域经济集团化最低级和最松散的一种形式。

（2）自由贸易区，是指由签订自由贸易协定的国家组成的贸易区，成员国之间废除关税与数量限制，商品可完全自由流动，但各个成员国仍保留对非成员国的贸易壁垒，并且其各自的对内政策也是独立的。这是区域经济集团化较低层次的一种形式。

（3）关税同盟，是指成员国之间完全取消关税或其他贸易壁垒，并且对非成员国实行统一的关税税率而缔结的同盟。它在集团化程度上比自由贸易区更高一个层次。除了包括自由贸易区的基本内容，它还在成员国之间建立统一的关税税率。结盟的目的在于使成员国的商品在统一后的市场上处于有利地位，排除了非成员国商品的竞争，多少带有超国家的性质，以比利时、荷兰、卢森堡三国在 1944 年建立的关税同盟最为典型。

（4）共同市场，是指成员国之间除了以关税同盟作为基础和主要内容，还要实现各种生产要素的自由流动，消除关税壁垒，扩大市场，实现区域性集团关税、贸易和市场的一体化，对非成员国则实行共同的关税。欧洲经济共同体就曾经历这一阶段。

（5）经济联盟，是指成员国之间在共同市场基本内容的基础上，进一步协调成员国的经济政策和政治政策，逐步消除各自政策方面的差异，强化超国家领导机构和权力，制定和执行某些共同政策，建立统一的货币制度，从而形成一个庞大的经济实体。这是区域经济集团化的高级形式。目前的欧洲联盟就处于这一阶段。

（6）完全经济一体化，或政治同盟（political union），是指区域内各成员国在经济、金融、财政及国际贸易政策上实现完全的统一化。各成员国之间完全废除了商品、资金、劳动力等方面自由流动的人为障碍。随着发展层次的提高，各国把越来越多的经济自主权让渡给一个中央管理机构。这是区域经济集团化的最高形式。目前，这种形式的区域经济集团化组织还不存在，但欧洲联盟已提出向这一目标努力。

这 6 种区域经济集团组织形式的基本特征与区别如表 3—1 所示。

表 3—1　各种区域经济集团组织形式的特征与区别一览表

特征 形式	内部关税取消	设立共同壁垒	生产要素自由流动	统一国家经济政策	统一国家政治政策
优惠贸易安排	是	否	否	否	否
自由贸易区	是	否	否	否	否
关税同盟	是	是	否	否	否
共同市场	是	是	是	否	否
经济联盟	是	是	是	是	否
完全经济一体化	是	是	是	是	是

3.2.3　主要的区域经济集团

1. 欧洲联盟

（1）欧洲联盟的产生与发展。欧洲联盟（European Union，EU）简称欧盟，是一个集政治实体和经济实体于一身、在世界上具有重要影响的区域经济集团。1993 年欧盟正式诞生。总部设在比利时首都布鲁塞尔。

欧盟是由欧洲共同体（European Communities）发展而来的，其中经历了多年的发展。1951 年 4 月 18 日，法国、联邦德国、意大利、荷兰、比利时和卢森堡在巴黎签订了《建立欧洲煤钢共同体条约》（又称《巴黎条约》），1952 年 7 月 25 日，欧洲煤钢共同体正式成立。1957 年 3 月 25 日，这 6 个国家在罗马签订了《建立欧洲经济共同体条约》和《欧洲原子能共同体条约》，统称《罗马条约》。1958 年 1 月 1 日，欧洲经济共同体和欧洲原子能共同体正式组建。1965 年 4 月 8 日，6 国签订的《布鲁塞尔条约》决定将三个共同体的机构合并，统称欧洲共同体，但三个组织仍各自存在，具有独立的法人资格。1967 年 7 月 1 日《布鲁塞尔条约》生效，欧洲共同体正式成立。1973 年后，英国、丹麦、爱尔兰、希腊、西班牙和葡萄牙先后加入欧洲共同体，成员国扩大到 12 个。欧洲共同体 12 国之间建立起了关税同盟，统一了外贸政策和农业政策，创立了欧洲货币体系，并建立了统一预算和政治合作制度，逐步发展成为欧洲国家经济、政治利益的代言人。1991 年 12 月 11 日，欧洲共同体马斯特里赫特首脑会议通过了以建立欧洲经济货币联盟和欧洲政治联盟为目标的《欧洲联盟条约》，亦称《马斯特里赫特条约》，1993 年 11 月 1 日《欧洲联盟条约》正式生效，欧洲共同体更名为欧盟，这标志着欧洲共同体从经济实体向经济政治实体过渡。

自成立以来，欧盟的成员国不断增加。1995 年，奥地利、瑞典和芬兰加入；2004 年 5 月 1 日，塞浦路斯、匈牙利、捷克、爱沙尼亚、拉脱维亚、立陶宛、马耳他、波兰、斯洛伐克和斯洛文尼亚 10 个中东欧国家加入；2007 年 1 月，罗马尼亚和保加利亚两国加入欧盟；2013 年 7 月，克罗地亚加入。经历多次扩大之后，欧盟已经成为一个涵盖 28 个国家的当今世界上经济实力最强、一体化程度最高的国家联合体。

（2）欧盟的规则。欧盟的规则主要包括以下几个方面。

1）统一货币政策。1992 年《欧洲联盟条约》决定在 1999 年 1 月 1 日开始施行单一货币欧元和在实行欧元的国家实施统一货币政策，从 2002 年 1 月 1 日起，欧元货币和硬币正式流通。由于英国、瑞典和丹麦决定暂不加入欧元区，最初的欧元区国家为德国、法国、意大利、荷兰、比利时、卢森堡、爱尔兰、希腊、西班牙、葡萄牙、奥地利、芬兰 12 国。在欧元区内，欧洲中央银行是最高货币权力机构，其总部设在德国的法兰克福。欧元区的货币政策通过欧洲中央银行体系予以实施，保持价格稳定和维护中央银行的独立性是欧洲中央银行的两个主要原则。

全球观察 3—3

德拉克马寿终正寝

2001 年正式加入欧盟以后，希腊逐渐废弃本国货币德拉克马。德拉克马是欧洲最古老的货币，历经 2 500 年的战火和经济动荡而存活下来。以下是其历史上的大事记。

公元前 650 年

在如今的土耳其西部被首次铸造。德拉克马的字面意思是“一把”，和一把铁叉或箭镞价值相当。

公元前 330 年

亚历山大大帝（其头像出现在德拉克马上）征服了世界上大部分地区，西起意大利，东至阿富汗，德拉克马成了标准货币。这种情况一直持续到公元前 2 世纪罗马帝国的兴起。

1833 年

希腊从奥斯曼帝国的统治下独立出来，希腊君主决定恢复使用德拉克马，旨在唤起古希腊的精神。

1922 年

为了应对通货膨胀，希腊政府下令将德拉克马纸币一分为二，左边的一般价值面值的一半，右边的一半则被迫借贷给政府。

1940—1944 年

纳粹统治下的高通货膨胀促使面值为 1 000 亿德拉克马的纸币诞生，而它仅可买一份报纸。摆脱纳粹统治后，1新德拉克马相当于500亿贬值的旧德拉克马。

2001年

希腊金融机构开始用欧元进行交易，德拉克马作为日常使用的货币渐渐废止。欧元的一些硬币和纸币将会描绘古希腊。

资料来源：菲利普·R·凯特奥拉、约翰·L·格雷厄姆：《国际市场营销学》（原书第14版），22页，北京，机械工业出版社，2010。

2）财政预算政策。《欧洲联盟条约》规定了成员国的财政赤字和公共债务占国内生产总值的比重不能超过3%和60%的总原则，1997年6月执行的《稳定增长公约》对这一原则做了更详细的规定，并通过具体文件对成员国财政预算政策的制定、协调、监督和惩罚做出了明确的规定和说明，形成了欧盟财政预算政策的基本框架。

3）地区发展政策。欧盟的地区政策是欧盟为促进各地区经济和社会均衡发展而采取的法律、经济和行政措施的总和，包括结构基金、团结基金、金融手段、行政措施四大方面。各成员国的经济政策都可以看做欧盟的地区政策。

4）共同农业政策。共同农业政策的目标包括农业收入目标、农产品市场目标、农业结构目标和农村发展目标，具体内容在发展中不断深化和具体化，主要涉及促进技术进步，保证农业合理生产和对生产要素特别是劳动力的充分利用，提高农业生产率；在不断提高农业劳动生产率的基础上，增加农民收入等。

5）标准化政策。1985年欧盟理事会通过的《技术协调和标准新方法》就事关安全、健康等产品的技术要求以指令形式做出法律的规定，并指派欧盟的标准化机构制定相应的标准。欧盟发布了20个产品指令，主要包括玩具安全、机械安全、压力设备个人保护设施等涉及安全和健康的产品。

2. 北美自由贸易区

（1）北美自由贸易区的产生与发展。继1989年1月1日美国和加拿大两国签署《美加自由贸易协定》之后，经过长期谈判，美国、加拿大及墨西哥三国于1992年8月12日签署了《北美自由贸易协定》（NAFTA）。1994年1月1日《北美自由贸易协定》正式生效，标志着北美自由贸易区的诞生。协定决定自生效之日起15年内逐步消除贸易壁垒，实施商品和劳务的自由流通，以形成一个拥有3.6亿消费者、每年国民生产总值超过6万亿美元的世界最大的自由贸易集团。近年来，拉丁美洲的一些国家已经表示愿意加入《北美自由贸易协定》，但由于美国国会反对扩大《北美自由贸易协定》，这一过程尚未取得明显进展。

（2）北美自由贸易区的宗旨和原则。《北美自由贸易协定》第1章第2条明确阐述了北美自由贸易区的宗旨：1）消除缔约方之间货物与服务贸易的障碍，便利缔约方之间货物与服务的流动；2）促进自由贸易区内的公平竞争；3）实质性增加缔约方境内的投资机会；4）在第一缔约方境内为知识产权提供充分有效的保护，并使其能够得到强制执行；5）为《北美自由贸易协定》的使用和实施、北美自由贸易区的共同管理和缔约方之间争端的解决建立有效的程序；6）进一步发展三个缔约方之间的、区域间的和多边的合作建立机制，以扩大和提高《北美自由贸易协定》项下的利益。

为了实现上述宗旨，《北美自由贸易协定》确立了国民待遇原则、最惠国待遇原则、透明度原则等三项基本原则。这三项原则贯穿在整个协定之中，从而最终保证区内贸易自由化的实现。

《北美自由贸易协定》的签订，对北美各国乃至世界经济都产生了重大的影响。北美自由贸易区是世界上第一个由发达国家和发展中国家共同创建的一体化经济贸易集团组织。这为区域经济一体化创造了新的模式，为不同生产力水平和经济发展水平国家间的经济合作开创了先例。

3. 亚太经济合作组织

(1) 亚太经济合作组织的产生与发展。亚太经济合作组织（APEC）于 1989 年 11 月在澳大利亚堪培拉成立。成立之初是一个区域性经济论坛和磋商机构，经过十几年的发展，逐渐演变为亚太地区重要的经济合作论坛，在推动区域贸易投资自由化、加强成员间经济技术合作等方面发挥了不可替代的作用。目前，21 个 APEC 成员的总人口达 27 亿，占世界人口的 40.5%；国内生产总值之和占世界的 54.2%；贸易额占世界总量的 43.7%以上。

(2) 亚太经济合作组织的规则。APEC 的规则主要集中于贸易投资自由化和便利化以及经济技术合作三个方面。1995 年日本大阪会议通过的《执行茂物宣言的大阪行动议程》(简称《大阪行动议程》)，基本上确立了 APEC 贸易投资自由化和便利化以及经济技术合作的内容框架：

1) 贸易投资自由化方面。《大阪行动议程》第一部分的“自由化”方面详细规划了 APEC 贸易投资自由化的主要内容，包括关税减让、非关税措施减少或消除、服务领域的市场准入、投资领域实行非歧视性原则。

2) 贸易投资便利化方面。《大阪行动议程》中涉及增加政策和标准的透明度、与国际标准接轨、增加 APEC 成员间的信息交流、各项认证标准的相互承认等 11 个领域，在每个领域中又制定了各自的目标、行动准则和集体行动内容。

3) 经济技术合作方面。APEC 的经济技术合作不同于传统的发展援助，是在自愿参与、主动倡议的基础上，实现互惠互利。APEC 倡导的经济技术合作是指由成员共同投入资源，共同分享利益，其中资源既包括资本、技术、设备、人员等有形资源，也包括经验、专门知识、信息等无形资源。通过资源的双向流动、相互交流，使合作双方均能从中受益。APEC 经济技术合作强调“共同投入资源”和“共享利益”，使参加 APEC 经济技术合作的各方成员都能获益。

4. 东南亚国家联盟（东盟）

(1) 东盟的产生与发展。东盟是东南亚国家联盟的简称，其前身是由马来西亚、菲律宾和泰国 3 国于 1961 年 7 月 31 日在曼谷成立的东南亚联盟。1967 年 8 月 8 日，马来西亚、菲律宾、泰国、新加坡和印度尼西亚 5 国在曼谷举行会议，发表了《东南亚国家联盟成立宣言》，即《曼谷宣言》，正式宣告东盟成立。1984—1999 年，文莱、越南、缅甸、老挝和柬埔寨相继加入东盟，使这一组织涵盖整个东南亚地区，形成一个人口超过5亿、面积达450万平方公里的10国集团。

（2）东盟的规则。2007年11月20日，东盟领导人在新加坡签署《东盟宪章》，并于2008年12月15日正式生效。这是东盟成立来第一份具有普遍法律意义的文件。它确立了东盟的目标、原则、地位和架构，同时赋予了东盟法人地位，对各成员国都具有约束力。《东盟宪章》规定，东盟共同体将由东盟经济共同体、东盟安全共同体和东盟社会文化共同体组成。其中涉及经济部分的主要原则包括：致力于经济一体化建设，构建稳定、繁荣和统一的东盟市场和生产基地，实现商品、服务和投资自由流动；增强合作互助，在本地区消除贫困，缩小贫富差距；加强人力资源开发，鼓励社会各部门参与，增强东盟大家庭意识。

全球观察3—4

中国—东盟自由贸易区正式启动

2010年1月1日，中国—东盟自由贸易区正式启动，这是世界上人口最多的自由贸易区，是全球第三大自由贸易区，也是由发展中国家组成的最大自由贸易区。

中国—东盟自由贸易区是中国对外建立的第一个自由贸易区，由中国和东盟10国共同组成，共拥有19亿消费者、近6万亿美元国内生产总值和4.5万亿美元贸易总额。自贸区启动后，中国和东盟6个老成员国，即文莱、菲律宾、印度尼西亚、马来西亚、泰国和新加坡之间，将有超过90%的产品实行零关税。中国对东盟平均关税将从9.8%降到0.1%，东盟6个老成员国对中国的平均关税将从12.8%降至0.6%。东盟4个新成员国，即越南、老挝、柬埔寨和缅甸，也将在2015年实现90%的产品零关税。关税壁垒的逐渐消除，为中国与东盟企业创建了更加便利的发展平台。

随着自贸区的建成，中国与东盟的合作也将发生积极变化：将由一般贸易向全面合作快速发展，由各自独立的板块市场走向一个相互融合的大市场；商会、企业和个人间的合作也将日益活跃，由政府主导行为向民间自觉行为扩展；中国与东盟间的投资正由东盟企业在中国大量进行单向投资，朝中国与东盟之间双向投资的方向发展；在国际经贸领域，中国与东盟正由竞争走向“合作双赢”。

资料来源：郑盛丰、庞革平：《中国—东盟自由贸易区正式启动》，人民网，http://politics.people.com.cn/GB/10692728.html，2010-01-01。

3.3 东道国国家环境

跨国公司东道国环境是指跨国公司经营过程中所面临的、东道国不可控制的因素和力量，这些因素和力量是影响跨国公司经营活动及其目标实现的外部条件，主要包括东道国的政治环境、经济环境、法律环境和文化环境等。

3.3.1 东道国的政治环境

国际政治环境是指跨国公司在特定国家开展经营活动所面临的政治体制、政党体制、政府政策等方面影响因素的总和。政治环境决定了跨国公司能否在某国开展经营活动，从某种意义上说是国际企业所面临的最为重要的环境因素。

目前，世界上有 200 多个国家或地区，其中有 190 多个主权国家。它们实行不同的社会制度，由不同的政党领导，在不同时期实行不同的经济政策，其政治环境存在巨大差异。

1. 主要的政治环境要素

跨国公司在东道国面临的政治环境要素主要包括政治体制、政党体制、政治稳定性、政府对外资的态度和国家政治关系等。

（1）政治体制。政治体制是指一个国家的国体和政权的组织形式及其有关制度，如国家的政治和行政管理体制、经济管理体制、政府部门结构及选举制度、公民行使政治权利的制度等。不同国家有不同类型的政治体制，不同的政治体制常导致政府政策、法规、行政效率等方面的差异，对跨国公司的经营活动产生各种有利或不利影响。

（2）政党体制。当今世界存在多种政党体制，如多党制、两党制、一党制等。东道国的政党体制通常会对政府的稳定性产生影响。例如，在多党制下，党派之间不断进行力量的抗衡，常导致政府频繁更迭，而不同政党有着不同的施政哲学和奋斗纲领，这势必会对政府政策产生影响。

（3）政治稳定性。包括国内政局的稳定性、政府结构的稳定性和政策的稳定性。这三者相互联系，最终通过政策的稳定性与持续性体现出来，这种稳定性与持续性将直接影响到国际企业中长期战略决策与计划的制定和实施。

（4）政府对外资的态度。政府对外资的态度通常反映在政府对外资的政策上。包括政府对外资进入的鼓励与限制程度，对外资提供的便利条件和优惠措施，以及外资政策的稳定性与连续性等。如有些国家限制外资能够进入的投资领域，限制外资在一定投资领域的股权比例等。一般而言，政府政策宽松而稳定、政府干预和限制少，就会吸引外资的进入。

政府对外资的态度还表现为政府对国际经济活动的干预。政府干预是指政府采取各种措施，迫使外国企业改变经营方式与经营策略的行为。政府干预方式主要有没收、征用、国有化、外汇管制、进口限制、税收管制、价格管制等。

全球观察 3—5

国有化的高峰

国有化的高峰出现在 20 世纪六十七年代，在这一期间，大约 70 个国家的 1 500多家企业被国有化。资本密集型和依赖本土资源的产业如原油生产、采矿业、钢铁产业最容易成为国有化的对象。政府实施国有化的原因多种多样，其中的一个是：新政府非常希望表现出自己的强硬，强硬到敢于同强国和企业对抗。

政府也可能出于国防原因或某一产业在全球中的地位而对一个公司或一个产业实施国有化。原油产业就是出于这种原因而实行国有化的典型例子。在过去的几十年里，特别是20世纪70年代，石油运作被国有化，大部分石油生产设施已经归属国内所有了。

资料来源：迪恩·B·麦克法林、保罗·D·斯威尼：《国际管理（第三版）》，55～56页，北京，中国市场出版社，2009。

（5）国家政治关系。国际上国家之间的经济合作，不仅取决于两国之间的经济关系，也取决于两国之间的政治关系。对于跨国公司来讲，如果母国与东道国之间关系友好，则国际企业在东道国的经营就会受到礼遇；如果两国关系正常，对国际企业的投资经营活动就会比较有利；如果两国关系不友好甚至敌对，国际企业在东道国的投资经营活动就会遭受不利对待。例如，企业的跨国经营活动能否享受东道国的国民待遇和最惠国待遇，财产是否会有被东道国没收、征用和国有化的风险等，都同国家之间的政治关系有关。

2. 东道国的政治风险

（1）政治风险的含义。跨国公司的政治风险指由于东道国政局的不稳定和政策的不连续性而导致跨国公司国际投资和贸易活动受到影响，致使其经营管理绩效和其他目标遭受不确定性。在增加全球经营风险的诸多政府行为中，政治风险有大有小，范围很广，包括从最严重的财产没收到不太严重但仍十分重要的政府法规、条例限制，如直接影响经营活动的外汇管制、进口限制与价格管制。对跨国公司而言，政治风险具有突发性和不可抗拒性的特点。跨国公司无法预知这种风险发生的可能性，只能采取措施减少其影响。例如，跨国公司可在多个国家投资，以避免因某一个国家发生政治动荡而使整个企业的经营活动陷入困境。

（2）最主要的政治风险：没收、征用与本土化。跨国公司在海外面临的最大政治风险是没收。它指的是东道国政府无偿接管外国人投资的企业。广为人知的对美国财产的没收，就发生在卡斯特罗成为古巴领导人以及后来的伊朗国王被推翻时。

征用的风险虽比不上没收，但也相当严重。它指的是东道国政府以某种补偿形式接管外国企业，这种补偿与被征用企业财产的价值并不相等，有些甚至只是象征性的。

列第三位的风险是本土化，它是指东道国政府通过制定一系列的政府法令来增加对外国公司的控制和限制，逐渐减少公司所有者控制权的过程，本土化往往涉及一个行业而不只是针对一家公司。在本土化过程中，东道国政府所制定的法令规定一般包括将产权部分或全部转给本国国民，提拔大量本国国民进入高级管理层，将较为重大的决定交给本国国民，要求产品中更高的国产率，制定旨在强行要求参与世界市场的具体出口条例等，在一段时期内同时颁布这些规定中的几个或全部，最终将外国公司的控制权完全转移到本国国民手中。

与以往的跨国经营相比，如今没收与征用的风险已大大减少。这是因为：第一，经验表明政府在接管后很少能成功地获得它所希望得到的利益。没收与征用不仅不能迅速促进经济的发展，反而产生了效率低下、技术薄弱、在国际市场上缺乏竞争力的国有企业；第二，越来越多的国家意识到要发展经济，吸引外资是必要的；第三，会招来投资者所在国家的报复，并吓跑其他投资者；第四，投资者正努力改变自己的公众形象，力求减少风险。尽管如此，没收和征用的风险仍然存在，切不可掉以轻心。

3.3.2 东道国的经济环境

1. 东道国的经济制度与经济发展阶段

东道国的经济制度，反映了该国社会资源的配置方式；而该国所处的经济发展阶段，则在相当大程度上反映了该国市场吸引力的大小。这两个因素都会对跨国公司的战略选择和实施产生重要影响。

（1）经济制度。在不同经济制度当中，社会资源的配置方式是不同的。根据资源配置方式的差异，经济制度可以划分为三类，即市场经济、指令经济和混合经济。

市场经济是一种在价格机制的引导下、由市场来决定生产和消费的经济制度。指令经济又称计划经济，它指的是以政府为主体、以行政命令为手段进行资源配置的经济制度。混合经济是一种介于市场经济和指令经济之间的经济制度。在这种经济制度当中，资源配置和经济运行主要是在市场机制的引导下进行的，但与此同时，国家也会采用指标和综合平衡的办法，对宏观经济活动进行预测、规划和指导，规范微观经济以符合宏观经济发展的目标。

在当今世界经济体系中并不存在完全的市场经济，也不存在完全的指令经济。可以说，所有的市场经济都有指令性的成分，而所有的指令经济也都可以看到市场经济的影子。

（2）经济发展阶段。东道国所处的经济发展阶段，会直接影响到跨国公司在该国的生产、投资和消费等经济活动，进而影响该国市场的供给与需求。

经济发展阶段的划分存在多种方法，美国著名发展经济学家沃尔特·W·罗斯托在《经济增长的阶段》一书中，把截至20世纪60年代的人类社会概括为五个发展阶段，即传统社会、起飞准备阶段、起飞阶段、走向成熟阶段、大众高消费时代。

联合国按照工业化的程度将不同国家划分为三类，这三类国家分别是：

1）较发达国家（more-developed countries，MDC），指的是人均收入高的工业化国家，如加拿大、美国、法国、德国、日本和英国等。

2）欠发达国家（less-developed countries，LDC），指的是刚开始参与世界贸易的发展中工业化国家。这些国家大多在亚洲和拉美地区，其人均收入较低。

3）最不发达国家（least-developed countries，LLDC），指的是工业不发达、以农业为主、拥有大量农业人口的国家，其人均收入水平极低，几乎不参与世界贸易。中非及亚洲部分国家和地区都属于这一类。

2. 东道国的经济状况分析

对于开展国际经营活动的企业而言，东道国的经济状况会影响企业是否进入以及在何时进入该国市场，并在一定程度上决定企业的盈利能力。

要分析一个国家的经济状况，可以从以下几个方面入手，即该国的收入、消费与储蓄、通货膨胀和国际收支等。

（1）收入。对东道国收入的分析，通常是围绕国内生产总值以及相关的其他几个收入指标展开的。国内生产总值指的是在一定时期内经济中所生产的全部最终产品和劳务的市场价值。除了国内生产总值，对东道国收入进行分析通常还会涉及国内生产净值、国民收入、个人收入和个人可支配收入。其中，个人可支配收入是指个人可直接支配、用于消费或储蓄的收入，它往往能够直接反映一个国家消费品的需求层次和需求水平。

（2）消费与储蓄。消费者的可支配收入可以划分为消费与储蓄两个部分。一国居民的消费与储蓄情况，也会对国际营销产生重要影响。

消费指的是家庭或个人用于购买国内外企业所生产和销售的产品与劳务的支出。一般来说，消费支出与收入之间存在正相关关系，也就是说，收入较高家庭的消费多于收入较低家庭的消费，同时，收入较高的国家一般具有较高的总消费水平。

严格地说，储蓄可以分为三类，即政府储蓄、企业储蓄和居民储蓄。当政府的支出低于其收入时，也就是当政府出现预算盈余时，政府就会进行储蓄；企业储蓄是由保留收入构成的；居民储蓄就是个人可支配收入当中扣除消费支出的部分。企业储蓄和居民储蓄合称私人储蓄，政府储蓄和私人储蓄之和称为国民总储蓄。不同国家的国民总储蓄、政府储蓄和私人储蓄往往存在很大差异。

（3）通货膨胀。所谓通货膨胀，指的是价格水平普遍、持续性地上涨。要注意的是，通货膨胀指的是一般价格水平的上涨，而不是某种或某类产品或服务价格的上涨。通货膨胀的高低通常用通货膨胀率来表示，即一个时期到另一个时期一般价格水平变动的百分比。通货膨胀降低了经济按照价格信号来进行产品和要素配置的效率，并会影响到产量水平，所以它是跨国公司必须面对的一个经济环境因素。

全球观察 3—6

津巴布韦通货膨胀失控

非洲南部的津巴布韦共和国是全世界通货膨胀最严重的国家。最近在首都哈雷拉，一位大妈抱着总值 3 万亿津巴布韦元的钞票搭乘公交车，只为了支付约合 3.5 元人民币的车费。更有意思的是，司机大叔根本懒得清点，直接收下了。

据报道，津巴布韦 2008 年 7 月的通货膨胀率写下天文数字：2.31 亿%。2009 年 1 月，央行发行 100 万亿津巴布韦元的大钞，1 的后头有 14 个 0，也算是一项世界纪录。为了抑制有如脱缰野马的通货膨胀，津巴布韦政府在 2009 年 4 月正式废掉国币，宣布以美元和南非兰特为流通货币，不过旧津巴布韦元还是在民间继续流通。

在津巴布韦，一旦出了大都市，强势货币就一币难求。城市的巴士司机有小额美元或南非兰特可找零，乡下商店虽然没有，但山不转水转，店家会给顾客糖果、巧克力，或是在收据上注明下次消费可享折扣。

乡间商店的老板娘还说，现在许多乡亲拿羊肉、鸡和一桶桶的玉米来换东西，老祖宗时代的以物易物又回来了。有人甚至连搭车都拎着两只活鸡充当车费，苦中作乐的津巴布韦人开玩笑说，如果鸡在车上下蛋，那就当成司机找的零钱吧。

资料来源：《津巴布韦通货膨胀失控》，新浪财经，http：//finance.sina.com.cn/world/ggjj/20090817/14566626431.shtml，2009-08-17。

(4) 国际收支。国际收支是一定时期内一个国家或地区与其他国家或地区之间进行的全部经济交易的系统纪录。一国良好的国际收支状况、充足的外汇储备，有利于本币币值的稳定，也有利于跨国公司经营活动的开展。因此，国际收支是一个非常重要的东道国经济环境因素。

3.3.3 东道国的法律环境

健全和完善的东道国法律制度在国际投资环境中占有极其重要的地位，无论是政治环境还是经济环境等环境因素，都可通过法律形式表现出来。健全的法律体制应体现为法律体系的完备性、各项法规的稳定性以及法律实施的严肃性。

1. 主要的法律体系

法律体系是比较法中用来对各种法律进行划分的概念，意指具有相同或相近的传统、原则、制度和特征等要素的一类法律制度的总和。英美法系和大陆法系一般被认为是当今世界最重要的两大法律体系，但这两大法律体系当今也多有交流与融合之处。

(1) 英美法系。英美法系又称为习惯法系、不成文法系、普通法系、英国法系或判例法系，指以英国中世纪以来的法律特别是以它的普通法为基础逐渐形成的法律制度，以及仿效英国的其他一些国家和地区的法律制度。其最重要的特点是以传统为导向，重视习惯和案例，过去案例的判决理由对以后类似案件的判决有约束力。近几十年来，英美法系国家也制定了大量成文法以作为对习惯法的补充，但是合同法和侵权行为仍受习惯法管束。

(2) 大陆法系。大陆法系又称为成文法、罗马法系、民法法系、法典法系或罗马—日耳曼法系，是以古代罗马法为基础而发展起来的法律的总称。它最重要的特点就是以法典为第一法律渊源，法典是各部门法典系统、综合、首尾一贯的成文法汇编。在大陆法系下，法律体系被分成三个独立的法律：商法、民法与刑法。就法律渊源而言，大陆法系具有约束力的法律渊源主要是成文法，包括宪法、法律（法典）、行政法规等。条约以及经认可的习惯也属于具有约束力的法律渊源。判例、法理或一般原则只能在特定意义上，即没有约束力但却具有说服力这一意义上，才能作为法律的渊源。

(3) 混合系统。也有一些地方的法系，同时带有普通法系和大陆法系的一点特色，例如苏格兰由于历史原因，虽然属于英国的一部分，但在法律体系上，也受到大陆法系很深的影响，在有些法律范畴中，显现出大陆法系的特色多于普通法系。再如，美国虽然是普通法系国家，但为适应近年来经济和科技的迅速发展，也积极编写法典，而并非单依靠案例来发展法律。这种趋势在世界各国越来越普遍。

2. 东道国的法律规定

东道国对其他国家企业向本国进行直接投资和在本国开展国际经营通常都有一系列法律规定，而且不同东道国的法律法规各不相同。企业要有效地开展国际化经营活动，就必须了解各国法律及其相互间的差异，并遵守东道国的法律规范。

（1）针对外资进入的法规与政策。东道国出于发展本国经济的需要，在维护国家主权和本国经济利益的前提下，对外资的进入通常会制定相应的法规与政策，如外国投资法、外资企业法、合营企业法、涉外税法等。相关的法规和政策通常涉及对外资的定义、对外资的审批程序、对外资投向产业的鼓励、限制或禁止的指导政策、对外资股权比例或股权转让的相关规定、对外资的税收及税收优惠措施等。这些法规和政策对国际企业能否顺利进入东道国有直接影响。

（2）针对外资企业经营活动的法规与政策。东道国通常还制定有关的法规与政策对跨国公司的经营活动进行规范和约束。如对外贸易法、海关法、进出口商品检验法、商标法、广告法、专利法、知识产权保护法、竞争法、反垄断法、劳工法、环境保护法、消费者利益保护法、外汇与外贸管理法、出口管制政策等。其中许多法律法规是直接针对产品、价格、销售渠道和促销方式的。例如，对产品的包装、标签等制定各种技术性规定，对烟草、酒精、药品等特定种类商品广告活动制定限制性规定。这些法规与政策将直接影响到跨国公司的投资形式选择、人事雇佣政策、经营战略与策略制定等。

全球观察3—7

各国关于广告的一些法律规定

酒类产品的广告在许多国家都受到限制。例如，法国于1991年颁布了对酒精类广告进行限制的《艾文法》，该法规定广告中不得出现正在饮酒者的形象；酒精饮料广告中不得涉及酒精度、原产地、酒的种类、产品的成分、生产厂家、代理商和经销商的名称和地址，以及包装样式、销售方式和饮用方式等；广告中应清楚指明饮用酒精饮料会危及健康。

许多国家的广告法都禁止在电视广告中使用儿童形象。在斯里兰卡禁止电视广告使用儿童作模特来推销商品，其理由是因为斯里兰卡太穷，在160万人口中20%的人生活在贫困线以下，对于那些无力购买的父母来说，这种电视广告会引起伤心和为难。

资料来源：孙国辉、崔新健、王生辉主编：《国际市场营销（第二版）》，299页，北京，中国人民大学出版社，2012。

3. 跨国经营中的争端解决

跨国公司在东道国开展经营的过程中，不可避免地会与相关主体发生商业活动上的争端。在处理这些争端时，跨国公司的第一步是利用非正式途径解决，即在自愿互谅基础上，按照有关法律和合同条款的规定，通过直接的充分协商，自行达成协议。若这一步未取得成功，跨国公司就需要采取其他方式，具体包括调解、仲裁和诉讼。

（1）调解。当跨国经营活动中的商业争端无法通过非正式途径解决时，跨国公司可以尝试调解这一手段。调解是争端双方要求第三方帮助解决分歧进而达成协议，这种协议不具备约束力。

在调解中，调解人应仔细听取双方意见，并探索、理清、讨论各种可行的选择，及研判问题得到最终解决的可能性，进而使双方就解决方法达成一致意见。与仲裁和诉讼不同，调解属私人性质；所有双方与调解人间的会议均要保密；双方的声明无须公开，也不会用作随后任何诉讼或仲裁的证据。

（2）仲裁。若没有进行调解或调解失败，跨国公司经常采用的方法便是仲裁。仲裁指国际商务活动中的当事人通过协议，自愿将有关争议提交某一临时仲裁庭或某一国际常设仲裁机构审理，由其根据有关法律或依公平原则做出裁决，并约定自觉履行该项裁决所确定的义务的一种制度。仲裁的一般程序是：由有关双方选择公正知情的一方或几方作为仲裁人，然后由仲裁人判定事情的是非对错，并做出双方同意执行的裁决。仲裁具有高度的自主性和灵活性、速度快、成本低以及必要的强制性等特点。

（3）诉讼。如果其他所有努力均告失败，争端解决的最后一步便是诉讼。具体过程是：跨国公司将其与对方当事人之间的争议诉诸有管辖权的法院以后，该法院按照有关国家的立法对争议进行审理，并做出裁决。只要不存在有效的仲裁协议，任何一方当事人都可向有管辖权的法院起诉，以求得争议的司法解决。

3.3.4 东道国的文化环境

1. 文化的定义与特征

文化是一个由社会（集体）所需要的知识、信仰、艺术、道德、法律、风俗以及其他能力和习惯等构成的复杂整体。一般来讲，文化具有以下三个特征。

（1）文化是习得的。不像先天的生理特征（例如，性别、皮肤、发色或智力），文化是后天习得的。我们从小就从社会环境中获得一系列的信念、价值观和风俗，也正是这些信念、价值观和风俗构成了我们的文化。

（2）文化是共享的。文化是特定社会群体的成员所共同具有的。特殊的信念、价值观或惯例必须为社会中大部分成员所共享才能被认为是文化的特征，因此，文化常被看做将社会成员联系在一起的群体习俗。由于文化具有共享性，因此，同一文化下的人们会具有相同的价值、信念与生活方式。

（3）文化是规范性的。文化主要是通过为个体设置规范、通过影响诸如家庭、大众媒体的功能而发挥作用。规范源于社会价值观，是关于特定情境下人们应当或不应当做出某些行为的规则，它可以防范在该文化下成员可能发生的偏差行为，并对该文化下的社会成员产生某种程度的约束力，违反这种规范将受到某种形式的惩罚。

2. 东道国文化的构成要素

文化由许多相互关联的要素组成，这些要素构成了管理的文化环境，进而会影响到管理的成败。从跨国公司管理人员的角度来看，理解一种文化需要考察以下要素：物质文化、社会机构、语言、艺术与审美观、宗教信仰以及价值体系。

(1) 物质文化。物质文化是文化的一个重要组成部分，它包括两个方面：经济和技术。经济是人们运用个人能力创造财富和分配财富的方式，其中包含产品和劳务的生产、分配、交换、消费以及从生产中所获得的收入。技术指的是在生产物质产品过程中所使用的技艺，它是某一社会群体所掌握的技能。

物质文化反映了一个社会的生活水平和经济发展水平。如果一个社会还处在以物易物的农业经济时代，那么，跨国公司几乎没有什么机会去打开市场。反之，如果一个社会已经实现了高度的城市化，跨国公司就有很多商机可以利用。

(2) 社会机构。社会机构是指某一社会制度的基本成分之间有组织的关系。社会机构影响人与人之间的相互关系，影响人们如何组织自身的活动以便和睦相处，影响人们如何把行为准则传授给下一代以及如何管理人类自身的活动。例如，群体就是一种重要的社会机构，在群体中，成员之间一般有较经常的接触和互动，能够相互影响。而群体对其成员的影响往往随文化而异。一般来说，在儒家文化影响力强的地区（例如韩国和日本），人们的行为更容易受群体规范和态度的影响。

(3) 语言。语言是区分人与动物的重要特征，人们使用语言交流思想、解读环境。作为沟通的工具，语言包括两个组成部分：表述语言和无声语言。表述语言是指人们相互交流时所使用的声音或书写符号，无声语言指人们用来传递信息的非语言沟通机制。不管是表述语言还是无声语言，都要注意其跨文化的不同含义。

(4) 艺术与审美观。艺术是指某一社会的美术、戏剧、音乐、神话传说及建筑等方面。艺术除了功利性或实用性价值，还能给艺术家和参与者（如观众和听众）带来享受。同时，艺术还是感情、思想、态度和价值观的交流手段，能够起到保存和巩固信仰、习惯、态度和价值观的作用，因此，它被认为是文化当中非常重要的一个因素。艺术的表现手段、色彩的选择和美的标准因国而异，与不同的审美观密切相关。所谓审美观，指的是一种文化对于美感和好感所持有的观点和看法，对于跨国公司的经营活动会产生直接或间接的影响。以产品为例，产品风格必须给人以美感，才能获得成功，产品的广告和包装设计也是如此。

(5) 宗教信仰。宗教是对超自然力量的一种信仰，同时也是世界文明的一个组成部分。人类几乎每个民族在不同的历史时期都不同程度地信仰各种不同的宗教。即使是在当代，宗教对许多社会仍然发挥着不可忽视的作用。不同的宗教有不同的文化倾向和清规戒律，它影响着人们认识事物的方式、行为准则和价值观念，从而影响人们行为的动机和习惯。

(6) 价值体系。所有文化都包括形成规范和标准的价值体系，这种价值体系往往根深蒂固，对人们看待事物的态度和行为准则具有很大的影响力。对美、法、德三国管理人员的一项调查的结果体现了不同文化下人们价值体系的差异。对于一件虽有利于公司但却会损害环境的事情，法国和德国的管理人员可能会与老板一起按照原先的构想去行事，而不惜违反环境保护方面的法律，但是美国的管理人员则不太可能继续从事污染环境的违法项目。

全球观察 3—8

可能引起沙特阿拉伯人反感的行为

作为一名管理者，你必须了解一个你可能要去工作或是有商业往来的国家的文化。例如，如果要去沙特阿拉伯的话，你需要知道可能引起沙特阿拉伯人反感的如下行为：

- 等到与主人熟悉之后才能谈及商业议题，否则会被认为粗鲁。
- 评论别人的妻子或 12 岁以上的女孩。
- 提一些家长里短的问题，在你的国家也许是很正常的事，而在沙特阿拉伯可能被误解成侵犯隐私。
- 使用贬低或咒骂的词语以及开不当或下流的玩笑。
- 热衷于谈论宗教、政治或以色列等方面的问题。
- 把酒作为礼物或者喝酒，在沙特阿拉伯是被禁止的。
- 握手太紧或太快——喜欢文雅轻柔地握手。
- 用手指指着别人或者坐着的时候跷二郎腿。

资料来源：弗雷德·卢森斯、乔纳森·P·多：《国际企业管理：文化、战略与行为（原书第7版）》，74 页，北京，机械工业出版社，2009。

3.4 延伸阅读：经济全球化——历史进程与积极意义[①]

在人类进入资本主义社会之前的漫长发展历程中并不存在世界经济，也不存在经济全球化的问题。也就是说，只有以交换为基本特征的商品经济才需要市场，才需要打破地域、民族国家的界限，进行区域间和国家间的经济联系和经济交往。历史上第一个商品经济社会是资本主义社会，从资本诞生的第一天起，资本就在寻求利润最大化的过程中推动着经济全球化。因此，经济全球化并不是第二次世界大战或冷战之后出现的新现象，它“是一种已经持续了很长时间的进程”。

马克思主义经典作家关于国际分工和世界市场的论述，关于从资本主义生产方式诞生起人类历史就开创了“世界历史”的观点，清楚地表明经济全球化是国际分工和世界市场发展的客观要求，是工业社会和市场经济的必然趋势。从 16 世纪开始的资本主义时代，至今已经历了 500 余年。在此期间，市场经济不断向全球扩张，从而启动并推动了经济全球化的发展。第二次世界大战以后，特别是近 10 年来，新科技革命、跨国公司的大发展和信息社会的来临，使经济全球化进入了一个新阶段。

① 参见 http：//baike.ifeng.com/doc/25921；http：//baike.ifeng.com/doc/25920。

3.4.1 经济全球化的由来和历史进程

事物发展的趋向性和规律总是在历史发展变迁的进程中逐步显现出来的，探讨和研究经济全球化发展的历史趋向性必须对其发展历程有一个正确的认识。经济全球化是与资本主义相伴发展的客观历史进程，如果将经济全球化看做长期的历史发展进程，那么经济全球化发展的不同阶段体现了资本主义扩张的不同表现。伴随资本主义的发展，经济全球化大体上经历了以下几个发展阶段。

1. 15世纪末地理大发现和海外扩张孕育了经济全球化的萌芽

根据世界史学者的研究，人类真正意义上的全球性商业往来是从1492年哥伦布发现美洲大陆开始的。实际上，欧洲早期探险家从事航海活动的目的是寻找东亚的黄金和市场，但他们不经意间发现的新航路为西欧国家向世界各地的扩张提供了条件。贡德·弗兰克为此指出："在1500年前后，世界历史发生了一次鲜明的'断裂'，其原因不仅在于1492年和1498年欧洲人发现了美洲和通往东方的新航路，而且主要在于由此开始了资本主义在欧洲的发展及其从欧洲向外界的传播。"14—15世纪，资本主义开始在欧洲萌芽，在意大利北部的威尼斯、热那亚、比萨、佛罗伦萨、米兰等一些城市，资本主义商品生产已有所发展，毛纺织业中产生了由商人控制的资本主义工场手工业。但是，资本主义时代的真正开始则是以15世纪末到16世纪上半期的"地理大发现"和"东西方航线的开辟"为标志的，"地理大发现"和"东西方航线的开辟"使欧洲的社会经济生活发生了巨大的变革，奠定了世界市场形成的基础。

由于哥伦布发现了美洲大陆，迪亚士和达伽马等葡萄牙人开辟了抵达亚洲的海上航线，麦哲伦率船队完成了环球航行，使人类明确了彼此之间共同生活在同一个地球上，从而宣告了东西两半球互相隔绝的人类历史结束了，同时也为西欧国家向世界各地的扩张提供了条件，由此开始了资本主义在欧洲的发展及其从欧洲向外界的传播。从那时起，全球性的资本扩张已经成为可能，随之而来的是探险与贸易的热潮，欧洲列强大规模的海外殖民扩张活动不仅加速了资本的原始积累和资本主义生产方式的建立，也打通了世界各国、各地区交往的通道；从那时起，经济的发展、文化的传播等开始了国际范围的交流。东印度和中国市场，美洲的殖民化，对殖民地的贸易，交换资料和一般商品的增加，给予了商业、航海业和工业空前未有的刺激。

地理大发现使人类的脚步第一次从一个大陆跨到了另一个大陆，实现了汤因比所说的从草原到海洋的"革命性变革"。一方面，地理大发现使人类对地球有了真实的了解，拓展了人类活动的空间，为经济全球化打下了空间基础；另一方面，地理大发现刺激了人类向海外开拓的愿望，打破了故步自封、闭关自守的历史传统，刺激了商品经济的发展，致使各民族的往来替代了各自的自给自足状态。因此，没有地理大发现就不会具有经济全球化萌生的前提条件。

2. 18世纪末至19世纪中叶第一次产业革命和资本主义制度的确定启动了经济全球化

市场经济是不承认国家边界的扩张性经济，机器大工业是以世界市场为对象的大规模生产。18 世纪中后期，以英国为先导，在欧美先进国家陆续发生的以蒸汽机为动力、以纺织业为中心的产业革命的迅速发展，使机器大工业迅速代替了工场手工业，生产能力成百倍地提高。随着资本主义国家生产能力的不断发展，机器大工业不断创造出远远超出本国市场所能容纳的大量商品，狭小的国内市场不能满足资本主义生产能力迅速扩大的需要，于是“资本一方面……要夺得整个地球作为它的市场。另一方面，它又力求……把商品从一个地方转移到另一个地方的时间缩减到最低限度。资本越发展……也就越是力求在空间上更加扩大市场，力求用时间更多地去消灭空间”。由于西方资产阶级到海外寻求商品销路，奔走全球各地，大量廉价的、过剩的工业产品打破国家的樊篱，涌向世界，推进了国际分工和世界市场的形成，促进了经济全球化的大发展。如果说地理大发现为经济全球化提供了空间基础，那么机器大工业就为经济全球化提供了物质基础。没有产业革命就没有机器大工业，没有机器大工业就没有世界市场，没有世界市场就没有经济全球化。

正是在这一时期，英国成为“世界工厂”。经过工业革命，英国工业生产量已远远超过了国内市场的容量。到 19 世纪中叶，英国一半以上的工业品要销往国外，国内生产所需的大部分原料也要靠国外供应。这种情况在英国最大、最主要的棉纺工业表现得尤为突出。当时英国所生产的棉织品的绝大部分销往国外，生产所需的棉花来自美国、印度、巴西、埃及等国家。在这一时期，英国不仅是世界消费品的主要供应者，也是生产资料——机械设备的主要供应者。因此，这一时期机器大工业的发展标志着经济全球化向前迈进了一大步。

3. 19 世纪后半叶至 20 世纪初第二次科技革命和垄断资本主义制度的发展加速了经济全球化进程

19 世纪后半叶至 20 世纪初的半个世纪是经济全球化发展最突出的时期，也是进展最快的时期，突出表现在：第一，西方发达国家在这一时期发生了第二次科技革命，从蒸汽时代进入了电气时代，从以纺织工业为中心的轻工业革命进入到以钢铁、石化、电器、机械、汽车为代表的重化工业革命，生产力获得了新的大发展。在这一时期，电车、汽车、铁路、铁制轮船成为新的交通运输工具，电话、无线电、电报成为新的通信手段，大大缩短了时空距离，为国际贸易的大发展提供了新的物质技术基础。第二，在这一时期，西方列强凭借新科技革命所创造的新武器在世界范围内进行了瓜分世界的殖民扩张。至 20 世纪初，世界领土已被瓜分完毕，资产阶级将“资本主义统治范围推广到新的领土”，并形成了资本主义体系。正如凯文·奥鲁尔克等人在《全球化与历史》中指出的，“到 1914 年，几乎地球上的每个地方都以某种方式与外国市场相联系”，世界上几乎再没有与资本主义和世界市场相隔绝的土地和领域。第三，在这一时期，西方发达国家从自由资本主义发展到垄断资本主义，垄断资本在经济生活中占据了统治地位，而且其触角已经伸向世界各地，出现了国际垄断组织和跨国公司。同时，西方发达国家为了掠夺殖民地资源，不仅向其大量输出商品，而且开始进行投资。当时的英国和法国是主要资本输出国，到第一次世界大战前，它们的国外投资已分布在亚、非、拉、大洋洲等地。

资本输出的增加特别是国外直接投资的扩大，标志着国际分工和经济全球化进入了新阶段，标志着各国之间的经济关系从商品交流的外在联系发展到了生产分工的内在融合。

4. 第一次世界大战至冷战结束，经济全球化在曲折中发展

作为世界经济发展的必然趋势，经济全球化的发展并不是一帆风顺的。在20世纪初到40年代末的大约40年间，曾出现4个阻遏经济全球化的历史事件：(1) 1914—1918年的第一次世界大战；(2) 1929—1933年的世界经济大危机和大萧条；(3) 1937—1945年的第二次世界大战；(4) 苏联、东欧、亚洲的一批国家摆脱资本主义体系，形成了与资本主义阵营相抗衡的社会主义阵营。这些事件以不同方式阻遏并打乱了经济全球化的正常进程和秩序，破坏了各国、各地区的经济交往。但是经济全球化进程并未因此而停止，恰恰相反，正是这些事件的发生使人们认识到战争（不论热战还是冷战）和对峙只能损害全人类的经济发展，损害人类社会的进步。因此，在第二次世界大战结束前夕，作为稳定和调节世界经济和国际经济关系的三大国际经济组织——GATT、世界银行和国际货币基金组织应运而生。这三大国际经济组织的产生和发展标志着经济全球化从自发过程开始走向制度化过程。同时，也正是在这一时期，即从20世纪50年代初起，出现了以微电子、新材料、新能源为代表的新科技革命，将工业化进程引向新阶段，发达资本主义国家进入了一个经济大发展时期，即所谓的“经济高速增长时期”。这一时期一直持续到1973年爆发世界性经济危机为止，长达20余年。这个被发达资本主义国家称为“黄金时代”的时期，是发达资本主义国家实现经济高度现代化的决定性阶段。也正是在这个历史阶段，国际贸易获得了空前发展，贸易增长率超过了经济增长率，跨国公司如雨后春笋般发展起来，将国际分工和国际经济关系推进到了一个新阶段。因此，这一阶段既是经济全球化受阻的时期，同时也是经济全球化向纵深发展的孕育时期。

5. 冷战结束后进入了市场经济全球化阶段，标志着经济全球化时代的真正到来

20世纪80年代末90年代初苏联解体、东欧剧变，标志着经济全球化又进入了一个新阶段，而且标志着经济全球化时代的真正到来。其突出标志有：第一，以微电子、生物工程的大发展为标志的科技革命进一步深入发展，西方发达国家开始从工业社会向信息社会转变；第二，跨国公司不仅在数量上、规模上有了更大的发展，而且其经营战略发生了重大变化，突出地体现在企业跨国并购的形式、数量和规模均有了重大发展，许多跨国公司的研发中心移向海外，世界经济融合的程度空前提高；第三，不同制度国家的体制创新、社会主义国家经济体制的改革和以市场为取向的体制转轨，最终消除了市场经济全球化的最后障碍，市场经济成为涵盖整个世界的经济体制；第四，世界贸易组织等国际经济组织的职能、规模的扩大和发展，使世界经济运行日益规范化和规则化，实现了物流、资金流、信息流和知识流全球畅通。所有这些标志着经济全球化时代的真正到来。

3.4.2 经济全球化的积极意义

经济全球化是当今世界经济和科技发展的产物，在一定程度上适应了生产力进一步发展的要求，促进了各国经济的较快发展。

1. 有利于各国生产要素的优化配置和合理利用

一国经济运行的效率无论多高，总要受本国资源和市场的限制，只有全球资源和市场一体化，才能使一国经济在目前条件下最大限度地摆脱资源和市场的束缚。经济全球化可以实现以最有利的条件来进行生产，以最有利的市场来进行销售，达到世界经济发展的最优状态，提高经济效率，使商品更符合消费者的需要。

2. 促进国际分工的发展和国际竞争力的提高

经济全球化促进了世界市场的不断扩大和区域统一，使国际分工更加深化，各国可以充分发挥自身优势，从事能获得最大限度的比较优势的产品的生产，扩大生产规模，实现规模效益。经济全球化可以促进产业的转移和资本、技术等生产要素的加速流动；可以弥补各国资本、技术等生产要素的不足，积极参与国际市场竞争，迅速实现产业演进和制度创新，改进管理，提高劳动生产率，积极开发新产品，提高自身的国际竞争力。

3. 促进经济结构的合理优化和生产力的较大提高

在经济全球化条件下，实现了在全球化范围内的科技研究和开发，并使现代科学技术在全球范围内得到迅速传播。现代科技创新是世界性的，任何国家的科学技术活动，都必须也只能以世界上现有的科技成果为前进的基础。由于经济全球化带来科学技术的世界性流动，使各国特别是发展中国家可以进口世界上自己需要的先进科学技术，借助“后发优势”，促进科技进步、经济结构优化和经济发展。

4. 促进世界经济多极化的发展

经济全球化使国际经济关系更加复杂，它使以往的国别关系、地区关系发展成为多极关系和全球关系，推动了处理这些关系的国际协调和合作机制的发展，必然会导致一系列全球性经济规则的产生，使参与经济全球化进程的国家出让或放弃部分主权，形成并遵守这些经济规则。因此，从这个意义上说，经济全球化是一个制度变迁的过程，是一个既相互竞争又相互融合渗透的过程。

5. 促进发展模式创新

全球化促进生产、资源、人员、贸易、投资和金融等生产要素全球优化配置、降低成本和提高效率。跨国公司已发展到在全球布设研发、生产、销售链条的全球公司阶段。经验显示，一国经济开放度提高与其人均国内生产总值增长之间成正比。无论一个国家的发展模式如何调整变化，不考虑全球化因素，不利用全球化机遇，就不可能探索出先进的发展模式。

6. 促进国际利益融合

利益融合既表现在经济领域，又表现在其他领域；既表现在双边领域，又表现在多边领域。国家间经济相互依赖逐步加深，俱荣俱损局面开始形成。全球经济链条越拧越紧，一国经济发展对全球经济发展的依赖增强。除国家利益，共同地区利益和全球利益明显增多。利益融合有利于国家关系改善，国家间协调合作增多，出于不同利益而形成的不同“志愿者联盟”不断出现。

7. 促进安全内涵扩展

安全已从传统安全领域扩展到非传统安全领域。恐怖主义、经济安全、环境恶化、气候变暖、疫病蔓延、移民浪潮和跨国犯罪等非传统安全问题的威胁增大，涉及经济、民生、社会和自然等广泛领域。非传统安全主要由人类发展的不科学、发展与社会和自然的不协调引起，其实质是发展问题。非传统安全问题模糊了安全与发展的界限，增大了国际安全合作的紧迫性，挑战着传统安全的主导地位，缓和了国家间的军事对抗关系。如恐怖主义和气候变化不是任何单一国家能够解决的，美国在反恐中不得不多方借重国际社会。又如，美俄在导弹防御问题上矛盾尖锐，但在非传统安全领域总的来说合作顺利。

8. 促进国家主权转移

全球化促进了国际组织的发展。仅 1990—1998 年，国际组织就从 26 656 个增至 48 350 个，其中政府间国际组织达 250 多个。政府间国际组织成为全球性规则的制定者和监督实施者、全球性问题的管理者和全球性争端的解决者。世界贸易组织在其《关于解决争端的规则与程序的谅解》中，全面规定了世界贸易组织解决贸易争端的政治方法、法律方法、裁决执行与监督以及救济办法等，并专门设立了争端解决机构（DSB）。的确，国家仍然是国际社会的主要行为体，国家主权仍然是国家至高无上的权力，但在全球化背景下，一个不争的事实就是国家主权在越来越多地向政府间国际组织转移。比如，向联合国、地区组织转移政治、外交和军事权利，向世界贸易组织、国际货币基金组织、世界银行和全球公司转移经济权利，向各种各样的其他非政府国际组织转移社会权利。全球化还促使一国的国内规则尽可能与国际规则协调一致。

9. 推进人类文明进步

人类有可能在全球化、全球性问题、全球利益和全球治理基础上，形成新的共同价值观念和新的人类文明，打破西方在人类文明中的主导地位，实现对西方文明的总体超越。但是，经济全球化是在不公平、不合理的国际经济旧秩序没有根本改变的条件下形成和发展起来的。在经济全球化中占主导地位和绝对优势的是西方发达资本主义国家，在经济全球化中资本主义的内在本质和规律性特征会得到充分体现；资本主义发展不平衡规律的作用会更加突出，使国家之间的市场竞争和民族冲突更加激烈和尖锐；少数大国一手操纵世界经济事务，使平等互利原则和国家间的合作屡遭破坏；局部地区的民族摩擦、经济危机以及政治经济的震荡也极易在全球范围内传播和扩展，增加了国际政治经济的不稳定性和不确定性。

本章小结

经济全球化是跨国公司面临的重要的外部环境，其形成与发展是多方面因素在漫长的时间内交互作用的结果，并且正在以不可逆转的趋势发展。在经济全球化的时代，世界贸易组织、国际货币基金组织和世界银行等国际组织对世界经济运行和跨国公司运营发挥着非常重要的作用。同时，跨国公司也不能忽视一系列重要的国际协定的影响。区域经济集团对于参与国之间的贸易经济发展发挥着积极的促进作用，包括多种不同的形式。主要的区域经济集团包括欧盟、北美自由贸易区、亚太经济合作组织和东盟等。跨国公司东道国环境是指跨国公司经营过程中所面临的、东道国不可控制的因素和力量，主要包括东道国的政治环境、经济环境、法律环境和文化环境等。

本章主要概念

经济全球化（economic globalization）
世界贸易组织（World Trade Organization）
国际货币基金组织（International Monetary Fund）
世界银行集团（World Bank Group）
国际协定（international agreement）
区域经济集团（regional market groups）
政治环境（political environments）
政治风险（political risks）
经济环境（economic environments）
法律环境（legal environments）
文化环境（cultural environments）

思考题

1. 经济全球化的含义和成因是什么？
2. 经济全球化有哪些发展趋势？
3. GATT与世界贸易组织的主要区别有哪些？世界贸易组织的基本原则有哪些？
4. 有关可持续发展与环境保护方面的国际协定主要有哪些？有关知识产权保护方面的国际协定主要有哪些？
5. 什么是区域经济集团化？区域经济集团的组织形式主要有哪些？
6. 主要的区域经济集团有哪些？其主要规则是什么？
7. 东道国的政治环境包括哪些要素？跨国公司面临的东道国政治风险有哪些？
8. 要分析一个国家的经济状况，可以从哪几个方面入手？
9. 世界上主要的法律体系有哪几种？

10. 跨国经营中的争端解决方式有哪些？
11. 东道国文化的构成要素有哪些？

开篇案例讨论

1. 华为在美国市场发展受阻、在加拿大市场获支持的原因是什么？
2. 为了克服在美国市场上遭遇的阻力，华为可以采取哪些措施？
3. 为了更好地开拓加拿大市场，华为可以采取哪些措施？

推荐读物及网站

论文

1. D. Greenway，W. Morgan and P. Wright. Trade Liberalization and Growth in Developing Countries. *Journal of Development Economics*，2002，Vol. 67，pp. 229－244.

2. G. Modelski and W. R. Thompson. The Long and the Short of Global Politics in the Twenty-first Century：An Evolutionary Approach. *International Studies Review*，1999，Vol. 1，No. 2，pp. 109－140.

3. J. U. Farley and D. R. Lehmann. Cross-national Laws and Differences in Market Response. *Management Science*，1994，Vol. 40，pp. 111－122.

4. T. Levitt. The Globalization of Markets. *Harvard Business Review*，1993，61 (May-June)，pp. 92－102.

5. Edward T. Hall. Silent Language in Overseas Business. *Harvard Business Review*，1960，May-June，pp. 87－96.

6. M. L. Maznevski and Joseph J. DiStefano，et al. Cultural Dimensions at the Individual Level of Analysis：The Cultural Orientations Framework. *International Journal of Cross Cultural Management*，2002，Vol. 3，pp. 275－295.

7. A. Subramaniana and Shang-Jin Wei. The WTO Promotes Trade，Strongly but Unevenly. *Journal of International Economics*，May 2007，Volume 72，Issue 1，pp. 151－175.

8. Pan S. Kim and Joseph Ofori-Dankwa. Utilizing Cultural Theory as a Basis for Cross-Cultural Training：An Alternative Approach. *Public Administration Quarterly* 1995，18，No. 4，pp. 478－500.

著作

1. 保罗·R·克鲁格曼，茅瑞斯·奥伯斯法尔德．国际经济学：理论与政策（第八版）．北京：中国人民大学出版社，2011.

2. ［美］海伦·德雷思凯．国际管理（原书第5版）．北京：机械工业出版社，2008.

3. 约翰·库伦．跨国管理：战略要径．北京：机械工业出版社，2003.

4. ［美］迪恩·B·麦克法林，保罗·D·斯威尼．国际管理（第3版）．北京：中国市场出版社，2009.

5. 查尔斯·希尔．国际商务（第 9 版）．北京：中国人民大学出版社，2014.

网站

1. http：//www. wto. org
2. http：//fortune. com
3. http：//www. bwchinese. com
4. http：//finance. ifeng. com

第4章

跨国公司战略管理

本章学习目标

1. 掌握战略管理的三大理论支柱
2. 理解战略管理五要素
3. 理解跨国公司国际扩张的动机
4. 理解跨国公司国际扩张所面临的风险
5. 了解国际化战略的类型
6. 了解国际化的实现方式
7. 了解战略管理五要素与国际化
8. 了解中国企业海外并购的基本情况

开篇案例　三一重工

三一重工全名为三一重工股份有限公司，由三一重工业集团有限公司整体变更设立而来。三一重工业集团有限公司成立于1994年11月22日，其前身为由梁稳根、唐修国、毛中吾和袁金华等人于1989年6月筹资创立的湖南省涟源市焊接材料厂。企业创立以来，资产逐渐集中在与开发、生产、销售包括拖泵、泵车、压路机、摊铺机等工程机械产品相关的生产设施和配套辅助设施，以及商标、专利、土地使用权等无形资产方面。公司所从事的业务主要是工程机械产品及配件的开发、生产和销售，包括拖泵、泵车等混凝土施工机械，全液压振动压路机、摊铺机等高等级路面施工机械，全液压推土机、挖掘机等铲土运输和挖掘机械共8大类50种规格的各类工程机械产品及配套部件，其中主导产品为拖泵、泵车和压路机。

三一重工的历史虽然并不算长，但是公司取得了不小的成绩。2000年，三一重工混凝土输送泵、泵车实现中国市场份额第一。其产品中混凝土机械、挖掘机械、桩工机械、履带起重机械、港口机械为中国第一品牌，混凝土泵车全面取代进口，并且连续多年产销量居全球第一；挖掘机一举打破外资品牌长期垄断的格局，实现中国市场占有率第一。2012 年，三一重工并购混凝土机械全球第一品牌德国普茨迈斯特，此举改变了该行业的全球竞争格局。三一重工还连续被评为《福布斯》“全球最具创新力的 100 家公司”、《财富》“最具创新力的中国公司”、中国企业 500 强、中国最具竞争力品牌、中国工程机械行业标志性品牌、亚洲品牌 50 强。目前，三一重工已发展成为中国最大、全球第五的工程机械制造商，也是中国最大的混凝土机械制造商。集团核心企业三一重工于 2003 年 7 月 3 日上市，是中国股权分置改革首家成功并实现全流通的企业，并于 2011 年 7 月入围英国《金融时报》全球市值 500 强，成为唯一上榜的中国工程机械企业。

三一重工在发展业务的同时，在企业产品研发方面也做了巨大的投入。三一重工每年将销售收入的 5%～7%用于研发，致力于将产品升级换代至世界一流水平。集团拥有国家级企业技术中心、国家级博士后科研工作站。凭借技术创新实力，三一重工于 2005 年和 2010 年两次荣获“国家科技进步二等奖”，2012 年荣获“国家技术发明二等奖”，这是新中国建立以来工程机械行业获得的国家级最高荣誉。同时，公司首席专家易小刚还获评“首届十佳全国优秀科技工作者”，是工程机械行业的唯一获奖者。截至 2013 年 10 月 31 日，三一集团申请中国专利 7 116 件，《专利合作协定》（PCT）国际专利 341 件，海外专利 189 件。已获授权专利国内 4 769 件，海外 18 件，居行业首位。凭借自主创新，三一成功研制的 66 米泵车、72 米泵车、86 米泵车三次刷新长臂架泵车世界纪录，并成功研制出世界第一台全液压平地机、世界第一台三级配混凝土输送泵、世界第一台无泡沥青砂浆车、亚洲首台 1 000 吨级全路面起重机、全球最大 3 600 吨级履带起重机、中国首台混合动力挖掘机、全球首款移动成套设备 A8 砂浆大师等，不断推动“中国制造”走向世界一流。

三一重工的国际化始于 2001 年。当年 11 月 18 日，三一重工和世界 500 强企业美国迪尔公司正式签订合作经销协议，从此拉开了其国际化战略的序幕。在过去的 10 多年中，三一重工的国际化可以划分为三个阶段：2002—2005 年为出口阶段，2006—2009 年为海外基地投资阶段，2009 年以后为本土化阶段。

从 2006 年开始，三一重工开始在全球不同国家展开跨国投资，为其国际化战略布局。2006 年 11 月，首先在印度设厂，投资建立了第一个海外研发和制造基地。2007 年 9 月，三一重工进军美国，投资建立了第二个海外研发和制造基地，第一次将工厂建到工程机械制造业发达的国家。2009 年 2 月，三一重工签约德国，投资建立了第三个海外研发和制造基地。2010 年 2 月，在巴西投资建立了第四个海外研发和制造基地，挺进南美市场。自 2009 年 10 月印度产业园竣工投产以来，三一重工在美国、巴西和德国的产业园也相继建成投产。而 2012 年更是收购了多年竞争对手德国公司普茨迈斯特，获得了技术领先的“德国制造”，丰富了产品组合，同时也获得海外强大的分销和服务网络。三一重工在国际化过程中的“本土化”战略主要是根据当地市场的需求进行产品开发和销售。比如根据巴西林业发达、对林业工程车需求大的市场情况，三一重工向巴西市场引入了森林挖掘机。这种挖掘机可以在密林中畅通无阻，锋利的切割臂可以瞬间将砍伐下来的树木切成等长的数段，方便运输，该产品受到了巴西市场的欢迎。

在此基础上，三一重工又根据海外销售趋势，划定了中东、亚太、俄罗斯、南非、北非五个销售大区。截至 2013 年，三一重工业务覆盖达到 100 多个国家和地区，产品出口到约 100 个国家和地区，并在中东、亚太、俄罗斯、南非和北非五大区全部实现盈利，国际化逐渐进入收获期。

对于不同的市场，三一重工在国际化的过程中采取了不同的战略管理手段。对于欧美等发达的经济体，三一重工通过建立研发和制造中心，通过改善产品质量，强化服务，降低成本等优势来占领市场。比如，对美国的主营产品履带起重机和越野式起重机两款产品而言，为了满足当地市场的需求，三一重工通过在当地引进专家，联合国内的专家共同进行产品开发。在德国，经过严格的资格认证与考核，三一德国成功加入欧洲制造协会界实力最强、影响力最大的德国机械设备制造业联合会。而针对发展中国家的新兴市场经济体，三一重工在国际化的过程中主要采取产品复制、服务复制和降低成本等优势来进入市场、展开竞争。

自成立以来，三一集团秉持“创建一流企业，造就一流人才，做出一流贡献”的企业愿景，打造了业内知名的“三一”品牌。秉承“品质改变世界”的使命，在产品研发和创新方面也做出了巨大的成绩。

资料来源：http：//www. sanyhi. com/company/hi/zh-cn.

4.1　战略管理基础

4.1.1　战略管理的概念与特点

“战略”原为一个军事术语，指的是“将军指挥军队的艺术”。20 世纪 60 年代开始运用于商业领域，从而逐渐形成了战略管理学科。战略管理指的是企业确定其使命，根据组织外部环境和内部条件设定企业的战略目标，为保证目标的正确落实和实现进行谋划，并依靠企业内部能力将这种谋划和决策付诸实施，以及在实施过程中进行控制的动态管理过程。战略管理主要分为两个部分，即战略筹划和战略执行。战略筹划即根据企业内部情况和外部环境来制定企业战略；战略执行即制定具体的措施来达到企业想要达到的目的。二者相互交织，缺一不可。

战略管理最突出的特点就是其具有综合性和系统性。具体来说，它有这样几个特点。

第一，企业战略管理是从企业的总体出发来展开和制定的。战略管理针对的是企业的全局，所追求的目标也是企业总体效果，而非企业某一事业部门或者某一职能部门的效果。企业通过确定使命，制定战略规划来协调企业各部分之间的关系。

第二，战略管理的制定者往往是企业的高层管理人员。由于战略管理涉及的主要是企业总体层面的计划和安排，往往只有企业的高层管理人员才掌握整个企业层面的信息，只有他们才能够进行合理、有效的统筹，也往往只有企业的高层管理人员才拥有战略管理所需要的权力。

第三，战略管理的视角往往是长期的。比如战略管理的一个重要目标是确定企业的使命。从开篇案例来看，三一重工的企业使命是“品质改变世界”。这个使命绝不是一朝一夕可以实现的，而是需要一个长期的准备和实施过程。

第四，战略管理往往涉及大量的资源配置问题。比如开篇案例中所提到的，三一重工为了实现其企业使命，做了大量的海外研发和制造基地建设，进行了大量的海外市场探索，每年将大量的收入投入到研发中去，其中所涉及的各种有形资产和无形资产自然不在少数。战略管理一般涉及两个层面，即公司层面的战略和经营单位层面的战略。公司战略指的是企业的总体战略，是企业最高层次的战略。在存在多个经营单位的情况下，公司战略指的是集团母公司的战略。现代大型企业往往从事多种业务，即形成多个经营单位。经营单位战略指的就是这些经营单位层面的战略。不同经营单位各自具有不同的资源和能力，也面临不同的外部环境，各经营单位的最优战略也会存在差异。

公司战略主要关注三个问题：第一，我们应该从事什么行业？比如，三一重工的前身湖南省涟源市焊接材料厂最初主要从事的是焊接材料业务。而在企业的发展过程中，企业创始人梁稳根等人逐渐将焊接材料业务剥离，而专注于工程机械的装备制造业。企业行业选择的变化往往导致整个企业业务的大幅改变，因此是影响企业运营的最重要的战略决策之一。第二，在公司层面，公司总部如何协调公司的各个业务部门和职能部门，从而创造更多的价值。比如，三一重工除了国内业务，还有出口业务，以及在印度、美国、德国和巴西的研发和制造基地。如何整合这些不同的业务部门，形成良好的配合和互动，就是公司战略的一部分。第三，公司需不需要进入其他行业做分散化投资？这样做对现有的业务有帮助吗？比如，三一重工收购德国工程机械巨头普茨迈斯特就代表着三一重工获得了大量新资产，尤其是技术先进的“德国制造”产品及创新，企业的产品组合也得到了极大的丰富，同时也获得了海外强大的分销和服务网络。对这部分新资产和企业原有资产之间的互动，以及可能形成的协同效应分析和筹划也是公司战略的一部分。

4.1.2 战略管理的三大理论支柱

行业基础观（industry-based view）、资源基础观（resource-based view）和制度基础观（institution-based view）是现代战略管理理论的三大支柱，我们在这一节对三者做简单介绍。

1. 行业基础观

行业基础观认为一个企业所处的环境是决定该企业战略及其最终绩效的重要因素。迈克尔·波特 1979 年发表在《哈佛商业评论》上的《竞争力如何塑造战略》（How Competitive Forces Shape Strategy）一文可谓行业基础观的奠基之作。在这篇文章中，他结合经济学中产业组织理论的研究成果，提出了企业战略选择需要考虑的“五力”，这个模型也称作“波特竞争力模型”。

其中，“五力”指的是竞争的五个主要来源，即供应商的议价能力、购买者的议价能力、潜在进入者的威胁、替代品的威胁，以及来自同一行业的公司间的竞争。具体内容见如图 4—1 所示。波特认为，一个良好的战略要对以上五种力量做出综合的分析和评价，不同力量的特性和重要性会随着行业和企业变化而变化，战略管理方式和手段也会随之而异。

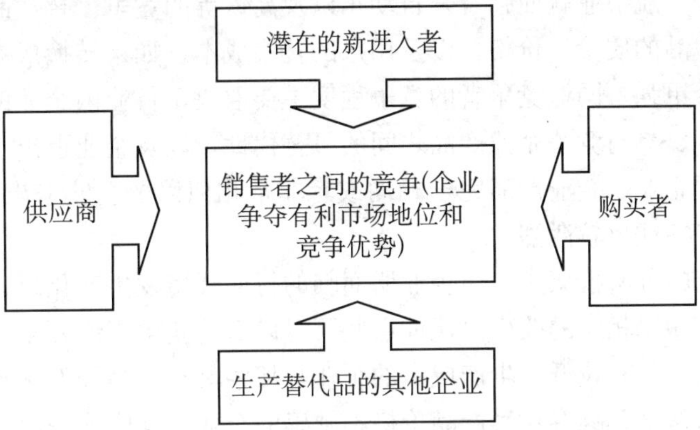

图 4—1　波特“五力”分析模型

在新古典产业组织理论的分析中，企业利润（在经济学中称为供应商的剩余价值）主要是由企业所面临的产品市场和要素市场的竞争程度决定的。企业从要素市场购买生产所需要的各种原材料，雇用生产所需要的劳动力。如果要素市场的竞争程度比较高，企业就可以以较低的成本获得生产活动所需要的各种生产要素。而企业生产的产品最终要投入到产品市场中，所以产品市场的竞争程度会影响产品的价格和企业的最终利润。如果市场上有很多其他企业在出售类似的产品，或者行业的进入门槛很低，或者消费者可以很容易找到其他的替代产品的话，企业就很难从其生产的产品中获得超额利润。

波特的“五力”分析基本上是基于微观经济学产业组织理论的相关模型的，因此主要关注的是市场结构层面的因素。可以把“五力”分为：供应商层面（供应商的议价能力）、购买者层面（购买者的议价能力）和竞争者层面（其余三力）。供应商主要通过提高价格或者降低产品质量来影响企业的盈利能力。供应商的强弱主要取决于其提供要素的性质及其在市场中的地位。当供应商提供的要素非常重要，且供应商有比较固定的市场，或者其产品具有较大的差异性导致转换成本过高时，供应商的议价能力就会比较强。购买者主要通过压低购买价格或者要求更高的产品质量来影响企业的盈利能力。一般来讲，当购买者比较集中，而卖方比较分散时，购买者的议价能力较强。当购买的产品标准化比较强，或者容易找到替代品时，购买者的议价能力也会较强。比如，沃尔玛的采购量巨大，而且其采购的大量产品都有很多供应商，产品可替代性也比较强，因此沃尔玛往往可以以低廉的价格采购大量商品，从而形成自身独特的竞争优势。

新进入者的威胁、替代品的威胁和同业竞争者的竞争程度都是反映市场竞争的要素。市场的新进入者不仅会与现有企业争夺顾客，还会在原材料方面展开竞争，这都可能会缩小现有企业的盈利空间。新进入者的威胁主要取决于市场进入门槛的高低。如果市场进入比较容易，潜在竞争就会高。市场进入门槛既可能来自行业特性（比如需要很高的初始投资），也可能来自政府管制（比如我国的银行业、电信业、铁路运输业等行业）。替代品的威胁可能来自同行业企业，也可能来自其他行业。比如航空客运企业既要与其他航空客运企业竞争，也要与其他的客运企业竞争。在我国，航空业就面临着来自动车以及高铁等的竞争。替代品威胁的强弱主要取决于替代品的质量、价格，以及用户的转换成本。如果转换成本较低，替代品威胁就可能会更强。同业竞争者的竞争程度主要取决于行业内企业的数量、市场需求的增长速度、参与竞争企业产品之间的可替代性，以及企业退出市场的成本。当行业内有大量企业、企业产品完全相同或者非常相似以及企业退出市场成本很高时，同行业竞争往往比较激烈。

在波特的分析框架中，当企业所面临的行业环境发生变化时，其采取的战略方针也就应该做出相应的改变。比如那些可以以低价获得生产要素、可以较好地阻止竞争者进入、具有较低的生产成本的企业与那些具有产品开发优势、可以很容易建立起顾客忠诚度、顾客对其产品价格不敏感的企业，其应该采取的最优战略就是不同的。

资源基础观认为企业自身的差异是决定企业战略行为及绩效的重要因素。企业生产的产品及其拥有的资源是一枚硬币的两面，因此，从关注企业产品市场的行业基础观转换到关注企业自身能力的资源基础观是非常自然的事情。

2. 资源基础观

按照资源基础观的理论分析，企业要想获得超额利润（也就是经济学所谓的李嘉图租金），必须具备如下几个条件：（1）企业必须拥有不同的资源以区别于其他企业；（2）企业拥有的特色资源和能力很难被其他企业模仿；（3）当企业建立起自身特有的资源和能力后，竞争壁垒的存在可以防止竞争过度，维持超额利润；（4）在企业决定建立某种特有资源和能力之前，决定参与的企业数量不能太多，否则可能会因为太多企业拥有相同或者类似的资源，从而使得该资源丧失特色，最终导致企业无法获得超额利润。

企业资源指的是那些在某一个时刻几乎半永久性地归属于该企业的资产。任何资产都是可以交易的，因此都不是企业的永久性资产。有些资产稍纵即逝，比如某些容易模仿的技术或者创新等。而另外一些资产的模仿性却很差，这些资产就属于企业的半永久性资产。另外，有些资产的模仿性虽然很强，但是如果有法律限制其他企业进行模仿的话，这样的资产也可以形成企业的特有资源，比如书籍、技术专利等。企业资源既可以是有形的，也可以是无形的。具体来讲，这些资源包括企业的知识产权、企业所拥有的品牌、企业自主开发的技术和知识、企业的优秀员工、机器设备、资本、有效的管理经验和管理实践，以及企业与外部建立的各种联系和签订的各种合约等。粗略地划分可以发现，除了企业与外部建立的各种联系以及签订的各种合约，其余的都是企业自身所直接拥有的资源，与其他独立的经济个体之间不存在直接关系，企业与外部建立的各种联系以及签订的各种合约在某种程度上属于企业可以利用的外部资源的范畴。

3. 制度基础观

制度基础观是战略管理三大分析支柱中最晚出现的一个，建立在 1993 年诺贝尔经济学奖获得者道格拉斯·诺斯（Douglass C. North）等人的制度经济学和新制度经济学的分析之上。制度基础观认为，企业的战略及绩效不仅受其所处的行业特征以及自身所拥有的资源和能力的影响，同时也受到其所处的整个市场环境和社会环境的影响。简而言之，制度基础观认为，企业所处的背景影响企业的行为和结果。

全球观察 4—1

道格拉斯·诺斯

道格拉斯·诺斯出生于 1920 年，是一位在经济史研究方面很有建树的美国经济学家。他和罗伯特·福格尔（Robert Fogel）一起于 1993 年获得诺贝尔经济学奖。诺贝尔经济学奖委员会认为他们的主要贡献在于“把经济学理论和数量研究方法应用到对经济史的研究中去，并用此来解释人类社会的经济发展和制度变迁”。

诺斯在其发表在《经济学展望杂志》（*Journal of Economic Perspectives*）上的《制度》一文很好地总结了他对经济和制度变迁的研究。在该文中，诺斯认为制度是约束，是人类社会发展和形成的对人类各种行为进行限制的框架总体。所受到限制的人类活动既包括经济活动，也包括政治和其他社会活动。诺斯认为，这些约束既包括各种正规约束（比如法律、财产所有权等），也包括非正式约束（比如道德、传统、行为规范等）。这些正规和非正规约束给人类的行为方式作出约束的同时，也使得人类行为具有可预测性，从而在很大程度上便利了人与人甚至国与国之间的交往。诺斯也因此成为新制度经济学派的代表人物。

对于跨国公司而言，往往需要接触多个国家和社会。各个国家在正规制度和非正规制度方面存在较大的差异。因此，诺斯的新制度经济学成为帮助人们对跨国公司进行分析和管理的重要参考依据。

资料来源：http：//www. nobelprize. org.

制度经济学认为经济主体（企业、个人、政府等）会受到经济体中各种正规和非正规制度的约束，这些正规和非正规的制度构成了经济主体的行为规范。比如，法律对于投资者的保护程度决定了资金使用者（股权筹资人或者借款人）和资金提供者（债权人或者股东）之间的相对利益关系。当二者出现利益冲突时，这些规则可以起到界定双方权利、义务的作用，即解决利益冲突的基础。如果资金提供者在此过程中处于劣势，那么最初他们将资金交给资金使用者时就会比较谨慎，他们可能会收取较高的利息，要求较多的抵押品，或者干脆拒绝贷款，或者购买股票等。虽然不同的制度因素所涉及的主体可能不同，但逻辑与上面对资金提供方和使用方的分析基本一致。

4.1.3 战略管理五要素

战略管理涉及整个企业，因此是一系列决策的组合。这些决策主要包含五个要素：(1) 领域 (areas)：在什么地方展开竞争；(2) 差异化 (differentiators)：如何使自身和其他企业区分开来以进入自己事先设定的竞争领域；(3) 方式 (vehicles)：怎样在设定的竞争领域内获胜；(4) 发展顺序 (staging and pacing)：按照何种顺序和速度实施战略；(5) 经济逻辑 (economic logic)：靠什么取得回报。

以上五个要素是战略管理流程的关键，也称为战略管理钻石五要素。大多数的战略计划往往只关注以上要素的一个或者两个方面，而对其他方面重视不足。要想正确、全局性地制定决策，就必须同时考虑以上五个问题，并全部给出满意的答案。

领域是企业选择的竞争市场，既包括企业产品、服务、销售渠道、市场分割、地理分布，也包括技术选择等多个层面。领域选择应该是非常具体的，而不是泛泛的。比如“创建一流企业，造就一流人才，做出一流贡献”以及“品质改变世界”就不能称为企业领域，而只是企业的愿景和使命。领域选择应该做到可以清晰地告诉企业的员工什么是应该做的，什么是不应该做的。由于业务外包的可能性，很多时候企业的领域往往是非常细化的。

差异化指的是企业如何才能使自身和其他企业区分开来，形成自己的特色和竞争优势。企业可以在很多层面上做到差异化。这些层面包括产品价格、技术水平、产品质量、企业和产品的可信度以及企业形象等。虽然部分优秀的企业确实可以同时在多个方面做到差异化，但历史证明，对于大多数企业而言，只要做好一点就很不错了。一般来说，很难想象一个产品会在长期内保持质优价廉，因为质量好的产品生产成本也往往会很高，售价自然也会更高。差异化的方式要尽早选择好，而且最好要持之以恒。差异化是影响顾客产品选择的关键因素。差异化方式选择得越早越坚持不懈，也就越容易被顾客认识和接受。比如在个人电脑领域，惠普以低价闻名，而 IBM 以优质闻名，这都是多年坚持的结果。

方式指的是企业在选定领域竞争时所采取的手段。比如三一重工在不同市场就采取了不同的竞争手段。其在发达市场主要通过建立研发和制造基地、改善产品质量、强化服务来占领市场；而在发展中国家则通过“复制”现有产品和降低价格来占领市场。

发展顺序指的是战略行动的步骤和速度。领域、差异化和方式的选择反映了企业想做什么，但是尚未确定具体的行动步骤。虽然战略并没有既定的顺序规则，但是战略管理者必须对此做出决策。比如，企业要决定什么时候进入国际市场，先进入哪一个国家，以及使用什么方式进入等。发展顺序的决策应该考虑到如下因素：企业自身所掌握的资源以及行动的紧迫性。比如，当市场机遇短暂或者市场进入具有很大的首发优势时，企业或许应该考虑快速进入；而如果市场风险较高且潜在收益和进入顺序关系不太大，选择等待也未尝不是明智之举。

经济逻辑指的是企业为什么能够挣钱。有些时候，企业利润来自低成本，而有些时候则来自高收入。但不管如何，企业的最终目的是挣钱，所以在做出任何决策之前，企业都要厘清自己为什么能够获得高收入或者以较低的成本生产产品，其他企业为什么模仿不了等。可以同时厘清以上五要素的企业往往是一些优秀的企业。

4.1.4 战略管理手段

按照前面的分析，战略管理主要分为两个层面：公司层面战略和经营单位层面战略。公司层面的战略管理手段主要包括纵向一体化、横向一体化和地区分散化三个方面。经营单位层面的一般战略管理手段主要包括成本领先战略和产品差异化战略。

1. 公司层面的一般战略

公司战略主要关心的是公司应该在什么范围内展开竞争。公司的竞争范围主要包括两个维度：行业范围和地理空间范围。纵向一体化和横向一体化涉及的是行业范围，而地区分散化指的是地理空间范围。

纵向一体化指企业将生产与原材料供应，或者将生产与产品销售联合在一起的战略形式。纵向一体化是企业向产业链上游或者下游扩展的一种战略体系。比如炼油企业进入油田行业进而掌握了原材料供应，或者食品制造企业直接建立自己面向终端客户的食品销售网络等。纵向一体化的原因有很多，有时企业是为了保证原材料的安全和稳定供应，有时可能是为了获得新的增长或者利润空间。企业往往对自己的上下游业务有一定的了解，因此纵向一体化是一种常见的企业扩张方式。

新进入行业和企业原有行业之间的相关度不同，企业纵向一体化扩张的难易程度也就不同。不同行业联系在一起的方式有很多，比如，两个行业需要类似的原材料，产品生产方式和工艺类似，或者面对共同的顾客群体等。相关因素越多，行业之间的关联度就越大。比如，在可口可乐和乐百氏进入瓶装水行业时，它们就能够充分利用之前积累的装瓶和分销能力。

横向一体化指的是在同行业内部进行扩张的战略方式。横向一体化往往是为了扩大生产规模、增加市场份额以及降低企业生产成本等。从本质上讲，横向一体化带来的是资本在同一产业内部的集中。对于一些行业而言，横向一体化可以帮助企业实现规模经济（规模经济是指在一定的产量范围内，企业的平均成本随着企业产量的增加而降低）。比如很多电子类产品的主要成本是设备和开发等固定成本，生产量越多，固定成本就可以得到更大范围的分摊，平均成本就会下降。再比如不同产品共享同一销售渠道，也可以降低分销成本。

2. 经营单位层面的一般战略

经营单位层面的战略指企业业务单元创造产业链价值的战略决策行为。企业的每一个经营单位都必须在企业总体目标和战略的约束下，执行自己的战略管理过程。不同的业务单元往往在一个或者多个方面存在差异，比如有不同的供货商或者面对不同的顾客群体等，这些差异使得每一个业务单元的最优战略手段可能都是不一样的。比如三一重工针对发达国家市场和发展中国家市场就采取了不同的战略应对手段。合理的战略定位是企业各个经营单位获得可持续性竞争优势的关键。

经营单位层面的一般战略主要包括成本领先战略和产品差异化战略。

成本领先战略指企业通过降低自己的生产和经营成本，以低于竞争对手的产品价格，获得市场占有率，并获得超额利润的战略。在成本领先战略下，企业在所处行业中属于生产成本比较低的厂家。低成本的来源有很多，比如低廉的原材料供应、低成本的生产技术、高超的经营管理能力或者企业生产经营存在规模经济等。比如一些低成本航空公司，如美国西南航空、新加坡的老虎航空以及我国的春秋航空等就采取低成本战略。这些低成本航空公司把运营成本控制得比一般航空公司低，比如实行机队单一化，从而降低购机价格以及后续的保养和维修成本，简化机内服务（甚至取消提供餐饮）等。

产品差异化战略指通过将企业的产品、服务、企业形象等与竞争对手形成明显区别的形式来获得竞争优势的战略方式。这种战略的重点是创造一种被全行业和顾客都视为独特的产品和服务。差异化既可以是产品的差异化、服务的差异化、员工的差异化（比如训练有素的员工），也可以是企业形象的差异化。差异化战略可以培养用户对企业的忠诚度，增加顾客的转换成本（包括心理成本），从而提高企业的利润水平。产品差异化战略往往要求企业具有较好的研究能力，从而可以开发出创新性的产品和服务，在产品质量和技术方面能够创造并保持领先性。

4.2 跨国公司国际扩张的动机和风险

和单纯在母国内部经营的企业不同，跨国公司要在两个甚至多个国家经营。在这一节，我们将对企业参与国际扩张的动机和它们面临的风险进行介绍和讨论。

4.2.1 跨国公司国际扩张的动机

企业国际扩张的动机往往有两个方面，即资产利用（exploitation）和新资产开发（exploration）。进一步开发和利用自身已有的资源和能力的行为叫做资产利用，这种行为不涉及新的资源或能力，只是扩大原有资源和能力的使用范围，以获得更多的收益。在企业对外直接投资的过程中，利用目标国新的资源和能力的行为称作新资产开发，这种行为涉及对新的资源或者能力的利用，这样做的企业企图借助目标国新的资源和能力获取更多的收益。新资产开发往往涉及搜寻、风险承担、实验、发现、创新等行为，而资产利用往往只是复制在母国已有的经验或者行为方式，创新性较低。

资产利用的动机可以很好地解释那些来自发达国家的跨国公司的对外直接投资行为，比如微软、英特尔、IBM 等企业的国际化主要是将自己的先进产品卖到世界各地。那些成功地通过资产利用实现国际扩张的企业往往拥有一些独特的资源和能力，而这些独特的资源和能力可以让企业拥有一定的市场势力（market power），难以被其他企业模仿。那些采取资产利用方式进行对外直接投资的企业往往就是因为自身掌握了某种独特的资源和能力，并希望在更广阔的范围内最大化利润的创造和获取。

全球观察 4—2

我国企业海外扩张的动机

在布雷顿森林体系下，我国是一个发展中国家，企业国际化经验较少，企业在自身拥有的资源和能力方面基本处于劣势，因此我国企业海外扩张的动机主要是战略资源的获取。而我国企业现在面临的主要问题是：能源等基础性生产资料的国内供给严重不足；企业的技术落后、人才匮乏、新产品开发能力不足；企业处于国际供应链的底端，利润率较高的渠道销售和品牌设计被西方发达国家的企业垄断。我国企业以获取战略资源为目标的海外扩张也主要是沿着这三个方向展开的。

能源和原材料获取是我国企业海外扩张的重要动机之一。近年来，我国规模较大的海外扩张也都与能源或原材料的获取有关。比如，中海油收购美国石油巨头优尼科公司的尝试；中海油收购英国石油公司在阿根廷价值 70 亿美元石油资产的尝试；中石油对哈萨克斯坦 PK 石油公司的收购；中铝集团收购澳大利亚力拓集团的尝试。这些案例都是曾经轰动一时的大型跨国并购案例。

长期以来，提升企业技术水平一直是国家倡导的主要政策之一。由于我国技术人才匮乏、配套的基础设施和创新体制均不完善，通过海外扩张尤其是海外并购直接获得先进技术就成为我国企业提高自身技术水平的重要渠道。

除了能源和原材料获取以及技术获取，我国企业为了直接进入国际市场，也在渠道获取和品牌获取方面取得了不小的进展。比如，我国著名的汽车生产企业浙江吉利汽车集团收购了沃尔沃集团的所有资产和技术，同时也获得了“沃尔沃”这个著名的汽车品牌，为该集团进军高端汽车市场打下了基础。2012 年初，山东潍柴动力宣布收购豪华游艇巨头法拉第，也在豪华游艇领域占据了自己的一席之地。

当然，能源和原材料获取、技术获取以及品牌获取并不是孤立进行的，在很多海外扩张的企业案例中，往往同时存在多个目的。像上面提到的吉利收购沃尔沃的案例，除了汽车品牌，沃尔沃的技术也是吸引吉利集团投资的重要因素。

资料来源：根据 Lexis-Nexis 的信息整理总结。

这些独特的资源和能力既可以是有形的资产，也可以是无形的资产。比如更先进的生产技术和生产工艺、更优秀的物流体系以及颇受消费者青睐的具有差异化的产品等都可以为企业提供资产利用的本钱，企业的社会网络关系、强大的创新能力和融资能力等也可以帮助企业在对外直接投资过程中实现超额收益。当然，企业在对外直接投资过程中也会有研发创新的行为，但绝大多数的创新都是为了将母国的技术或者产品改造为适应目标国环境的技术或产品，因此最终还是为了实现资产利用的目标。

20 世纪 90 年代，人们开始认识到企业对外直接投资并非仅可通过资产利用的方式来实现，企业还可以通过对外直接投资去开发新的知识或者获取新的战略资产。这种观点认为，企业的竞争优势既可以来自自身已经拥有的特有资产，也可以来自企业在对外直接投资过程中获取的特有资源和能力。这种观点认为，企业发展所需要的战略性资源散布在不同的国家，而不是全部集中在发达国家或者某些特殊的发展中国家。因此，那些希望建立起自身竞争优势的企业，就会有走出国门获取战略性资源的动机。

企业进行对外直接投资的主要动机与自身掌握的资源是息息相关的。那些向比自身的技术水平低、管理经验欠缺、市场营销水平差的国家进行对外直接投资的企业往往采取的是资产利用的动机，而那些向比自身的技术水平高、管理经验丰富、市场营销水平高的国家进行对外直接投资的企业往往采取的是资产开发的动机（又往往是以战略资源获取为重要目的）。

4.2.2 跨国公司国际扩张所面临的风险

和只在母国经营的单国家公司相比，跨国公司需要在两个或者多个国家同时展开经营活动。因此，相比只在母国经营的公司而言，跨国公司往往面临着更多的风险。这些风险因素来自方方面面，既有外汇波动风险、信息获取风险、政治风险，也有文化风险。我们分别予以介绍。

1. 外汇波动风险

外汇波动风险指由于汇率波动而给企业带来的风险。外汇汇率波动会影响企业用外币进行的交易，带来交易风险，同时还可能影响企业的资产价值以及未来的盈利能力。交易风险一般发生在国际贸易中。当企业需要用外汇进行结算的时候，在交易双方达成交易条款安排之后到交易完成之间汇率发生波动可能给交易主体带来损失。在国际信贷中，汇率波动也会影响债权债务的价值，从而给交易双方带来风险。如果企业有外汇定价的资产，比如在海外有子公司之类的投资的话，其子公司的价值就会受到外汇汇率波动的影响。另外，外汇汇率波动也会影响企业的未来盈利能力。比如一般认为，本国货币贬值有利于出口企业增加出口，而本国货币升值不利于企业出口。

2. 信息获取风险

一般来讲，与获取本国信息相比，获取关于他国的信息要更难一些。如当地的市场需求情况、同业竞争情况、原材料供应情况、政府管制情况等，这些信息对于企业的发展以及战略调整决策都是至关重要的。能够及时准确地获得这些信息是企业制胜的关键。然而由于企业的主要管理人员往往身在母国，远离海外市场，其信息获取往往会滞后，这就增加了信息获取的难度。

同时，信息获取难度大，也会带来信息不对称问题。比如，由于对海外市场缺乏了解，在购买原材料时可能错过最合适的供应商，雇用的员工可能未必合适等。另外，信息不对称也增加了母公司对子公司管理人员的监督难度，从而可能导致海外子公司管理人员以权谋私等机会主义行为的增多。

全球观察 4—3

人民币升值压力

近年来，人民币一直面临升值压力。2010 年 2 月，美国总统奥巴马表示，美国将在汇率上对中国采取更为强硬的立场，并要求中国更大地开放市场，从而扩大美国的出口，为国内创造就业机会。2010年3月15日，一个由美国民主党和共和党130名议员组成的团体发表公开信督促美国政府将中国贴上汇率操纵国的标签，并进行制裁。之后美国议员又多次采取过类似的行动。2010年3月17日，世界银行驻华代表处首席经济学家韩伟森（Ardo Hansson）就曾表示，中国应该考虑增加人民币汇率的灵活性。

2005年7月21日晚，中国人民银行宣布，我国开始实行有管理的浮动汇率制度，人民币汇率不再盯住单一美元，而开始参考一篮子货币。第二天，人民币升值2%。人民币汇率改革开始。人民币汇改至今（2014年）已经接近10年，人民币汇率从最初的8.276 5元人民币兑换1美元已经升值到如今（2014年7月31日）的6.167 5元人民币兑换1美元，人民币相对美元的升值幅度高达25.48%。

近年来，我国政府也在不断努力推进人民币的国际化。人民币国际化指人民币能够跨越国界，在境外流通，成为国际上普遍认可的计价、结算及储备货币的过程。简单来讲，就是使人民币成为世界货币的过程。我国政府采取了很多措施和手段来促进人民币的国际化。比如，2007年在香港发行人民币计价债券；2008年和俄罗斯签署双边货币互换协议，将广东和长江三角洲地区与港澳等地区的货物贸易进行人民币结算；之后，我国政府又与马来西亚、白俄罗斯、印度尼西亚、阿根廷等国家签订人民币互换协议。

如今，美元在全世界范围内是最强势的货币。很多资产（尤其是大宗商品价格）都是以美元计价的。美元计价就给我国国内企业带来很多汇率风险。比如，在人民币升值的过程中，我国国内以出口为主的企业其商品价格就会存在向下的压力，其利润空间就会相应受到影响。人民币国际化会使部分产品的价格可以更紧密地和人民币挂钩，在一些情况下降低我国企业在国际贸易过程中所面临的汇率风险。

资料来源：根据Lexis-Nexis的信息整理总结。人民币汇率数据来自中国外汇管理局网站。

3. 政治风险

企业的经营活动也会受到政治环境的影响。参与国际市场竞争的跨国公司除了会受到本国政治环境的影响，还会受到其海外子公司所在国政治环境的影响。第一，海外子公司所在国的政府可能会在税收、土地使用、行业进入等方面采取对本地公司和外国公司不一样的政策。第二，海外子公司所在国政府还可能会限制跨国公司的利润汇出，降低企业经营的灵活性，增加企业经营成本。第三，在一些政府监管不足的国家，贪污腐败活动盛行，跨国公司除了应对经济风险以及支付正常的税收，可能还需要承担贪污腐败所带来的风险和成本。第四，对于一些政治环境不稳定，存在由于民族、宗教等事务导致的冲突，或者存在战争的海外市场而言，跨国企业还面临着这些冲突可能带来的风险。比如，利比亚危机期间，受到利比亚内部冲突的影响，我国在利比亚的大量员工被迫撤离，我国在利比亚的企业不可避免地就会遭受损失。

全球观察 4—4

利比亚之乱

跨国公司投资面临着大量的政治风险。此类事件比比皆是，比如 20 世纪 60 年代古巴政府对美国以及其他国家在古巴的资产国有化，没收了由美国人拥有的银行、工业以及旅馆等；2006 年厄瓜多尔政府没收了美国石油企业 Occidental 10 亿美元的资产。随着国际化的加速，我国企业也面临着不小的政治风险。比如，2011 年利比亚内乱就给我国企业在利比亚的投资带来了不小的损失。

2007 年，我国企业大量奔赴利比亚进行投资。这些项目集中在基础建设、电信、石油和天然气等领域。根据商务部的消息，在 2011 年 2 月利比亚动荡之前，我国在利比亚开展投资合作的企业达到 75 家，人员超过 3.6 万人，涉及合同金额高达 188 亿美元。而在利比亚冲突开始之后，我国企业在利比亚的项目被迫停工，大量人员撤回国内，不少工地和营地遭到抢劫，受到不同程度的损失。据估计，总损失可能超过 200 亿美元。

资料来源：商务部网站；《利比亚战乱中国企业面临寒冬　损失或 200 亿美元》，载《新京报》，2012-03-18。

4. 文化风险

一个国家的文化是其国民头脑中一系列观点的集合体，各国之间的文化差异在跨国公司战略管理中不可小觑。有关文化差异的大量研究表明，文化差异会对跨国公司的运营和绩效带来一定的不利影响。文化差异对企业绩效的负面影响主要通过以下机制发挥作用：在母公司和海外子公司的交流过程中，文化差异容易引起海外子公司管理层中非母国人员的抵触情绪；来自不同文化背景的人建立信任机制更难；文化差异会阻碍管理层之间的相互学习，使双方之间的沟通变得困难重重；文化差异会影响母国对海外子公司所处环境的判断，从而影响其战略选择；文化差异会影响无形资产（比如先进的管理理念和管理方式等）在不同子公司之间以及子公司和母公司之间的转移。

全球观察 4—5

文化差异

霍夫斯泰德等人的书中讲过这么一个关于文化的案例。

一个来自沙特阿拉伯的商人为了一个不错的项目联系到一家中等规模的瑞典高科技公司。这家瑞典公司派了一位工程师前往沙特，并被介绍给了一家沙特企业。这家沙特企业由兄弟两人共同管理。兄弟二人希望瑞典的这位工程师可以协助他们完成一个项目的开发工作。在这之后的两年内，这位瑞典工程师共造访了沙特六次，可是看起来，两位兄弟并没有要讨论正题的意思。在过去所有的会晤中，除了两兄弟和这位工程师，当初介绍业务的那位阿拉伯商人也总是在场。这让这个瑞典商人十分烦恼，因为他并不确定，这位阿拉伯商人是否还认识其他的竞争者，可是这两位兄弟一定要求这个中间人在场。因此，双方的讨论很少能够深入下去。

正当这家瑞典企业开始考虑是否将继续这样无休止地讨论下去的时候，该公司收到两兄弟发来的紧急传真，要求该工程师去沙特签署一个总金额高达几百万美元的合同。从此之后，那位作为中间人的阿拉伯商人再也没有出现，两兄弟开始和工程师谈笑风生并不断开玩笑，气氛比以前看起来要和谐得多。

可是不久之后，新的问题又出现了。由于这位工程师所带来的大额订单，他得到了提升，另一位工程师接替了他来处理这个沙特项目。可是没过多久，他们就收到了来自这个沙特企业的另一份紧急传真。在传真里，沙特兄弟俩因为一件小事要求最初的那位工程师出面来解决，否则将取消订单。当最初的这位工程师到了沙特之后才发现，这些事情接替他的工程师完全可以处理。后来，他才搞明白其中的原委。

对于瑞典人来说，生意是通过“企业”来完成的。而对于沙特人来说，生意是通过“人”来完成的。因此，沙特人只和那些他们认识并且信得过的人打交道。当两个人彼此不熟悉的时候，往往需要第三人作为中介，这也是一开始的时候那位作为中间人的阿拉伯商人一直在场的原因，也是那位后来的工程师没法得到沙特方面接受的原因。在了解这些差异之后，这家瑞典企业决定让最初的这位工程师仍然兼职处理和这家沙特企业的订单直到所有业务全部完成。

资料来源：G. Hofstede，G. J. Hofstede and M. Minkov，*Cultures and Organizations：Software of the Mind*，McGraw-Hill，2010，pp. 89 - 90.

在现代经济中，跨国企业大量存在。即便对于我国这样的新兴市场国家，也有大量企业开始走出国门参与到国际市场的竞争中去。跨国企业既面临着新的机遇，也面临着不少挑战。只有合理有效地管理好进入国际市场的各种风险，跨国企业才有可能充分利用国际市场的各种新机遇。

4.3　跨国公司国际化战略管理

跨国公司国际化战略管理指的是跨国公司在国际化经营的过程中，通过系统地评价自身资源和使命，确定该公司的战略任务和目标，并根据国际环境制定适合自身发展的方针政策的总体战略谋划。

在 4.1 节，我们对战略管理做了简单介绍，在 4.2 节我们论述了跨国公司国际扩张的动机和所面临的额外风险。本节将从 4.1 节战略管理基础出发，根据 4.2 节对机遇和风险的论述，介绍跨国公司国际化战略管理。

4.3.1　国际化战略类型

企业国际化战略一般分为四种类型，即国际化战略、多国本土化战略、全球化战略和跨国战略。

1. 国际化战略

国际化战略是指在国内进行决策和产品开发，而将制造和销售安排在东道国(即海外子公司所在国家)。采用国际化战略的知名企业包括宝洁、可口可乐以及摩托罗拉等。国际化战略将在母国所开发的具有差异化的产品转移到国外市场，从而创造价值。在大多数采取国际化战略的企业中，母公司往往掌握着产品与市场战略的决策权，海外子公司只负责具体执行。

国际化战略的特点是跨国公司不需要根据当地的情况提供产品与服务，而且企业在东道国市场上所面临的降低成本的压力较小。如果东道国市场对产品有较多的独特要求，国际化战略往往较难执行。此外，由于采用国际化战略的企业往往在国外多个东道国配有生产设施，其成本也会较高。如果产品价格竞争激烈，国际化战略也会面临较大的挑战。

2. 多国本土化战略

多国本土化战略指企业根据东道国市场的具体情况进行开发、制造和销售。汽车制造企业多采用这一战略，比如大众和丰田。与国际化战略不同，多国本土化战略可以更好地满足所在国的市场需求，可以更好地对所在国市场需求的变化做出反应。二者相同的是，多国本土化战略也需要在东道国进行生产经营活动。当本地市场强烈要求根据当地的具体情况提供产品和服务时，多国本土化战略比较适合。但是，由于该战略需要企业在多个国家进行产品开发和制造，往往存在比国际化战略还要严重的重复建设，因此成本较高。如果所处行业成本竞争压力大，多国本土化战略往往不太适用。另外，实行本土化的跨国企业的子公司由于有自己的产品开发、生产和营销体系，其独立性较强，母公司对子公司的控制力较弱，存在对子公司失控的风险。

3. 全球化战略

采用全球化战略的企业往往在全球范围内组织产品开发和生产，向全世界销售标准化的产品和服务。大量的电子产品企业采用此战略，比如英特尔、微软、戴尔、惠普等；还包括部分服装公司，例如耐克。显然，与国际化战略相同，全球化战略缺乏根据东道国市场的特殊情况提供产品和服务的自由度，因此在要求提供具有当地特色的产品的市场上，这种战略适用性较差。全球化战略的优点在于可以利用产品的标准化形成规模经济效益，降低生产成本。

4. 跨国战略

采用跨国战略的跨国企业往往在各个国家设立相对独立的子公司。母公司与子公司以及子公司和子公司之间的关系往往是双向的，母公司向子公司提供产品和技术，子公司也会向母公司提供产品和技术。采用跨国战略的公司有索尼、东芝和海尔等。跨国战略的显著特点是业务经营的多样化和市场的多样化。采用跨国战略的企业不仅要制定和执行大量的战略，还要根据各国市场条件的变化进行调整。采用跨国战略的企业可以充分利用企业的核心能力和核心竞争力，与此同时又可以很好地适应不同市场的特点。

每一种国际化战略都有各自的优劣点，没有哪一种战略在所有维度上都是最优的。企业需要根据自身的能力以及市场环境的特点选择适合自己的战略类型。另外，部分跨国企业可能会同时采取以上四种国际化方式中的两种或多种。如本章开篇案例中所讲的三一重工，其在发达市场所采取的战略就类似于多国本土化战略，而针对发展中市场的战略则更像是国际化战略。

4.3.2　国际化的实现方式

企业实现国际化的方式有多种。参与国际市场的最高阶段是通过直接投资的方式进入国际市场。直接参与国际市场的方式分为两种：第一是国外独资经营；第二是合作经营。二者均需要跨国企业直接进行投资，拥有所有权，一般也都直接参与海外子公司的管理。

独资经营一般有两种实现方式：绿地投资和兼并收购。绿地投资指跨国公司在东道国境内依照东道国的法律建立子公司、掌握全部所有权的投资行为。绿地投资可以直接增加东道国的企业数量、生产能力，也会促进当地的就业。而兼并收购指跨国公司在东道国选择一家目标企业，通过用现金或者有价证券的方式购买其资产或者所有权的行为。与绿地投资不同，兼并收购并不直接增加东道国的企业数量、生产能力和就业数量。

另外的方式包括通过技术授权或者特许经营进入国际市场。这两种方式并不需要跨国企业直接进行投资，有些时候对海外子公司也并不拥有所有权，而只是收取适当的特许经营费或者专利使用费等。企业参与国际化最低级的方式是产品出口。这样的企业甚至都不需要直接和国际市场接触，而是通过将产品销售给专门的国际贸易公司来实现产品的出口。

这几种国际化战略实施方式都有各自的优劣点。国外独资经营往往投入大，对企业的要求高，企业面临的风险也更大。而合资经营方式，由于有合资经营的合作伙伴，其投入相对国外独资经营而言较低，企业风险在一定程度上也可以得到分散。此外，一般而言合资方是东道国的内部企业。东道国自己的企业往往对东道国的环境更加了解，也能更好地处理当地各种利益相关者的关系。比如，它们可能更熟悉消费者的需求或者供应商的情况，或者可以更好地处理与政府之间的关系等。

不管是海外独资经营还是合资经营，企业往往都需要投入新的资金，并在新成立的海外企业中占有一定的所有权和管理权。而通过技术授权或者特许经营设立起来的企业往往不需要新的资金投入，跨国公司也不拥有企业的所有权，并不直接参与企业的管理，而是通过技术授权合同或者特许经营合同来实现自己的收益。

产品出口往往被认为是企业国际化最低级的方式。企业将产品或者服务销售到海外市场即实现了出口。相对于其他集中类型的企业国际化实现方式而言，出口对企业能力的要求较低，企业甚至不需要在海外有任何的实体存在。由于出口的这一特点，产品出口是大量小企业参与国际市场的重要渠道。但是，纯粹的出口企业往往只是国际产业链条中较低的一环，无法享受到销售环节所带来的附加值，其利润可能会比较低。比如，我国大量企业由于自身能力的限制以及国际化经验的匮乏，只能通过产品出口来参与国际市场，因而所获的利润往往非常有限。

全球观察 4—6

企业国际扩张的新现象

除了本节所讲的各种跨国公司国际化实现方式，还有一些新的企业扩张方式。海外独资企业、合资企业、技术授权、特许经营和产品出口针对的都是企业的产品市场，即主要关心的是企业生产的产品和服务是否进入了国际市场。而从广义上讲，企业除了需要面对产品市场，还要面对生产要素市场。生产要素市场既包括原材料市场、劳动力市场，也包括资本市场。原材料市场的国际化往往指的是原材料进口，劳动力市场的国际化指的是使用外来劳动力，而资本市场的国际化指的是外来资金的使用。一般我们并不把这些企业称为国际化企业，但是有些企业使用外来资金的形式和企业国际化非常类似，我们在这里稍作介绍。

随着资本市场的国际化，大量企业选择到海外市场挂牌上市。比如我国有大量企业选择到香港证券交易所、纽约证券交易所、纳斯达克、新加坡证券交易所和伦敦证券交易所上市；以色列、巴西、印度以及其他一些国家也有大量企业到海外上市；西方发达国家内部也有不少企业到其他国家上市，比如有不少加拿大企业到美国上市。

企业海外上市的最直接后果是进入了海外资本市场，可以使用海外资金。与一般使用进口原材料甚至简单地以产品出口为主的国际化形式不同，海外上市的企业往往会比较多地受到上市所在地的影响。首先表现在上市过程中，上市企业需要按照上市所在地的要求准备上市材料，包括公司的财务报告等。在这个过程中，上市企业会接触到上市地资本市场的各种参与者，比如投资银行、会计师、机构投资者、证券分析师以及各种其他类型的利益相关者。另外，上市在很大程度上可以提高企业的知名度，起到广告宣传的作用，有时甚至可以促进企业产品或者服务的出口。另外，海外上市企业的财务报告需要会计师审计，因此可信性较高，这往往也会促进这些企业的其他国际化行为，比如在上市国家寻找合作伙伴等。

虽然海外上市并不是传统意义上的国际化形式，但海外上市企业的很多行为都带有国际化的性质。此外，如上所述，海外上市也可以在很大程度上促进企业更好地实现其国际化战略意图。至少，跨国企业或者准备走出国门的企业可以考虑把海外上市作为实现企业国际化的一个准备或者手段。

资料来源：根据汤姆逊金融公司的 Datastream/Worldscope 数据库资料整理总结。

4.3.3 战略管理五要素和国际化

本章 4.1 节所论述的战略管理五要素是帮助跨国公司战略管理、选择合适战略计划的重要工具。在这一小节，我们利用战略管理五要素的分析方法来对企业国际化战略管理过程进行分析。在跨国公司的战略管理过程中，往往需要回答以下三个问题。

第一，真的需要走出国门，参与国际市场竞争吗?

第二，如果需要的话，应该首先选择哪个市场呢?

第三，选择了目标市场，怎样做才能成功地实现这个目标?

要回答第一个问题，我们首先需要对国际化战略的经济逻辑（第五要素）有一个深刻的认识，并充分认识到自己企业的优劣势。只有充分了解了自身的独特之处（第二要素），掌握了国内外市场的特点，我们才能确定是否适合走出国门，进入国际市场（第一要素）。只有当企业拥有了国际市场运营的资源和能力时，进入国际市场才可能为企业创造新的利润空间。第二个问题需要我们理清重点考虑的国家或地区，判定好市场进入顺序（第四要素）。第三个问题需要我们制定好国际化的战略手段，是在目标市场建立独资企业，还是寻找合作伙伴来合资企业，抑或是其他方式（第三要素）。

当对以上三个问题给出了满意的答案之后，我们就可以采用战略五要素模型进行分析了。

第一，领域。我们已经确定了要进入的市场、渠道，以及想要参与的具体业务。

第二，差异化。我们到底有什么独特之处，可以在国际市场竞争中获得一席之地？此外，国际化对企业有哪些帮助？会让我们更好地提供产品或服务吗？会帮助我们吸引更多的顾客吗?

第三，以什么方式进入海外市场。绿地投资、合资、并购，还是其他?

第四，发展顺序。应该快速进入海外市场，还是应该放慢速度采用比较稳妥的方式慢慢进入海外市场？同时，还要确定进入不同海外市场的先后顺序。

第五，经济逻辑。现有的国际化战略会给整个跨国公司带来什么影响？它会对整个公司的战略管理带来什么挑战?

战略五要素不是彼此分割的，而是相互联系在一起的一个有机整体。只有当所有五个要素都相互适应、彼此协调的时候，企业的战略才算走上了正确的轨道。战略五要素可以帮助我们对企业公司层面的战略和经营单位层面的战略的主要特点做一个概括总结，从而更好地分析跨国公司的国际化行为。

4.4　延伸阅读：中国企业海外并购

海外并购是我国企业海外扩张的一种重要形式。我国企业海外并购不管是在国内还是国外都受到了广泛的关注。下面我们将对我国企业海外并购的一些基本情况做一些介绍和分析。

4.4.1　我国企业海外并购的背景

1979 年，北京市友谊商业服务公司与日本东京丸一商事株式会在东京开办了京和股份有限公司，建立了我国第一家国外合资企业，拉开了我国企业对外直接投资的序幕。在这一部分，我们将对我国企业海外并购的历史做简略的回顾。由于部分数据并没有把海外并购从对外直接投资中分离出来，再加上国家对于海外并购的政策与对外直接投资的政策是一致的，因此，在分析我国企业海外并购的历史背景时，我们将二者结合在一起。我国企业对外直接投资的演变如表 4—1 所示。

表 4—1　我国企业对外直接投资的演变（1979—2011 年）

1979—1985 年	阶段 1：谨慎的对外直接投资 改革开放以后，中国政府逐渐意识到，企业进行对外直接投资是我国经济融入世界舞台的重要渠道。国有企业担当重任，迈出了对外直接投资的第一步。然而此时，只有国家外经贸部（现在的商务部）下属的国有贸易公司或者国家经济贸易委员会（现在的国家发改委）下属的省市级企业可以到海外进行投资。这段时期共有 189 个对外直接投资项目获批，总价值 1.97 亿美元。
1986—1991 年	阶段 2：政策放宽的对外直接投资 政府开始放宽对外投资的限制性政策，只要企业拥有充足的资本、技术、管理经验和适宜的合资合作伙伴，就可以在海外设立分支机构。这段时期共有 891 个对外直接投资项目获批，总价值 12 亿美元。
1992—1998 年	阶段 3：先扬后抑的对外直接投资 邓小平视察南方以后，企业国际化进入国家经济发展政策制定者的眼帘，国内经济逐步开放。在保证监管的前提下，地方政府积极鼓励企业到海外开展业务，香港的房地产市场和股票市场成为当时企业追捧的对象。然而 1997 年的亚洲金融危机和随之而来的大量企业的倒闭阻止了这一时期的企业对外直接投资。一时间，对国有资产失控和资本外逃的恐慌导致国家收紧了企业对外直接投资的政策，特别是 100 万美元以上的对外直接投资项目会受到严格审查。这段时期尽管对外直接投资总额还维持在 12 亿美元，但企业对外直接投资项目数锐减。
1999—2001 年	阶段 4："走出去"战略的落成 这一阶段的对外直接投资被两种不同的声音左右着。一方面，受亚洲金融危机的影响，抑制资本外逃的措施进一步加强；另一方面，迫于企业发展的需要，一批真正有实力的企业需要走出国门，参与到世界市场的竞争中。政策给予部分行业（如出口原材料的行业、出口机械零部件的行业、轻工业、电子行业等）出口退税、出口换汇自由等直接的资金支持。到 2001 年，政府鼓励企业进行对外直接投资的政策首次写入了第十个五年规划，被形象地称为"走出去"战略。这段时期获批的企业对外直接投资项目高达 18 亿美元，平均每个项目 260 万美元。
2002—2006 年	阶段 5：摸索中前进 我国经济保持平稳较快增长，政府鼓励和支持有比较优势的各种所有制企业进行对外直接投资，便利对外直接投资的进程，不断完善服务体系，下发了《关于境外投资开办企业核准事项的规定》、《对外投资国别产业导向目录》等促进企业对外直接投资的政策规定；我国企业积极参与国际竞争，融入经济全球化的步伐进一步加快。2002—2006 年 5 年间，我国对外直接投资（非金融类）的年均增长速度高达 60%。投资增势强劲，金额突破 200 亿美元。地方对外投资活跃，浙江、广东、山东、江苏、福建、黑龙江、上海六省一市的境外企业占五成以上。投资主体多元化，中央管理企业的比例逐年下降，地方管理企业的比例上升，民营企业开始参与到对外直接投资中。截至 2006 年底，我国 5 000 多家境内投资主体设立对外直接投资企业近万家，共分布在全球 172 个国家和地区，对外直接投资累计净额 906.3 亿美元。2005 年，通过海外并购实现的对外直接投资首次超过当年流量的一半。

续前表

2007—2009 年	阶段 6：对外直接投资逆势上扬，再创历史新高 这一时期是极为不寻常的，因为爆发了全球性的金融危机。我国经济和社会发展经受住了历史罕见的重大考验，国民经济继续保持较快发展。受世界经济和金融危机的影响，2009 年全球外国直接投资流出流量较上年下降了 43%，而我国的对外直接投资却逆势上扬，再创历史新高，达 565.3 亿美元。通过海外并购实现的对外直接投资有所下降。对非洲投资幅度有所下降，对欧洲、北美洲和拉丁美洲的投资增长迅速。
2010 至今	阶段 7：新阶段 2010 年开始，世界经济在坎坷中整体回暖，全球外国直接投资流出流量较上年增加了 20%，我国企业抓住机会，2010 年我国对外直接投资创下 688.1 亿美元的历史最高值，这个数字相当于“十五”期间我国对外直接投资总额的 2.3 倍，超过日本（562.6 亿美元）、英国（110.2 亿美元）等传统对外投资大国，存量突破 3 000 亿美元。投资行业继续保持多元化姿态，但聚集度较高，存量在 100 亿美元以上的 6 个行业是：商业服务业、金融业、采矿业、批发零售业、交通运输业、制造业。海外并购占对外直接投资总量的四成，领域主要涉及采矿业、制造业、金融业等，民营企业参与的大额海外并购交易不绝于耳，国有企业参与的海外并购比例进一步下降。

资料来源：根据现有文献（Peter et al.，2007）和历年的对外直接投资公报整理总结。

从表 4—1 所示的我国企业对外直接投资的演变过程来看，海外并购随同对外直接投资一起走过了初级阶段，近来，以投资者和并购者身份出现的我国企业引起了全世界的广泛关注。在经历了 30 年的海外并购进程之后，我国企业的海外并购开始进入稳定的快速增长期。本节的后面部分将对我国企业的海外并购做更深入的分析。

4.4.2　我国企业海外并购的发展

1991—2010 年我国企业海外并购的统计数据表明了我国企业海外并购总量的变化。表 4—2 显示，过去 20 年，特别是 2004 年以后是我国企业海外并购蓬勃发展的重要时期。1990 年我国企业海外并购总额为 13.4 亿美元，2004 年为 9.17 亿美元。1990—2004 年，每年我国的对外直接投资总额都维持在 10 亿～30 亿美元，这段时间里投资总额最高的一年为 1997 年，达 32.6 亿美元。从 2005 年开始，我国对外直接投资增速明显加快，2005 年较 2004 年增长 4 倍多，2008—2010 年我国企业海外并购的总交易额虽然有波动，但是平均来看这三年每年的海外并购交易额又在 2006 年的基础上增长了 2～3 倍。其中 2008 年，我国企业海外并购总交易额为 379.41 亿美元，达到创纪录的最高值。

为了更好地说明我国对外直接投资的发展情况，下面选取几个颇具代表性的国家与我国进行对比。考虑到各个国家的经济发展程度和经济规模不尽相同，选取了巴西、俄罗斯、印度（与中国一并被称作“金砖四国”）和南非四个发展中国家，以及美国、英国、德国、法国、日本、意大利和加拿大七个国家（G7）。同时，我们还报告了发展中国家、发达国家以及全世界的平均值。

表 4—2　　1990—2010 年各国企业海外并购总额　　单位：百万美元

年份	中国	巴西	俄罗斯	印度	南非	美国	英国	德国	法国	日本	意大利	加拿大	发展中国家	发达国家	全世界
1990	1 340	N/A	N/A	23	290	11 192	5 593	3 898	18 704	13 532	1 678	1 966	7 551	87 188	98 903
1991	185	−9	N/A	2	47	1 851	2 031	906	1 659	3 015	485	−660	2 254	14 624	21 094
1992	1 052	−350	18	3	1 638	7 519	421	5 142	8 177	2 990	4 343	1 337	7 453	36 658	48 106
1993	860	155	6	208	217	12 991	10 899	5 822	44	1 060	289	1 613	6 397	34 845	43 623
1994	731	157	225	138	2 937	16 382	22 384	5 484	6 336	143	521	−391	9 946	79 062	91 769
1995	25	208	N/A	25	−443	32 041	10 701	20 720	7 162	−3 500	4 195	10 264	6 350	102 004	112 527
1996	9	224	242	7	1 476	41 679	15 966	16 754	7 548	3 457	1 767	4 842	14 371	124 863	142 557
1997	3 260	147	2	88	−2 542	44 218	23 308	12 339	8 333	2 658	84	11 837	13 564	163 205	180 751
1998	319	782	331	−6	2 587	89 345	54 417	63 490	19 025	2 228	12 576	33 552	12 691	372 286	406 427
1999	398	338	892	27	−965	119 608	164 103	78 007	70 400	−681	1 316	7 224	11 569	592 794	630 807
2000	307	189	157	630	2 852	94 105	321 784	9 996	114 581	13 901	18 722	33 119	57 599	82 8662	905 214
2001	73	2 002	344	1 875	2 654	80 413	36 655	51 339	36 743	10 044	6 931	25 702	28 019	38 8605	429 374
2002	1 194	−466	464	175	947	38 149	36 664	32 998	30 216	−1 182	1 910	9 083	29 711	201 729	248 446
2003	1 590	1 690	922	1 119	140	64 284	36 565	8 656	−5 774	1 952	−2 408	12 833	16 059	138 180	182 874
2004	917	8 534	2 410	909	−332	47 423	32 769	7 384	−1 285	2 004	3 325	27 277	25 934	166 974	227 221
2005	3 653	2 505	6 029	1 877	1 604	86 088	50 170	4 677	58 255	5 012	23 565	8 000	68 680	359 551	462 253
2006	12 090	18 629	3 507	6 715	10 046	117 729	19 900	16 427	41 030	16 966	6 887	20 848	114 922	497 324	625 320
2007	2 282	10 785	18 598	29 083	8 541	179 895	222 984	58 795	78 451	30 346	55 880	46 751	144 830	841 714	1 022 725
2008	37 941	5 243	16 634	13 482	2 817	70 173	54 653	61 340	56 806	56 739	21 358	44 141	105 849	568 041	706 543
2009	21 490	2 501	7 599	291	1 491	23 760	−3 546	24 313	41 565	17 440	17 505	16 718	73 975	160 785	249 732
2010	29 201	7 757	9 082	26 421	1 488	86 342	−4 068	7 138	7 157	31 016	−5 336	32 328	96 947	215 654	338 839

资料来源：根据各年份联合国贸易和发展会议《世界投资报告》整理。

从表 4—2 的横向比较可以发现，虽然我国企业的海外并购出现较晚，但是总量却不低。比如，2010 年，我国企业海外并购总额为 292.01 亿美元，高于巴西的 77.57 亿美元、俄罗斯的 90.82 亿美元、印度的 264.21 亿美元和南非的 14.88 亿美元。即使是与发达国家相比，我国企业在 2010 年的海外并购总额也要高一些。比如，我国企业在 2010 年的海外并购总额高于英国、德国、法国、意大利，仅低于美国、日本和加拿大。

除了庞大的企业海外并购数量，金额巨大的交易也不断涌现。表 4—3 列举了近年来我国企业海外并购的著名案例。表 4—3 中共有 10 个案例，所有并购涉及的交易金额都在 10 亿美元以上，其中最高的中铝并购力拓集团的交易接近 200 亿美元。仅 2010 年就发生了 5 笔交易金额在 10 亿美元以上的海外并购，而且全部发生在能源和矿产资源领域。

表 4—3　　近年来我国企业海外并购的大额交易

时间	并购企业	目标企业	规模	结果
A. 2010 年以前的典型案例				
2005 年	联想	IBM 个人电脑业务	17.5 亿美元	完成
2005 年	中海油	优尼科	185 亿美元	败给雪佛龙公司，尽管中海油的出价比雪佛龙公司高
2008 年	招商银行	永隆银行	25 亿美元	完成
2009 年	中铝	力拓集团	195 亿美元	以力拓支付 1.95 亿美元的解约费而告终
B. 2010 年以后的部分案例				
2010 年	吉利	沃尔沃	18 亿美元	完成
2010 年	中石油	澳大利亚 Arrow 能源有限公司	35 亿澳元	完成
2010 年	中石油	伊拉克南部的 Rumaila 油田	140 亿～200 亿美元	完成
2010 年	中石化	Addax 石油公司	72 亿美元	完成
2010 年	五矿	澳大利亚 OZMinerals 公司	13.86 亿美元	完成
2010 年	中海油持股 50%的合资公司 Bridas Corporation	泛美能源	70.6 亿美元	完成
2012 年	三一重工	德国普茨迈斯特	4.2 亿美元	完成

续前表

时间	并购企业	目标企业	规模	结果
B. 2010 年以后的部分案例				
2013 年	中海油	加拿大能源 开采公司 Nexen	151 亿美元	完成
2013 年	双汇	美国肉业巨头 史密斯菲尔德 (Smithfield)	47 亿美元	完成

资料来源：根据汤姆逊金融公司的 SDC 数据库以及媒体报道整理。

4.4.3 我国企业海外并购的增长潜力

海外并购是对外直接投资的重要形式，是一个国家资本形成的重要渠道。在表4—4 中，我们通过海外并购总量占当年固定资产投资的比重来分析我国企业海外并购的增长潜力。

从表 4—4 可以清晰地看出，1990—2010 年间，我国企业海外并购占当年固定资产投资的比重平均为 0.502%，处于我们所选择的所有国家中的最低水平。全世界所有国家海外并购占当年固定资产投资的比重为 3.866%，远高于我国。细分来看，全部发展中国家的比重为 1.480%，比我国企业海外并购占固定资产投资的比重高接近 2 倍。在发达国家该比重为 4.555%，也远远高于我国的平均水平。与我们所选择的几个具有代表性的国家相比，我国企业海外并购占固定资产投资的比重之低也可窥见一斑。比如，英国、法国、加拿大的比重均在 8%以上，其中英国更是高达 18.118%。即便是同属于发展中国家的巴西、俄罗斯、印度和南非，也均高于我国。

然而，从时间序列来看，我国企业海外并购占固定资产投资比重的上升趋势却非常明显。我国企业的海外并购在 2004 年展现出了快速增长的趋势。从全世界的平均水平来看，该比例在 1998 年超过了 5%，之后虽然有所波动，但基本上都维持在 4%～5%。发达国家整体和发展中国家整体也呈现出了类似的现象。我们进一步比较发现，在过去的 20 多年中，我国企业海外并购占固定资产投资比重最高的是 2008 年，但当年该比例也只有 2.037%，远低于巴西在所有年份中最高的 10.437%，俄罗斯的 6.805%，南非的 21.043%，甚至低于印度的 7.088%。这说明，虽然近年来我国企业海外并购的增长非常快，但是从其占整个国家所有投资的比重来看，我国企业的海外并购尚处于起步阶段。

以上这些数据一方面说明我国企业的海外并购发展比较落后；另一方面，无论是从纵向的时间趋势来看，还是从横向的比较来看，我国企业真正意义上的海外并购都才刚刚崭露头角，即便是相对于那些国际化起步较晚的发展中国家而言亦是如此。如果我国的经济增长不出现大幅减缓的话，我国企业海外并购的规模还将进一步扩大。

表 4—4 1990—2010 年各国海外并购占固定资产投资的比重（%）

年份	中国	巴西	俄罗斯	印度	南非	美国	英国	德国	法国	日本	意大利	加拿大	发展中国家	发达国家	全世界
1990	1.292	N/A	N/A	N/A	1.074	1.120	2.680	0.997	6.969	1.386	0.661	1.577	0.887	2.203	2.048
1991	0.162	−0.015	N/A	N/A	0.226	0.192	1.064	0.213	0.621	0.276	0.185	−0.566	0.251	0.357	0.415
1992	0.684	−0.511	N/A	N/A	8.034	0.740	0.230	1.051	2.958	0.259	1.607	1.229	0.740	0.824	0.855
1993	0.371	0.221	0.006	N/A	1.165	1.177	6.992	1.320	0.018	0.084	0.148	1.584	0.537	0.827	0.791
1994	0.366	0.137	0.240	0.168	14.257	1.342	13.069	1.105	2.496	0.010	0.265	−0.370	0.795	1.786	1.567
1995	0.010	0.152	N/A	0.021	−1.844	2.436	5.601	3.767	2.500	−0.232	1.976	9.850	0.437	2.027	1.706
1996	0.003	0.143	0.315	0.009	6.362	2.913	7.878	3.232	2.655	0.266	0.738	4.400	0.918	2.487	2.121
1997	1.018	0.092	0.003	0.078	−10.380	2.863	10.294	2.716	3.325	0.225	0.037	9.391	0.826	3.355	2.733
1998	0.097	0.548	0.756	N/A	11.336	5.320	21.002	13.724	7.162	0.221	5.319	27.350	0.856	7.352	6.082
1999	0.112	0.360	3.151	0.034	−4.761	6.512	62.643	17.082	25.584	−0.060	0.548	5.529	0.794	10.123	8.405
2000	0.067	0.174	0.361	0.613	14.734	4.742	127.268	2.439	44.038	1.189	8.209	23.869	3.648	14.609	12.269
2001	0.016	2.128	0.598	1.611	15.116	4.057	14.760	13.584	14.017	0.996	3.034	18.334	1.765	6.522	5.533
2002	0.237	−0.563	0.749	0.146	5.711	1.951	13.558	8.882	11.022	−0.132	0.747	6.344	1.792	3.970	3.654
2003	0.223	2.036	1.166	0.716	0.545	3.181	11.995	1.933	−1.695	0.203	−0.770	7.557	0.837	2.432	2.390
2004	0.117	8.006	2.221	0.418	−0.959	2.123	8.929	1.545	−0.322	0.194	0.932	13.529	1.133	2.606	2.565
2005	0.387	1.791	4.439	0.692	3.794	3.361	13.158	0.961	13.528	0.471	6.366	3.312	2.474	5.208	4.664
2006	1.086	10.437	1.909	2.162	21.043	4.463	4.752	3.086	8.712	1.654	1.735	7.308	3.498	6.717	5.695
2007	0.162	4.578	6.805	7.088	14.686	6.766	44.616	9.442	14.037	3.012	12.373	14.497	3.594	10.308	8.136
2008	2.037	1.717	4.488	3.058	4.494	2.709	12.352	8.826	9.086	4.964	4.463	12.945	2.159	6.671	5.067
2009	0.988	0.476	2.871	0.068	2.332	1.143	−1.111	4.104	7.590	1.658	4.362	5.818	1.503	2.267	2.005
2010	1.117	2.088	3.004	4.877	1.653	4.069	−1.255	1.198	1.353	2.811	−1.346	9.300	1.628	2.998	2.484
平均	0.502	1.700	1.946	1.360	5.172	3.008	18.118	4.819	8.365	0.926	2.457	8.704	1.480	4.555	3.866

本章小结

战略管理是企业确定其使命，根据组织外部环境和内部条件设定企业的战略目标，为保证目标的正确落实和实现进行谋划，并依靠企业内部能力将这种谋划和决策付诸实施，以及在实施过程中进行控制的动态管理过程。本章阐述了战略管理的内涵、战略管理领域的三大理论支柱、战略管理的五要素及手段等。

随着经济全球化时代的到来，越来越多的企业走出国门，参与全球竞争。本章重点阐述了跨国公司国际扩张的动机，并对经济全球化时代跨国公司国际扩张所面临的风险进行了详细分析。

跨国公司国际扩张的战略各有优劣，没有哪一种战略在所有维度上都是最优的，企业需要根据自身的能力以及市场环境的特点选择适合自己的战略类型。本章重点阐述了跨国公司国际化的战略类型和实现方式。

战略管理五要素是帮助跨国公司战略管理、选择合适战略计划的重要工具。本章利用战略管理五要素的分析方法对企业国际化战略管理过程进行了分析。

新兴市场国家企业的国际化正如火如荼。本章主要介绍了我国企业海外并购的背景及发展趋势。

本章主要概念

行业基础观（industry-based view）
资源基础观（resource-based view）
制度基础观（institution-based view）
公司层面的战略（corporate level strategy）
经营单位层面的战略（business level strategy）
资产利用（exploitation）
新资产开发（exploration）
国际化战略（internationalization strategy）
多国本土化战略（multi-domestic strategy）
全球战略（globalization strategy）
跨国战略（transnational strategy）
海外并购（cross-border merger and acquisition）

思考题

1. 简述战略管理的概念及内涵。
2. 简述战略管理的三大理论支柱。
3. 简述战略管理五要素。
4. 结合实际阐述战略管理的手段。

5. 结合实际论述跨国公司国际扩张的动机。
6. 结合实际论述跨国公司国际扩张所面临的风险。
7. 简述国际化战略的类型。
8. 简述企业国际化的实现方式。
9. 结合战略管理五要素阐述跨国公司的国际化策略。
10. 结合实际论述我国企业的海外并购情况。

开篇案例讨论

1. 三一重工国际扩张的动机是什么?
2. 三一重工的国际化采用了何种战略?
3. 三一重工采取了哪些措施以保证其国际化战略的有效实施?

推荐读物及网站

论文

1. J. Barney. Is the Resource-based View a Useful Perspective for Strategic Management Research? . *Academy Of Management Review*, 2001, 26, pp. 22 - 40.

2. P. J. Buckley, L. J. Clegg, A. R. Cross, X. Liu, H. Voss and P. Zheng. The Determinants of Chinese Outward Foreign Direct Investment. *Journal of International Business Studies*, 2007, 38, pp. 499 - 518.

3. R. Kaplan and David P. Norton. Having Trouble with Your Strategy? Then Map It. *Harvard Business Review*, 2000, 5, pp. 1 - 12.

4. M. W. Peng. Making M&A Fly in China. *Harvard Business Review*, 2006, 84 (3), p. 26.

5. M. W. Peng, S. L. Sun, B. Pinkham and H. Chen. The Institution-based View as a Third Leg for a Strategy Tripod. *Academy of Management Perspectives*, 2009, 63 - 81.

6. Margaret A. Peteraf. The Cornerstones of Competitive Advantage: A Resource-based View. *Strategic Management Journal*, 1993, 14, pp. 179 - 191.

7. M. E. Porter. How Competitive Forces Shape Strategy. *Harvard Business Review*, 1979, March/April, pp. 137 - 145.

8. M. Rouse. U. S. Daellenbach, Rethinking Research Methods for the Resource-based Perspective: Isolating Sources of Sustainable Competitive Advantage. *Strategic Management Journal*, 1999, 5.

9. M. E. Porter. The Contribution of Industrial Organization to Strategic Management. *Academy Of Management Review*, 1981, 6.

著作

1. 贝费可等. 战略经济学. 北京:中国人民大学出版社, 2012.

2. 贾旭东．国际管理学．北京：中国人民大学出版社，2013.

3. 符正平．国际商务．北京：中国人民大学出版社，2013.

4. Sudi Sudarsanam. *Creating Value from Mergers and Acquisitions*. 2nd Edition. New Jersey: Prentice Hall, 2013.

5. M. A. Hitt, R. D. Ireland and R. E. Hoskisson. *The Management of Strategy: Concepts and Cases*. 9th Edition. Cengage Learning, 2012.

6. J. Barney. *Gaining and Sustaining Competitive Advantage*. New Jersey: Prentice Hall, 2010.

7. G. Hofstede, G. J. Hofstede and M. Minkov. *Cultures and Organizations: Software of the Mind*. McGraw-Hill, 2010.

8. D. North. *Institutions, Institutional Change and Economic Performance*. Cambridge: Cambridge University Press, 1990.

第5章

跨国公司的组织管理

本章学习目标

1. 理解跨国公司构建组织结构时面对的难题
2. 掌握国际（业务）部结构的优缺点
3. 掌握各类全球性组织结构的优缺点
4. 理解影响跨国公司组织结构设计的因素
5. 理解跨国公司组织控制和协调的方式
6. 理解网络组织在跨国公司中的作用

开篇案例　鸿海精密变革组织结构以解决效率低下难题

鸿海精密的组织结构变化

一则关于鸿海精密的子公司 Foxconn Interconnect Technology（FIT）将于2014年上市的消息，让业界的目光再次聚焦在鸿海的组织结构调整计划上。

2013年6月26日，鸿海董事长郭台铭在股东大会上宣布了分拆业务、结构重整的决议，计划将集团目前的事业群升级为12个次集团，每个次集团独立扶持3～5家上市公司，并希望以此实现收入的增长。

按照郭台铭的规划，未来鸿海的组织结构将不再以并购扩张为主，而将走向联邦与邦联的综合体，针对成熟的产品、产业或事业体，进行分家、分权、分立后，让每个次集团均能健康成长，而不用受到鸿海低本益比的影响。在每一个次集团中，都将诞生一位总裁。同时，财务、专利等部分仍将由集团母公司控制。

由于没有可供参考的模式依循，鸿海也只能"摸着石头过河"。据了解，鸿海的分拆计划在前期会以两三个事业群做试行，在试行阶段鸿海还是主要控股股东，结构调整不会稀释股东权利。

鸿海网络连接产品事业群（NWInG），以及碳纳米管科技、胶材技术两项应用成为第一波前锋。业内将它们称为鸿海“小金鸡”，即在行业中处于领先地位、极具发展潜力的业务。目前，NWInG已从鸿海中分拆出来，改名为FIT。

汇丰银行分析师赖慧娟表示，估计目前FIT在鸿海总营收中仅占2%，但由于计算机及连接器利润高，预估FIT占集团盈余的15%～20%。而随着进军汽车、云端服务和网络等新市场，FIT在2014年营收增长可望冲上两位数。

郭台铭对独立后的FIT也寄予厚望，他的目标是让FIT在未来几年跻身全球行业第一，年收入达到30亿美元。

除了FIT，预计在2014年还会有其他3～5家原本潜藏在不同领域中的事业单位陆续独立或进行上市计划。而鸿海在精密滑轮、滑杆、导轨等零组件产品以及模组领域都有相当丰沛的技术，今后独立出来也会是新的事业。上述业内人士还透露，有关12个次集团的结构与成员还处于暂定阶段，详细的分工及区隔仍在集团内部研讨中。另外，除了集团内部既有的事业单位，许多透过集团所进行的外围投资，是否也将一并纳入次集团的版图中，目前也仍未有最后的答案。

一直奉行郭台铭“独裁为公”的鸿海为何此时要搞分拆

可以看到的是，从一家名不见经传的小工厂成长为国际代工巨头，鸿海成立40年来取得的成绩离不开郭台铭的“家长式”管理。郭台铭也宁可相信自己的战略眼光，以个人决策作为公司的最终执行导向，以提升企业执行力。

随着集团的盘子越做越大，郭台铭的决策也会有失误的时候，其独裁管理也在一定程度上制约着事业群领导者的发展。

举例来说，2000年初，郭台铭看到了代工利润微薄的局面，决定进军渠道，通过万得城、赛博数码、飞虎乐购、敢闯数码店、万马奔腾等五种方式，希望在国内的3C流通领域占有一席之地，提高利润率。但事与愿违，万得城在国内几近清盘，飞虎乐购在杜家滨2011年底出走后，几乎再无统筹规划，万马奔腾、敢闯数码店和赛博数码的拓展也不尽如人意。

据了解，曾任微软中国首任总裁、思科中国总裁的杜家滨在鸿海工作仅一年半即离职，其原因被认为是无法获得独立施展才华的空间。飞虎乐购用的是鸿海内部网，其产品和资金主要来自各个事业群，而杜家滨希望延揽电商人才，启动外部扩张，但没有获得郭台铭的同意。

而在鸿海的分拆计划中，事业群升级为次集团，各事业群的最高领导者的最高职务也从集团副总裁上升为总裁，这也就意味着各次集团领导人将拥有更大的独立决策权，郭台铭的影响将被弱化。

资料来源：《“中年”鸿海加速拆分　破除效率低下难题》，网易财经，http://money.163.com/14/0226/02/9LVO8AVM00253B0H.html，2014-02-26。

5.1　跨国公司组织结构

5.1.1　跨国公司构建组织结构时面对的难题

1. 空间距离更大

这里是指跨国公司母公司与子公司之间的空间距离，一般而言，这个空间距离越大，管理的难度越大，其原因简单地讲就在于空间距离大意味着管理信息的获得需要更多的时间，并且随着距离的增加，信息本身的准确性、真实性会衰减，这给决策带来了难题。同时，决策的传达、监督也存在同样的难题，这使得在构建组织结构时，跨国公司不得不付出额外的资源构建信息传递和决策监督的通道。

2. 管理链条更长

由于市场和文化的差异性，适应母国的管理结构往往难以适应东道国的实际情况，跨国企业通常需要对子公司管理结构进行一定调整，并根据情况赋予不同的权限。为了兼顾决策本身的灵活性和决策执行的坚决性，跨国公司需要针对市场和文化差异及变化，考虑是否赋予子公司地区战略调整的权利，这意味着被赋予权限的子公司将拥有较为完备的管理决策链条，从而增加了整个企业的管理链。

3. 市场差异性更为明显

市场差异性包括三个方面，其一是市场供需上的差异性；其二是市场成熟度上的差异性；其三是国际贸易关系变化导致区域市场范围不断变化。

就单一国家的市场而言，随着疆域和人口的增加，地区间同样存在供需差异，但是这种差异往往是由于运输成本造成的。由于人口迁移及交流更为容易，一般而言，地区之间的消费者偏好和企业运营条件上的差异性要远远小于国际市场的差异，这意味着，在国内市场上企业将更重视管理决策的可执行性，而不是灵活性，对应的组织结构也要简单得多。在第二个方面，与相对成熟的市场相比，在较为不成熟的市场，影响市场变化的更多是非市场因素，跨国经营时的组织框架自然需要与之相适应。在第三个方面，近年来自由贸易协定（区）已经成为全球贸易体系变化的趋势，特别是随着自由贸易协定的不断深化，区内统一市场不断扩大，跨国公司要灵活面对这种新的市场趋势，必然需要在组织结构上予以应对。

4. 文化差异性影响更为显著

国际文化差异对跨国公司组织结构的构建同样具有影响，不同文化对权力的看法具有极大的差异，由此带来权力分配的最优方法的不同。组织结构不仅要适应当地文化背景，更重要的是能够有利于不同文化间的沟通，甚至监督。

5. 全球战略与局部市场战略具有差异性

跨国公司在制定战略时往往是以全球作为目标的，其整合、谋取全球资源（包括市场资源）的欲望往往要强于局部市场中的企业，这使得其在构建组织结构时通常以资源为首要对象，而不是短期利润，例如微软大中华区 2007 年设立首席运营官就是该公司对亚洲市场资源重新整合的一次尝试。

5.1.2 跨国公司组织结构的种类

1. 出口部结构

企业组织结构与其国内组织结构没有根本变化，仅在销售部门下设立一个出口部，全面负责企业产品的出口业务，并在国外建立销售、服务机构和仓储设施。

出口部结构的特点是一般由一个统一的对外机构来引导和协调企业的对外经营，使企业经营与国际市场营销相结合，以获取额外利润。但是由于出口部仅隶属于销售部门，部门权限有限，营销上很难自主，只能就目标市场做出微调。早期国际企业多采用这种模式，在整体管理理念较为落后的国家或地区仍然可以看到出口部结构。

2. 母子公司结构

母子公司结构是一种直接由母公司的董事会及总经理管理国外子公司的组织结构，国外的子公司可直接向母公司汇报经营情况，母公司对子公司的经营不负直接责任。母子公司之间关系较松散，只注重财务上的联系。母公司经营权一般集中于公司的总经理，母子公司之间最重要的联系方式是个人访问，即母公司总经理对国外子公司进行的定期与不定期的考察，这种考察带有非正式监督的色彩。这种结构是早期的国际企业采用的一种管理模式，是在通信手段以及全球运营管理手段较为落后时采用的。当代的全球市场中，如果目标市场处于起始开发阶段，或者该地区市场机制不完善，母子公司仍然是国际企业可以利用的一种结构。

母子公司结构的特点是子公司自主权较大，独立负责决策，在目标市场资源运用、公共关系维护、因地制宜制定市场策略方面具有本地化优势，并在绕开关税壁垒方面具有独特的作用。

母子公司结构的缺点主要在于母公司与子公司以及子公司之间的关系上，松散的联系使得各子公司很难在战略上协调一致，同时由于无法对子公司实现有效监控，母公司往往不愿意在资源、技术、人员等方面给予子公司足够的支持，企业整体利益得不到保证。严重的时候，在子公司之间甚至母公司与子公司之间可能会产生竞争。

母子公司结构尽管缺点明显，但是仍然被大量采用，其原因是由于国际市场风险较大，母子公司结构是降低风险的有效方法。为了避免母子公司结构固有的缺陷同时适应新的全球市场环境，国际企业往往通过对母子公司结构进行一些变革以适应新情况，例如将网络式组织结构引入母子公司结构，使得以往纯粹的纵向组织管理模式向双向管理模式演化，改善子公司之间的关联，通过整合位于不同区域子公司的特有资源形成竞争优势。在这种演化趋势下尽管一些现代国际企业的组织结构仍被称为母子公司结构，但其内涵实际上已有了本质的变化。

3. 国际（业务）部结构

国际（业务）部结构是在管理技术（主要是通信技术和计算机技术）极大发展后出现的。由于国际业务的进一步增加，子公司数量不断增加，母子公司结构的弊端逐渐暴露出来，母子公司结构已经不再适应经营活动规模性质的需要，企业通过设立新的部门，即国际（业务）部，来管理协调全部的国际性活动，由此产生了国际（业务）部。通常，国际（业务）部是由企业将多个子公司组合而成的，这种形式能够处理超出那些子公司创建时确立的目标范围的各种跨国经营活动。国际（业务）部结构被大范围运用是从 20 世界 60 年代开始的，当时这种结构已成为美国大型国际企业的主要形式。

国际（业务）部的负责人直接受企业总经理领导，统管母国以外的一切业务部门。国际（业务）部的主要职责是：制定跨国经营的政策与策略；负责出口、技术转让与国外直接投资业务并协调各经营实体的跨国经营活动。企业通常利用国际（业务）部统筹安排国外子公司（或子部门）的各种业务，由于国际业务部的负责人与其他部门之间的平行关系，可以更为有效地解决子公司与母公司的各种业务联系，使得企业整体战略能够在企业各组成部分之间协调展开。国际（业务）部的组织结构如图 5—1 所示。

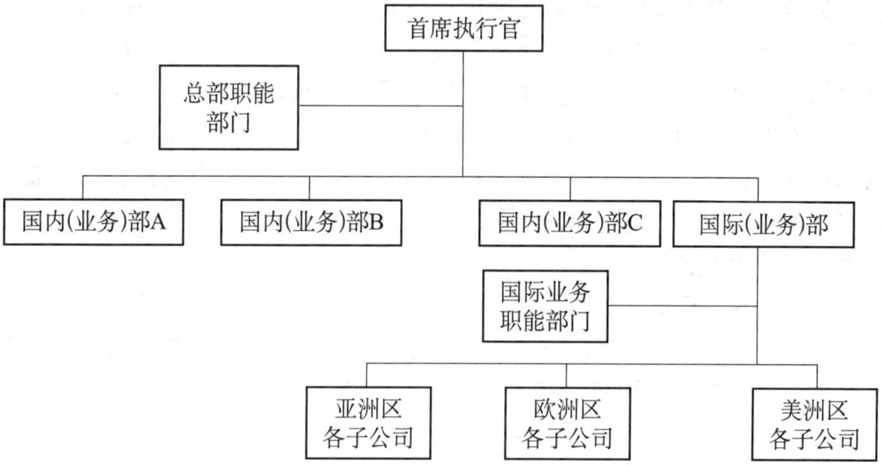

图 5—1　国际（业务）部组织结构示意图

国际（业务）部组织结构在企业国际业务发展阶段最可能采用，与单纯的母子公司相比，其优点可以总结为：

（1）国际业务能够引起企业最高管理当局的重视。国际（业务）部负责人可以直接将国际业务的发展情况、要求向最高当局反映，并能部分参与企业战略制定和施行，这为国际（业务）部展开职能奠定了组织基础。

（2）协调国外各子公司的战略协作，更大限度地安排资源共享。

（3）更有利于协调国际业务与国内业务之间的冲突和矛盾。这些冲突集中表现在资源分配上，对于国际业务处于发展阶段的企业，各部门对国际业务的认识还有待提高，对国际（业务）部占有资源可能存在不理解、不支持的态度，以业务部的形式解释和宣传将是一种有效的方法。

（4）更有利于企业从国际视角考察运营问题，使企业开始从多元市场、多元文化的角度修正战略。在这一过程中，国际（业务）部将为企业培养一批熟练掌握国际往来业务、熟悉国际管理经验的人才，为企业未来发展进行储备。

当然，国际（业务）部组织结构也面临以下难题：

(1) 国际（业务）部会形成资源的浪费。国际（业务）部往往拥有完整的企业运营结构，独立的研发、营销体系可能会与国内部门形成重叠。

(2) 在对子公司的管理尺度上不易把握。过于严格，子公司将难以及时对当地市场情况作出反应，影响其效率；过于宽松则使得国际（业务）部流于形式。

(3) 国际（业务）部的产品可能和国内部门出口的产品形成竞争，这种竞争将使子公司难以理解母公司的战略意图，并在目标市场上损害企业的品牌。

(4) 当国外生产经营规模扩大时，国际（业务）部的协调能力有限，将使得企业形成相互割裂的国内国外两块业务，形成目标分歧的两个阵营，增加内部纠纷。由于国际（业务）部是在企业国际业务发展阶段设立的，这种纠纷可能导致企业重新将战略重心放在国内业务上，阻碍企业国际化战略的展开。

4. 全球性组织结构

随着经济全球化的进程，企业的国际化将成为企业战略中最为重要的一部分，这要求企业在国际市场的要求下分配资源，这时企业将选择全球性组织结构。全球性组织结构是企业应对国际竞争的必然选择，是在通信技术和管理控制技术的支持下企业管理方式的革新。同时，全球性组织结构是企业对全球资源进行整合的组织变革过程。在这个过程中企业在全球范围内安排生产、组织营销、盘活资产，并有针对性地对组织结构进行微调，最终形成具有企业特色的结构模式。对其进行总结可大致划分出 5 种形态。

(1) 全球性职能制组织结构。全球性职能制组织结构是按照企业的职能进行部门的划分，在母公司总部之下设立若干分部，各部门在职能范围内对全球资源进行整合利用。全球性职能制组织结构如图 5—2 所示。

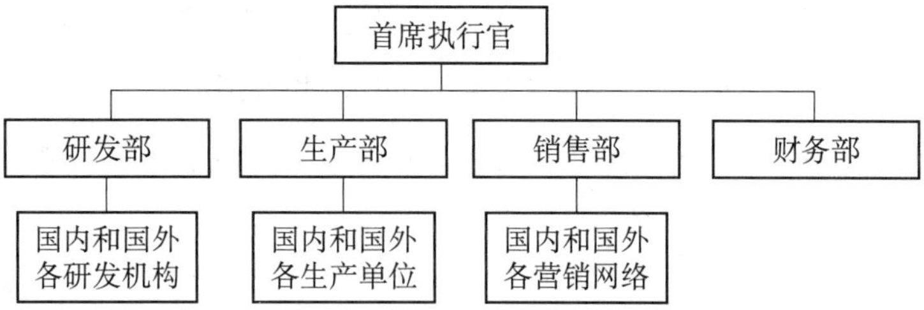

图 5—2 全球性职能制组织结构示意图

全球性职能制组织结构的优点包括：

1) 管理机构较为精简，效率较高。全球性职能制组织结构不是国内企业组织机构的简单扩大，而是各职能部门同时面对多元化市场和多元化文化的挑战，更多的信息增加了企业的决策风险和成本。全球性职能制组织结构建立在产品（或原料）差异性较小以及优良的管理技术的基础上，管理环节简单，但是可以过滤企业不需要的信息，提高了效率。

2) 职能部门职责清晰，有利于专业化分工。

3) 总部集中控制避免了子公司成为利润中心。

全球性职能制组织结构的缺点表现在以下几方面。

1）生产与营销管理产生冲突。生产部门与营销部门平行设立，其指令传达到子公司时可能会形成冲突，造成子公司的困扰，影响子公司的运营效率。

2）难以在产品线上实现多元化，易于造成生产优先的营销策略。营销部门不能直接管理生产部门，只能在生产部门提供的产品基础上进行产品组合，多元化产品线的努力会受到限制。

3）只有首席执行官才对利润负责。各职能部门和子公司只是战略执行者，缺乏实现利润的激励，容易人浮于事。首席执行官的责任过于重大，对其能力要求过于严格，并难以形成有效监督。

全球性职能制组织结构适用于那些需要更严密的集中控制、业务流程的整体性强和需要对产品与原材料进行跨国运输的企业。例如，从事采掘、矿业的企业，其产品较为单一，大型自动化机械是企业生产的主要工具（产品质量多依赖于这些设备），对基层人员技能要求较低，采用该种组织结构能够突出优势。在当前生产的全球化中，对于同时拥有完整的自动化控制体系、完备的产品检测标准体系、完善的物流体系的企业，这种组织结构也能体现其优点。例如对于一般消费品中的部分产业，如低档服装、个人电脑等，这些产业的产品生命周期较长，在营销上更加注重销售渠道而不是产品线。此外，规模较小、产品较为单一、技术变化速度缓慢的企业也可能会采取这种组织结构模式。

（2）全球性地区组织结构。全球性地区组织结构是按照地区设立分部，首席执行官以及母公司职能部门负责企业的全球战略的制定和规划，地区分部经理在企业总体战略指导下负责本地经营活动。其结构示意图如图 5—3 所示。

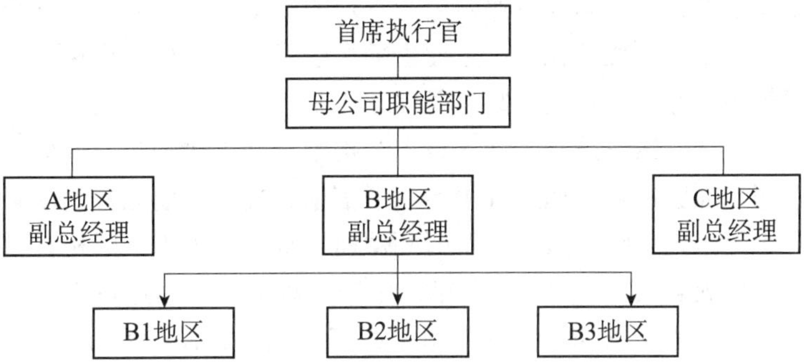

图 5—3　全球性地区组织结构示意图

全球性地区组织结构的优点有以下几方面：

1）更易于根据不同的地区制定相应的营销策略。尽管经济全球化使得企业的产业可以在全球范围内得到认知，但是由于传统以及时间差异等因素，地区市场之间仍然存在各种各样的不同，例如东南亚市场更倾向于日本产品，而欧洲市场更倾向于有悠久历史的品牌产品。全球性地区组织结构既能够运用针对性的营销策略赢得地区市场收益，又可以避免母子公司之间常见的忽视母公司利益的情况。

2）有利于企业发展和维护目标市场地区的公共关系。特别是在具有隐形的市场准入标准的地区，与母子公司结构相比，地区分部可以更有效地利用母公司的各种资源开展公共关系策划。

3）有利于企业利用当地资源。在产业内分工盛行的今天，地区已经不仅仅代表资源、劳动力、资本等传统禀赋，更加重要的是地区的传统、文化、社会组织模式、经济发展模式，这些元素对企业经营同样重要。例如，东南亚一般消费品制造业形成集聚，使得建立于该地区的生产企业可以最大限度地降低劳动力、地租、物流等方面的成本；欧洲地中海沿岸的手工加工业则成为奢侈品制造的标志；作为时尚中心的米兰、巴黎、伦敦等地不仅是全球服饰设计的核心地区，对于生产汽车、消费电子产品的企业，这些地区也正在为其外形设计提供帮助。

全球性地区组织结构的缺点包括：

1）地区导向容易造成企业产品线过多，以至于不能突出重点产品，企业营销面临管理协调的难题。地区分部会根据本地市场特征调整产品线，母公司一个产品类别往往衍生出多种差异性产品线，给企业的营销管理带来难题。

2）缺乏集中管理，各地区各自为政，形成资源浪费。

3）过于关注营销，忽视新产品的研发。母公司管理层更加关注利润，即使地区部门存在新产品研发的激励，也很难得到母公司的支持。以欧洲地中海沿岸的手工加工企业为例，尽管企业的传统以及员工乐于进行产品创新，但是位于米兰的母公司则更看重稳定的市场收益，只是在确定的市场策略下在地区分部进行产品选择，如果创新产品被认为不具有确定的市场收益，则不会将其投入市场，长此以往无疑将打击地区分部的创新积极性。

这种结构主要适用于那些产品高度标准化、成熟化以及产品线较少、生产技术接近、市场条件相似的国际企业。由于一定的历史原因，多数跨国企业采用过这种组织结构，在市场环境变化后，企业也随之进行组织结构的变革，总体而言，欧美企业变革较为彻底，日本企业则多是在原有基础上的局部革新。以索尼为例，与其他日本企业一样，索尼采用的地区组织结构中级别层次较多，造成了总部与直接市场信息之间的隔膜，在传递过程中产生了信息失真，各地区分部缺乏处理信息的权限，而逐级上报则手续繁杂并浪费时间从而导致错过了市场时机，很多时候问题被搁置于本区延迟解决。20 世纪 90 年代后期，数字式移动通信设备竞争加剧，市场对多样化产品的需求增加，索尼却由于组织结构僵化没能及时适应这种市场变化。为了解决这一问题，索尼公司将原有的日本、美国、欧洲三大区调整为亚洲、欧洲、美洲三大运营中心，并采用区域代表管理制，强调区域特色，建立地区总部，其实是将原先集中于总部的部分决策权力下移，以便于地区总部及时根据环境与资源做出灵活的市场反应。同时，地区部门又将分散于本地区各部门的权力适度回收，将决策权集中于地区部门的总部，使得地区部门在适应市场变迁中既能及时决策又不至于使管理权过分分散。改革后的索尼组织结构仍然是全球性地区部门制，但是总部一些不必要的职能被有效剥离，突出了总部在战略层次的调控地位，以及在与之相关的资产、人员、管理权限和其他资源方面的责任，保证了地区部门的市场应变能力，同时保证了总部与各地区分部之间信息交流的高速、顺畅。

(3) 全球性产品组织结构。全球性产品组织结构是国际企业按照产品设置管理部门，这些设置于国内的部门在全球范围内对本部对应的产品实施管理。全球性产品组织结构示意图如图 5—4 所示，各产品部门对应某一类产品，负责开发并制定其全球营销策略，而母公司的职能部门则负责对其实行全面支持。实际上，全球性产品组织结构往往被看做利润优先的企业组织模式，企业运营以各产品部门对市场的预期为核心展开。

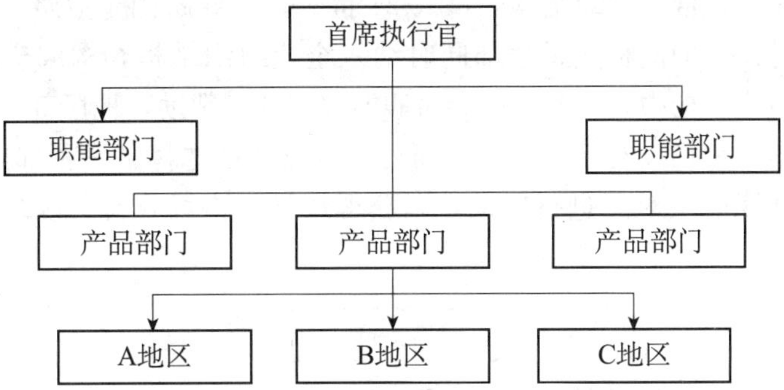

图 5—4　全球性产品组织结构示意图

全球性产品组织结构的优点在于突出了营销的地位，具体可以分为以下三个方面：

1) 以全球营销为核心。全球市场发展不平衡至少在可以预见的时间里持续存在，各区域市场尽管具有一定的独立特性，但是在整体消费趋势上仍然受几个最大市场的影响（例如欧美市场）并具有一定的滞后性，一些生命周期已经是成熟期的产品换一个市场可能只是成长期。企业产品部门可以根据不同市场制定差异化营销策略，最大限度地赚取利润。

2) 营销领先。产品部门是企业的核心，职能部门围绕产品部门提出的要求进行研发、生产、营销实施以及提供财务支持，有利于资源整合、提高效率。

3) 充分考虑市场差异。对于文化、传统、偶然事件带来的市场差异，产品部门可以及时发现，有利于把握市场机遇。

全球性产品组织结构在利润实现上确实有优势，但是缺点也因此而产生：

1) 机构庞大。几乎每一个产品部门都会建立市场调研、产品研发、产品推广等子部门，随着企业产品线的增加，整个企业的机构膨胀将大幅增加管理费用。

2) 过度内部竞争。由于产品部门以利润实现为考核标准，难免会出现不同产品部门争夺同一个市场的情况，过度竞争可能导致企业总体利润下降。

3) 短视行为。由于利润考核一般以会计年度为标准，产品部门需要在短期内实现利润，所以更加青睐能带来即时收益的市场。

4) 不容易接受多元文化。尽管针对全球市场寻找市场机会，但大部分采用全球性产品组织结构的企业其产品部门都设立在国内，对国际市场的了解更多是通过既有的信息渠道，对于文化差异较大的市场难以真正认同。

全球性产品组织结构适用于以产品多样化为战略目标的企业，对于管理种类繁多的产品以及相应的多元产品线，该结构能够最大限度地发掘产品市场潜力。一些基金公司乐于采用这种结构。对于产品功能复杂但采用的都是成熟技术的产业，企业也会采用这种模式。此外一些大型国际企业也曾采用这种模式，例如通用电气公司在 20 世纪 70 年代建立了超事业部管理下的事业部模式，其中事业部实际上多是以产品为代表的部门，而超事业部则统辖和协调各事业部的活动，形成全球性产品组织结构。

（4）全球性混合组织结构。进入 21 世纪，一些跨国企业将职能部门、产品部门和地区部门中的两种或者全部同时纳入企业组织结构，构成全球性混合组织结构。混合组织结构中，产品部门会对职能部门提供帮助，地区部门可以帮助各产品部门开拓本地市场。对于某一阶段而言，企业往往选择某一种部门结构作为主体，其他部门在职能上对其进行辅助，以获得最优的市场收益。该结构的示意图如图 5—5 所示。

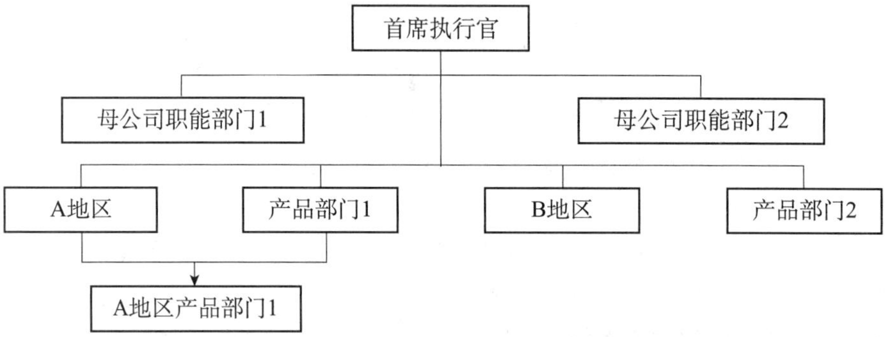

图 5—5 全球性混合组织结构示意图

全球性混合组织结构最大的优点是可以根据企业对市场的独特判断寻找当前最优的组织模式，在国际市场差异较大、市场演变迅速、企业产品结构复杂时，该结构的优势明显。但是该结构组织模式复杂，容易造成部门间分工不明确，协调成本增加。特别是在企业需要变更战略规划时，部门之间更加难以协调统一。

世界主要的石油企业多采用全球性混合组织结构。以壳牌石油公司为例，其组织结构一度长期为全球性地区组织结构。在具体形式上以洲为单位设置部门，分别有欧洲、美洲、亚洲、大洋洲地区总公司，并在各大洲相应国家或地区建立分公司。每个分公司都要从事勘探开采、炼油、销售等业务，总部的后勤服务部门负责向分公司提供法律、财务、信息以及其他各项服务。1995 年为解决分公司在接受多部门多重管理上遇到的难题，壳牌公司对传统的全球性地区组织结构进行调整，按公司的主要业务范围建立商业组织，从而实现从全球性地区组织结构向全球性混合组织结构的转变。通过这个调整，使得分公司从过去按地区和部门的多头管理中解放出来，转而按照业务向相关业务机构负责。其结果是分公司管理层享有了更大的自主权，能够及时应对本地市场的各种变化，改善其经营状况。同时，由于分公司权责更加匹配，使其在发挥主动性的同时确保母公司的战略得以实施。

(5) 全球性矩阵组织结构。全球性矩阵组织结构因其组织模式的图形类似矩阵而得名，这种结构中职能部门、地区部门和产品部门等三组因素中的两组甚至三组被赋予同等的权力，在企业的全部业务中通过项目建立多向水平连接或者立体连接，在权责明确的前提下以临时性的项目组为基础实行交叉控制和管理。值得注意的是，矩阵组织结构并不能依据组织结构图确定，其判定标准在于是否存在临时性的项目组。全球性矩阵组织结构由全球性混合组织结构演化而来，其差别在于混合组织结构中产品及地区部门各自管理某一部分全球范围内的子公司，矩阵组织结构则由母公司各部门共同控制国内外子公司。每一个子公司同时接受来自两个甚至三个部门的领导。例如，针对某一新的市场动态，企业中由产品部门 A 与职能部门 B 组成项目组，在项目实施过程中，市场又发生了一些微调，需要产品部门 B 加入进来，在整个过程中，三个部门的经理需要平等地协调管理，而项目由项目经理规划控制并向母公司管理层负责。

全球性矩阵组织机构最早应用于飞机制造和航天器械的生产项目中，由于多为全新产品，并按照产品的功能结构进行子系统划分，对于每一个子系统，企业的各个部门都有涉及又都不能独立完成，因此有效的解决方式即按照产品子系统设立项目组，各项目组按照技术特征从企业各部门获得帮助或直接抽调人员，项目不同阶段或者项目目标变更则改变与部门的关系并更换项目人员。以飞机制造为例，航空电子作为子项目在预研阶段主要与计算机设计、雷达以及动力、空气动力学外形设计有关联，而在设计阶段则又要与飞行模拟、制造等产生联系，所以不同的技术节点项目的人员构成不同。

矩阵组织结构改进了混合组织结构中直线管理横向联系差、缺乏弹性的缺点。通过针对某项专门任务成立跨部门的专门机构，矩阵组织结构能够做到条块结合，协调有关部门的活动，保证任务的顺利完成。简而言之，矩阵组织结构在形式上是固定的，除了固有的产品、地区和职能部门，任何项目从项目管理者到执行人员都是变动的，随着项目进程推进，项目组与不同部门发生联系。因此，矩阵组织结构能保证以项目为目标的企业行为顺利进行，非常适用于横向协作和攻关项目。

总结矩阵组织结构的优点，有以下三点：

1) 打破旧有企业僵化的横向、纵向分割，有利于各部门协作，共同实现企业目标。

2) 根据任务进行人员配置，有利于发挥个体优势，集众家之长，提高项目完成的质量。同时利于各部门人员进行交流，增加企业内部信息流量，并增进管理沟通。

3) 对于变动剧烈的国际市场，有利于企业及时做出应变，增强抗风险能力。

矩阵组织结构的缺点则可以归纳为：

1) 管理难度增大。项目参与人员接受多重管理，项目管理人员的决策往往由于各种原因被推延执行。

2) 难以形成有效激励。项目管理人员的责任大于权力，激励措施难以与责任匹配；参与人员仍然隶属于原有部门，使得项目组天然缺乏稳定性，与其个人长远规划往往难以重叠。

全球矩阵组织结构被众多国际企业认为是企业组织模式的改革方向，但是大多数企业的矩阵化改革仅仅针对某些具体的任务或者业务，并没有实现彻底改造。而在已经成功转型为矩阵结构的国际企业中，总部设于瑞士的 Asea Brown Boveri Ltd（ABB）是目前最为成功地运用这一组织结构的企业。ABB 是电力和自动化技术领域的全球领导厂商，其业务遍布全球 100 多个国家和地区。在具体组织结构上，ABB 将公司按区域和业务维度划分，其本土经理负责自行开发新产品、开发市场与政府公关，而业务经理负责全球的产品战略决策。根据这样的结构，ABB 在全球范围成立合资企业，每个合资企业规模都很小（ABB 在全球有 1 200 个合资公司），但大约 1 100 个合资公司的总经理都同时向区域经理汇报，也向全球业务经理汇报。矩阵组织结构对 ABB 公司的帮助巨大，在产品上，既保持了瑞士产品一贯的精工细作，又通过小企业灵活多样的特点充分吸收各种异质资源，在产品开发上不断推陈出新并保持技术上的领先。在成本方面，矩阵结构使得 ABB 充分整合各种资源，将规模经济从企业内部推广至企业群，通过关联企业的协同实现更加广义上的规模效应，在相对较小的投资比例下实现成本下降，增加资本效率。但是矩阵组织结构的固有缺陷仍然给 ABB 公司带来管理了难题，其中在区域经理与业务（项目）经理的职责分配以及相互关系上，企业不得不花费大量的精力进行协调，尽管利用新的信息技术降低了各部门以及具体人员之间的交流成本，但是沟通仍然是需要 ABB 解决的最迫切问题。

当然，尽管全球性矩阵组织结构存在缺陷，但是由于国际市场环境日趋复杂，不确定性因素日渐增加，在满足一定条件下，这种结构仍然不失为国际企业改造其组织的一个方向。一般而言，这些条件包括：企业产品线之间存在共享稀缺资源的压力，市场对两种或更多重点产品同时存在需求，企业信息化建设已经取得进展，企业在产品设计、制造、营销方面已经有较为完整的标准化体系。

全球观察 5—1

松下转变业务重心，变更组织结构

在日本电子企业一片哀鸿之际，松下集团 2013 财年扭亏为盈，2014 会计年度预测盈利利润将达 3 100 亿日元，其原因在于松下 2012 年开始实施的业务重组，一方面将事业重心转向 B2B 领域，另一方面将海外新兴市场作为主要目标市场。

2014 年，松下宣布成立海外战略地域事业推进本部，将以中国等国家为代表的高增长区域作为重点，使事业发展更具灵活性和针对性。

资料来源：王海艳：《松下集团社长：在华年入 600 亿　瞄准智能城建项目》，凤凰科技网，http：//tech.ifeng.com/a/20141017/40839365_0.shtml，2014-10-17。

5.2　跨国公司组织设计与选择

5.2.1　跨国公司组织设计的原则

1. 规范性

规范性原则要求国际企业选择组织结构时要明确各组织机构的权利责任边界，以便于各部门之间的沟通、协调以及公司管理层决策的下达和执行。

规范性在国际企业组织结构设计中尤为重要，由于企业各部门分布在不同的国家和地区，面对不同的文化背景，企业推行的组织结构需要使各部门在对本部门权责边界的认识上达到统一并能够顺利执行，这将考验企业管理多元文化的能力。一般而言，企业综合考虑组织结构的效率和文化整合时，总是在进行取舍，有时为了避免文化冲突带来的内部交易费用而不得不在组织结构的规范性上作出让步，例如强调规范性的部分日本企业在和其他国际企业进行合作时，仅对高层管理人员进行规范性要求，对于分部的其他管理行为则按照当地惯例实行。

2. 分工明确

设置组织结构的核心目的是在保证企业整体管理效率的基础上提高各部门的运作效率，这就要求在部门分工上不仅要尽量明确其职责，同时需要尽可能地简化部门职能。分工明确的结构可以将各部门的精力集中在其主要职能上，员工能够根据专业分工集中，保证了企业能够获得及时的市场和技术等基层资源。

就分工的基准而言，技术密集的产业往往以产品生产工序作为分工的基本标准，商业资本密集的产业则往往以价值实现的环节作为分工基础。前者，企业需要保证技术进步和零部件质量，所以按照产品的技术特征进行组织管理，赋予产品部门或者产品项目管理小组更多的权责。后者，企业强调产品市场价值的实现，企业组织结构围绕着促进营销进行设置，与企业营销战略相关的各个部门要赋予更多的权责。

在强调分工的组织结构设置中，越细密的分工往往意味着需要企业支付越多的整合和协调费用，使得企业管理成本上升，现代企业的解决办法是在完善的监督体系下，通过生产标准的实施实现外部化（如外包）来降低这种成本。

3. 组织结构扁平化

国际企业往往面临各部门之间地理距离遥远的问题，管理层存在对子公司权威性不足、管理沟通不顺畅的问题。对于要求产品线多元化的企业，部门分工更加复杂，在组织结构上更容易拉长命令链。组织结构扁平化的要求即通过组织结构设计最大限度地帮助管理层获得与基层管理者相同的信息并顺利地进行沟通，同时通过减少管理层级降低管理成本。

组织结构扁平化有利于企业处理集权和分权的难题。企业的各个分部在决策上能否实现与总部战略的协调一致，部分依赖于两个管理中心之间能否在需要时同时做出合理决策以及能否顺畅沟通。扁平化原则不仅通过减少环节降低沟通成本，同时也有利于建立新的沟通渠道，实现多维度沟通效应。

值得关注的是，一般意义上的扁平化组织是对科层组织的扬弃，但是对于构建国际化组织结构的企业而言，并不是任何一个都能达到完全意义上的扁平化，所以为了尽可能地适应市场、降低管理成本、提高管理效能，不妨将扁平化作为组织结构设立、变革的一个原则，并以此设置长期目标实施渐进式变革。实际上，当前世界的大部分国际企业均没有实现完全的扁平化。以较彻底实施扁平化的组织戴尔公司为例，尽管其供应链结构以及营销体系的管理链条已经非常短，但是仍然存在地区总部这样的直线型管理结构，所以将扁平化作为原则能使企业在组织设置中找到更合适的方案。

全球观察 5—2

惠普的机构重组

2012 年 3 月 21 日，惠普公司宣布进行机构重组。作为这项重组的一部分，惠普公司的打印及成像集团（IPG）将与信息产品集团（PSG）合并成为打印与信息产品集团。惠特曼上任之前，惠普曾计划分拆个人电脑业务，引起股价大跌，因此这次打印机与个人电脑业务的合并备受业界关注。

惠普首席执行官惠特曼认为，两个业务集团的整合将使惠普公司“在全球的市场战略、品牌、供应链和客户支持方面”形成协同效应，降低成本，进而提升其在行业中的竞争实力。

分析人士认为，两个部门合并波及全球各个市场，牵扯到业务流程及各国、各地区市场策略和渠道政策的变化，是一个相当大的系统工程，其中难免出现内部的损耗，伤害渠道商的积极性。

也许是为了安抚中国渠道商，惠普对中国市场进行了如下表态：两大业务部门合并后，惠普将继续专注个人电脑业务，加大对中国市场的投入，保持渠道不变，强化增值产品，为客户创造更大的价值。

资料来源：侯雪莲：《惠普押宝：去硬件化转型》，网易，http：//tech.163.com/12/0331/10/7TTSM7IO000915BD.html，2012-03-31。

5.2.2 跨国公司组织设计需要考虑的因素

与普通企业相比，跨国公司在构建组织结构时需要考虑更多的影响因素，这些影响因素包括业务特征、经验和习惯、管理技术、企业国际化战略、文化差异及企业内控制度。

1. 业务特征

业务特征，特别是主营业务特征是影响跨国公司组织设计的一个重要因素。其原因首先在于实施多元化战略的跨国公司越来越少，更多的跨国公司将资源集中于优势业务以保持竞争力，在这个过程中跨国公司必然调整组织结构以适应对特定业务的管理。

2. 经验和习惯

当然，并不是每一个跨国公司在业务变化时均要考虑改变组织结构，任何组织结构的变迁均要面对来自原有结构的巨大压力。这种压力不仅仅是变化过程中的阻力，更在于公司成员对新的组织结构的适应能力，而这一能力与其经验和习惯密切相关。

与拘于一国的企业相比，国际企业面临多元市场、多元文化、多元产品线的挑战，设置组织结构是应对这种挑战的一个重要步骤，经验丰富的企业会根据不同的情况对组织结构进行调整，相反初次面对国际市场的企业则强硬地推行企业认定的结构模式。实际上，对于初次接触国际业务的企业，熟悉通关、结汇等基本的国际业务操作将花费企业大量的时间和精力，相对简化的组织结构能够适应企业的要求。当企业国际业务逐渐增多，新引入的国际管理人才也与企业融为一体时，企业可以尝试选择一些复杂的国际组织结构。

3. 管理技术

现代信息技术的发展推进了管理技术的进步，各类功能更加完善、界面更加友好的管理工具的开发使得跨国公司的决策者更容易了解各类内外部信息，从而有助于减少决策层次，优化组织结构。

4. 企业国际化战略

企业国际化过程中会根据对环境的判断确定一个阶段的战略目标，当这个目标涉及企业国际业务拓展时，企业组织结构的变化往往是国际化战略规划中的一部分。一般而言，对于在国际市场进行产品推广的企业，产品分部可能是不错的选择。对于拓展新市场的国际企业，地区分部可以及时掌握市场信息并作出相应对策，是企业的可行选择。特别是对于战略中有成本优先意图的企业，在发展中国家建立生产线可能是企业的一个选择，由于发展中国家市场发育不完善，管理成本的比重可能上升，地区分部可以实现实时监控，有利于企业战略的实现。

全球观察5—3

索尼对组织结构进行整合

业务组织过于庞大，是索尼难以在产业变革期间抓住机会的重要原因之一。2012年开始索尼进行组织结构变革，以其电子业务为例，索尼改变过去以个人消费市场和企业级市场来划分业务集团的方式，以组织的核心技术为基础，重新确定了事业部以及更扁平的组织结构。比如数码影像的业务过去分散在消费及产品服务集团和专业及部件解决方案集团，在新的组织结构下将被整合在一起。

资料来源：《索尼的止痛剂：新组织结构下的整合》，凤凰网，http://gz.ifeng.com/dichanmingren/jiadianshichang/detail_2013_06/26/935051_0.shtml，2013-06-26。

5. 文化差异

不同的文化下，企业的领导方式不同，集权和分权的理念不同，管理者和被管理者的行为和观念必然与组织结构之间产生相互影响。与一般企业相比，跨国企业内往往多文化并存，这对其组织结构的适应性提出了更高的要求。

6. 企业内控制度

企业的内控制度往往受到包括文化、传统等各类因素的影响，并成为企业文化的一个重要组成部分而很难在短期内予以改变。跨国公司在构建组织结构时需要充分考虑已有的内控制度，降低由此带来的交易费用。

5.3 跨国公司组织控制与协调

5.3.1 跨国公司中的集权和分权

跨国公司的集权是指决策权力和行动决定完全由公司总部决策机构甚至少部分人决定。与之相对应，分权是指决策权力和行动决定不是集中，而是分散在组织内部。

跨国公司所构建的组织结构，从其根本目标上看是通过协调组织各部门及各类行动，实现企业的战略目标。那么在这一过程中，在直觉上我们就可以了解到，在没有引入企业面临的战略环境时，无法判断集权或分权的优劣。实际上，企业面临的战略环境是在不断变化的，企业却不可能据此就随心所欲地变更组织结构，否则将意味着企业难以承担的巨大交易成本。所以尽管存在各种各样的组织结构柔性化变革，其根本仍然是在特定的跨国公司战略、业务特征、组织经验、管理技术、文化法律等背景下所进行的集权和分权的权衡。

以日本家电企业为例，2014 年 9 月 17 日，日本家电和消费电子巨头索尼公司宣布预计 2014 年公司将亏损 2 000 亿日元，连续 6 年亏损后第一次停止分红，索尼组织结构僵硬、过于集权以至于难以适应新战略环境无疑是重要原因之一。

5.3.2 跨国公司组织控制与协调的方式

1. 母国总部和东道国分部之间明确分工

通常来看，总部在战略制定上更具优势，所以应该将注意力集中于战略制定、竞争策略，这要求总部具备极强的信息收集分析能力、计划执行能力及专业技术储备，从而对总部职能部门提出了更高要求；而东道国分部在地区响应上显然更有发言权，所以在地区市场决策上应该拥有更多权利。

2. 建立恰当的业绩评价体系

应建立一套综合的业绩评价体系，避免使用单一评价指标。例如，在信息系统的支持下，可以以计划执行、市场、利润、生产、物流等为一级指标，各指标又可以包括诸多二级指标，从而形成指标体系，并根据跨国公司战略变化，定期变更指标组成及权重。

3. 规范化公司政策，必要时建立规范化手册

跨国公司总部的政策，包括战略目标、实施路径、业务规范、信息收集、分部信息上报等内容，均应予以规划化表述。在进入新市场时，为了保证总部政策的贯彻，可以以手册的形式实现规范化。

4. 恰当地鼓励非战略业务管理团队

长期管理跨国公司战略业务单元的分部团队往往获得更多的权力分配，这带来一个可能的结果，即容易忽视其他团队的利益和要求，这将降低这些团队的积极性及对公司的归属感，并最终导致分部管理效率下降，所以恰当地鼓励非战略业务团队同样是组织控制的重要内容。

5. 构建制度化水平协调体系

可以建立专职的水平协调团队，设立专职协调人，用以协调职能部门之间、各区域分部之间的利益关系。

6. 改进或变革公司组织结构

当跨国公司面临重大战略调整时，已有的组织结构可能将不适应新战略下的组织控制和协调，这时就需要对组织结构进行必要的改进甚至变革。当然，更宽泛地讲，市场环境、供需状况、国际政治等外部因素的变化均能够带来战略环境的改变，从而推进跨国公司变革战略。

5.4　延伸阅读：网络组织与跨国公司

网络组织是区别于层级组织的一种组织形式。就企业而言，网络组织中作为节点的各公司之间并不存在明显的阶层关系，节点之间依靠财务、投资、业务等活动相互联系，并形成企业网络。由于不同的网络结构下，节点（企业）行为将受到不同的影响，企业可以据此实施诸如供应链管理、战略业务单元调整等决策，从而形成区别于传统企业管理的新管理模式。

网络组织是经济全球化和现代产业分工的产物。由于制造环节、生产服务环节的分工更为细密，使得更多产业市场的进入门槛变低，随着大量中小企业的进入，市场变化更为复杂，合作伙伴的选择、甄选乃至监管也变得更为困难，而网络组织就是适应这种现象的一种管理模式。就跨国公司而言，面临的竞争要远超普通企业，网络组织结构也成为跨国公司经常采用的一种组织模式。

5.4.1　跨国公司内部组织结构的网络化

过去20余年中，大部分跨国公司的组织结构事实上都有部分网络化的特征，例如英特尔在芯片生产方面实施内部市场化，晶圆厂的订单需要众多封装厂（同为英特尔下属企业）竞标，封装厂之间也常常分享订单，各生产企业之间没有直接隶属关系，更多依靠内部市场化的交易维持彼此的联系，由此衍生出网络结构。这种做法的优点是生产企业对市场环境足够敏感，同时通过竞争促进了创新；缺点也非常明显，容易形成较高内耗。

与传统组织结构相比，网络组织并没有一种固定的形式。实际上，大部分跨国公司的组织结构是较为稳定的传统结构，网络结构往往是跨国公司在适应全球化过程中进行的适应性改变。例如，由于项目（采用矩阵组织结构）而相互认识的采购经理在项目结束后，仍然长期保持联系以互通信息。当然，这种基于知识（或信息）网络的企业内非正式组织并不仅仅存在于采购经理之间，在跨国公司各层级管理者面前，跨国公司的全球布局是其实现业务增值的有效资源，经理们利用知识网络、关系网络等非正式组织使用更低成本的原料供给、更有效的销售渠道、更及时的零部件供应，从而以网络组织的形式在提升其业务绩效的同时，实现跨国公司决策效率的改进。

以非正式组织形式存在的网络组织尽管对提升跨国公司管理绩效具有积极帮助，但这并不是说网络组织的这种形式是最具效率的，非正式组织的自发性必然意味着资源不能最有效地利用。以飞利浦中国为例，正是由于各事业部之间不能有效地利用采购及营销渠道，才会实施组织结构的改革，将采购和营销集中于总部的职能部门，统一管理以提升资源使用效率。所以，就目前来看，跨国公司内的网络组织仍然是其正式组织结构的一个补充。

5.4.2 全球商业网络与跨国公司组织设计

第二次世界大战后迅猛发展的全球投资与贸易行为推进了全球商业网络的形成，这种网络以跨国公司业务为基础，并以长期交易中形成的信用关系为纽带，以业务分解与实现为目标，对推进经济的全球化正在发挥越来越重要的作用。就跨国公司的组织结构设计而言，其作用可以体现在以下几个方面。

第一，全球商业网络的地域特征对跨国公司组织中决策机关的选址构成重要影响。全球商业网络中，对业务的分解（以模块化的形式）往往集中于商业信息更为密集并且生产性服务业更为发达的地区①，就跨国公司而言，这意味着具有丰富业务分解经验的管理者、更为多样化的技术以及更为专业的投资者，所以为了降低跨国经营的成本，跨国公司的总部一般设在最具代表性的该类地区，例如纽约、伦敦、东京。而同样以此为标准，管理地区业务的跨国公司的次一级决策中心将设在全球商业网络的地区中心。②

第二，全球商业网络的结构对跨国公司组织的集权分权有重要影响。与传统的区域市场相同，全球商业网络中不同区域的市场容量同样具有极大差异。但是与传统区域市场划分不同，全球商业网络中区域划分不是以国别或行政区划为标准的。商业网络的形成往往有其历史原因，例如亚洲的华人商业网络的形成就有政治、文化等多方面的因素，其网络中心节点在很长时间内都是在地位最为特殊的香港，所以亚洲华人市场的中心就是香港，但是在香港回归以后，由于中国各区域经济快速发展，区域商业网络结构发生重大变化，亚洲华人商业网络呈现多中心的变化趋势，不仅是香港，包括上海、北京，甚至成都、重庆等地也有成为区域商业网络中心的趋势。这就意味着，跨国公司在这一区域的子公司在决策权限上的变化，从最

---

① 实际上，这两个条件可以看做一个，原因是商业信息密集和生产性服务业（金融、物流等）发达往往是相辅相成的，但是为了不引起歧义，这里仍然将其分为两个条件。

② 所以，这里也可以看出，是不是一个地区的中心城市要看其是不是地区商业网络的中心，或者是不是地区业务分解分包的中心。

早主要以香港为决策中心，到目前在其他中国城市的分支机构在决策权限上也不断提升，组织结构随着商业网络的变化而发生重要变化。

第三，全球商业网络的业务特征对跨国公司组织的结构具有重要影响。由于要素禀赋的差异，全球商业网络在不同区域的子网络具有不同的业务属性，例如在印度，商业网络就是以软件产业为主要特征的。当然随着区域经济发展的变化，区域经济特征也在变化，20 世纪 90 年代之前中国珠三角地区以服装等轻工业为主要特征，90 年代后电子产业逐渐取代了（至少等同于）轻工业的地位。区域网络的这种特征意味着跨国公司需要按照区域商业网络的业务特征来构建组织框架，以便于更充分地利用全球资源。

5.4.3　全球生产和设计网络中由技术进步诱发的跨国公司组织变革

自 20 世纪 60 年代亚洲经济开始高速发展以来，市场容量的不断扩张导致产业分工越来越细密，在这一过程中如何管理分工是跨国公司需要面对的一个难题。在解决这一问题的过程中，不断有新的技术被引入，并从两个方面促成管理组织上的革新。

其一，新的管理技术的引入促进了组织结构革新。以电子半导体产业为例，正是由于库存管理技术、通信计算技术的进步，以电子制造服务（EMS）为特征的商业模式才能够在竞争中战胜综合性大厂，伟创力、鸿海集团等才能成为产业内举足轻重的跨国企业。更为重要的是 EMS 模式的成功为电子半导体的全球生产和设计网络带来了深刻的革命性变化，价值链中一直处于低利润区的制造环节因此而提升了竞争力，鸿海集团等企业在与苹果等品牌提供商合作时获得了更有利的谈判地位。

其二，产品制造技术的革新引起组织变革。[①] 为了适应 EMS 业务，企业不得不获得更多部件供应商的支持，诸如鸿海等大型企业以股权形式控制了巨大的企业群，这使得每一次最终产品在技术上的变革就会导致企业群的结构发生一次重大变化。当市场发生革命性变化时，依赖于全球生产网络的企业也往往意味着要在组织结构上实施根本性变革。

本章小结

跨国公司的组织结构是在其跨国战略引导下对内外部环境的一种适应性制度安排。与一般企业相比，跨国公司的组织结构要面对管理距离远、管理链条长、文化差异大、市场

① 这里制造技术的革新往往意味着一种带来全新消费者体验的产品出现，即市场发生了根本性变化。值得注意的是，市场的短期波动并不会引起跨国公司的组织变革，其原因在于，在全球生产网络的背景下，跨国公司仅需要调整产品线（或产品分部结构）就可以适应市场短期波动。

差异显著、战略选择更多的多重挑战，选择组织结构要面对更加复杂的因素以及得失取舍。本章介绍了跨国公司通常采用的组织结构，并对其构建原则、影响因素进行了分析。

本章的重点在于全球性组织结构。对于较为落伍的出口部结构和母子公司结构，本章仅做了简要的描述。至于国际（业务）部结构，尽管从全球范围看也已被大多数国际企业放弃，但是由于仍然有不少中国企业采用这种结构，所以也做了较为详细的介绍。对于全球性组织结构，本章分别介绍了全球性职能制组织结构、全球性地区组织结构、全球性产品组织结构、全球性混合组织结构及全球性矩阵组织结构的结构形式、优点和缺点。

那么，对以上组织结构，跨国公司的选择依据是什么呢？本章通过对跨国公司组织结构设计的原则和影响要素的分析对这一问题进行了回答，重点在于跨国公司组织设计的影响因素。

归根结底，跨国公司组织管理的目的在于控制和协调，这不仅在于组织结构的构建，还包括在集权与分权上的权衡以及具体的控制协调方式的设计，这构成本章 5.3 节介绍的内容。

最后，本章还对网络组织对跨国公司的影响进行了简要介绍。

本章主要概念

组织结构（organization structure）
国际（业务）部组织结构（international division structure）
全球性职能制组织结构（global functional structure）
全球性地区组织结构（global regional structure）
全球性产品组织结构（global product structure）
全球性混合组织结构（global mixing type structure）
全球性矩阵组织结构（global matrix form structure）
组织控制（organizational control）
集权和分权（centralization and decentralization）
跨国网络组织（transnational network structure）

思考题

1. 简述跨国公司设计组织结构时面临的难题。
2. 简述跨国公司组织结构的设计原则。
3. 简述跨国公司组织结构设计需要考虑的因素。
4. 比较国际（业务）部与全球性组织结构。
5. 结合实际比较全球性地区组织结构和全球性产品组织结构。
6. 结合实际评价全球性矩阵组织结构。
7. 简述跨国公司控制与协调的方式。
8. 结合实际阐述跨国公司中的网络组织。

9. 简述全球商业网络对跨国公司组织结构设计的影响。
10. 试阐述技术进步对跨国公司组织结构的影响。

开篇案例讨论

1. 请从集权与分权角度分析鸿海精密的组织结构变化。
2. 鸿海精密组织结构变革的特点是什么?
3. 试评论导致鸿海精密组织结构变革的因素有哪些。

推荐读物及网站

论文

1. 刘婷. 服务业跨国公司网络组织:基于海外机构的网络嵌入. 上海:复旦大学博士学位论文,2006.

2. 崔淼,欧阳桃花,徐志. 基于资源演化的跨国公司在华合资企业控制权的动态配置——科隆公司的案例研究. 管理世界,2013(6).

3. 易加斌. 跨国公司母子公司知识冲突、沟通与知识转移绩效关系研究. 成都:西南交通大学博士学位论文,2012.

4. 关涛,薛求知. 中国本土跨国企业组织结构优化设计框架. 科学学研究,2012(6).

5. 关涛,薛求知. 跨国公司"结构追随战略"研究脉络梳理与基于知识基础论的框架重构. 外国经济与管理,2012(2).

6. 赵立斌. 跨国公司中母公司分散控制权的动因分析. 对外经贸,2013(1).

7. 费显政. 组织与环境的关系——不同学派述评与比较. 国外社会科学,2006(3).

8. I. J. Alexander Dyck and Karen Hopper Wruck. Organization Structure, Contract Design and Government Ownership: A Clinical Analysis of German Privatization. *Journal of Corporate Finance*, 1998, 4(3), pp. 265-299.

9. Avner Ben-Ner. Preferences and Organization Structure: Toward Behavioral Economics Micro-foundations of Organizational Analysis. *The Journal of Socio-Economics*, 2013(46), pp. 87-96.

10. Jerald Hage, Michael Aiken and Cora Bagley Marrett. Organization Structure and Communications. *American Sociological Review*, 1971, 36(5), pp. 860-871.

著作

1. [美] 艾尔弗雷德·D·钱德勒. 战略与结构——美国工商企业成长的若干篇章. 昆明:云南人民出版社,2002.

2. [美] 理查德·L·达夫特. 组织理论与设计精要. 北京:机械工业出版社,2008.

3. [美] 弗雷德·卢森斯,乔纳森·P·多. 国际企业管理——文化、战略与行为(第七版). 北京:机械工业出版社,2010.

4. ［美］克里斯托弗·巴特利特等．跨国管理：教程、案例和阅读材料（第5版）．大连：东北财经大学出版社，2010.

5. 郭伟，徐翔主编．跨国公司经营管理案例：世界500强企业的成功之道．上海：复旦大学出版社，2012.

6. D. Naidler，M. Gerstein and R. Shaw. *Organization Architecture*. San Francisco：Jossey-Bass，1992.

网站

1. http：//intl. ce. cn
2. http：//ciimc. mofcom. gov. cn
3. http：//mnc. china. com. cn
4. http：//cts. nankai. edu. cn/index. asp
5. http：//www. caitec. org. cn/cn/xsyj/ktzy. html

第 6 章

跨国公司营销管理

本章学习目标

1. 掌握国际市场细分和定位的概念和方法
2. 理解和掌握国际市场产品决策的方法
3. 理解和掌握国际市场价格决策的方法
4. 理解和掌握国际市场渠道决策的方法
5. 理解和掌握国际市场促销决策的方法

开篇案例　“思维全球化，行动当地化”——可口可乐的全球营销思路

为了更好地开拓海外市场，可口可乐推行“思维全球化，行动当地化”（think global, act local）的理念，在奉行全球化策略的前提下，根据当地市场的需要，在营销策略上做出适应性的变动。

可口可乐根据不同的市场采取不同的营销方式，入乡随俗，将全球化与本土化相结合。在欧洲市场上，可口可乐公司努力使可口可乐在德国成为德国人喜爱的饮料，在法国成为法国人喜爱的饮料。在可口可乐进入英国市场时，考虑到在美国，可口可乐是典型的美国软饮料，与自由、解放和“美国梦”之间形成了强烈的品牌联想，这一市场定位显然不符合保守的英国消费者的口味，因此，可口可乐在英国市场上的品牌个性更多地体现为生活愉快、爱情幸福，而不刻意强调其美国血统。在一般情况下，欧洲人通常不认为可口可乐是美国货，而将它视为本国文化和生活环境的一部分。

可口可乐本土化策略的核心是 2L3O，即长期（long term）、本土化（local）、信心（optimism）、机会（opportunity）和公民责任（obligation）。以这些理念为基础，可口可乐的本土化策略获得了极大的成功。但是，可口可乐并没有死守这些原则不放，又在全球第一个提

出了“思维全球化，行动当地化”的本土化思想，其要点是应本土的需要做出相关的决定。可口可乐公司的230多个品牌中，绝大多数是区域性品牌。可口可乐印度分公司推出了具有本地特色的冰茶、冰咖啡、牛奶、矿泉水和一系列果汁饮品，以丰富当地市场。

在本土化过程中，全球各公司的行动也并非完全独立，各分公司之间也可资源共享。可口可乐在美国、德国和日本设立了研发中心，进行新产品的研发，开发成功的产品世界各地可以相互引进，并根据当地市场需求进行调整，可口可乐公司称其为“本土品牌国际化”。

可口可乐公司于1979年正式进入中国市场，在中国成立了合资公司，即可口可乐（中国）有限公司。可口可乐作为一家全球性的跨国公司，在中国的成功也归功于其全球营销策略下的中国本土化策略，“思维全球化，行动当地化”的理念精髓贯穿于可口可乐在中国制定的几乎所有营销策略中。

可口可乐公司根据中国消费者的不同喜好，开发各种产品系列，几乎涵盖所有的细分市场。可口可乐采取多品牌战略，以可口可乐这一强势产品为核心，以雪碧、芬达、健怡可乐、酷儿、美汁源等其他品牌为补充，形成了一个覆盖市场广泛完整的产品系列。为了更好地宣传和巩固可口可乐公司品牌，其全部本土品牌包装和广告中，都清晰标注“可口可乐公司荣誉出品”或“与可口可乐公司荣誉合作”的字样。这一市场策略保证了主品牌和附属品牌合理的生存空间，通过清晰的品牌定位提升了公司整体效益。可口可乐的中文译名亦符合中国传统审美文化，贴合大众心理。在可口可乐公司，每一个中文译名必须结合中国特有的文化及语言环境，经过反复推敲和深思熟虑，最终选择最恰当的。泥娃娃“阿福”、中国传统文化十二生肖的易拉罐包装、庆祝北京申奥成功的“金罐”可口可乐、华人新生代偶像的形象代言人、牵手联想等国产品牌联袂开拓市场等，这些活动和策略无一例外都展现了可口可乐对中国市场的侧重。可口可乐还在中国开展一系列公关活动，从体育、教育、文娱、环保到树立自己良好积极的企业形象，以提升自己的知名度与美誉度，如赞助足球赛事、赞助奥运会、资助希望小学、义演等，并通过不断增资扩产，积极促进当地就业。

可口可乐在推进其本土化策略的同时，并没有背离其全球营销策略。公司突破原有的国度、区域限制，根据其产品特点，充分细分全球市场，依据产品固有优势最大化的原则，以全球的消费者为目标客户，实施统一的全球营销策略，在全球市场上保证一致的形象、一致的宣传和一致的定位。

资料来源：根据相关文献编写。

6.1 国际市场细分与定位

6.1.1 国际市场细分与目标市场选择

国际市场细分（international market segmentation）是市场细分概念在国际市场营销中的运用，它是指企业按照一定的细分标准，把整个国际市场划分为若干个需求不同的子市场，其中任何一个子市场中的消费者都具有相同或相似的需求特征。细分的结果使得各个子市场彼此之间表现出完全不同的需求，而每个子市场内部则对企业的营销策略呈现出相似的需求和反应。企业可以在这些子市场中选择一个或多个作为其国际目标市场。

相比国内市场，国际市场的购买者更多，分布范围更广，企业由于自身实力的限制，往往难以满足全球范围内顾客的需要。为此，就更加需要对国际市场按照一定的标准进行划分，从中选择目标市场。

1. 国际市场细分的标准

国际市场细分可以采用不同的标准，标准不同，细分的结果也就不同。国际市场细分以国际顾客特征为基础，并以顾客对商品和服务的不同需求为出发点。影响国际市场细分的因素包括如下几个。

（1）人口因素。人口统计变量是常用的细分变量，包括年龄、性别、人口规模、收入水平、受教育程度、职业、宗教、种族和国籍等。与其他变量相比，人口变量更易于测量、容易获得，并且可以用来描述每个细分市场的人口特征。例如按照年龄可细分为婴幼儿市场、儿童市场、青少年市场、中青年市场和银发市场等。在市场细分阶段，对人口变量的把握和了解是必要的，即便不用作细分变量，人口因素也经常用来描述和评估细分市场。

（2）心理因素。心理因素包括社会阶层、生活方式、个性特点、态度、信念和价值观等，以此作为标准进行的市场细分称为心理细分。传统的按人口因素标准进行的市场细分往往不能满足企业的营销战略要求，企业还需要了解消费者的心理需求。譬如，人们购买商品的行为往往反映了一个人所选择的生活方式，因此，企业也会将生活方式作为一个细分标准。

（3）行为因素。行为因素是指人们购买和使用产品或服务的情况，如购买或使用时间、购买或使用数量、购买或使用频率、对品牌的忠诚度等。企业80%的收益往往来自20%的顾客，因此，企业需要分析目标顾客和顾客购买行为因素，有效制定相应的营销策略。行为细分能够更直接地反映顾客的需求差异，许多企业也因此将其作为市场细分的最佳起点。

全球观察 6—1

百威啤酒的行为细分

百威啤酒对啤酒市场进行细分时，首先根据消费者是否饮用啤酒将市场划分为饮用者和非饮用者。随后又对饮用者进行细分，根据消费频率和数量将饮用者市场细分为重度饮用者、中度饮用者和轻度饮用者等，并计算出每个细分市场的比例和规模，发现公司近80%的收入来自16%的重度饮用者。之后又对每一个细分市场的消费和购买行为、媒体消费习惯进行研究，以制定最行之有效的营销策略。百威啤酒所进行的市场细分即为行为细分。

资料来源：W. J. Keegan and M. C. Green, *Global Marketing*, 7th Edition, New Jersey: Prentice Hall International, 2012.

（4）利益因素。根据顾客所关注的产品利益，即某项产品能够帮助顾客解决什么问题、带来哪些好处等，也可以细分市场。牙膏企业经常将利益因素作为细分标准，例如防蛀、美白、口气清新、经济型等，就是牙膏市场上不同的利益需求，企业以此进行的市场细分即为利益细分。

（5）种族因素。国际市场细分需要考虑种族因素。很多国家都是由相当数量的种族群构成的，比如在美国，亚裔、非洲裔和西班牙裔构成了三个最大规模的种族群。不同的文化习俗和生活习惯使得不同种族之间的消费行为和需求出现极大差异。按照种族因素进行市场细分是比较便捷的方法，针对不同种族顾客的需求提供不同的营销服务，这对于诸如食品企业、娱乐业和金融服务业等文化浸透较深的行业尤其如此。

2. 国际市场细分的要求

市场细分的标准和方法很多，但对企业而言，市场细分并非越细越好，也并非所有细分都有意义。有效的市场细分必须遵循以下要求：

（1）可衡量性。所谓可衡量性，是指细分后形成的市场，其规模及购买力必须能够衡量，否则某些特性就不能成为细分市场的依据。例如，以消费者的心理变量细分市场，就有可能出现不易衡量的情况。事实上，有许多消费者特性是不容易衡量的。比如用生活方式作为细分标准，就很难确定一国中究竟有多少人属于某一种生活方式。当然，这不意味着心理因素作为细分标准就不适用，在不同的条件下数据可能会呈现不同的结果，有些环境下运用心理细分则会取得非常好的效果。

（2）可进入性。所谓可进入性，是指企业的人力、物力及营销组合因素必须足以达到和占领所选择的细分市场。对于不能进入或难以进入的市场进行细分是没有任何意义的。如果进入细分市场存在很高的门槛，或者是消费者不能有效地了解产品的特点，不能在一定的销售渠道购买到这些产品，则说明企业不能达到该细分市场，应该放弃。

（3）可盈利性。细分后所形成的市场规模必须足以使企业有利可图，并具备一定的发展潜力。因为每进行一次市场细分就需要推行一套独立的营销组合方案，要付出相当高的成本代价。只有足够大的市场与发展潜力，才值得企业这样去做。反之，若市场十分狭窄，或者潜在消费者很少，就没有意义。

（4）可实施性。即企业能够有效地吸引并服务子市场的可行程度。如果企业资源有限，缺乏必需的技术与营销力量，不能为每个子市场制定切实可行的营销策略，该市场细分就没有意义。

（5）可辨认性。各个细分市场之间要在概念上容易区分，并对不同市场营销组合的反应有所差异。如果两个细分市场对同一策略表现出相似的反应，则它们就应该合并为一个细分市场。

（6）相对稳定性。企业的营销策略需要在一定时间内推行，因此要求细分市场保持相对的稳定。如果细分市场变动过快，经常发生裂变和重组，则对于企业来说重新组织生产和营销的成本过高。

6.1.2　国际目标市场选择

市场细分完成了对市场的划分，揭示了企业可能面临的市场机会，企业还需对各个细分市场进行评估，并根据评估结果选择要进入的细分市场及其针对的策略，即国际目标市场选择。

1. 评估国际目标市场

(1) 有足够的规模和市场发展潜力。现有的细分市场规模是否大到足够公司盈利？如果目前还没有这样的规模，那么是否在未来存在发展潜力并契合公司的长期目标？

(2) 竞争对手尚未完全控制。现有细分市场内有多少竞争对手？它们的实力如何？竞争是坚固而激烈的，还是容易打破的？是属于价格竞争还是属于其他形式的竞争？

(3) 与企业资源能力、总体目标和形象兼容。未来将要进入的细分市场是否契合企业原有的战略目标？与企业形象是否相符？是否可以利用企业已经拥有的具有竞争优势的资源？企业自身的目标、资源和能力也是需要考虑的重要因素，即使某些细分市场具有很强的吸引力，但如果企业缺乏与之相应的竞争实力，或者与企业的总体目标相背离，就不应该进入这些细分市场。

2. 国际目标市场策略

(1) 标准化全球营销策略。标准化全球营销策略实质上是一种大市场营销策略，它不做市场细分，目标是整个全球市场。具体来说，实施该策略的企业以整个全球市场作为目标市场，只设计一种市场营销组合来吸引尽可能多的购买者。标准化全球营销策略对产品设计几乎不做任何改动，通过加强铺货和渠道供应的密度和强度，使得产品随处可得。该策略适用于有广泛需求、大量生产、大量销售的产品。例如，可口可乐在全球市场采用的就是这样的营销策略。在 20 世纪 60 年代以前，可口可乐以单一的口味、单一的瓶装、统一的广告，长期占领世界软饮料市场。

该策略的最大优势就是成本较低。无须市场细分，省去了市场调研、产品研发的费用；大批量的生产、存储和运输，可以有效降低单位产品的生产和分销成本；标准化的广告宣传和促销活动，降低了产品的沟通成本。

然而，该策略的缺陷则是不能满足国际消费者的差异化需求。

(2) 差异化全球营销策略。差异化全球营销策略将全球市场划分为若干个细分市场，从中选择两个或更多市场作为目标市场，并分别为每个选定的细分市场提供不同的市场营销组合，以满足各个细分市场的不同需求。该策略适用于资金和服务能力较强的企业，例如宝洁公司在全球市场上采取的就是差异化营销策略。

该策略的优势是能够满足不同国际市场的需求和偏好，实现大面积市场覆盖，从而扩大总体销售。

该策略的劣势主要表现在成本方面。产品、渠道、沟通方式的多样化，市场调研和产品开发的多样化，要求企业投入更多的资金和资源，生产成本和销售费用大幅上升。

(3) 集中全球营销策略。集中全球营销策略只针对全球较小的细分市场，将资源集中在一个或几个有限的细分市场上向纵深发展，追求在较小的细分市场中占有较大的市场份额。因此，与前述两种策略相反，集中全球市场营销策略侧重在某个市场的深度发展，而不是广度。该策略适用于资源有限的小企业。

该策略的主要优势是针对性和专业性强。通过在有限的细分市场上集中资源，能够更深入地了解目标市场的需求，同时费用也能够得到控制。

该策略的最大缺陷是高风险。目标市场本身就很小，一旦形势发生变化，该市场有可能不复存在，企业会即刻陷入困境。

6.1.3 国际市场定位

国际市场定位，是指企业根据国际市场竞争状况和自身资源条件，建立和发展差异化竞争优势并将其传达出去，从而使企业及其产品在目标顾客心目中获得一个相对于竞争对手的适当位置。

全球观察 6—2

跨国公司在国际市场上的精准定位

面对国际市场的激烈竞争，跨国公司总是能够找到市场中自己合适的位置，例如宝洁公司的海飞丝洗发水在全球市场均定位于“去除头屑”，飘柔洗发水则定位于“飘逸柔顺”，这属于利益定位。奔驰汽车在全球市场定位于高收入阶层。丰田公司采用“高质同价”的价值方案推出雷克萨斯系列汽车，保证高品质和相对较低的价格，目标是在全球市场上与奔驰汽车争夺市场份额。在国际租车市场，安飞士(Avis) 排行第二，排在第一位的是赫兹 (Hertz)，而安飞士的广告语是“我们第二，但我们做得更好!”借此实现与竞争对手的关联定位。

资料来源：根据相关文献编写。

1. 国际市场定位的种类

(1) 属性/利益定位。根据产品属性及其能够给消费者带来的特定利益进行定位。这种产品属性其实就是消费者希望从产品中寻求的利益。

(2) 质量/价格定位。企业根据消费者的期望利益和竞争对手的策略，确定自己的整体定位策略，在质量和价格方面优于竞争者。

(3) 使用者定位。根据使用者的性别、年龄、收入、社会阶层等进行定位。

(4) 竞争定位。根据竞争者所处的市场地位进行定位。通过与已占有牢固市场地位的竞争者发生关联，建立与之相反或可比的定位概念。

2. 全球、外国与当地消费者文化定位

国际市场营销中的市场定位需要更多地考虑消费者文化因素，而消费者文化定位又有如下划分。

(1) 全球消费者文化定位。全球消费者文化定位将品牌视作在全球范围内代表某种文化的标志和象征。例如，贝纳通集团（United Colors of Benetton）采取的就是全球消费者文化定位，其品牌名称亦暗示实现全人类的联合（the unity of humankind）。不论种族、肤色、国家，只要消费者的需求和偏好相同，就成为一个全球细分市场。而贝纳通正是服务于这样一个全球细分市场，在它的广告里经常可以看到各种肤色的儿童和年轻人相聚在一起、开怀大笑的画面。

（2）外国消费者文化定位。外国消费者文化定位是将品牌的使用者、使用场合甚至产品的原产地，均与外国文化相关联。例如，某些产品命名一个听上去更像是外国产品的名字，或者是设计一个更像是外国产品的标识或包装。哈根达斯冰淇淋采取的就是这一策略。

全球观察 6—3

哈根达斯的外国消费者文化定位

哈根达斯（Hägen-Dazs）这一地道的美国品牌却给自己起了一个听上去像是来自斯堪的纳维亚国家的名字，很多美国人也感觉它是一个外国品牌，即认为这是一款来自北欧的冰淇淋。在美国有很多欧洲移民，他们眷恋欧洲文化，对欧洲原产地的产品情有独钟。北欧的品牌通常也给人留下高品质和具有设计感的印象，因此一个听上去像是来自北欧的品牌吸引了大批美国当地的消费者。

资料来源：W. J. Keegan and M. C. Green，*Global Marketing*，7th Edition，New Jersey：Prentice Hall International，2012.

（3）当地消费者文化定位。当地消费者文化定位将品牌与当地文化紧密联结，使消费者很容易识别其当地品牌的身份。通常情况下这些品牌的产品在当地生产，并由当地消费者消费，产品类别主要为食品类，个人或家庭耐用消费品等。例如，百威啤酒采取的就是当地消费者文化的定位，在它的广告里出现的强健马匹 Clydesdale 来自美国一个普通小镇，对美国当地人来说极易识别，从而传递出百威啤酒当地化的文化定位。

6.2　产品的质量与适用性

6.2.1　产品的质量

产品或服务首先体现于质量，质量对产品或服务的效能具有直接影响。质量既包括性能质量，也包括市场感知的质量。

1. 性能质量

性能质量（performance quality）是产品或服务所提供的最基本的效用，用以满足顾客最基础的需求，如产品的耐用性、可靠性、精密度等。面对竞争市场中的多种选择，大多数顾客都期待获得理所应当的性能质量。如果产品达不到性能质量的标准，自然会被市场淘汰。

产品出厂时的性能质量，与经过各个分销环节后到达顾客手中时的性能质量相比，往往发生了变化。许多国际品牌由于生产地远离市场，或者由于市场内的分销体系过于复杂而对产品无法实施有效控制，比如由于分销渠道过长使得最终到达供应链终端的产品变质成为劣质产品。这其中对产品性能质量的维护非常关键。

2. 市场感知的质量

市场感知的质量（market-perceived quality）是顾客在使用产品的过程中所感受到的有关价格、服务、舒适性和方便性等方面的特质。它与顾客满意度直接相关。

如果产品都能达到性能质量标准，那么顾客所选择的产品应该是具有市场感知质量的产品。因此，美国质量管理协会将质量定义为与一种产品或服务满足顾客需要的能力有关的各种特色的总和，它与顾客价值和满意度密切相关。

市场感知的质量同样需要维护。当产品进入不同的市场时，会面对与原产地不同的需求，其中包括顾客品味的变化、习俗的改变和消费习惯的不同。

6.2.2 产品的适应性改动

要想在竞争激烈的国际市场上取得成功，质量成为首要的和至关重要的因素。而对产品采取标准化还是实施适应性的改动，这一决策对质量的维护举足轻重。从国际市场营销的实践来看，一般生产能力强、单位成本低的公司主张产品的标准化；而那些对于营销环境尤其是文化环境较为敏感的公司则倾向于产品因市场而异。

1. 产品标准化

产品标准化，即不对产品做任何改动，在海外和在本国的产品质量保持同一标准。持产品标准化观点的学者认为，经济全球化使得人们的需求变得愈发一致，企业必须学会将世界看做一个大市场并在其中运作，而忽略各个国家和地区在表面上的差异，在世界市场上按相同的方式出售相同的产品，典型的案例当属可口可乐。事实上，世界上的很多企业也都在努力实现以质量、规格同一的标准化产品行销世界各地。实行产品标准化的优点很多，比如可以获得生产的规模效益；可以节约研发费用、市场研究和广告费用；有利于树立统一的产品形象，扩大品牌知名度等。

2. 产品修正化

为适应目标市场消费者的需求特点，产品修正化逐渐成为从事国际营销活动的企业在产品策略上的主导方向。各国消费者对产品的认识和使用与其所在国的各种环境尤其是社会文化状况密切相关，对产品每一层次的不同需求，是随着营销环境的变化而变化的。产品的某一层次在一种营销环境中可能是重要的，而在另一种营销环境下则可能不重要，故而销往国际市场的产品要适应各国营销环境的要求。

对产品进行修正化改进，很可能会削弱企业的规模经济效益，增加成本支出，营销风险也随之增大，但一些因素迫使企业或吸引企业去改变出口产品。这些因素既包括客观的市场条件，也包括文化等软环境因素。

3. 产品强制性适应改进

国外市场的一些强制性因素要求企业对其产品做出适应性改进。由于国际市场需求复杂，环境制约因素多变，企业试图以统一的产品来满足国际市场上所有顾客的需要，往往是做不到的。为了满足新市场物质的或强制性的要求（physical or mandatory requirements)，产品有可能在许多方面进行改动。这包括外部包装乃至核心产品的重新设计。影响产品调整的强制性因素很多，使用条件的变化、经济水平的差异、政策法规的不同甚至气候的变化都会要求产品进行强制性的适应改变。

6.2.3 文化适应性

必须看到，与经济全球化并存的现象是，各国之间文化的差异日益凸显。人们表面的生活方式越趋于一致，人们对内心深处的价值观——宗教、语言、艺术等的执著却越坚定，人们更加重视其自身内部孕育已久的传统习惯。文化的差异根深蒂固，这对许多外来企业和产品来说，必须予以重视，以适应当地的文化倾向。

1. 产品与文化

产品从其本质上说，是购买者所获得的一系列满足或效用。产品本身包括诸多方面，如形状、颜色、口感、气味、质地、使用性能、包装、标签、保证书、制造商和中间商提供的服务、品牌所提供的信心和声望以及制造商的声誉等。市场不仅涉及产品的物质形态和基本功能，这些物质特性之外的内容也会涉及，而且主要是由文化中的价值观和习俗决定的，后者常被称为产品的心理特性。从一种文化进入另一种文化时，产品的物质特性所做的改变很小，相对重要的是心理特性的改变。产品是其提供给使用者的物质和心理满足的总和。而后者的意义和价值随着文化的不同而各异，文化决定着个人对产品的看法和满意度。

全球观察 6—4

文化对产品认知的影响

文化是影响消费者对产品的认知以及购买行为的重要因素。处于不同文化环境中的消费者，对产品的需求差异主要体现在价值观、道德规范、行为准则、宗教信仰、消费偏好以及使用模式等方面。国际目标市场的消费者是否接受新产品和新的行为方式，其主要障碍既非收入水平，也非自然环境的差异，而主要在于产品所面对的目标市场的文化模式。将一种产品投放到并不需要该物品甚至禁忌该物品的文化环境中，无论该产品如何价廉物美，品牌知名度如何高，也无法赢得消费者的青睐。譬如，穆斯林是禁止饮酒的，那么无论是法国的葡萄酒，还是苏格兰的威士忌，投放到伊斯兰国家都是徒劳无益的。

资料来源：根据相关文献编写。

2. 文化差异与产品的非强制性改进

文化不属于物质或强制性的要求，但是企业为了提高在国际市场上的竞争力，适应目标市场的非强制性影响因素，需要主动对产品做出改进。非强制性改进产品对企业更有吸引力，但其改进难度也更大。促使企业改进产品的非强制性因素弹性太大，不可能也不会有现成的指导原则，而企业产品对目标市场的适应性，关键又在于根据非强制性因素做出的相应改变。可见，根据非强制性因素的要求改进产品是企业从事国际市场营销成败的关键。

要使企业销售的产品适应国际目标市场需求，应考虑目标市场消费者的习惯、生活方式、消费价值导向等方面。产品需要改进的程度取决于原市场和新市场在产品使用和产品概念方面的文化差异，两个市场的文化差异越大，需要改进的程度就越大。如果企业将一种文化背景下的畅销产品销售到另一种文化背景中去，需要改变该种文化背景中消费者的某些价值观、生活方式、消费习惯，那就必须注意克服阻碍改变的阻力。

6.2.4 全球品牌与产品决策

一个成功的品牌是公司最有价值的资产。可口可乐、麦当劳、丰田和万宝路的品牌价值显然是无可争议的。品牌形象是企业识别和企业战略的核心。品牌不是一个简单的名称或标记，而是代表着一种档次、一种潮流。品牌的一半是文化，只有赋予品牌一定的文化内涵，才能提升品牌的价值，建立长久的竞争优势。

1. 全球品牌

全球品牌（global brand）是指在全世界范围内使用某个名称、术语、符号、设计或以上这些的组合，旨在标识某一卖主的商品或服务，使它们与竞争对手区别开来。

全球品牌的名称相同、设计相同、创新战略相同，尤其是使用同样的定位或营销方式。在品牌定位方面，如果该品牌在本土被定位为某种形象，那么它在全世界都会持有与之类似的定位。全球品牌使公司在全世界拥有一个统一的形象，在推出与此品牌有关的产品时可以提高效率、节约成本。

然而，全球品牌战略并不是要求必须提供本质上完全一样的产品或要素完全一致的营销方案。全球品牌允许产品在价格、外观、媒介、渠道等方面作适当的调整。事实上，没有一家建立全球品牌的公司会将自己局限于绝对的产品一致性。与此同时，也并非所有公司都认为单一全球品牌策略是最好的选择。

全球观察 6—5

跨国公司的全球品牌定位

全球品牌意味着，如果某品牌在本土被定位为某种形象，那么它在全世界都会持有与之类似的定位。例如，荷兰的喜力啤酒在全世界人眼中都代表着高质高价；万宝路在全世界都被定位为一种都市品牌，其人物标志粗犷的独立、自由和空间，正是为了迎合都市人的普遍愿望。全球品牌使公司在全世界拥有一个统一的形象，在推出与此品牌有关的产品时可以提高效率、节约成本。但是，没有一家建立全球品牌的公司会将自己局限于绝对的产品一致性。例如，可口可乐和百事可乐在中东都增加了它们饮料的甜度，因为那里的顾客更喜欢甜一些的饮料。与此同时，并非所有公司都认为单一全球品牌策略是最好的选择。除了像麦当劳、可口可乐和李维斯之类在全世界使用统一品牌的公司，如雀巢、玛氏、宝洁和吉列等跨国公司的一些品牌是在全世界销售，而其他的品牌则是针对各个不同国家的。

资料来源：根据相关文献编写。

2. 国际市场品牌策略

(1) 品牌所有者选择策略。企业进入国际市场的产品，可以使用自己的品牌，也可以使用中间商的品牌。企业产品采用制造商的品牌，其好处是可以建立起企业的国际信誉，建立消费者对本企业产品的忠诚，为以后扩大销售打下基础。然而，生产商常常会面临如何迅速打开国际市场的难题，许多知名度不高、实力不雄厚的企业，为使产品能顺利和迅速地进入目标国市场，更倾向于选择使用经销者的商标，西方许多批发商、经销商都使用自己的商标。借助于经销商的商标信誉可迅速使产品打开销路，但却抹杀了企业的功绩，不利于企业在国际市场上的进一步发展。

企业在选择品牌归属时，应衡量生产者品牌和经销商品牌的声誉、费用开支、企业的未来发展以及企业进入国际市场的方式等因素。如果企业以间接出口、直接出口方式进入国际市场，通常面临的选择是采取本企业品牌或者采用经销商品牌；以许可证贸易方式进入国际市场的企业则是由许可方向国外的受许可方提供生产制造技术的使用权、专利的使用权，同时提供其商标的使用权。如果企业采用合资和直接投资方式进入外国市场，其产品的品牌策略则面临以下选择：采用本企业的品牌，采用合作伙伴的品牌，采用合资双方的共同品牌，或根据目标国的法规及消费偏好，合资双方共同设计新的品牌。

(2) 同一产品的国际品牌策略。对于出口到不同国家或地区的同一产品，企业往往面临采用单一的国际品牌还是在不同国家或地区分别采用不同的品牌这两种策略的选择。选择单一的国际品牌的理由是为世界市场创建一种优秀的品牌或商标，要比为各国市场创建品牌容易得多。首先，在所有国家使用同一品牌，可以获得促销的规模经济效益。其次，当今世界信息技术的快速发展、国际互联网在全球的普及、广告媒介的跨国界传播信息，都将促使企业使用单一品牌，以有利于企业产品信息的传递，如许多把奥林匹克运动会作为促销机会的公司，如果没有统一的国际品牌或商标，必将影响其促销效果。最后，由于各国消费者的跨国旅游日趋频繁，采用单一品牌便于消费者认出企业的品牌。

但是采用单一的国际品牌和商标也会遇到许多意想不到的阻力，需要设计者充分考虑到国际市场消费者的消费需求共性，避免与各国的风俗习惯、宗教信仰、禁忌等相冲突。同一产品在不同的国家和地区采用不同的品牌和商标，其目的是迎合目标市场的风俗习惯和消费偏好，以提升品牌和商标的促销效果。

(3) 联合品牌策略。联合品牌是指将两个或两个以上相关公司的品牌联合在一起用于各个营销活动阶段。例如英特尔公司的“Intel inside”活动，将自己公司的品牌标识与使用其芯片的计算机制造商的品牌标识放在一起，无论产品陈列、促销还是广告宣传都能看到两个公司的标识联合使用。采用此策略的还有阿斯巴甜（NutraSweet）和可口可乐之间，以及 Gore-Tex 和一些户外运动品牌之间。

6.2.5 原产地效应

原产地（country of origin）是指品牌最初在哪个国家设计、制造和装配，或称为生产厂商的国籍。品牌原产地影响消费者对品牌的评价，进而影响购买倾向，这种现象即为原产地效应（country of origin effect，COE）。如今，参与全球市场竞争的公司在世界范围内生产产品，因此当消费者了解到原产地时，产品的生产地可能会影响到产品或品牌的形象。从某种意义上说，企业品牌与产品品牌彰显的是一种个性与气质，而原产地效应同样是一种基于消费者感知的、构建于国家概念层面上的产品形象与价值维度。它是消费者对来自特定国家的产品所形成的总体认知，而这种认知是基于消费者曾有的、对该国生产和营销的优劣强弱印象的感受，其最直观、最外显的表现就是"××制造"（made in ××）。生产地、产品类别、公司及其品牌形象都将影响原产地是否会带来积极的反应。

全球观察 6—6

原产地效应影响对产品的感知

消费者由于自身经历、道听途说，会对某些国家的某些产品持有成见，而又对某些国家的某类产品有着笼统而模糊的好感，认为它们是优秀的，如英国茶、法国香水、意大利皮革、瑞士手表、日本电器和中国丝绸。消费者对某个国家或地区的印象会直接拓展到对其产品的感知上。技术含量越高的产品，如果是在欠发达或正在向工业化过渡的国家生产的，那么，人们对其的看法就可能是消极的。在欠发达国家也有一种倾向，即认为进口产品比国产货要好。同时，时尚与产品相对应，一般涉及本身具有时尚特点的产品，如时装、音响、酒类、汽车等，往往与世界上的某些国家和地区联系在一起。在一些消费者眼中，有些国家本身就是时尚的代名词，如法国。在有些国家，一切西洋的产品都成为时尚，哪怕价格比当地品牌高许多倍，也会供不应求。消费者甚至认为，只要使用这些西洋货，就代表自己时尚的品位。以上这些事实上都受到了原产地效应的影响。

资料来源：根据相关文献编写。

6.3 分销渠道及其构建

6.3.1 国际市场分销渠道结构与模式

国际营销活动中，企业通过渠道成员将产品送达进口国市场。国际分销渠道由不同的渠道成员构成，其中部分成员在进口国，部分成员在出口国。无论进口国还是出口国，每个国家的市场都有自己的分销结构，都有各种各样的中间商。

1. 发展中国家的分销结构与模式

受到传统进口导向模式的影响，发展中国家的分销渠道中进口商占据重要的地位，由其控制货源，并向少数高价值顾客销售数量有限的商品。这一市场性质类似卖方市场，由于供不应求，市场渗透和大众分销就没有必要。在进口导向的市场中，进口商同时又是批发商，承担大量包括广告、调研、仓储、运输等营销工作。而独立代理商的发展一般都会受到制约。

2. 发达国家的分销结构与模式

欧美等发达国家的渠道结构已发展得相当成熟有序。当外国的商品进入这些国家时，首先通过进口商，再转手卖给批发商，有的还要经过代理商，之后转卖给零售商，最后通过零售商销售给最终的消费者。发达国家零售商的主体如百货公司、超级市场、连锁商店等的规模都很大，它们也常常直接从国外进口。

全球观察 6—7

日本的分销渠道

虽然同属发达国家，日本的分销渠道与欧美的有所不同。日本市场上并存两种渠道：一种是历史遗留的极为复杂的分销渠道；另一种是现代化的大型贸易公司和零售商。贸易商社在日本的分销渠道中居主导地位，它包括三种类型：一是综合商社，经营多方面的业务，规模大；二是专营商社，主要经营机械、汽车、化工产品以及粮食、纺织品、杂货等专门商品；三是中小贸易商社，以经营杂货等商品为主，也从事进出口业务。长期以来，日本的分销体系一直被看做阻止外国商品进入日本市场的最有效的非关税壁垒。有学者指出，要进入日本市场，必须首先寻找一位日本的合作伙伴，比如一位进口代理商，否则很难熟悉当地行情。涉及日本的分销系统，就没有一蹴而就的事情，需要做好长期的准备。日本的分销系统注重人际关系网的培育，忠诚和信任十分必要。相对来说，直销是一种比较容易进入的方式。

资料来源：根据相关文献编写。

3. 国际分销渠道的发展与趋势

（1）联合化。国际分销渠道的发展出现了联合化的趋势，这种联合包括纵向联合和横向联合两种形式。纵向联合是指从制造商到批发商，再到零售商的纵向整合，实现从产品到最终销售的一体化运作，在系统内部实行专业化管理，集中制定计划，并由一家大公司负责指挥。横向联合则是由两个或两个以上同级企业，如批发商和批发商之间、零售商和零售商之间共同组成联合体，在资金上互相支持，经营上彼此合作，风险共担，利益共享。

（2）直销化。随着科技的进步，特别是计算机技术和互联网的发展，直销方式越来越普及。电视直销、网络销售、电话和邮购已经不仅仅局限于某些产品和某些国家，有迅速扩张和普及的趋势。

（3）零售商国际化。近年来，零售商将零售业务逐渐扩展到国际领域，零售商的采购也日趋国际化。沃尔玛在全球范围内的国际化进程之快和程度之高就是标志之一。

6.3.2 国际市场中间商的选择

中间商是介于生产者与顾客之间的独立经销单位，它参与商品流通业务，促进买卖行为的发生和实现，使商品从生产者最终送达顾客。企业在国际市场选择中间商，常常会面临若干个可行的备选方案。

1. 国内中间商

国内中间商按是否具有出口商品的所有权划分为经销商和代理商。

(1) 国内经销商。国内经销商是指从事商品流通业务，并对出口商品拥有所有权的中间商。国内经销商包括出口商、出口贸易公司和补充营销商。

出口商实质上是在国外市场开展业务的国内商人，与国内批发商类似。它们直接从制造商那里购买产品取得产品所有权，再通过海外网络将商品卖给国外的批发商或零售商，从中赚取利润。

出口贸易公司一般在国外有自己的销售人员和代理商，并常设有分公司，熟悉出口业务，了解国际市场信息，在国际市场上享有一定声誉，对初次进入国际市场的企业来说是比较理想的选择。

补充营销商所从事的业务又称背驮式出口（pig-back exporting)，是指实力强的企业将自己与其他企业的互补产品搭配出售的出口营销方式。这对于没有力量直接出口的小企业来说是一种简单易行、风险较小的进入国际市场的形式。

(2) 国内代理商。国内代理商是指接受生产者委托，从事销售业务但不拥有出口商品所有权的中间商。国内代理商又可分为出口管理公司、国际经纪人、采购公司和销售代理商等。它们接受委托人委托，以委托人名义在国际市场上买卖产品并收取佣金。

2. 国外中间商

在国外，同样按照中间商是否具有商品的所有权划分为经销商和代理商。

(1) 国外经销商。国外经销商按商品销售对象的不同分为国外批发商和国外零售商。

国外批发商专门从事批发业务，是在目标国市场销售进口产品的重要渠道成员。一些进口批发商直接向生产商进货，再分销给其他批发商、零售商或产业客户。

国外零售商从批发商、出口商、分销商那里购买产品，再将商品出售给最终顾客，从中赚取差价利润。国外零售商按其经营方式可划分为多种业态，包括百货公司、超级市场、专卖店、便利店、超级购物中心、仓储商店、折扣商店等。这些零售业态又大多通过连锁经营实现规模经济。

(2) 国外代理商。国外代理商包括国外制造商代表、国外经纪人、经营代理人和买办。它们在海外接受委托人委托，负责推销商品、收取佣金。它们大多熟悉当地市场，与客户有良好的持久关系，能以较低成本较快占领海外市场。

各个国家的市场分销体系与结构存在很大的差别。在有些国家，企业可以利用比较直接的渠道把产品供应给目标市场，中间商负担的储运、促销等营销职能的成本也比较低。而在另外一些国家，由于缺乏有效的分销系统，中间商进行货物分销必须负担较高的成本。

6.3.3 国际分销渠道的建立与完善

1. 寻找中间商

寻找中间商，首先需要确定与中间商的关系类型，即是属于分销关系还是代理关系，从而决定企业选择分销商还是代理商；其次需要确定企业是使用间接出口还是直接出口的方式进入国外市场，从而决定企业选择母国中间商还是国外中间商。

（1）母国中间商。母国中间商是与企业同处一个国度内、为境内企业提供国际营销服务的公司，如前所述，主要包括出口管理公司、制造商的出口代理、国内经纪人、采购公司、出口商、出口批发商、贸易公司等。

（2）国外中间商。国外中间商是指目标市场所在国的中间商，也是构成企业产品国际营销渠道结构的重要环节。国外中间商包括外国经纪人、外国分销商、外国批发商和零售商、外国经营代理人等。

2. 选择和激励中间商

企业选择中间商时必须参考如下基本标准：中间商的生产率或销售力量、财务实力、管理能力和稳定性、企业声誉等。企业通过有意向的信件沟通、面谈、考察、筛选，直到最后签订分销协议等步骤，完成中间商的选择。

企业激励中间商的手段主要包括金钱回报、精神奖励、沟通、公司支持、与公司间的和睦关系等。培养分销商忠诚是企业激励的主要目标。相比国内渠道而言，地理和文化上的差距使激励变得困难，况且，中间商并不属于企业，这就更加增添了激励的难度。重要的还是企业需要因地制宜，根据当地的文化和特点制定相应的激励措施。

3. 评估中间商

企业需要定期对中间商进行评估，对业绩满意的中间商续签分销协议，对不满意的中间商可以终止渠道关系。评估的内容主要包括销售定额的完成情况、平均存货水平、促销方面的合作情况、中间商为顾客提供服务的情况、商品装运时间、损坏和遗失货物的处理等。

6.4 整合的促销策略

6.4.1 国际广告

1. 国际广告的含义

国际广告是跨国企业在国际营销中，为实现一定目的，以付费的方式，通过大众传播媒介，向目标国家市场的消费者和公众传递有关企业及其产品信息的促销活动。广告沟通媒介主要包括电视、广播、印刷品、海报和互联网等。

在整合的促销策略中，广告最容易受到不同国家环境的影响。政治、法律、经济、文化和消费者的不同反应及接受程度，都会制约国际广告的传播效果。

2. 国际广告策略

(1) 标准化广告策略。标准化广告策略，也称全球广告策略，即对整个全球市场采取与本国相同的广告策略。顾客的同质化、全球性信息媒介的发展为标准化广告提供了有利的条件。

采用标准化广告策略可以为企业节约成本，带来规模效益，并有利于树立企业在全球统一的品牌形象。但是，标准化广告无法适应来自全球各国不同市场的不同需求，广告与文化的内在关联更深，适用于一些国家文化的广告在另外某些国家也许不能收到同样的效果，甚至会遭到抵制。

(2) 定制化广告策略。定制化广告策略是指企业根据各国不同的市场和文化状况，制定不同的广告策略，包括设计不同的广告主题，传递不同的广告信息，以适应差异化的环境。这是由于东道国的购买动机与他国的差别很大，不同购买动机的消费者，广告诉求的重点也会不同；同时各国主流媒体有所不同，广告形式也会产生很大差异。

定制化广告考虑到国别之间的差异，更有针对性，可能会收到较好的广告效果。但是，定制化广告专门为某国市场定制，因此成本较高。

全球观察 6—8

全球市场的同质化

近年来，全球市场的变化给标准化广告提供了更为有利的环境。由于通信、交通、人口流动的全球化，人们的生活方式和价值观呈现趋同性。例如，一家广告公司拍摄了 25 个不同国家青少年的房间后发现，很难区分哪个房间是属于美国青少年的，哪个房间又是属于日本青少年的。这些房间中都有足球、李维斯牛仔裤、耐克鞋、Sega 游戏盘。正因为这种相似性，斯沃琪手表针对国际市场上的青少年采用了标准化的广告，只是针对不同国家改变了广告中的语言。

资料来源：根据相关文献编写。

(3) 模式化广告策略。模式化广告介于标准化广告和定制化广告之间，由跨国公司总部负责制定全球统一的广告主题和内容，各国分支机构可根据当地具体情况和差异做出适当调整。模式化广告既保证了跨国公司全球统一形象的树立，又保证了对各国市场的针对性，是当前普遍采用的广告策略。

3. 国际广告传播过程

在跨国公司的营销中，广告实际上就是跨文化传播。广告跨文化传播主要涉及七大因素：信源、编码、信息、渠道、解码、信宿和反馈，它是一个循环过程。如图 6—1 所示，文化 A 是信源所处的环境，文化 A 影响发出者的编码，而这种带有文化 A 特征的信息通过广告信息渠道传递给处于文化 B 中的接收者，而处于文化 B

中的接收者用带有文化 B 特征的方式进行解码，这种解码方式和编码方式由于处于不同的文化环境，因此会有偏差，而处于中间的部分由于受两种文化的影响，进而产生了第三种文化。由此可见，在营销领域，不同文化背景下的消费者编码和解码的方式不同，就会产生跨文化传播的障碍，所以跨国公司在制定广告策略时更要考虑到文化差异因素，正确处理文化差异因素对于广告策略的影响。

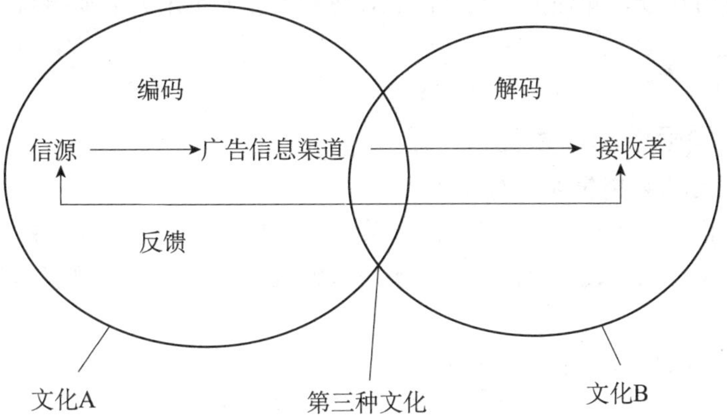

图 6—1　国际广告的传播模式

6.4.2　国际市场人员推销

1. 国际市场人员推销的含义

国际市场人员推销是指企业通过向国际市场派出销售人员与潜在购买者交谈，以推销产品，促进和扩大销售。

由于一些国家或政府对广告宣传制定了各种严格的限制，以及广告可利用媒体的缺乏和不便，国际企业在国际营销中使用人员推销的情形要远远多于国内营销。

2. 国际市场销售人员的甄选

企业在国际营销中使用的人员有三种来源：国内外派人员、东道国人员和第三国人员。出于业务熟练度、文化差异和成本等方面的考虑，三类人员各有各的优势和问题，企业需要针对所面临国际市场的具体情况决定使用哪类销售人员。当然，国际市场上文化的多元性也会使得企业的人力资源管理工作更为复杂。

在销售人员的甄选上，一些基本的指标如较强的独立工作能力、文化的包容性、处理问题的灵活性、对公司的忠诚度、语言能力等都可以作为企业甄选国际销售人员的原则。

3. 国际市场销售人员的激励

文化差异会影响销售人员的动机模式，因此对国际销售人员的激励应考虑国别差异。比如集体主义文化的国家对于个人的物质激励并不十分看重，而这在认可个人成就的个人主义国家就是很好的激励措施。

4. 国际市场销售人员的评估

对国际市场销售人员的评估远比国内复杂。不同的工作文化会导致不同的绩效评价标准。总的来看，评估销售人员最重要的资料来源是销售报告，其他来源包括顾客投诉、顾客调查等。对销售人员绩效评估的标准应与销售额、利润和企业的目标相一致，常用的标准包括销售量、毛利、访问率、访问成功率、平均订单数目、销售费用与费用率、新客户数等。评估的方式一是进行横向比较，即对每个销售人员的绩效进行排队和比较；一是进行纵向比较，即把同一推销人员当前的工作业绩同过去进行比较。此外，消费者满意评价和销售人员个人品质评价也是常见的评估方式。

6.4.3 国际市场销售促进

1. 国际市场销售促进的含义

国际市场销售促进是在国际市场上采取诸如陈列、展览、表演、赠品等非常规、非经常性的手段，以激发当地消费者购买和促进当地经销商经营效率的一种促销方式。

2. 国际市场销售促进的形式

(1) 免费样品。企业向当地消费者免费赠送实物或试用实物。免费样品通常在新产品上市时推出，旨在尽快获得消费者的接受和了解。

(2) 折扣券。企业以包装、邮寄或商品广告的形式向顾客赠送小额折扣券，该券在购买特定商品时能享受一定价格优惠。

(3) 竞赛抽奖。企业通过举办竞赛或抽奖活动来吸引消费者参与活动并实现购买。

(4) 现场演示。企业指派专人在销售现场示范其产品如何使用，以吸引顾客驻足、了解和购买。

(5) 会员卡和销售积分。持会员卡的顾客在消费时可以享受一些优惠待遇；在一定时期内消费累计超过一定金额的消费者可以获得企业提供的一些额外利益。

(6) 附赠品。企业在销售产品中免费附加赠送相关产品，以吸引顾客购买。

(7) 购买折扣、推广津贴和销售竞赛。这些都是企业针对中间商的销售促进手段，以激励、促进国际中间商积极购买和销售自己的产品。

3. 影响国际市场销售促进的因素

(1) 当地政策法规的限制。东道国在销售促进方面的法律和政策，可能会与母国有所不同，例如很多欧洲国家限制大规模促销活动的时间。因此，企业在国际市场进行销售促进，不能想当然地照搬母国经验。

(2) 中间商的态度。企业在东道国市场销售促进的推广及其效果，在很大程度上取决于当地中间商的合作与协助。针对消费者的销售促进如赠品、免费样品、折扣券、现场演示的安排都需要渠道商的支持与配合。

(3) 市场竞争态势。企业需要了解东道国市场上竞争对手的销售促进动向和力度，评估竞争对手的销售促进活动有可能给企业带来的影响，及时调整政策以应对竞争。

6.4.4 国际市场的公共关系

1. 国际公共关系的含义

国际公共关系是企业为了取得国际公众的信任、理解和支持，为自身在国际市场的发展创造最佳的社会关系环境所采取的一系列决策和行动。

与国内公共关系类似，国际公共关系的目标同样是树立企业形象，提高企业声誉，协调企业与公众的关系，化解企业危机。而相比国内的公共关系，国际公共关系还要绕开贸易壁垒，采取一系列软性措施，获得东道国政府和同行业的认可，为顺利进入国际市场、巩固国际市场地位打下基础。

2. 国际公共关系的内容和手段

（1）宣传公关。企业利用大众传播媒体和内部沟通的方式，让各类公众充分了解企业以及国际营销工作，进而关心和支持企业国际营销的公共关系活动，通常在企业初涉国外市场时使用。

（2）交际公关。企业在东道国通过与个人和团体之间的广泛接触，建立社会关系网，形成有利的人际环境。

（3）社会公关。企业在东道国通过举办各种公益或赞助性活动来扩大企业在当地的社会影响，提高声誉，获得当地公众的信任与支持。

（4）危机公关。企业对国际环境的差异和变化应有预见，在危机发生前未雨绸缪，危机发生后及时现身，积极处置，重建信任，将危机对企业的影响降至最低。

企业在开展国际公共关系时，采用的手段与在国内时类似，包括新闻事件、公益活动、特殊事件、宣传资料和专题活动等。

6.5 定价与转移定价

6.5.1 国际定价目标

面对不同的国际市场，企业的定价目标也会有所不同，具体来说主要有如下几种目标。

1. 获得投资回报

企业投资是为了获得预期的收益，因此不少跨国公司把实现一定的投资收益率作为定价目标，其定价方法是产品成本加上预期利润。投资收益率是净利润与总投资之比，它是衡量跨国企业经营状况的重要指标。投资收益率的制定带有一定的主观性，过高将不利于企业产品的国际竞争力，过低又会降低企业的收益水平。

2. 利润最大化

（1）当期利润最大化。当期利润最大化定价目标，是指企业将实现利润最大化作为企业的短期定价目标。企业通常出于对目标市场国家政治经济形势复杂多变等原因的考虑，希望以最快的速度收回初期开拓市场的投入并获取最大的利润，因此往往会在已知产品成本的基础上，为产品确定一个最高价格，以求在最短时间内获取最大利润。然而，采用这种定价策略，会使企业面临两种风险：第一，当前利润最大化，有可能损害企业的长远利益；第二，对产品需求弹性的测定和对产品生产、销售总成本的预计往往会有偏差，由此制定的价格可能不太准确，企业可能会因定价过高而达不到预期销售量，或者定价低于可达到的最高售价而蒙受损失。

(2) 长期利润最大化。长期利润最大化是指在较长时期内，企业整个国际市场营销的总利润最大化。对企业而言，追求利润的最大化，并不等于追求价格的最高化，高价格并不一定能够为产品带来最高的利润。一般而言，企业在开拓国际市场的初期或新产品上市的时候，可能会出现不同程度的亏损，或者不同国别市场之间盈亏出现不等的情况。有时，企业还可能宁愿牺牲一些眼前利润，通过适当的低价来争夺顾客，抢占市场，以最终获取长期利润的最大化。这种情况下，如果企业只顾短期利益，追求短期的最高利润，注定不会在国际市场上走得太远。

3. 增加市场份额

市场占有率是决定企业盈利情况的最重要因素，增加市场份额是企业经营成败的关键。许多实力雄厚的跨国公司为了在竞争中赢得优势，往往采用放弃一部分短期利润、降低价格的手段，来争取提高市场占有率。采用这种策略需具备如下条件：其一，目标市场的需求弹性较大，偏低定价能刺激市场需求。其二，随着生产、销售规模的扩大，产品成本有明显的下降。其三，低价能吓退现有的和潜在的竞争者。然而，市场占有率的多大要视市场的具体情况而定。许多西方国家为保护消费者利益，鼓励市场竞争以促进技术进步和市场公平，都对市场垄断有一定的管制措施。市场占有率作为市场垄断程度的最重要指标，会显得相当敏感。

6.5.2 价格升级与定价方法

企业将其产品销往国际市场，产品的出口环节对价格的升级作用是在本地市场销售中所不及的，而且对企业在国际市场上的产品定价会产生较大影响，不容忽视。

1. 价格升级的成因

价格升级（price escalation）是指商品在进口国的最终价格高于出口国的初始价格，原因是在从出口国到进口国的过程中，附加了许多进出口成本，如税收，包括关税和其他形式的进口税；行政管理费用，包括申请进出口许可证的费用、保管费、进口签证费等；过长的分销渠道的费用，包括装运费、保险费、较高的中间商毛利；通货膨胀和汇率波动等。这些成本因素共同作用，把最终价格提升到比原产国市场高得多的水平上。价格升级是公司国际营销所面临的主要定价障碍之一，构成价格升级的原因主要包括如下几个方面。

(1) 税收、关税和行政管理费用。产品出口到海外时，出口程序的实施，诸如产品报关、检验，以及为满足特殊出口要求而对产品进行的改造等，都增加了产品的出口费用。而在国际贸易往来中的贸易关税必然要转移到价格的加成上来。

关税是当货物从一国进入另一国时所缴纳的费用，它是一种特殊形式的税收。关税是国际贸易最普遍的特点之一，它对进出口货物的价格有直接的影响。事实上，产品缴纳的进口签证费、配额管理费等其他管理费用也是一笔很大的数额，成为另一种事实上的关税。此外，各国还可能征收交易税、增值税和零售税等，这些税收也会影响产品的最终售价。除了税收和关税，大量的行政管理费用与货物的进出口直接有关。申请进出口许可证和其他单证，以及把货物从进口港运到买主手里，都意味着额外的费用，都列入出口的总成本中。

（2）中间商和运输成本。分销渠道从本地市场延伸到国外，长度增加，等级更加复杂。公司在对分销渠道的控制和管理上的支出所占比例较大，国外市场最终售价的提升也在所难免。如果与分销商之间有良好的合作，并在与分销商之间的谈判中处于优势，且能以较低的价格把产品输送到分销渠道中，就能够对价格政策的灵活制定创造更多的空间。

出口产品价格还包括运输费用，如果是海运，还要有保险、包装、装卸等额外费用。不仅如此，由于许多国家的关税是按包括运输、保险和装船费用在内的到岸价计征的，因而还会导致出口价格的进一步升级。

（3）风险成本。风险成本主要包括融资、通货膨胀及汇率风险。这是由于货款收付等手续需要比较长的时间，因而增加了上述方面的风险。此外，为了减少买卖双方的风险及交易障碍，经常需要有银行信用的介入，这也会增加费用负担。这些因素在国际营销定价中均应予以考虑。

（4）汇率波动和币值变动。当市场营销目标国和本国之间的货币体系不同时，就会产生货币币值波动，这将影响公司对其产品定价的政策实施。针对国际货币市场的汇率变化，价格调整是必要的。否则，良好的业绩也仅仅是账面利润。

有些情况下，一个国家的货币升值幅度不大，对出口水平的影响不会很明显。销售价格的实际升值会转嫁给海外市场的消费者，但是公司的销售业绩不会受到较大影响。然而，在市场竞争激烈的情况下，如果本国货币升值，成功的跨国公司往往会把产品价格维持在升值前的水平上，通过价格调整来抵消国际市场价格上升所引起的损失。

（5）通货膨胀。本币对外币的汇率升值也可能是由于目标国市场上发生了通货膨胀。通货膨胀带来的成本上升必然要通过在该国产品售价的提高来弥补。一般情况下，这个变化幅度要跟得上该国通货膨胀的速度。在通货膨胀高或汇率波动大的国家，销售价格必须反映产品的成本及重置成本。跨国公司在发生通货膨胀国家的分公司所遇到的价格上涨会迫使它们重新考虑某些会计准则。当签订长期合同或付款有可能推迟好几个月时，必须把通货膨胀因素考虑在内。

（6）汇兑损失。公司在东道国获得的销售收入，经过在货币市场上转换为本国货币后，会比该国发生通货膨胀前少很多，这也就是汇兑损失。为了避免发生这种情况，公司应该在销售合同中做出必要调整。要求以某种强势并且稳定的货币（比如美元）作为支付货币是通常的做法。

在定价过程中，以上这些因素对价格的加成更接近于按比例加成。也就是说，这些由于出口产生的价格升级是在原产地价格的基础上加上一个比例。一般来讲，那些在多国市场营销中拓展业务较早、海外经营经验丰富、经济实力雄厚的大公司，在价格政策的制定与实施上具有优势。

全球观察 6—9

通货膨胀导致价格升级

跨国公司在发生通货膨胀国家的分公司所遇到的价格上涨会迫使它们重新考虑某些会计准则。这是因为原材料价格上涨过快，它们使用历史成本法不如使用重置成本法合理。重置成本法在会计上相当于次进先出法（next-in，first-out）。虽然这与通用会计准则不符，但可以用来估计将来支付原材料和零部件的价格。用这些重置成本来定价，对于公司在通货膨胀情况下做出正确、及时的价格调整有积极意义。当签订长期合同或付款有可能推迟好几个月时，必须把通货膨胀因素考虑在内。例如，在 20 世纪 80 年代末南美发生通货膨胀期间，宝洁公司在两周之内将其清洁剂在秘鲁的售价上调了 20%～30%。同时，取消向零售商提供 60 天无息信用，并且开始对 15～30 天延期付款加收利息。

资料来源：根据相关文献编写。

2. 定价方法

（1）撇脂定价（skimming）。撇脂定价是在一种产品新投入市场时，有计划地针对需求价格弹性较小的消费者市场，制定较高的价格，以获取高额的销售利润，尽快收回产品开发的成本和投资。在这种情况下，产品必须能够给愿意为其支付高价的消费者带来较高的价值。一般来说，在产品生命周期的导入期，并且目标市场没有类似产品的提供者时，采取这种策略能够获得成功。

这种策略能够满足公司的两个市场目的：第一，在有限的市场销量的条件下，能够获得较高的销售收入；第二，公司的产品能够获得较高的市场认知度，消费者通常会认为高价格的产品具有较高的价值，从而也会有助于提升公司的美誉度。

撇脂定价适用于市场潜力和需求弹性较小、功能独特、时尚性强的产品。但其弱点是，高价带来的高额利润将吸引竞争者进入市场，企业难以在目标市场维持稳定的市场份额，风险偏大。

（2）渗透定价（penetration）。与撇脂定价相反，渗透定价以较低的价格将产品投入市场，让尽可能多的消费者购买、使用这种产品。这种方法致力于以价格为手段，赢得更多的市场份额，这也是渗透定价的主要手段。在国际市场上，使用渗透定价可以迅速进入国际市场，薄利多销以扩大产量、降低成本，并有效地抵挡现实和潜在的竞争者进入市场。当然，这种策略也有它的缺陷，即低价格既不利于产品的初期投资收回，也会压缩将来产品的提价空间，甚至有可能给消费者以误导，使其认为产品档次较低，不具有高价值。如果引起目标国政府对这种产品和公司提起反倾销诉讼，公司受到的损失会更大。

6.5.3　转移定价与反向贸易

1. 转移定价

转移定价（transfer pricing）是指跨国公司为谋求整体利益的最大化，对其内部交易所制定的一种价格。它是企业经营分权化和内部一体化的必然产物，也是跨国公司为开展国际竞争、实现全球战略而使用的一种重要策略。

转移定价的根本目标是公司整体长期利润的最大化，同时便于母公司实施控制和合理确定各部分的经营实绩。一方面，转移定价针对公司的内部管理实行，有利于实现公司资源配置的最优化，同时也给公司内部各分支机构经营业绩的评估提供了一个衡量标准；另一方面，转移定价是为了在国际市场上提高公司的市场竞争力，灵活调动资金，减轻税负和克服政府管制，从而获得最大利润。

转移定价不受市场机制的调节，而主要取决于以下影响因素：东道国的所得税税率；母国的所得税税率；东道国的关税税率；东道国对外汇的管制情况；东道国对企业利润汇出的具体规定；母国的贸易政策；母国总公司的信用情况；东道国子公司的信用状况；东道国对外资企业的政策；总公司的市场营销战略等。因此，跨国公司要研究包括税负、竞争、通货膨胀、外汇及政治风险等外部因素的影响，以便制定出适宜的转移价格。

2. 反向贸易

反向贸易（counter trade）是一个贸易术语，意思是用货物或服务偿付交易的全部或部分的价款，而不是仅仅以货币来偿付。与其含义相近的术语有非货币交易和互惠贸易。反向贸易主要有四种形式。

（1）易货贸易（barter）。最传统的也是最广为人知的反向贸易形式就是简单地以物易物，即易货贸易。以物易物就是直接交换少量的货物或服务，通常发生在两方之间，即在交易中，既没有现金转手，也不经过任何第三方。由于这种简单的交换既无效率又烦琐，因此在当前（无论是公司还是政府）较少使用。

（2）补偿贸易（compensation deals）。补偿贸易是指一部分用现金、一部分用实物来支付的贸易。第二次世界大战后，经济一体化、生产国际化的趋势不断加强，生产要素在国家间的转移也日益频繁，国际加工贸易与补偿贸易便应运而生，成为国际经济合作的一种主要方式。与易货贸易相比，补偿贸易的一个优点是，有一部分货款可以立即用现金清算，余下部分现金在出售所得货物后获取。如果换得的货物能够派上用场，那么，补偿贸易就比较简单。如果必须依靠第三方来寻找买主，那么，在补偿贸易谈判过程中就需要把请第三方协助的费用考虑进来。补偿贸易除了具有加工贸易的一些特性，还是一种与信贷相结合的贸易方式，是一种利用外资、引进技术的有效方式。

全球观察 6—10

中国的境外加工贸易

加入世界贸易组织后，中国国际加工贸易与补偿贸易的发展锐势不减，中国企业正利用国际加工贸易与补偿贸易方式，力图使自己成为“世界工厂”的一员。国际加工贸易与补偿贸易过去称为“三来一补”。其主要特点就是“两头在外”，也就是原料采购和产品销售在国外，生产在国内。加工贸易又分为来料来件加工装配、来图来样加工、进料加工等。加工贸易是一种以国外资源为主、国内提供劳务为内容的贸易方式。通过加工贸易，可以充分利用本国现有企业的加工潜力，更多地利用国际市场的原料，多出口多创汇，支援国内建设。在20世纪90年代，随着国民经济的发展，我国实施“走出去”战略，开展境外加工贸易。境外加工贸易就是境内加工贸易的反向操作。

资料来源：根据相关文献编写。

(3) 反向购买 (counter purchase or offset trade)。卖方以某种确定的价格将某种产品出售给买方，买方以现金支付货款，此种反向贸易方式被称作反向购买。这种贸易涉及两份合同。其中，第一份合同以第二份合同为条件。第二份合同规定，原卖方必须向买方购买价值相当于第一份合同总金额之全部或一定百分比的货物。一般来说，第二份合同的执行比第一份合同要晚一段时间，所以原卖方在为第二份合同的货物寻找市场的期间，已收到第一份合同的全部货款。因此，与补偿贸易相比，反向购买中的卖方有较大的灵活性。反向购买在经济比较薄弱的国家中盛行。

(4) 产品回购协议 (product buy-back agreement)。当买方销售的商品或服务能生产出其他的商品或服务时，可以采用产品回购协议的形式。回购协议分两种情形：第一，卖方同意买方将部分货款以产出的一部分来支付；第二，买方付清全部货款，但卖方同意以后购回一部分产品。产品回购协议的一个主要缺陷是，卖主有时会发现购回的产品可能与自己生产的商品形成了新的竞争。

6.5.4 倾销与反倾销

1. 倾销

倾销 (dumping) 是一个重要的全球定价策略问题。在国际贸易中，倾销是指出口到东道国市场上的产品价格按低于国内市场的价格销售，或者以低于生产成本的价格销售，致使当地市场上生产和销售同类产品的企业受到实质性的损害和威胁。判定是否构成倾销，必须满足三个条件：一是产品出口价格低于正常价值；二是产品对进口国确实造成了实质性的伤害；三是倾销与实质性损害、威胁或阻碍有无法分割的因果关系。

2. 反倾销

反倾销是指进口国政府为了维护正常的国际贸易秩序，通过立法以及对倾销产品征收高额反倾销税等措施来遏制倾销的一种手段，以此保护本国工业的健康发展。

反倾销调查在确定倾销时，一个重要的概念是正常价值 (normal value)。世界贸易组织《反倾销措施协议》关于正常价值的确定有三种方式：一是出口国国内的正常贸易价格；二是出口到第三国的可比价格；三是由生产成本加上合理金额的管理、销售和一般费用及利润确定的结构价格。在确认国内正常贸易价格时，世界贸易组织还规定，如果在出口国国内市场以低于单位生产成本加管理、销售和一般费用的价格销售产品，将不能够被视为正常贸易过程中的销售。

全球观察 6—11

西方国家频繁使用反倾销

自 20 世纪 80 年代以来，西方各国经济不景气，超过本国需求的过剩生产能力大量出现，促使许多企业开始根据边际成本来定价，认为高出变动成本的任何收益对公司的利润都是有利的。于是，高价国内销售、低价国外销售的倾销方式不断出现，最后导致东京回合谈判进一步强化反倾销纪律，各国政府采取更加严厉的反倾销手段。与此同时，贸易保护主义势力开始抬头，加之反倾销是保护本国同类工业最有效而便利的手段，所以，各国各行其是，直接将反倾销作为贸易战当中的一个杀手锏。如今，倾销和反倾销已经成为国际贸易中的一个重要问题。然而，反倾销的频繁使用，并没有完全促使国际营销者改变变动成本定价法的使用，而是出现了新的逃避反倾销制裁的方法，如加大在进口国的投资、出口国政府对出口经营给予补贴、规避、吸收、新型号按照老型号价格来出口销售等。

资料来源：根据相关文献编写。

6.6　延伸阅读：大型新兴市场的营销

20 世纪 90 年代以来，世界新兴市场迅速发展，改变了 60 年代之后美、欧、日的三极区（Triad）世界经济格局，使得新兴市场成为受到特别关注的区域。目前，大型新兴市场（big emerging markets，BEM）人口占世界人口的一半，其国内生产总值占全部工业化国家国内生产总值的 1/4。

6.6.1　大型新兴市场概况

大型新兴市场泛指相对成熟或发达市场而言目前正处于发展中的国家、地区或某一经济体，如被称为“金砖四国”的中国、印度、俄罗斯、巴西以及后来兴起的南非、越南、土耳其等。新兴市场对企业市场营销具有重大的战略意义。在未来相当长的时期，大型新兴市场将是 21 世纪驱动世界消费增长的主要动力，各国企业都必须从战略的高度来对待这些前景良好的新兴市场。五个大型新兴市场（中国、印度、巴西、墨西哥和印度尼西亚）拥有的购买力已达西方七国的一半。

1. 大型新兴市场的特征

大型新兴市场具有一些共同的特征：（1）地理规模很大；（2）拥有众多人口；（3）对各类产品都有庞大的市场需求；（4）市场增长速度快或具有快速增长的潜

力；(5) 正在进行重要的经济体制改革；(6) 在所在区域内具有重要的政治影响；(7) 作为各个区域经济发展的重要推动者，随着自身的不断壮大，带动邻近市场进一步发展。

2. 新兴市场的特殊性

与发达国家相比，新兴市场在资本市场、劳动力市场、产品市场和政府监管等方面存在其特殊性：(1) 新兴市场的资本市场一般都处于发展阶段，股票市场流动性差，银行多为国有。小企业融资困难，大企业筹资能力强。(2) 新兴市场的劳动力市场专业人才相对匮乏，缺乏专门训练的人才和职业培训设施。(3) 新兴市场的产品市场缺乏充分的信息和强有力的机构以确保买卖双方合同的执行。(4) 新兴市场的市场监管尚处于规范时期，政府对商业决策的干预非常严重。

3. 大型新兴市场分布

大型新兴市场的情形类似于第二次世界大战后的欧洲，当时由于重建而引起了巨大的市场需求。大型新兴市场的概况如表 6—1 所示。

表 6—1　大型新兴市场

国家	人口（100 万）	国内生产总值（10 亿美元）	人均国内生产总值（美元）	商品和服务出口（10 亿美元）	商品和服务进口（10 亿美元）
亚洲					
中国	1 328.0	4 529.6	3 263	1 430.7	1 132.6
印度	1 160.0	965.3	726	175.7	287.5
韩国	48.7	724.0	19 106	422.0	435.3
拉丁美洲					
阿根廷	40.62	331.1	7 643	70.6	57.4
巴西	191.0	1 530.0	8 010	173.2	197.9
哥伦比亚	45.0	164.0	3 620	37.6	39.7
墨西哥	106.7	961.3	9 009	229.7	234.4
委内瑞拉	28.3	197.1	7 300	99.9	47.6
欧洲					
波兰	38.1	525.7	13 750	171.8	210.5
土耳其	72.6	617.6	8 590	102.1	140.9
非洲					
南非	49.3	313.3	6 532	94.6	103.8

资料来源：http://www.fmprc.gov.cn/chn/gxh/tyb，2014-08-01；http://www.economywatch.com，2014-08-01.

(1) 拉丁美洲。拉丁美洲包括加勒比海地区、中美洲和南美洲，拥有世界财富的 5%，世界总人口的 8.2%。拉丁美洲进口自由化、地区内贸易组织低关税前景以及建立更加有效的地区性生产的潜力，已经日益为跨国公司所关注。

(2) 东欧。东欧包括巴尔干国家（阿尔巴尼亚、波斯尼亚和黑塞哥维那、保加利亚、克罗地亚、马其顿、黑山、罗马尼亚、斯洛文尼亚等）、波罗的海国家（爱沙尼亚、拉脱维亚及立陶宛）、独联体国家、捷克、斯洛伐克、匈牙利以及波兰，其概况如表 6—2 所示。

表 6—2　　东欧市场

国家	人口（100 万）	国内生产总值（10 亿美元）	人均国内生产总值（美元）	商品和服务出口（10 亿美元）	商品和服务进口（10 亿美元）
阿尔巴尼亚	3.18	12.0	3 825	1.09	4.56
波斯尼亚和黑塞哥维那	4.02	18.8	4 888	5.02	12.9
保加利亚	7.56	46.1	6 073	20.8	32.7
克罗地亚	4.44	63.1	14 222	13.0	28.3
捷克	10.5	187.6	17 850	136.7	133.0
匈牙利	10.0	129.0	12 874	107.4	107.4
马其顿	2.0	9.0	4 395	3.6	6.0
波兰	38.1	525.7	13 750	171.8	210.5
罗马尼亚	21.5	159.1	7 572	45.7	76.3
斯洛伐克	5.4	90.7	16 700	67.4	68.3
斯洛文尼亚	2.1	47.4	23 235	26.9	31.2

资料来源：http：//www.fmprc.gov.cn/chn/gxh/tyb，2014－08－01；http：//www.economywatch.com，2014－08－01.

（3）亚太地区。亚太地区包括除中东之外的所有亚洲国家以及澳大利亚和新西兰。这个地区从人口角度讲确实是一个巨人，人口约占世界的 61%，其概况如表 6—3 所示。

表 6—3　　亚太市场

国家和地区	人口（100 万）	国内生产总值（10 亿美元）	人均国内生产总值（美元）	商品和服务出口（10 亿美元）	商品和服务进口（10 亿美元）
澳大利亚	22.1	1174.0	53 977	279.4	273.8
中国大陆	1 328.0	4 529.6	3 263	1 430.7	1 132.6
中国香港	6.98	216.3	30 994	104.4	436.2
印度	1 160.0	965.3	726	175.7	287.5
印度尼西亚	222.0	450.3	2 271	139.3	116.0
日本	127.4	5 080	34 500	746.5	708.3
韩国	48.7	724	19 106	422.0	435.3
中国台湾	23.0	418.9	18 288	255.6	240.4

资料来源：http：//www.fmprc.gov.cn/chn/gxh/tyb，2014－08－01；http：//www.economywatch.com，2014－08－01.

6.6.2　跨国公司的适应性营销

1. 跨国公司要适应新兴市场的快速变化和特点

新兴市场通常变化较快，相应地，这种市场中的企业经营手法也不同常规。对于新兴市场的营销者，严重的通货膨胀、浮动的币值、新税负和不断变化的交易规则都被视为正常的宏观经济环境。新兴市场的消费也极易波动，经济低迷时消费市场萎缩，经济反弹时市场又会呈现剧烈的向上波动，商品供不应求。新兴市场中还要防范各种不正当竞争，造假者、仿制者泛滥，以及无视当地法律的不正当竞争者遍布，这些对于跨国公司品牌维护和正常经营都是挑战。跨国公司还需要适应新兴市场中普遍存在的社会关系网，妥善处理公共关系。在动荡多变的新兴市场上，如何保持嗅觉的敏锐与思想和行动上的灵活性，则是一个非常重要的竞争优势。

经济全球化、网络经济和新兴市场的崛起是国际市场营销的现实背景。大型新兴市场为跨国公司提供了巨大的机遇，企业只有重视和熟悉新兴市场的特殊性，才能制定出切实可行的国际市场营销战略与方案。

2. 跨国公司在新兴市场上的营销

（1）确立强势的品牌地位。品牌因素在新兴市场上甚至比在欧美还重要，这是因为著名品牌对低收入消费者具有强烈吸引力，尤其是具有象征意义的产品。品牌优势也是跨国公司自身的优势，需要持续投入建设和维护品牌在新兴市场中的强势地位。品牌作为无形资产成为跨国公司面临各类竞争时保护其市场地位不受威胁的重要武器。

（2）确定适合当地购买力的价格。随着经济的开放、收入的增加，新兴市场上的消费者对高品质产品有着强烈的需求。但是，由于新兴市场消费者的购买力还相对较低，因此会更多考虑产品的性价比。跨国公司降低价格销售往往会带来消费的大幅增长，对高附加值的产品尤为如此。因此，适当降价让大多数消费者买得起，才有可能广泛地渗透市场，占领新兴市场。

（3）构建高效广泛的分销体系。新兴市场的分销体系普遍不完善甚至根本不存在，跨国公司进入新兴市场之初大多利用主要城市的大型连锁店，它们的策略是先不投资分销系统而是快速形成市场规模。但这种策略过度依赖于已有的零售商，从而在合作中处于被动地位。跨国公司需要在新兴市场实施创新性分销体系方案，例如企业可以联合几家消费品公司在选定的新兴市场上耐心建立面向小客户的排他性分销体系，成本较低，但效果显著。渠道替代在新兴市场也是一种行之有效的方法。

（4）不断调整促销方案。跨国公司在进入新兴市场时，应根据当地市场特点适时调整包括广告、公共关系、销售促进和人员推销等方面的策略，企业既要保持其品牌在全球市场上定位的统一性，同时也要关注当地市场的特殊属性，如文化、宗教、生活方式、价值观的因素会直接影响跨国公司促销方案的效果。此外，企业在注意产品是否适合当地市场的同时，还要对有发展前景的产品给予关注。

本章小结

跨国公司面对全球市场，首先需要进行全球市场细分，评估并决定需要进入的目标子市场，确定自己在各个目标市场中的定位，从而确保在国际竞争中取胜。跨国公司还需要制定相应的营销组合策略，包括国际产品决策、国际价格决策、国际渠道决策以及国际促销决策。跨国公司在全球市场营销过程中，每项决策均涉及标准化和当地化的选择问题，以及二者的结合问题。如何做到在确保跨国公司统一的全球形象和统一的目标下，因地制宜地进行相应的适应性改动，以更好地满足目标市场的需求，是跨国公司管理当局重点要考虑的问题。

本章主要概念

国际市场细分（international market segmentation）
国际目标市场选择（international market targeting）
国际市场定位（international market positioning）
原产地效应（country of origin effect）
市场感知的质量（market-perceived quality）
全球品牌（global brand）
背驮式出口（pig-back exporting）
撇脂定价（skimming）
渗透定价（penetration）
价格升级（price escalation）
转移定价（transfer pricing）
反向贸易（counter trade）
倾销（dumping）

思考题

1. 跨国公司如何进行全球市场细分？如何选择国际目标市场？如何进行国际市场定位？
2. 国际市场的品牌决策包括哪些？如何实施？
3. 什么是原产地效应？它对消费者购买行为会产生哪些影响？
4. 国际市场定价的目标有哪些？各自的侧重点是什么？
5. 造成国际市场价格升级的原因是什么？
6. 反向贸易的种类有哪些？
7. 转移价格策略的优势是什么？
8. 如何判定倾销？
9. 国际营销渠道的差异表现在哪些方面？
10. 如何选择国际中间商？
11. 国际广告的特点和策略是什么？
12. 国际公关的特点和任务是什么？
13. 国际销售促进的目标和形式是什么？
14. 国际人员推销中应注意哪些问题？

开篇案例讨论

1. 如何理解可口可乐公司的全球营销策略?
2. 跨国公司全球营销的标准化和当地化策略之间是否存在矛盾?

推荐读物及网站

论文

1. Marieke de Mooij and Geert Hofstede. Cross-Cultural Consumer Behavior: A Review of Research Findings. *Journal of International Consumer Marketing*, 2011, Vol. 23, pp. 181 - 192.

2. Theodore Levitt. The Globalization of Markets. *Harvard Business Review*, 1983, Vol. 61, No. 3, pp. 92 - 102.

3. Marieke de Mooij and Geert Hofstede, Convergence and Divergence in Consumer Behavior: Implications for International Retailing. *Journal of Retailing*, 2002, Vol. 78, pp. 61 - 69.

4. Alexander Josiassen, Bryan A. Lukas and Gregory J. Whitwell. Country-of-origin Contingencies—Competing Perspectives on Product Familiarity and Product Involvement. *International Marketing Review*, 2008, Vol. 25, No. 4, pp. 423 - 440.

5. Eva M. Oberecker and Adamantios Diamantopoulos. Consumers' Emotional Bonds with Foreign Countries: Does Consumer Affinity Affect Behavioral Intentions? . *Journal of International Marketing*, 2011, Vol. 19, No. 2, pp. 45 - 72.

6. Jill Gabrielle Klein, Richard Ettenson and Marlene D. Morris. The Animosity Model of Foreign Product Purchase: An Empirical Test in the People's Republic of China. *Journal of Marketing*, January 1998, Vol. 62, pp. 89 - 100.

7. Richard Ettenson and Jill Klein. Branded by the Past. *Harvard Business Review*, 2000, Vol. 11.

8. Lyn S. Amine, Mike C. H. Chao and Mark J. Arnold, Executive Insights: Exploring the Practical Effects of Country of Origin, Animosity, and Price-Quality Issues: Two Case Studies of Taiwan and Acer in China. *Journal of International Marketing*, 2005, Vol. 13, No. 2, pp. 114 - 150.

著作

1. 安德鲁·麦考利. 国际营销学——全球化消费，地区性思维. 北京：中国人民大学出版社，2004.

2. M. de Mooij. *Consumer Behavior and Culture: Consequences for Global Marketing and Advertising*. 2nd Edition. CA: Sage Publications, 2011.

3. C. Nakata. *Beyond Hofstede: Culture Frameworks for Global Marketing and Management*. New York: Palgrave Macmillan, 2009.

4. P. R. Cateora and J. L. Graham. *International Marketing*. 12th Edition. New York: McGraw-Hill Higher Education, 2005.

5. M. Kotabe, et al. *International Marketing*: *An Asia Pacific Focus*. John Wiley & Sons Australia, 2005.

网站

1. http://unctad.org
2. http://www.asia-pacific.com/ (Asia-Pacific Regional Issues)
3. http://www.geerthofstede.nl/dimensions-of-national-cultures

第 7 章

跨国公司研发管理

本章学习目标

1. 了解和掌握研发全球化的含义及跨国公司全球研发资源配置的驱动因素
2. 了解跨国公司全球研发资源配置的产生与发展的阶段
3. 了解和掌握跨国公司全球研发资源配置的特征与趋势
4. 了解跨国研发机构的主要类型
5. 了解和掌握跨国公司研发国际化的组织模式及其演化
6. 了解和掌握跨国技术转移的方式与策略选择
7. 了解国际技术转移价格的特征构成与支付方式

开篇案例　海尔在美新建技术中心　完善世界一流研发平台

海尔集团日前宣布了在美国印第安纳州的埃文斯维尔市建立北美技术中心的计划。据悉，海尔将通过此举，整合世界一流研发资源，建立完善自身世界性的研发平台，进一步开拓北美市场，巩固全球第一白色家电品牌的行业领先技术水平和领导地位。

该产品研发技术中心占地面积约为 30 000 平方英尺，设施整修即将启动，建成后将重点支持并发展海尔的北美市场，核心研究方向包括家电、家居休闲产品和家庭娱乐产品等，预计将在 2015 年初开业。自 2014 年秋季开始，该研发中心将对外公开进行工程师、设计师、实验室技术人员、制模师及其他专业人士的招聘工作。

“作为世界排名第一的家电制造商，海尔的战略是建立本地化的研发和制造基地，使公司能够支持各个地区的具体需求。”海尔美国公司总裁兼首席执行官阿德里安·米库（Adrian Micu）说，“借助埃文斯维尔市完善的基础设施和劳动力，我们相信我们能快速成功地打造出一个技术中心，专注于为美国消费者独特的使用体验设计量身定做的产品。”

海尔此次建立研发中心的计划也得到了印第安纳州州长潘斯对的支持。潘斯对表示，这是一个双赢的决定。埃文斯维尔市市长劳埃德·温内克说："我们共同的目标是使海尔成功，通过在埃文斯维尔建立世界级技术中心从而持续创造更多工作机会，并扩大在北美的产品销售。"

分析人士指出，海尔在美国建立技术中心并不是一个孤立的事件。海尔集团目前正在进行"企业平台化、员工创客化、用户个性化"的互联网战略转型，将海尔打造为无障碍接通各类资源的平台，将员工转变为创客，满足互联网时代下用户个性化的需求。海尔集团首席执行官张瑞敏曾多次表示，研发中心也应该是开放的系统，接入全世界最好的资源。世界就是海尔的研发部。海尔在美国建立技术中心，不仅是海尔提升在国际市场尤其是美国市场品牌知名度的重要步骤，也是海尔集团"以世界为研发部"的研发思路的具体体现。

资料来源：《海尔在美新建技术中心　完善世界一流研发平台》，腾讯网，http：//digi. tech. qq. com/a/20140917/052297. htm，2014－09－17。

研发传统上被视为跨国公司的关键活动，一般在母公司开展并受跨国公司总部的严格控制。不过，近几十年来，越来越多的跨国公司在全球范围内配置研发资源，研发国际化得到迅猛的发展。同时，为了提高在全球市场上的竞争力和盈利能力，跨国公司也正在加大在全球范围内进行技术转移的力度。

7.1 跨国公司全球研发资源配置

7.1.1 研发与研发全球化

1. 研发的含义

研发（research and development，R&D）是技术创新最核心的内容。近几十年来，由研发推动的技术变革和创新一直是生产率提高和社会福利增加最主要的来源。

根据经济合作与发展组织的界定，研发是由下述创造性活动构成的："在系统化基础上进行的活动，目的是增加知识存量，包括人、文化和社会的知识，以及为了设计新的应用而对知识存量的使用。"美国国家科学委员会（NSB）则进一步将研发明确界定为"涉及新知识、科学与技术不确定性的解决方法。它包括基础研究和应用研究以及试验开发活动"。其中，基础研究的目标是获得更广泛的知识或者是对研究对象更广泛的理解，而没有特定的应用目的；在产业当中，基础研究被定义为一种没有特定直接商业目的、推动科学知识的研究。应用研究的目标是为了满足特定的、认识到的需要而进行的获取知识或产生理解的活动；在产业中，应用研究包括为了发现在产品、流程或服务方面具有具体商业目标的新科学知识而开展的研究。而试验开发是对知识或理解的系统性应用，这些知识或理解来自直接针对有用的材料、设计、系统或方法的生产而进行的研究，包括原型和流程的设计与开发。

除了经合组织和美国 NSB，其他一些国际组织和国家也对研发进行了界定，这些界定基本上都将研发划分为上述三项活动，只是在这三项活动的具体内容上存在细微的差异（见表 7—1）。

表 7—1 不同国际组织和国家对研发的界定

组织/国家	基础研究	应用研究	试验开发
联合国教科文组织	主要是为获取关于现象和可观察的事实的基本原理的新知识而进行的试验性或理论性工作。	是为获得新知识而进行的创造性研究。它主要针对某一特定的实际目的或目标。	利用从研究和（或）实际经验获得的现有知识，为生产新的材料、产品和装置，建立新的工艺、系统和服务，以及对已生产和建立的上述各项进行实质性的改进而进行的系统性工作。
经合组织	是以知识进步为目的的研究，不考虑特定的实际应用。	是以知识进步为目的的研究，考虑特定的实际应用。	是以利用基础研究和应用研究的成果，引进新材料、装备、产品、系统和工程或对现存的东西改良为目的的研究。
美国	没有特定的商业目的，是以科学知识进步为目的的研究。	具有对产品和工程的特定的商业目的，以及以科学知识进步为目的的研究。	对有关产品、工程的研究成果以及这些成果的一般性科学知识等技术活动的研究。
英国	为知识进步的研究。	考虑一般性或特殊应用的研究。	以特定产品的试制或改良为目的的研究，包括标准化和工厂试验。
中国	主要为获得关于现象和可观察事实的基本原理的新知识而进行的试验性或理论性工作，它不以任何特定的应用或使用为目的。	主要是为获得新的知识而进行的创造性研究，它主要针对某种特定的实际目的或目标。	利用从基础研究、应用研究和实际经验获得的现有知识，为生产新的材料、产品和装置，建立新的工艺、系统和服务，以及对已生产和建立的上述各项进行实质性的改进而进行的系统性工作。

资料来源：李蕊：《跨国公司在华研发与中国技术跨越式发展》，17～18 页，北京，经济科学出版社，2004。

2. 研发全球化与跨国公司全球研发资源配置

20 世纪 90 年代以来，随着经济全球化的不断发展，研发全球化的趋势也得到不断加强。研发全球化具有多层含义，可以归纳为六个方面：第一，某一主体的研发活动在两个或两个以上国家或地区之间展开，因而具有国际性，如跨国公司不仅在多国或地区从事生产经营，而且在不同国家或地区从事不同的研发活动，这是研发全球化最主要的内容；第二，同一研发项目需要不同国家或地区的企业或政府研发机构与大学协同努力才能完成，如各国派研究人员参加国际组织或其他主体（如企业）主持的研究项目；第三，不同国家的研发主体通过正式或非正式的协议或渠道，形成一定的合作关系，共同开展研发活动，如跨国公司为了使各自的优势发挥协同作用，产生更大的优势效应，以便优势互补、共享技术成果和共担风险，因而形成花样繁多的技术战略联盟；第四，研发成果在国际上扩散的速度加快，技术生命周期不断缩短；第五，国际性研发机构的出现，如欧盟、经合组织就设有此类研发机构；第六，研发项目资金的国际性筹措和支持。

跨国公司是研发全球化最主要的推动者。传统上，研发是跨国公司的核心职能之一，也是跨国公司全球竞争优势的主要源泉。长期以来，为了防止创新技术的外溢，保持在国际竞争中的技术领先优势地位，跨国公司普遍将其研发活动集中于母国，置于公司总部的严格控制之下。然而，自 20 世纪 80 年代以来，特别是进入 20 世纪 90 年代之后，随着经济全球化的迅猛发展和国际竞争的日趋激烈，一些颇具实力的大型跨国公司为了适应世界市场的复杂性、产品的多样性以及不同国家消费者偏好的差异性等要求，同时也为了充分利用世界各国现有的科技资源，降低新产品研制过程中的成本和风险，一改以往以母国为研发中心的传统布局，根据不同东道国在人才、科技实力以及科研基础设施上的比较优势，在全球范围内有组织地安排科研机构，从事新技术、新产品的研发工作，实现研发资源的全球配置，从而促使跨国公司的研发活动日益朝着国际化、全球化的方向发展。

全球观察 7—1

摩托罗拉海外研发投资快速发展

随着企业国际化战略的实施，摩托罗拉的海外研发投资快速发展。摩托罗拉先后在北美、欧洲、亚洲、南美以及大洋洲建立了研发基地。摩托罗拉的研发机构主要集中在美国、西欧以及东南亚地区，也就是当前信息技术发展比较迅速、科技水平较高的地区。在摩托罗拉实验室、全球软件集团和摩托罗拉发展中心这三类研发机构中，实验室的数量是最少的，只有 12 个，其中有 5 个位于美国，有 2 个位于中国。此外，摩托罗拉在日本、英国、法国、德国以及印度等 5 个国家也各建有 1 个实验室。与实验室的密集分布不同，全球软件集团比较广泛地分布在美国、以色列、阿根廷、中国、日本、印度、澳大利亚、马来西亚、新加坡、俄罗斯、波兰、意大利、英国以及加拿大等 14 个国家。同时，摩托罗拉发展中心的分布与全球软件集团的分布比较一致，几乎在所有建有软件集团的国家都设有发展中心。

资料来源：黄兆银：《R&D 全球化研究》，257～258 页，武汉，武汉大学出版社，2006。

7.1.2　跨国公司全球研发资源配置的驱动因素

跨国公司全球研发资源配置的驱动因素基本上可以归纳为四类，即需求方因素、供给方因素、政治法律因素和其他因素，其中每类因素又包含若干种具体的子要素。

1. 需求方因素

需求方因素指的是跨国公司为了从现有技术当中获得最大收益、提高在东道国市场上的竞争力、扩大市场份额而对现有技术进行的一种适应性调整和利用。只要跨国公司感觉自己拥有相对于竞争对手的技术优势，而且这些优势可以在东道国应用，那么它们就会进行研发方面的投资。

需求方因素可以细分为四类：（1）对产品进行调整使之适应东道国市场的需

求；（2）针对东道国市场的特殊需要开发新产品；（3）对设置在东道国的制造工厂的生产流程进行调整；（4）为母公司设立在东道国的制造、销售或服务机构及与之相关的东道国其他机构提供技术支持。

在这类因素驱动下设立的研发机构一般称为支持性实验室，也就是对位于总部实验室开发出来的产品进行调整和适应，开发出满足当地需要的产品；为中间商和用户提供技术服务；向当地的工厂转移和调整技术，解决生产中出现的问题；关注在生产过程中可能出现的不可预见的技术问题；为供应商提供技术支持。

已有研究发现，根据当地条件在产品和流程方面进行适应性研发一直是跨国公司海外研发的主要形式。不过，需要指出的是，适应性研发必须具备一定的条件才会有经济上的合理性。这些条件包括：东道国的市场环境必须与跨国公司的母国存在很大差别；东道国的国内市场或在东道国为了出口而从事的生产规模必须足够大；东道国必须拥有研发所必需的人力资源和制度框架。

2. 供给方因素

供给方因素指的跨国公司进行全球研发主要是为了通过创造新的知识和技术来保持其竞争优势。从全球范围来看，跨国公司的竞争力正在越来越多地依赖它们在不同地区设立研发机构、从当地获取知识和能力的能力。众多的案例研究也表明，企业在海外进行研发投资，相对于利用现有的竞争优势，更多的是获取新的优势或者有助于其保持、推进全球竞争能力的补充性知识。

供给方因素可以细分为六类：（1）监测海外技术的发展；（2）吸收当地的技术溢出，跟上技术前沿的发展；（3）获取当地的研发资源，特别是科学家与工程师；（4）与当地大学、研发机构建立联系，进行合作；（5）开发新产品与新流程；（6）创造新的科学与技术知识。

特别需要指出的是，利用海外科技人员已经成为吸引跨国公司在海外进行研发投资的重要原因。一份针对在美外资研发中心的研发发现，获取人力资本尤其是科学与技术人才，是外国在美国设立研发实验室的核心动机。

3. 政治法律因素

东道国和母国的某些政治因素也会推动跨国公司进行研发资源的全球配置。一些东道国政府会将跨国公司在本国设立研发机构作为允许跨国公司投资、使用本国资源或参加本国政府采购的先决条件。而面对东道国政府的压力，企业也会通过设立研发机构以做出某种姿态表明自己是当地社会的一员。此外，东道国政府也会通过诸如税收、研发补贴之类的手段为跨国公司在本国的研发机构提供财务和其他方面的激励措施。

一些跨国公司从事海外研发是为了摆脱母国在某些技术开发领域所施加的限制。例如，一些欧洲公司由于在本国受到法律的限制而将某些生物技术的研发转移到美国进行，许多美国的生物医疗设备企业之所以会在海外从事研发和临床测试，也主要是因为美国国内的法律对此有很多限制，存在很高的法律风险。

4. 其他因素

除上述三类因素，其他一些因素也会推动跨国公司研发资源的全球配置。

首先，技术和组织上的进步能够减少知识跨境流动的限制并促使企业研发实现国际化。例如，ICT 技术的进步使得远程的信息交流速度更快，价格更便宜，信息量也更大；某些类型研发的“模块化”使得跨国公司能够对产品和服务的研发流程进行分解，以提高效率、降低成本。

其次，全球范围内的跨国并购也对研发资源的全球配置产生了重要影响。跨国公司在并购国外企业之后，通常会将现有资源在全球范围内重新整合。其中，被并购企业的研发资源将纳入跨国公司的全球研发体系，根据跨国公司的全球战略部署在世界范围内重新配置。

7.1.3　跨国公司全球研发资源配置的产生与发展

跨国公司全球研发资源配置的发展历程可以划分为四个阶段。其划分的依据是每一阶段驱动因素的差异、在海外所从事研发活动类型的不同以及对东道国潜在影响的不同。

1. 研发全球化的开始阶段（20 世纪 60 年代）

20 世纪 60 年代以前，跨国公司很少在海外从事研发活动。从 60 年代开始，一些跨国公司开始在海外设立技术转移单位，其主要的目的是为了更好地进入海外市场而对产品和流程技术进行调整，使之适应当地条件，满足持续提供技术服务支持的需要。这一阶段中所涉及的产业主要是机械、电子与工程，其中包括汽车产业。

2. 国际研发的增长阶段（20 世纪 70 年代）

20 世纪 70 年代，跨国公司开始加大在海外从事研发的力度。在这一阶段，主要的推动力量是增加在海外市场上的份额。而为了增加份额，就要求跨国公司对东道国市场与本国市场的差异更为敏感，为当地市场开发新的、改进的产品，以便推动竞争能力的提高。此外，东道国政府利用规定国产化含量、再出口或工厂区位等方面的强制性要求，客观上也迫使跨国公司通过在当地设立研发机构以增加技术转移。在这一阶段，越来越多的位于东道国的研发机构建立起来，所涉及的产业主要是品牌化的包装类消费品产业以及化工产业等。

3. 研发从国际化到全球化（20 世纪 80 年代）

跨国公司在海外所从事的研发的性质和范围自 20 世纪 80 年代以来发生了很多重要的变化。级别更高的研发机构如区域性的海外研发机构、全球性的海外研发机构和公司层面的海外研发机构都在研发国际化的第三次浪潮当中出现，海外研发被当作公司长期战略的一部分。因而，从国际化到全球化这一称谓的改变，反映了第三个阶段与前两个阶段的不同之处，即跨国公司的研发资源配置呈现出强烈的全球一体化色彩。这一现象背后的主要驱动因素是：第一，竞争日益在国际范围内展开，使企业有必要通过广泛的海外研发来获取新的知识；第二，新技术日益以科学为基础，使得企业寻求技术的多重来源大有必要；第三，跨国公司组织结构日趋合理，使其有能力协调全球性的研发网络。这一阶段所涉及的产业主要包括微电子、制药、生物技术和新材料。

4. 研发全球化的演化模式（20 世纪 90 年代以来）

20 世纪 90 年代以来，研发资源全球配置的关键驱动力量是跨国公司对熟练科学家的需求日益增加以及研发成本的不断上升。这些驱动因素使得研发全球化进入了第四个阶段。在与电子、汽车和计算机辅助开发/制造等相关的工程领域，对研究人员的强烈需求迫使跨国公司不得不拓宽其研究网络以便利用更大地理范围内的科研人才。此外，跨国公司也对不同国家之间研发投入成本的差异很敏感，越来越倾向于在像中国、印度这样的发展中国家开展研发活动，因为这些国家有大量在科学技术方面受过培训的人员可以使用，而且相对于发达国家来说其工资明显低很多，所涉及的产业是微电子、生物技术、制药、化学和软件等。

7.1.4 跨国公司全球研发资源配置的特征

近年来，跨国公司海外研发投资的数额迅速增加，海外研发机构的数量和规模不断扩大，作为研发成果形式之一的专利的国际化程度日益提高，与此同时，国际技术联盟也呈增加之势。

1. 跨国公司海外研发投资的数额迅速增加

加大对国外研发的投入已成为发达国家跨国公司实施全球经营战略的一个重要组成部分。这一点已经得到大量实证研究的证实。调查显示，跨国公司在海外的研发支出占总支出的比重从 20 世纪 90 年代以来持续增加。例如，美国跨国公司在海外控股的分支机构所进行的海外研发支出逐年增加，2002 年达到 211 亿美元，占跨国公司总研发支出的 13.3%，而 1994 年这一比重只有 11.5%（见表 7—2）。从增长速度来看，跨国公司在海外分支机构的研发支出年均增长 7.5%，而在美国国内的研发支出年均增长率则为 5.3%。

2. 海外研发机构的数量和规模不断扩大

为了更好地给参与国际竞争的海外子公司提供技术支持以及更充分地利用全球技术资源，跨国公司越来越多地将研发机构的区位配置于海外。2004 年，跨国公司共有海外研发机构 2 600 家，其中约 70%位于所谓的三极区——美国、日本和欧盟，另外 30%则分布于各个发展中国家尤其是亚洲发展中国家。在三极区，美国是跨国公司海外分支机构的聚集地。1994—1999 年，来自海外的跨国公司在美国设立的研发机构从 306 家增加到 715 家。

在海外分支机构迅速增加的同时，这些研发机构所雇用的研发人员数量也不断增加，机构规模不断扩大。以美国为例，在 20 世纪 90 年代，跨国公司在美研发机构所雇用的人员数量在 1993 年、1996 年分别为 105 200 人和 115 700 人，呈明显上升的趋势。进入 21 世纪以来，这一趋势依然不减。

全球观察 7—2

微软在中国成立中国研发集团

微软公司在中国早已设立了研究院，但为了进行更高水平的研发，2006 年 1 月 18 日微软公司宣布在中国成立微软中国研发集团。微软中国研发集团将整合微软公司以往在中国的全部研发机构，这些研究机构包括微软亚洲研究院、微软亚洲工程院、微软中国研发中心、微软中国技术中心、微软互联网技术部（中国区）、微软亚洲硬件技术中心及其他分布于北京、上海、深圳的各类产品研发机构。

微软中国研发集团最大的特点是把微软公司原先分散在中国的基础研究机构、技术孵化机构、技术本土化机构、技术产品化机构整合在一个体系内。在微软家族里，这样捆绑在一个体系内的研发集团只在中国才有，目标是这个集团要成为在美国本土以外最完备、实力最雄厚的核心研发基地。微软中国研发集团的员工将由 800 人扩充到超过 3 000 人。

资料来源：黄兆银：《R&D 全球化研究》，257～258 页，武汉，武汉大学出版社，2006。

3. 专利的国际化程度日益提高

专利是测度研发产出的重要指标，因而也是衡量研发国际化的重要指标。同其他技术指标相比，专利指标虽然有无法涵盖所有发明、不同产业和技术领域申请专利的倾向性不同、被授予专利的技术重要性存在很多差别等缺点，不过，由于其有长期的资料、可以根据地理区位和技术领域进行详细的统计分类，因而可以作为一项重要的指标来考察研发的国际化。

从总体来看，专利正在呈现日益全球化的趋势。虽然美国拥有的专利依然在美国的全部专利中占据主导地位，不过，外国在美国的专利正在以更快的速度增加，美国成为跨国公司专利申请最多、最集中的地区，根据约翰·哈奇道恩的研究，1945—1990 年，美国政府授予外国居民的专利占其所授专利总数的比例从 8.2%增加到 19.9%。从世界最大跨国公司在美国注册的专利的地理来源来看，各大跨国公司来自海外的专利所占的比例已经相当之高，尤其是欧洲国家。在世界 569 家最大的跨国公司中，比利时、荷兰、瑞士、英国的跨国公司在美国所申请的专利中，来自海外的比例均超过 40%，分别达到了 62.8%，57.8%，46.7%和 42.1%。

4. 国际技术联盟呈增加之势

国际技术联盟是跨国公司突破内部现有资源和能力的限制，充分借助企业外部网络和资源来扩展、提升和创造企业技术能力的一种重要方式。与设立海外研发机构这一形式相比较，技术联盟的成本较低，限制因素更少，因而正在成为一种日益普遍的研发国际化方式。20 世纪 80 年代以来，跨国公司之间组建的国际技术联盟数量急剧增加。以美国为例，1982—1993 年在新材料、信息和生物工程等关键技术领域对外建立的技术联盟就多达 450 个。

目前，技术联盟主要存在于北美地区的合作伙伴之间、欧盟与北美地区企业之间以及欧盟企业之间。不过，美国、欧盟与亚太地区企业之间的技术联盟也在日渐增多。特别是美日企业之间的技术联盟发展迅速，目前主要存在于信息业领域。例如，惠普公司与日本佳能公司在打印技术方面结成了联盟；美国 AMI 公司与日本富士通公司在开发快闪芯片技术上进行了联盟；英特尔与夏普也进行了类似的合作。

7.1.5 跨国公司全球研发资源配置的趋势

1. 跨国公司海外研发投资将持续增加

加大海外研发投资的力度是跨国公司近年来全球研发战略的一个重要趋势。在美国、英国和其他较小的欧洲国家，跨国公司从 20 世纪 80 年代开始大规模地进行海外研发，到 90 年代以后，这种趋势呈加快之势。以美国为例，美国企业在海外的研发支出从 1986 年（46 亿美元）到 2000 年（198.6 亿美元）增加了 3 倍，超过了美国公司在国内研发支出的增加速度。进入 21 世纪之后，2002 年美国跨国公司控股的海外企业在海外从事的研发投资为 212 亿美元，经过通货膨胀调整之后，比 2001 年增加了 5.6%。

来自日本、德国、法国、意大利和西班牙等国的跨国公司研发国际化开始时间要晚得多，海外研发的支出从 80 年代中期呈增加之势，占全部研发支出的比重呈现出海外研发日益增长的趋势。

UNCTAD（2005）的调查也进一步证实了这一趋势。在对世界上研发支出最多的 700 家跨国公司进行的调查中，多达 69%的应答者声称它们在海外研发的比重将会增加；只有 2%的企业给出了否定答案；剩下的 29%预计研发国际化的程度将保持不变。

2. 发展中国家作为东道国的地位不断提升

传统上，跨国公司的海外研发投资和海外研发分支机构主要集中在发达国家。不过，近年来，一股以发展中国家为目标的研发投资浪潮正在涌现。2002—2004 年全世界 1 773 项研发方面的对外直接投资项目中，大部分（1 095 项）是在发展中国家、东南欧和新兴工业化国家进行的，其中亚洲发展中国家和大洋洲就占了将近一半（861 个项目），主要是在印度和中国。

UNCTAD 对研发支出最多的跨国公司所进行的调查证实了发展中国家作为研发投资东道国越来越明显的重要性。中国已成为跨国公司第三大研发投资目标国，接下来是印度（第 6）、新加坡（第 9）和巴西（第 11）。在该调查中，中国是提及次数最多的未来研发投资的东道国，其次是美国，印度名列第三。俄罗斯也名列未来研发投资目标国的前十位。其他至少被 2%的跨国公司提及的还有韩国、新加坡和泰国等。

3. 越来越多的发展中国家或地区在海外设立研发单位

来自发达国家的跨国公司一直是海外研发投资的主要实施者。不过，越来越多的发展中国家或地区的跨国公司也在海外开展研发活动。目前，进行海外研发投资的发展中国家跨国公司主要是来自亚洲的印度、韩国、中国、新加坡和马来西亚等。

不过，总体来看，发展中国家或地区的海外研发投资仍处于起步阶段，大部分研究集中在向海外发展中国家市场进行技术转移以及提高吸收来自海外的先进技术的能力上。此外，发展中国家或地区主要跨国公司的技术密集度往往比较低，大量的研发投资集中在诸如不动产、石油开采、采矿和原材料这样的自然资源行业。由于缺乏科技资源和本国市场对高级、昂贵技术产品的需求较低，这些国家或地区的企业开展研发的动力相对不足，这在一定程度上也限制了其对外研发投资的增长。

全球观察 7—3

韩国企业的全球研发投资

韩国跨国公司在海外设立研发机构始于 20 世纪 90 年代。2005 年，韩国工业技术协会的一项调查发现，韩国企业在海外设立了 60 个研发中心，美国是其主要的投资目的地（17 个研发中心），其后依次是中国（15 个）、日本（7 个）、俄罗斯（5 个）和德国（5 个）。2000 年以来新建的 15 个研发中心大部分在中国（12 个）。在世界上研发投资最大的 700 家跨国公司中，韩国有 3 家，分别是三星电子（世界排名第 33 位，发展中国家研发投资最大额企业）、大宇汽车（世界排名第 95 位）和 LG 电子（世界排名第 110 位）。其中，三星电子 2003 年研发支出占销售收入的 8%，其 16 个研发中心中的 10 个建在海外（中国、印度、以色列、日本、俄罗斯、英国和美国），其全球研发网络主要从事数字多媒体、通信、数字产品和半导体等领域的新技术开发。该公司还通过与索尼、IBM、惠普和微软等公司组建战略联盟开展合作项目。

资料来源：刘云主编：《跨国技术创新研发国际化的组织模式及影响》，39 页，北京，科学出版社，2007。

4. 海外研发投资的供给方因素越来越重要

海外研发的理论一直强调需求方因素的重要性，认为海外研发投资主要是为了对产品进行调整使之适应海外市场的需求以及为海外制造设施提供技术支持。弗农就曾经提出，企业在母国开发出新产品或流程后，将向海外出口或在海外生产，这一过程不可避免地将涉及一些海外研发活动，主要是对产品或生产流程进行调整，使之适应当地市场的条件。不过，最近的研究指出，供给方因素在激励海外研发投资方面的作用日益重要，越来越多的跨国公司进行全球研发是为了通过创造新的基础资产和能力来保持其竞争优势。

以美国跨国公司为例，达尔顿和塞拉皮欧（1999）认为需求和供给因素都是驱动美国跨国公司对外研发直接投资的重要原因。“不过，有两个重要趋势需要注意：第一，供给方因素的影响越来越重要，在电子产业尤其如此。美国对外研发投资的目标现在更多的是获取新技术、提高母公司的全球创新能力。第二，一些海外研发投资的目标一开始是支持当地市场的制造、销售和服务，现在，这些机构正在成为区域性研发机构。”

坎特维尔（1999）对在英国设立研发机构的美国公司专利申请情况的研究也表明，在英国从事研发的美国公司的产业分布，已经从传统意义上的母国具有技术优势的产业向英国当地公司具有技术优势的行业转变，其目的是利用英国特有的技术诀窍和技能以增强母公司的技术实力。这表明美国跨国公司的海外研发机构的功能正在由传统的为母公司的技术转移服务向为母公司寻求技术转变。

7.2 跨国研发机构的类型与组织模式

7.2.1 跨国研发机构的主要类型

跨国研发机构的类型随跨国公司的全球战略以及海外研发活动的职能和动机的不同而不同。很多学者通过对不同样本的调查，从不同的角度对此进行过研究，并提出了不同的分类方式。

1. 基于跨国研发机构的职能的分类

从跨国公司海外研发机构所承担的职能来看，这些机构可以划分为以下四种类型。

（1）当地适应性研发机构。这种机构也称作技术支持机构、技术转移机构，其主要职能是将母公司的研发成果转移到位于海外的子公司，为在当地的生产和经营活动提供技术支持，研发活动的重点是吸收从母公司转移而来的先进技术并结合当地具体情况进行适应性调整，以便支持当地产品和工程部门更有效地利用已有技术。

（2）当地综合实验室。这种机构也称作本土技术机构和国际独立实验室，这类机构承担的职能比当地适应性研发机构更多、更复杂，可以针对当地或区域性市场进行技术开发。它们与跨国公司在当地的生产设施保持密切联系，通常是当地适应性研发机构的自然演进。

（3）国际研发中心。这种机构也称作国际性的相互支持的实验室或全球技术机构，是跨国公司在海外开展研发活动最高级别的机构，与其在母国以及其他国家的核心创新机构处于同等地位。这类机构一方面从事基础研究和应用研究，服务于母公司的长期发展目标；另一方面也开展着眼于全球市场的产品或工艺开发，为母公司的全球性技术发展战略提供支持。它们可能由当地综合实验室发展而来，并与东道国的生产保持密切联系，也有可能是独立于当地的生产单位，并与当地的创新资源和创新网络相连接。

全球观察 7—4

通用汽车在巴西：从适应性调整到全球创新型研发

通用汽车在巴西南部的圣卡伊塔诺工厂有一个重要的研发中心。成立于1960年的该中心一开始只是将通用的汽车和零部件进行适应性调整，以使之适应巴西的环境。到20世纪80年代末期，该中心已经成为一个大型实验室，研发重点是针对东道国市场进行各种研发项目。到90年代后期，巴西通用汽车在设计适应当地条件的通用汽车型号——如 Opel Corsa 轿车、Corsa 皮卡和 Astra 轿车中，已经积累起自己的技术专长。产品开发工程团队的培养和当地基础设施的完善使得巴西通用汽车能够在 Blue Macaw 车型的研发中承担更多的工作，该车型产生于 Celta 车型。

1996 年之后，通用汽车也将其巴西研发中心的使命从为当地服务提升为面向国际市场服务：巴西通用汽车担负着为全球市场设计新汽车的职责（Meriva 微型卡车）。汽车厂商通常的战略是在现有车型的基础上设计延伸车型，巴西通用汽车没有采用这种战略，而是承担起一项名为“全球衍生”的更复杂任务，其特点是为全球市场而非本地设计新车型（Consoni 2004）。

在巴西，现在有大约 1 000 位雇员进行产品开发工作，其中大约 500 位从事的是工艺流程的研发。从通用汽车全球的研发活动来看，这些活动的重要性并不突出，不过，它显著增加了巴西研发团队的责任和自主性。现在，巴西通用汽车与美国、欧洲和亚洲的通用汽车分支机构在为通用汽车公司在全球设计和生产新车辆及开展其他核心活动而彼此竞争。

资料来源：UNCTAD，Transnational Corporations and the Internationalization of R&D United Nations，In *World Investment Report*（2005），New York and Geneva，2005.

（4）技术跟踪与监测机构。这种机构通常设立在发达国家，主要职能是跟踪和监测相关技术领域的发展、动态和前沿，为母公司提供技术方面的信息。在没有独立研发机构的情况下，跨国公司其他部门也可能会开展这方面的活动。

2. 基于跨国研发机构的动机的分类

从跨国公司海外研发机构设立或存在的动机来看，这些机构可以划分为以下四种类型。

（1）技术寻求型研发机构。技术寻求型研发机构指的是跨国公司在具有技术优势的东道国设立的研发单位，目的是利用东道国的技术优势、弥补公司在母国存在的不足。在某一技术领域内，当母国处于相对不利的地位而东道国具有相对优势时，跨国公司会设立这种研发机构。

（2）以母国为基础的利用型研发机构。以母国为基础的利用型研发机构是跨国公司为了对海外子公司提供技术支持而设立的研发机构，其研发活动建立在母公司技术的基础上，目的是帮助制造技术向海外市场转移，同时为海外顾客提供相关的技术服务。这种单位又可以进一步划分为国际营销支持单位和国际制造支持单位，前者指的是对已有的产品技术进行调整使之满足特定海外顾客的需要以及/或者帮助海外顾客使用这种技术，而后者指的是使现有的流程适应特定海外条件的要求。在某一技术领域内，当母国具有相对优势而东道国处于相对劣势时，跨国公司会设立这种研发机构。

（3）以母国为基础的增长型研发机构。以母国为基础的增长型研发机构是跨国公司为了监测或获取对企业已有的技术形成补充的新技术，以便提升企业现有的技术水平和知识存量而建立的研发机构。这种机构也称为战略资产寻求型研发机构，其目的一方面是获得海外先进的技术，另一方面是吸收当地机构和企业的技术溢出。在某一技术领域内，当母国具有相对优势而东道国也处于相对优势地位时，跨国公司会设立这种研发机构。

全球观察 7—5

在韩外资分支机构的创新型研发：微软、西门子和飞利浦

韩国近年来吸引各类主要的跨国公司在其境内设立了创新型研发中心。

2005 年 3 月，美国软件厂商微软在其韩国总部——位于首尔的韩国微软设立了移动创新实验室，以便开发无线设备技术。该公司致力于为下一代移动设备开发软件。微软计划在未来的 3 年内在该研发中心投资 3 000 万美元，雇用 30 名研发人员。

德国电子和信息通信公司——西门子于 2004 年 6 月宣布，它将在未来的 5 年内在韩国投资 11 900 万美元设立研发机构。该投资将在该国设立一个前沿性的信息系统和网络设备基地，并为全球市场开发产品。到 2004 年 6 月初，西门子已经投资了 4 500 万美元，购买了 Dasan 网络（韩国）38.7%的股份，成为该公司最大的股东。西门子正在将 Dasan 建设成为一个研发中心，并向包括欧洲国家、美国和亚洲国家在内的全球市场分销售通信和网络设备。

1999 年，荷兰的皇家飞利浦公司出资 16 亿美元收购了 LG 的液晶显示器（LCD）分部。该合资公司计划总投资额为 100 亿美元，2006 年在京畿道的坡州建设占地 408 英亩的 LG-飞利浦工厂。在建设生产线的同时，LG-飞利浦计划设立一个研发中心，以便开发下一代电视技术。

资料来源：UNCTAD，Transnational Corporations and the Internationalization of R&D United Nations，In *World Investment Report*（2005），New York and Geneva，2005.

（4）市场寻求型研发机构。市场寻求型研发机构大多是跨国并购的产物，也就是跨国公司在实施海外并购后，虽然可以选择关闭所收购企业的研发单位，但是出于政治因素可能会将其保留下来，以便获得东道国政府的支持，更好地开拓东道国的市场。在某一技术领域内，与其他国家相比母国处于相对劣势地位而东道国也处于相对劣势地位时，有可能会存在这类研发机构。

7.2.2 跨国公司研发国际化的组织模式

瑞士学者加斯曼（Gassmann）和泽德维兹（Zedtwitz）通过对 33 家跨国公司海外研发机构的调查，发现跨国公司研发国际化的组织模式是由研发地点的分布与研发活动之间潜在的协作关系决定的，研发机构的行为导向和竞争环境的不同导致它们采取了五种不同的组织模式。

1. 母国集中型研发

母国集中型研发是指跨国公司将所有研发活动都集中在母国，不在海外进行任何研发活动。这种模式一般在跨国公司国际化经营的早期采用，公司依靠位于母国的研发中心不断创造新技术和新产品，随后在其他地方生产，并向全世界销售。采取这种组织模式的跨国公司一般拥有远远领先于其他国家的“核心技术”，为了保护本国技术不致泄露，跨国公司将所有研发活动集中在母国进行。例如，20 世纪 80 年代，日本钢铁公司虽然受到来自低成本国家和地区的竞争压力，但该公司还是将几乎全部的研发活动集中在本国，在东京附近设有 4 个公司中心实验室（约有 1 000 名研发人员），7 个国内的炼钢厂也设有研发部门（约有 150 名研发人员），这些研发机构主要支持工厂生产以及为客户提供技术支持。

这种模式主要适用于那些面向全球开发标准化产品、不考虑地区市场差异且母国拥有必需技术的跨国公司。其优点是可以有效防止技术外溢，同时获得规模化和专业化所带来的高效率，从而降低研发成本，缩短研发周期。此外，研发人员在地理上相对集中，有利于研发人员之间的信息交流，并在研发前景和价值观方面达成共识。跨国公司也可以采用统一的管理制度，这样有助于加强对研发活动的控制。

不过，这种模式也有明显的缺点，主要表现为：第一，缺乏对来自海外市场和外国技术发展的认识和了解；第二，对海外市场的需求缺乏足够的考虑；第三，不利于吸收和利用海外其他企业的技术创新成果；第四，组织结构容易僵化。

2. 全球集中型研发

随着经济全球化的不断发展，跨国公司在市场和竞争力方面对海外区位的依赖性增强，仅仅在母国进行研发已经无法适应日益国际化的需要。一些跨国公司在母国集中型研发的基础上向外拓展其研发活动，逐渐形成了全球集中型的研发组织模式。全球集中型研发组织模式既保留了母国集中型研发组织模式的效率优势，同时又兼顾到了国际化市场的需要，在将大部分的研发活动集中在母国的同时，根据国际化的需要，在海外设立相应的研发机构，以便跟踪国家市场需求变动，与其他国家进行研发合作，并与当地的制造商、供应商和消费者保持密切的联系。这种研发组织模式虽然仍然是国内集中研发，但是已经开始出现地理上的延展。

20 世纪 90 年代初，日产汽车采用的就是全球集中型研发组织模式。在针对欧洲市场开发宝利（Primera）汽车的过程中，日产公司设立了西欧核心项目小组，组织日本上百名工程师为西欧小组的工作提供支持，这些工程师经常访问欧洲，并对欧洲文化有所了解，对于宝利在欧洲市场的成功上市发挥了重要作用。

全球集中型研发是一种既兼顾国际化需要，又能获取母国集中研发优势的组织模式。这种模式要求母公司的研发人员能够根据国际市场的需要灵活调整自己的行为方式，并对海外市场的偏好、标准等给予充分的重视。需要指出的是，全球集中型研发组织仍然是一种不完全的研发国际化组织方式，并不能很好地适应日益全球化的国际市场发展的需要。

3. 多中心分散型研发

在跨国公司越来越重视本土化的今天，淡化母国特征、逐渐融入当地经济和社会环境已经成为跨国公司在东道国分支机构普遍的战略选择。特别是对那些以海外地区市场为导向、生产区域性差异产品的跨国公司来说，为了更好地满足当地消费者的需要，必须将越来越多的研发活动放到东道国进行。此外，东道国出于对本国产业发展的考虑，也鼓励跨国公司将高附加值的研发环节转移到本国。在这种情况下，跨国公司将其研发职能分散到位于全球的多个中心，每个中心负责当地的研发活动，并对当地的经营管理层负责。这种多中心分散型研发组织模式的特征是海外研发机构具有高度自主性，独立开展研发工作，从而形成研发机构的分散联邦，母公司研发中心不对其实行直接的监管，而是通过协调各海外分支机构的活动实现技术创新的总体战略。

荷兰皇家壳牌石油公司在 20 世纪 80 年代曾经采用这种组织模式。当时它在全球范围内设有 15 家研发机构，每年投入的研究经费高达 7 亿美元。壳牌的研究部门主要由设立在伦敦、海牙的研究协调机构，壳牌集团实验室，壳牌试验研究组织和壳牌营运公司实验室等 4 大部分组成。阿姆斯特丹中心实验室以及 7 个集团实验室分别设在荷兰、英国、法国、比利时和德国，这些实验室直接向壳牌集团的研究协调员报告工作，由集团的研究协调员统一协调、规划公司的研发活动。在美国，壳牌主要在威斯特霍罗从事石油化工方面的研发，其他运营公司在加拿大、法国、日本、德国也设有研发机构。

多中心分散型研发组织模式的优势是具有明显的当地市场导向，但也存在突出的问题，主要表现为各区域研发中心的协调比较困难，而且各区域研发中心之间以及与集团中心实验室之间缺乏及时、有效的沟通和交流，有时多个研发中心的研究内容重复，导致研发资源浪费和公司整体研发效率低下。

全球观察 7—6

位于新加坡的雀巢研发中心

像食品和饮料这类文化敏感性高的产品的开发最好是在当地进行，为此，雀巢（瑞士）1979 年在新加坡建立了研发中心，作为其全球研发网络的一部分。其主要职能是开发亚洲风格的方便食品，以适应亚太地区各种烹饪和食用习惯。

该研发中心的主要活动集中在面对亚洲和全球开发新的大米、谷物和面食，具体包括：通过发酵和生物酶反应开发新口味的食品；利用传统的食物成分、调料和香草为亚太地区开发新的调味和烹饪辅料。该中心能够有效利用雀巢全球研发网络所创造的科学知识以及与产品开发有关的特定知识。

资料来源：UNCTAD，Transnational Corporations and the Internationalization of R&D United Nations，In *World Investment Report* (2005)，New York and Geneva，2005.

4. 轴心型研发

轴心型研发组织模式是在综合全球集中型和多中心分散型两种研发组织模式优点的基础上形成的一种新的研发组织模式。在这种组织模式下，跨国公司一般将母国的主要实验室作为研发组织的轴心，从事相关技术领域的前沿性和基础性研究，并在关键技术领域建立全球领先地位。海外研发机构的主要任务是在相关技术领域监测国外技术的发展动向，即使从事一定的研发活动，也是在中心实验室的规划调配下，根据公司的技术研发总体框架和全球资源配置的要求开展工作。研发中心通过对长期研究活动的规划和各种资源要素的配置，来协调分散的研发活动。这种模式有利于合理配置研发资源，有效实施技术转移，并保持长期的技术竞争优势。海外研发机构可以是独立法人实体，拥有自己研发成果的知识产权。

20 世纪 90 年代的戴姆勒-奔驰公司是一家典型的采用轴心型研发组织模式的跨国公司。该公司在德国的斯图加特设有公司研发中心，并通过收购或内部重组将德国的其他几个研究基地整合到公司的研发系统中。从 1995 年开始，戴姆勒-奔驰公司开始在海外建立研发机构，分别在美国的帕罗·阿托、印度的班加罗尔、中国的上海以及波兰设立研发机构，并在俄罗斯和日本设立了技术监测站。

轴心型组织模式的优点是既保持了对区域性市场需求信息的反应能力，又能取得全球性研发活动的一体化效应。通过利用各区域性海外研发机构的能力可以增强公司整体的技术创新能力。这种模式的缺点是研发成本较高，同时，以母国的研发中心为核心的领导方式可能会抑制海外研发机构的主动性和灵活性，进而降低创新的效率。

5. 一体化网络型研发

20 世纪 90 年代以来，随着信息技术特别是互联网技术的迅猛发展，跨国公司纷纷运用信息技术手段进行全球组织结构再造，改变原有的科层组织，整合全球组织资源。跨国公司研发组织结构也出现了一体化网络型的新型组织模式，在该模式下，母国研究中心不再成为整个研发活动的控制中心，而只是作为一个能力中心，成为众多相互依赖的全球研发机构中的一员，这些研发组织通过各种灵活的、不同形式的协调机制紧密地联系在一起，共同构成公司的研发网络。

网络型研发模式有效运行的前提条件是建立高度发达的全球化信息基础设施。与轴心型研发组织模式不同，一体化网络型研发组织结构中的海外研发分支机构是公司研发战略的重要组成部分，对公司的整个价值创造过程负有独特的战略责任。一个优秀的海外研发中心不仅充当国际技术监测的前哨站，还要根据国际市场的变化参与公司的战略制定和业务开发。原有的研发机构不断改进调整，从多极化模式向网络化模式转变。网络型研发机构特别强调各研发机构之间的合理分工和协同效应。与此同时，网络重心随着公司战略的转移和各个研发机构技术实力的变化而转移，谁拥有战略性技术，谁就处于领导地位。

尽管多中心分散型研发分支机构也可能具有卓越的区位研究能力，但一体化网络研发模式能不断调节区位机构的相互技术支持和知识流动，以使所有的研发机构获益并充分利用网络资源。

一体化研发网络要求公司从简单的控制结构向复杂的协调结构转变。特别是中心研发地点的作用从控制中心向具有同等职责和某些协调领导作用的普通研发机构转化，网络伙伴之间灵活的联系和关系使公司能更好地使用现有的能力，实现专业化和规模效应，减少平行开发的风险。尤其是对跨区域的研究项目，应使各研发机构既能保持自身的灵活性，又能将必要的资源集中起来，为实现统一的目标而合作。尽管协调研发项目和管理信息流要求严密的控制，但这一控制不是通过一个中央研发机构对所有项目的控制，而是对每一个项目由一个分散的能力进行控制。

每一个研发机构在一体化网络内专门负责特定的产品、零部件和某一技术领域。由于在该特定领域内长期专业化和经验的积累，该分支机构逐渐成为该技术领域内的领先者，进而不仅负责与研究有关的职能，还进一步负责产品的全部价值创造过程，包括承担该类产品在世界市场推广和生产协调的职责。

迅达公司（Schindler）在1996年开始建立以能力为基础的职能型研发网络模式。通过收购，迅达公司在瑞士、美国、法国、西班牙、瑞典等国设立了研发机构。为了避免重复研发、实现协同，管理部门开始加强对研发职能的改革和调整。到1998年，公司研发实现了从职能组织向模块导向组织的转变，研发活动主要在三个领域内进行：公司研发、制造研发和现场作业工程。每个研发领域都有明确的研发目标定位，这三个领域的所有研发机构在相互依赖的网络中进行有效合作以缩短新产品开发的周期。

研发分支机构所发挥的作用因项目的不同而有差异，相互之间联系的范围和深度也具有较高的灵活性，既有垂直型的职能交叉，也有水平型的技术合作。组织学习的过程通常通过零散的信息和经验交流来实现，对于长期的技术支持和制度化的组织学习需要加强协调职能。特别是当这一学习过程跨越不同的区位时，协调者推动网络中各分支研发机构之间密切的信息交流就显得更为重要了。

7.2.3 跨国公司研发国际化组织模式的演化

跨国公司研发国际化的组织模式并不是一成不变的，而是处于不断的发展之中。加斯曼和泽德维兹认为，这种发展有五种可能的方向（见图7—1）。

1. 加强本土化

随着国际环境的变化，许多一开始采用母国集中型研发的企业认识到，它们的研发活动应该更好地满足国际市场的需要。为了有效整合来自海外的知识，原来集中在母国的研发活动开始向海外扩展，也就是从母国集中型研发转向全球集中型研发。

2. 加强技术监测

如果跨国公司认为先在母国集中研发再针对海外市场对产品进行调整的模式不能充分满足当地市场的需求，或者跨国公司感觉海外的技术进步对于企业来讲非常重要，它就会在海外建立技术监测机构，也就是从母国集中型研发和全球集中型研发转向轴心型研发。

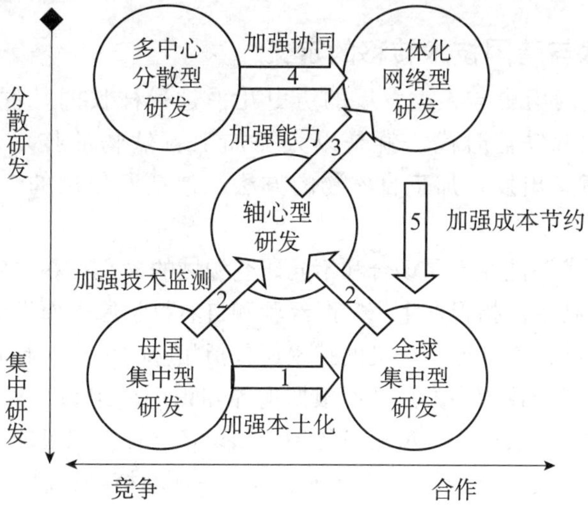

图 7—1　跨国公司研发国际化组织模式的演化

3. 加强能力

随着海外研发机构的能力提高、技术实力增强，那些曾经对海外研发机构施加严格控制的跨国公司可能会赋予其更大的自主权和组织权限。每一个海外研发分支机构在公司研发网络中都形成了明确的战略定位，它们在开展研发活动时的柔性增强、创造性提高、信息流动更加畅通，也具有了界定清晰的研发使命，即从轴心型研发转向一体化网络型研发。

4. 加强协同

那些海外研发机构比较分散的跨国公司可能会倾向于对研发机构进行整合，并建立起一套国际研发活动的协调机制，也就是从多中心分散型研发转向一体化网络型研发。

5. 加强成本节约

那些采用一体化网络型研发的跨国公司在降低成本的压力下，可能会将研发活动集中在少数几个技术领先的研发中心，也就是从一体化网络型研发转向全球集中型研发。这一变化的目的是获取研发上的规模经济，同时加强对全球分散的研发活动的协调，与此同时还可以减少研发活动的重复并加强技术的跨国转移。

7.3　跨国技术转移

科学技术是第一生产力，也是当今国际市场上重要的交易对象。对于拥有技术优势的跨国公司来讲，进行技术的跨国转移已经成为其实现利润和其他战略目标的一种重要手段。

7.3.1 技术与跨国技术转移的定义

技术发展的历史与人类发展的历史几乎是一样长的。古代人类社会经历的石器、青铜器和铁器时代，就是以人类加工自然物的技术水平作为划分标志的。从这个意义出发，加工自然物的方法，包括所使用的工具，构成了技术的概念。

不过，技术一词在不同场合和不同研究领域的含义存在一定的差异。根据《辞海》的定义，技术泛指根据生产实践经验和自然科学原理而发展成的各种工艺操作方法与技能。除操作技能，广义的技术还包括相应的生产工具和其他物资设备以及生产工艺过程或作业程序方法。而根据世界知识产权组织（WIPO）的定义，技术是指制造一种产品或提供一项服务的系统知识，这种知识可能是一项产品或工艺的发明、一项外观设计、一种实用新型专利、一种动植物品种，也可能是一种设计、布局、维修和管理的专门技能。在跨国技术转移中所涉及的技术，主要是指把投入转化为产出的过程中，完成某项任务所需的方法或技能。

技术转移是指拥有技术的一方利用某种方式把一项技术及有关权利让渡给另一方的活动。技术转移的行为，从技术供应方的角度来看，是技术的输出；从技术接受方的角度来看，是技术的引进。

技术转移可以发生在一国范围内，也可以发生在不同国家之间。一般来说，跨越国界的技术转移称为跨国技术转移。跨国技术转移的特点是技术转移的跨越国界性，一般发生在不同国籍的自然人或法人之间。

7.3.2 跨国技术转移的客体

按照受法律保护的方式，技术转移的客体主要有两大类，即专利技术与专有技术。

1. 专利技术

专利技术是指受国家认可并在公开的基础上进行法律保护的创造，即专利技术是依照法律规定取得专利权的技术。专利的两个最基本特征就是独占与公开，以公开换取独占是专利制度最基本的核心，这分别代表权利与义务的两面。独占是指法律授予技术发明人在一段时间内享有排他性的独占权利；公开是指技术发明人作为对法律授予其独占权的回报而将其技术公之于众，使社会公众可以通过正常的渠道获得有关专利技术的信息。

专利属于知识产权的一部分，是一种无形的财产，具有与其他财产不同的特点，主要表现为三个方面。

(1) 排他性，也即独占性。它是指在一定时间（专利权有效期内）和区域（法律管辖区）内，任何单位或个人未经专利权人许可都不得实施其专利，即不得为生产经营目的而制造、使用、许诺销售、销售、进口其专利产品，或者使用其专利方法以及制造、使用、许诺销售、销售、进口其专利产品，否则属于侵权行为。

（2）区域性。即专利权是一种有区域范围限制的权利，只在法律管辖区域内有效。除了在有些情况下，依据保护知识产权的国际公约，以及个别国家承认另一国批准的专利权有效，技术发明在哪个国家申请专利，就由哪个国家授予专利权，而且只在专利授予国的范围内有效，而对其他国家则不具有法律约束力，其他国家不承担任何保护义务。但是，同一发明可以同时在两个或两个以上的国家申请专利，获得批准后其发明便可以在所有申请国获得法律保护。

（3）时间性。时间性是指专利只有在法律规定的期限内才有效。专利权的有效保护期限结束以后，专利权人所享有的专利权便自动丧失，一般不能续展，发明便随着保护期限的结束而成为社会公有的财富，其他人便可以自由地使用该发明来创造产品。专利受法律保护的期限长短由有关国家的专利法或有关国际公约规定。世界各国的专利法对专利的保护期限规定不一，《知识产权协定》第三十三条规定专利“保护的有效期应不少于自提交申请之日起的第二十年年终”。

2. 专有技术

专有技术，又称秘密技术或技术诀窍，是指从事生产、管理和财务等活动领域的一切符合法律规定条件的秘密知识、经验和技能，其中包括工艺流程、公式、配方、技术规范、管理和销售的技巧与经验等。

与专利技术相比，专有技术具有以下特点：

（1）专有技术是一种技术知识。

（2）专有技术是具有实用性的动态技术。

（3）专有技术具有可传授性和可转让性。

（4）专有技术是一种以保密性为条件的事实上的独占权。

（5）专有技术具有经济性。

（6）专有技术是没有取得专利权的技术知识。

专有技术和专利技术有很大的不同，表 7—2 对专有技术和专利技术进行了比较。

表 7—2　　专有技术与专利技术的比较

	专有技术	专利技术
存在条件	保密	法律保护
时效性	无时间限制	有时间限制
保密性	技术内容保密	技术内容公开
技术要求	不一定是发明创造，但必须是成熟的、行之有效的	必须有新颖性、创造性和实用性
技术形态	是动态的，其内容可以发展改进，是可变的	是静态的，其内容固定不变
存在方式	以书面表示或存在于人们的头脑中	以书面表示

7.3.3 跨国技术转移的方式

技术转移的方式可以分为市场转移和非市场转移两种。市场转移指的是以技术为商品，以有偿方式通过市场渠道进行的转移，具体包括技术许可协议、对外直接投资、交钥匙项目、技术出售等方式。非市场转移也称无偿技术转让，通常表现为合作生产与合作开发研究、技术援助、专家讲学、科技人员交流、出国考察等。一般来说，跨国公司的技术转移主要以市场转移为主，有时也会采用某些非市场转移的方式。下面是跨国公司经常采用的几种跨国技术转移的方式。

1. 技术许可协议

技术许可交易是指技术转移双方通过签订技术许可协议，由技术引进方支付一定的报酬或使用费，让技术出让方将自己所拥有的某项技术的使用权、产品制造权和销售权转让给技术引进方。

根据技术转移客体的不同，技术许可协议包括专利技术许可协议和专有技术许可协议。在专利技术许可协议中，技术引进方可以获得出让方的某项专利授权，具体包括该项专利技术的使用、专利产品的制造和销售。在大多数情况下，专利技术中的某些关键技术会被出让方隐蔽起来，仅仅依赖专利技术通常还不能生产出相应的产品，因而引进方通常需要再购入被出让方隐蔽的专有技术。因此，单纯的专利技术许可协议比较少见，大多数的专利技术许可协议都会附带一部分专有技术的条款，或另签一份专有技术许可协议。专有技术都是未经公开的，依靠严格的保密措施维护其垄断地位。签订专有技术许可协议一般情况下能保证引进方从出让方获得生产协议产品的全部技术。

在技术许可协议中，使用权限的界定是最重要的条款。根据技术使用权限的大小，技术许可协议可以划分为以下五种：

（1）独家许可协议。技术引进方在协议规定的地区和有效期内对许可协议项下的技术享有独占的使用权，出让方不得在该地区内使用该项技术制造和销售商品，也不得把同样的技术授予该地区内的任何第三方。

（2）排他性许可协议。引进方和转让方在协议规定的地区内和有效期内对许可协议项下的技术都享有使用权。但是，转让方不得将此种权利授予第三方，即不得与第三方签订同一内容的许可协议。

（3）普通许可协议。转让方允许引进方在规定的地区和时间内享有使用协议中规定的技术制造和销售相关产品的权利。但这种权利不是独占的，技术使用权转让给引进方后，技术转让方在该地区内还可以继续使用该项技术或将这项技术的使用权授予任何第三方。

（4）分许可协议。在协议的有效期内，引进方有权以自己的名义把协议项下的技术向第三方转让。

（5）交叉许可证协议。又称互换许可证协议，指的是双方以价值相等的技术，在互惠的基础上，交换技术的使用权和产品的销售权，一般都是不收费的。

全球观察7—7

三星谷歌拟签专利交叉许可协议

2004年7月，三星和谷歌决定签署专利交叉许可协议，授权双方可使用对方的专利产品组合。协议不仅包括双方当前持有的专利，还覆盖未来10年申请的专利。这项协议有望进一步加强双方在产品开发、技术研发等方面的合作。尤其是三星通过达成这项协议，不仅在智能手机销量方面，还可在知识产权等其他领域抢占行业制高点。

三星方面表示，双方通过这项协议能够避开不必要的竞争，谋求双赢发展，因此具有特殊意义。谷歌方面也表示，非常高兴与三星签署专利交叉许可协议，通过达成这样的协议，双方可以降低诉讼成本，专注于创新。

资料来源：《韩媒：三星谷歌拟签专利交叉许可协议 覆盖10年》，中国新闻网，http://www.chinanews.com/gj/2014/01-27/5786519.shtml，2014-01-27。

在技术许可协议中，转让方需要向引进方提供有关的技术资料，并负责培训引进方的技术人员与生产操作人员以及进行必要的技术指导，从而使引进方能够达到许可协议规定的各项技术经济指标。受让方必须按照协议的要求，及时缴纳相关费用并保守技术秘密。

2. 对外直接投资

对外直接投资一直是跨国公司进行技术转移的主要方式之一。利用这一方式，跨国公司不仅将资金、设备、原材料和零部件等转移到海外的子公司，而且将专利技术和专有技术进行转移。在这种技术转移方式下，母公司通常对技术转移具有绝对的主导权，子公司在接受母公司的技术转移从而进行生产的同时，也要保证对技术保密、不再扩散。

3. 交钥匙项目

交钥匙项目指的是跨国公司为东道国建造工厂或其他工程项目，一旦设计与建造工程完成，包括设备安装、试车及初步操作顺利运转，即将该工厂或项目所有权和管理权的“钥匙”依合同完整地“交”给对方，由对方开始经营。这种项目涉及成套设备的买卖和整套生产技术的转让，作为一种技术转移的方式，在化学工业、石油工业和石油精炼工业等领域得到了广泛的应用。

4. 补偿贸易

补偿贸易是买方在信贷基础上从卖方购进设备，然后用生产的产品或商定的其他商品或劳务偿还设备款项。在购进设备的同时，买方通常需要购进和使用与设备有关的专利技术和专有技术，例如生产产品所需的特定专业技术知识、设备的操作与维修保养知识。在向买方提供这些技术的同时，卖方也需要对其进行技术培训并提供相关技术服务。

5. 合作生产与合作开发研究

跨国公司可以与东道国的企业签订协议，共同生产某一种产品。在合作生产的过程中，所采用的技术可以由跨国公司一方提供，也可以由双方共同研究和设计。此外，跨国公司也可能专门与东道国的企业就相关技术进行共同设计和研究。在这种模式下，双方可以交流相关的经验和技术，合作研究的成果为双方共同拥有。

全球观察 7—8

海尔与霍尼韦尔合作 研发成功最节能智能冰箱

2014 年 9 月 18 日，霍尼韦尔在美国新泽西州总部发布声明："世界最大家用电器制造商海尔将在其生产的冰箱中采用霍尼韦尔新一代具有低全球变暖潜值的 Solstice® 液体发泡剂，进一步提高冰箱能效等级。"

自 2011 年开始，海尔就与霍尼韦尔合作，共同研发家电的智能、节能技术。2014 德国柏林国际电子消费品展览会（IFA）上，海尔冰箱推出了多款行业领先的节能产品，特别是型号为 HRF-800DGS8 的 800L 对开门冰箱，其能耗标准达到了 A+++，24 小时耗电量仅为 0.95 度。该款冰箱采用霍尼韦尔第四代 Solstice® 液体发泡剂，这是一种具有低全球变暖潜值的节能发泡剂，能使闭孔聚氨酯泡沫隔热层扩张，最大限度地发挥泡沫的隔热性能。与目前家电隔热层中常用的环戊烷发泡剂相比，Solstice® 液体发泡剂能帮助家电制造商提高 8%～10%的节能系数。

凭借对全球顶级创新研发资源的整合，海尔冰箱越来越受到世界各地区消费者的欢迎，欧美媒体在报道时也将海尔称为"世界最大电器制造商"，彰显了其作为全球第一白色家电品牌的强大实力。

资料来源：《海尔与霍尼韦尔合作 研发成功最节能智能冰箱》，中金在线，http://news.cnfol.com/chanyejingji/20140928/19098531.shtml，2014-09-28。

6. 技术援助

技术援助是一种根据转让技术的复杂程度和技术需求方的接受能力形成的更加灵活的技术转让方式，通常是援助方无偿或按优惠贷款条件向受援方提供以传授技术、管理知识和培养人才为主要内容的援助。技术援助的主要形式包括为受援国提供发明创造、传授生产管理知识、培训技术人才、提供技术服务、提供示范性项目和设备等。

7.3.4 跨国公司国际技术转移的策略选择

1. 技术转移方式的策略选择

跨国公司国际技术转移最常采用的两种方式是技术许可交易与对外直接投资。在面临这两种方式的选择时，跨国公司通常要考虑多个因素的影响。

（1）如果东道国存在较高的外商直接投资进入壁垒，或者在东道国进行经营时面临较大的政治、经济等方面的风险，跨国公司倾向于选择技术许可协议的方式。

（2）一般来说，对外直接投资对于跨国公司的综合实力有较高的要求，包括必须具备必要的资金、人力资源、管理经验和知识等，当这些条件欠缺时，跨国公司选择技术许可协议的可能性更大。

（3）如果技术许可协议签订和实施的成本比较高，协议内容复杂，在实施中进行监督的工作量比较大，跨国公司会更加偏好采用对外直接投资的方式。

（4）技术本身的特征也会影响到转移方式的选择。相对于较为复杂的技术，如果技术本身容易学习和掌握，跨国公司采用技术许可协议的可能性会更大。此外，技术本身所处的生命周期阶段和以前转移的次数也会对转移方式的选择产生影响。

（5）对于具有明显优势的技术，跨国公司既要设法充分加以利用，使之为公司带来更多的利润，也要尽力对这种优势加以维护和保持。因此，对于这种技术，跨国公司主要采用对外直接投资的方式加以转移。

2. 技术转移时间的策略选择

跨国公司会按照产品生命周期的不同阶段，结合企业在竞争中所处的支配、优势、有利、维持和微弱等五种地位，在技术转移的时间上做出选择。

（1）当技术处于创新阶段时，无论是处于支配地位还是弱势地位的企业，一般都不会进行技术转移。

（2）当技术处于发展阶段时，处于支配地位和优势地位的企业原则上不会进行技术转移，处于有利地位的企业可以考虑适当转移技术，而处于维持和微弱地位的企业则会考虑积极进行技术转移。

（3）当技术处于成熟阶段时，处于支配地位的企业考虑有选择的转移，但会制定苛刻的条件；处于优势地位的企业会比较愿意转移，但一般也会提出一定的限制条件；处于有利地位的公司会愿意转移，而且提出的限制条件比较少；处于维持地位和弱势地位的企业则会主动寻求转移的机会，希望能够尽快实现转移。

（4）当技术处于衰退阶段时，处于支配地位的企业会采取有选择的转移，但会提出相应的限制条件；处于优势地位的企业会采取愿意转移的态度，提出的限制条件比较少；处于有利地位的企业会主动寻找机会进行技术转移；处于维持和弱势地位的企业则急于尽快进行技术的转移。

7.3.5 国际技术转移的价格与支付

1. 国际技术转移价格

（1）技术价格的特征。在国际技术转移中，技术价格一般表现出以下四个特征。

第一，从价格的内容上看，技术价格是技术使用权的转让费。在技术转移中，技术受让方不享有对技术的无限使用权，只享有有限使用权；不享有对技术商品的处置权，如受让方无权终止技术的专利等；不享有对技术商品的直接受益权，即分享专利的利益，只享受间接受益权，即只享受经过受让方自身对技术商品使用后所获得的收益。

第二，从价格形成上看，技术价格形成基础取决于技术本身的特殊价值。技术的价值主要取决于该技术本身可能创造的新价值，或者说，来自技术自身独有的新颖性、创造性和实用性。通常，技术能够创造的价值越大，技术的价格就越高。

第三，从价格构成来看，技术价格构成的主要部分在于盈利。决定技术价格高低的不是研制费用的高低，而是采用该技术可带来的效益有多大。受让方关心的只是该技术的使用价值，而不是其开发成本。所以，技术价格构成的主要部分是盈利，而盈利的基础在于技术本身的潜在获利能力。

第四，从技术交易的参与者情形看，技术价格还包含买卖双方的个性特征。技术转移的双方往往表现出很强的个性特征，因而技术价格的制定也会在相当大程度上体现双方立场和转让过程的实际考虑。比如，技术引进方的技术能力是技术转移中不容忽视的个性化问题，按照引进方技术能力的不同，技术转移的内容可能从简单的技术专利许可，到培训受让方有关人员、提供技术服务、技术咨询，再到提供技术设备、厂房建设等。因而，技术转移的价格必然会有不同的水平。

(2) 技术价格的构成。通常，技术价格的构成包括以下三个要素：

第一，技术研发费用的分摊，即技术开发所耗费的人、财、物等方面的成本。由于技术通常是由技术提供方自己先使用，而且可以多次转让，因此提供方只能要求引进方对技术的研发费用提供一定比例的补偿。

第二，增值成本，即技术提供方为转让技术而花费的费用，包括派出谈判人员、复印资料、提供样品、培训人员等有关的劳务和管理费用。

第三，利润补偿或分享。利润补偿指的是对由于转让技术使提供方在引进方市场或第三国市场上失去了使用该技术的市场份额而蒙受利润损失的补偿。在国际市场上，某项技术转让给其他企业使用，意味着技术提供方的利益会受到损失，因此提供方需要从引进方使用该技术所取得的收益中获得补偿。利润分享指的是一项技术的采用，能够使技术的引进方通过降低成本、提高劳动生产率等方式而获得经济效益，而技术的提供方会要求对这种经济效益进行分享。

2. 国际技术转移支付

(1) 一次总算支付。一次总算支付是将技术转让的一切费用，在交易双方签订合同时一次算清，并在合同中加以规定。一次总算支付通常有两种形式，即一次付清和分期支付。

一次付清的付款，通常是在许可方转让的技术资料交付完毕，经引进方核对验收后进行的。这种支付方式比较简单，但由于是在引进方还没有获得实际的经济收益之前就完成的，因此对于引进方而言，将承担较大的风险。

总算计价、分期支付的方式，是国际技术转移中的一种折中方案，即一次总算计价，然后分期付清。这种方式的支付原则是与技术提供方完成合同的工作量结合起来的，即提供方完成多少技术转移的工作量，引进方就按合同支付多少价款，通常是分几次完成的。

（2）分年提成支付。分年提成支付指的是技术转移项目先不作价，等引进方使用转让技术生产出产品且已经销售出去后，按年产量或销售额或利润及其他双方商定的基础，每年提取一定的比例，逐年偿付给许可方，连续支付若干年。

分年提成是技术转移双方都容易接受的支付方式，因为这种支付是在引进方已经获得收益后进行的，在安排支付上不会有很大的财务困难；对于技术提供方来说，由于技术的开发早已完成，每一次提成都意味着纯收益，因而也愿意接受。

（3）综合计价支付。综合计价支付是技术引进方在同提供方签订合同后或在收到支付的技术资料后，先支付一笔约定的金额，然后再按提成比例逐年支付。先支付的费用通常称为"技术入门费"，具有定金的性质。一般来说，入门费最低要能补偿技术提供方在转移技术过程中和执行合同时的全部费用，包括资料准备、报价、设计、差旅费和技术指导费等。在采用综合计价支付方式时，入门费的比例不宜定得太高，一般占技术总价的 10%～20%。提成部分占技术总价的 80%～90%。

7.4　延伸阅读：发展中国家的跨国公司研发国际化战略——中国的案例[①]

研发一直被认为是由掌握先进技术的发达国家跨国公司主导的。国内生产总值排名世界前十位的国家在技术方面通常也是世界领先的（除中国和巴西）。在这些国家中，跨国公司占全部研发支出的比重相当高（根据加斯曼和泽德维兹在 20 世纪 90 年代中期所作的一项研究，这一比重在 33%～57%之间）。跨国公司在私人领域的国际研发投资中占明显的主导地位。世界最大的 100 家跨国公司（2000 年度）中，有 94 家的总部位于发达国家，这些来自发达国家的企业在国际研发领域处于领先地位（Dunning，1988；UNCTAD，1999，2001）。

发展中国家在研发国际化方面一直发展比较缓慢。20 世纪 80 年代中期，当国际化研发成为跨国公司的一种普遍现象之后，以中国、印度和巴西为代表的发展中国家的高新技术企业也加入进来。特别是中国近年来一直保持很高的国内生产总值增长率，沿海地区的工业化进程也很快，同时，以技术为基础的企业数量众多，因此可以作为一个典型的发展中国家进行研究。

7.4.1　发展中国家跨国公司的研发国际化

按照跨国公司的母国和开展研发活动的东道国的类型，国际研发机构可以划分

① Maximilian von Zedtwitz，"International R&D Strategies of TNCs from Developing Countries：The Case of China，Globalization of R&D and Developing Countries，" Proceedings of the Expert Meeting，Geneva，24 - 26 January，2005. 有删减。

为四种类型（见图 7—2）。

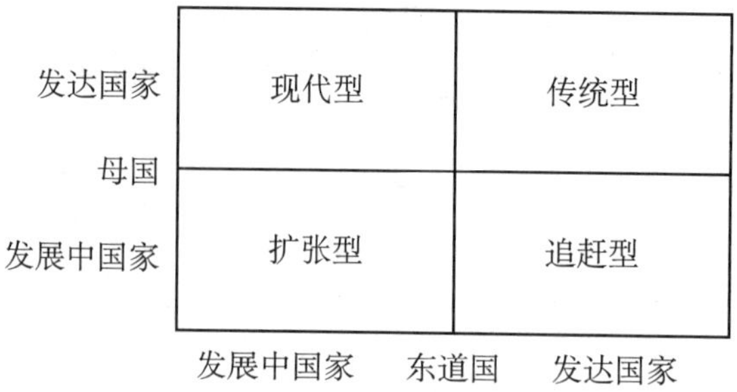

图 7—2 国际研发机构的分类

第一种类型是发达国家企业“传统型”的研发国际化，例如，主要在北美、西欧和日本这三个地区出现的研发国际化。这一类型的研发国际化已经得到了广泛研究，产生了很有价值、很丰富的成果，有助于人们理解跨国创新的管理。大部分对于研发国际化的研究是针对第一种类型的。

第二种类型是一种新的“现代型”的研发国际化，例如 IBM 在印度建立的研发机构、微软在中国的研究实验室以及富士通在马来西亚的开发中心。这种现代型研发国际化在 20 世纪 90 年代后期非常流行，一方面是受东南亚、中国以及中欧和东欧经济情况的改善驱动，另一方面是受跨国公司制定全球标准、打造全球品牌的战略驱动，同时还受跨国公司通过本地化研发支持本地销售的观点和资金投入的驱动。

第三种和第四种类型代表一种新的迄今为止很大程度上被忽视的研发国际化方向。诸如拉尔（Lall，1987，1990）和金（Kim，1980，1997）这样的研究人员已经对发展中国家技术能力的获取和培养进行过研究，不过，总部位于发展中国家的企业在母国之外建立研发机构是一种新现象。一个被广为接受的观点是发展中国家的企业忙于吸收国外转移而来的技术，几乎没有能力在本国之外开展研发。它们将运用新的竞争优势去保护和建立国内市场份额。不过，发展中国家在海外从事研发活动的确正处在快速的发展之中。

第三种类型描述的是在发达国家从事研发的发展中国家企业。由于其基本的动力是追赶发达国家，因而这种类型的研发国际化称为“追赶型”。像韩国的三星在欧洲、中国的海尔在美国投资研发都是这类例子。这些企业被吸引到发达国家开展研发，部分是为了获取当地的技术和科学，部分是为了对当地产品开发提供支持。

第四种类型的研发国际化指的是来自发展中国家的企业在其他发展中国家投资于研发。这种投资的原因是为了支持技术的转移，或是为了在当地的商业活动提供支持。此类研发机构的一个例子是华为在印度班加罗尔的研发中心。

正如图 7—3 所显示的那样，第三种和第四种类型的研发国际化例子并不少。一项利用包括 1 296 家研发单位在内的数据库进行的研究发现，其中的 776 家是国际化的，意味着母公司的总部在另一个国家。其中 64 家属于第三种类型或者说追赶型，22 家属于第四种类型或者说扩张型（另有 496 家属于传统型，194 家属于现代型）。至少在这一数据库中，实施研发国际化的发展中国家企业已经占全部实施研发国际化企业比重的 11%。

母国 \ 东道国	发展中国家	发达国家
发达国家	现代型 194家（25%）	传统型 496家（64%）
发展中国家	扩张型 22家（3%）	追赶型 64家（8%）

图 7—3　1 296 家国际研发机构的分类

第三种和第四种类型的研发国际化并没有被很好地研究——从某种程度上看关于研发国际化的传统观点是相互冲突的。例如，来自发达国家的企业在发展中国家投资研发的一个目的是利用劳动力和运营成本优势，那么，来自发展中国家的企业为何会到发达国家投资研发？

下面，我们将以中国企业为例，重点探讨以下问题：

- 中国企业研发国际化的现状如何？
- 什么因素激励中国企业在海外从事研发？
- 中国企业在实施研发国际化的过程中面临什么障碍和挑战？
- 中国企业应采取什么战略推动研发国际化？

7.4.2　中国企业研发国际化的基本情况

大部分中国企业相对年轻（因而相对较小），重心是国内市场。世界银行对 1 500家中国高技术公司的调查发现，这些公司平均只有 600 名雇员，历史在 10～15 年间。埃德·斯坦菲尔德（Ed Steinfeld，2002）在世界银行 2001 年报告中指出，50%中国企业的供应网络限于其所在城市，75%在中国国内研发方面的大量支出直接用于技术学习（Kim，1997）。中国公司往往多元化进入其他部门以便利用规模经济，而不是在特定产业通过技术进步成为主导型企业。正如埃德·斯坦菲尔德（Ed Steinfeld，2002）所指出的，中国“企业都把目光投向那些进入壁垒低的活动。一旦成本压力太大，这些企业就通过多元化进入其他低进入壁垒的市场，而不是转向更高端的活动或花时间培养专有技能。它们所生产的产品……（大多）是标准化的”。

在中国企业的研发国际化方面，目前还没有完整的统计数据。以下的研究基于针对中国企业进行的一项抽样调查。样本中的企业经营着 77 家研发单位，其中 40 家在中国国内，37 家在海外（见图 7—4）。不过，这些海外研发单位中的大部分规模都很小，只有华为在班加罗尔的软件实验室等少数几个例外。比如，海尔经营着 10 家海外研发单位，但规模都较小，其重点是进行技术监测和其他非本土研究活动。

母国 \ 东道国	发展中国家	发达国家
发达国家	现代型 0家（0%）	传统型 0家（0%）
发展中国家	扩张型 11家（30%）	追赶型 26家（70%）

图 7—4　中国企业 37 家国际研发机构的分类

37 家海外研发机构中有 26 家位于发达国家，其中主要分布在美国（11 家）和欧洲（11 家），承担着技术监测或产品设计的作用。样本中，在日本只有 2 家中国研发单位，并不具备代表性，这可能是因为样本的规模太小。不过，即使是在有 776 家国际研发单位的数据库中，日本也只有 55 家研发单位，约占全部海外研发单位的 7%。

只有 11 家（略低于 1/3）海外研发机构位于发展中国家，它们的主要职能是进行技术转移或支持在当地的商业活动。有些研发单位的规模非常小，例如在巴基斯坦和伊朗的研发单位只有几个人。

中兴、华为和海尔等企业已经建立了全球研发网络。中兴于 1998 年在美国和智利建立了 3 家海外研发中心，此后又在韩国和瑞典建立了更多的研发实验室。华为也有着丰富的研发国际化经验。在班加罗尔 2000 年建立的研发实验室是第一家中国企业在该地区建立的研发中心，投资 1 亿美元，预计将服务于印度次大陆、西亚和非洲等目标市场。研发人员当中有 85%是印度人，其目的是利用印度在软件设计、3G 移动通信、无线基础设施和网络管理方面的人才。华为也与西门子、3C、高通和微软建立了合资企业，目的是确立自己在即将到来的下一代移动通信技术方面的领先地位，其雇员当中有 46%是研发人员。

总之，尽管中国研发起步较晚，总体规模也不大，不过中国企业的研发全球化已经达到了某些规模较小但却更为发达的欧洲国家的水平。

7.4.3　中国企业研发国际化的动机与目标

海尔首席执行官张瑞敏说："每一家跨国公司都会进入中国，中国市场的利润会降低。如果不走出国门，我们将无法生存。"海尔在美国、约旦和巴基斯坦有三个工业园，在首尔、悉尼、东京、蒙特利尔、洛杉矶、硅谷、阿姆斯特丹、越南、中国台湾和中国香港有十个技术监听站，在里昂、洛杉矶、东京和阿姆斯特丹有设计中心，该公司正在积极实施研发国际化。

驱动中国公司在海外进行研发的动机是什么？鉴于中国本身就是一个巨大且不断成长的市场，大部分市场导向的研发很可能在中国本土进行。再鉴于中国吸收了大量的外国技术，一般认为，中国企业的研发国际化是为了开辟更多的获取技术的途径，因而，大部分属于以母国为基础的增长型研发机构。在汽车行业，东风汽车在美国、德国、英国和法国建立了四个技术监听站，其目的就是能够近距离地观察主要的竞争对手（而不是市场）及其技术基础。

像利用多个时区、大批量的研发人员和当地成本优势这类因素对于中国企业的海外研发来说意义不大。实际上，很多到中国投资的公司是出于成本优势方面的考虑，因而，中国企业到海外进行研发往往比在母国进行研发成本更高，不太可能将研发的首选地确定为海外。不过，中国企业在海外经营着大型制造工厂的地方，有可能在当地进行研发以便支持产品的本地化适应和流程的创新（例如，海尔在美国南卡罗来纳州的卡姆登工厂就设立了研发机构）。

获取技术很可能是中国企业在发达国家进行研发的最主要原因，市场与产出方面的因素则可以解释在诸如伊朗、约旦和智利这样的发展中国家的研发投资。海尔一直为自己对顾客需求的准确把握而感到自豪。例如，该公司专门针对中东开发了一种适应沙漠地区不利条件的空调，并设计了一种适应亚洲农村地区清洗蔬菜所用的洗衣机。中兴在智利和巴基斯坦的研发活动主要是进行产品的本地化适应，进而为当地的业务发展提供支持。

政治、管制和政府方面的因素在研发地址选择方面的影响一直没有得到重视。不过，随着越来越多的中国企业开发出自主知识产权的产品，一些外国企业和政府正在批评中国企业在中国国内侵犯了它们的知识产权。这种指责所导致的后果之一是，一些中国企业在国内所采用的技术不被允许在海外市场上使用。在海外建立研发中心可以在一定程度上解决这些中国企业的技术需求，同时也对培育技术能力产生积极的作用。

国际研发常常是紧随并购而发生的。随着诸如 TCL 收购德国施耐德这样的并购案例发生，被收购企业的研发单位会成为中国企业研发网络的一部分，相应地也对跨国研发网络的协调提出了新的要求。

7.4.4　中国企业研发国际化的障碍与问题

中国企业研发国际化的最大障碍和问题是什么？其中有些问题是来自发展中国家的企业在进行国际化时所普遍面临的。这些问题包括三个方面。

（1）规模上的劣势。由于规模较小，它们无法在与更大的跨国公司的竞争中处于领先地位。

（2）尽管海外销售额持续增加，不过它们大多强调本土业务的整合。例如，这些公司的供应链都是高度本土化或地区化的，与全球技术供应商之间的一体化程度很低。结果，很多中国企业无法进入更高的价值增值环节，竞争的重点是低成本，无法使产品差异化成为竞争优势的来源。

（3）缺乏充分的产品创新。虽然简单的效率创新可以为制造和客户带来成本优势，不过这会使中国企业被锁定在以国内市场为导向的创新上。要打破这种局面，中国企业就必须在产品创新方面投入更多的资源。

除了上述普遍性的问题，一些中国企业还必须应对由于缺乏资源、经验等问题产生的障碍。这包括：

(1) 缺乏现金和资源。虽然中国是一个不断扩大的市场，不过，很多企业的利润率很低，因而可用于研发投资的资金非常少。

(2) 缺乏管理技能。一些中国公司在国际化管理方面经验欠缺，特别是很少有企业能够担当起全球研发管理的任务。

(3) 缺乏效率上的优势。中国企业到其他地区进行研发几乎没有效率上的收益，因为中国在研发和工程方面的工作已经具有高度的性价比，所以企业在海外常常将资金投放在市场开发而不是长期产品开发方面。

(4) 语言上的问题。虽然年轻的大学毕业生英语普遍不错，不过，年纪大些的高级和中级研发人员在英语方面往往有所欠缺，而英语是业务和技术的国际语言。要使更多在语言方面受过培训的工程师担当高级或中级岗位、对研发国际化提供支持，需要花费几年的时间。

(5) 管理风格上的问题。在制定决策和开展活动的时候，中国的管理风格也强调人际网络（关系）。在研发国际化的背景下，海外员工远离决策中心和公司网络，因此，海外的研发管理人员往往争取不到支持，如果在海外任职的时间太长，很有可能会影响升迁。

7.4.5 中国企业研发国际化未来的战略

总体而言，中国企业离真正的全球研发还较远。现在国际研发的实施或者是因为强势的个人领导的推动，或者是受军事风格的命令结构的指挥。没有什么证据表明用这种风格管理的海外研发网络能够长期持续下去，不过，独特的中国式研发国际化有可能会出现。基于中国的具体情况，我们给出如下建议。

第一，由于国内技术短缺，以及由于要服务的海外市场在技术上提出了更高的要求，来自中国这样的发展中国家的企业应该更多地在发达国家进行研发，以扩大技术来源。

第二，来自中国等发展中国家的企业在具备合适机会的条件下，可以在其他发展中国家实施国际研发，进而获得先行者优势。

因而，那些具有更为先进的研发网络的中国企业会创造两个层面的国际研发网络：一个是创新能力促进型的，也就是通过形成研发网络能力、吸收来自发达国家的隐含知识，从事领先的技术开发；另一个是创新能力开发型的，也就是将以前吸收的技术和技术知识传递并进行调整，在其他发展中国家加以利用。

本章小结

20 世纪 90 年代以来，随着经济全球化的不断发展，跨国公司研发资源的全球配置不断加强。这一现象受多种因素的驱动，分为不同的发展阶段。当前，跨国公司全球研发资源配置具有四个特征，未来将呈现出四个发展趋势。跨国研发机构的类型可以从承担的职能或者从设立的动机划分为不同的类型。在组织模式上，根据研发机构的行为导向和竞争环境可以划分为五类，并处于不断的发展中。跨国技术转移的客体包括专利技术与专有技术，在转移时可以采用多种不同的方式。在实施技术转移时，跨国公司面临着技术转移方式的策略选择和技术转移时间的策略选择。跨国技术转移的价格具有四个特征和三个要素，在进行支付时有三种方式可以选择。

本章主要概念

研发（research and development，R&D）
研发全球化（globalization of R&D）
供给方因素（supplying factors）
需求方因素（demanding factors）
海外研发机构（foreign R&D units）
母国集中型研发（ethnocentric centralized R&D）
全球集中型研发（geocentric centralized R&D）
多中心分散型研发（polycentric decentralized R&D）
轴心型研发（R&D hub model）
一体化网络型研发（integrated network R&D）
跨国技术转移（international technology transfer）
国际技术转移价格（price of international technology transfer）
国际技术转移支付（payments of international technology transfer）

思考题

1. 研发全球化的含义是什么？
2. 跨国公司全球研发资源配置的驱动因素有哪些？
3. 跨国公司全球研发资源配置的产生与发展经历了哪些阶段？
4. 跨国公司全球研发资源配置的特征和趋势有哪些？
5. 跨国研发机构的主要类型有哪些？
6. 跨国公司研发国际化的组织模式有哪些？
7. 跨国公司研发国际化组织模式的演化有几种可能的方向？
8. 跨国技术转移的客体是什么？
9. 跨国技术转移的方式有哪些？
10. 技术转移方式和技术转移时间的策略选择有哪些？
11. 国际技术转移价格的特征和构成是什么？
12. 国际技术转移支付的方式有哪几种？

开篇案例讨论

1. 海尔在美国埃文斯维尔市建立北美技术中心的动机是什么？

2. 海尔在美国埃文斯维尔市建立的北美技术中心属于何种类型？对于海尔在北美及全球的业务发展有何意义？

3. 你对海尔的研发全球化战略有何建议？

推荐读物及网站

论文

1. 江小涓．理解科技全球化——资源重组、优势集成和自主创新能力的提升．管理世界，2004（6）

2. S. Chen. Taiwanese IT Firms' Offshore R&D in China and the Connection with the Global Innovation Network. *Research Policy*, 2004, Vol. 33, pp. 337 - 349.

3. J. Cheng and D. Bolon. The Management of Multinational R&D: A Neglected Topic in International Business Research. *Journal of International Business Studies*, 1993, Vol. 24, pp. 1 - 18.

4. O. Gassmann and Zheng. Motivations and Barriers of Foreign R&D Activities in China. *R&D Management*, 2004, Vol. 34, pp. 423 - 438.

5. A. Gerybadze and Guido Reger. Globalization of R&D: Recent Changes in the Management of Innovation in Transnational Corporations. *Research Policy*, 1999, Vol. 28, pp. 251 - 274.

6. N. Kumar. Determinants of Location of Overseas R&D Activity of Multinational Enterprises: The Case of US and Japanese Corporations. *Research Policy*, 2001, Vol. 30, pp. 159 - 174.

7. Maximilian von Zedtwitz and Oliver Gassmann. Market versus Technology Drive in R&D Internationalization: Four Different Patterns of Managing Research and Development. *Research Policy*, 2002, Vol. 31, pp. 569 - 588.

8. H. Odagiri and H. Yasuda, The Determinants of Overseas R&D by Japanese Firms: An Empirical Study at the Industry and Company Levels. *Research Policy*, 1996, Vol. 25, pp. 1059 - 1079.

9. P. Patel and Modesto Vega. Patterns of Internationalisation of Corporate Technology: Location vs. Home Country Advantages. *Research Policy*, 1999, Vol. 28, pp. 145 - 155.

著作

1. 沈玉芳等．外商投资 R&D 中心建设．北京：机械工业出版社，2004.

2. 黄兆银．R&D 全球化研究．武汉：武汉大学出版社，2006.

3. 刘云主编．跨国技术创新研发国际化的组织模式及影响．北京：科学出版社，2007.

4. 崔新健．外资研发中心的现状及政策建议——基于国家创新体系框架的研究．北京：人民出版社，2011.

5. 陈向东编著．国际技术转移的理论与实践．北京：北京航空航天大学出版社，2008.

网站

1. http：//unctad. org

2. http：//www. most. gov. cn

3. http：//www. nsf. gov

第 8 章

跨国公司人力资源管理

本章学习目标

1. 了解和掌握跨国公司人力资源管理配置的三种类型
2. 了解外派人员的类型及跨国公司对外派人员的选拔、培训、薪酬和归国管理问题
3. 了解跨国公司人力资源招聘、培训、绩效评估和薪酬管理问题
4. 了解国际劳工关系的主体及影响因素

开篇案例 **华为：人才的国际化**

华为公司在世界上 100 多个国家设有分支机构，2009 年全球销售收入达 1 491 亿元，同比增长 19%，一举超越诺基亚、西门子和阿尔卡特-朗讯成为全球第二大电信设备商。在国际拓展过程中，华为不断加大对海外本地员工的聘用、培训力度，积极捕捉和吸纳国际人才。

在员工的全球招聘方面，华为公司没有种族、性别、地区、国籍、年龄、怀孕或残疾方面的歧视。华为海外本地员工的聘用平均每年增长 15%以上，截至 2008 年底，华为近 8 万名员工中，海外员工已超过 22 000 人，其中海外本地员工超过 12 500 名，海外员工本地化率达到了 57%。华为向本地员工开放管理岗位，使公司在全球形成一个多元化的管理团队，组织各种活动推行跨文化理解，提高团队凝聚力。

在员工培训方面，2005 年正式注册了华为大学，为华为员工及客户提供众多培训课程。此外，华为在全球建立了一流的培训体系和网络，对全球员工进行管理、技术和企业文化等多领域专业知识的培训。目前，除中国 7 个培训中心，还有遍及英国、法国、德国、罗马尼亚、巴西、埃及、马来西亚、泰国、新加坡、土耳其、阿拉伯联合酋长国和尼日利亚等国家和地区的 31 个海外培训中心。

华为也重视从外部引入国际金融、法律、技术和管理等国际高级人才。2009 年 7 月 14 日，前北电高管、负责北电 EMEA（欧洲、中东和非洲地区）业务的总裁蒂姆·霍金斯 (Tim Watkins) 出任华为西欧副总裁，负责华为在西欧地区的销售和市场。此前原北电的 WiMAX 网络和系统产品线主管查理·马丁（Charlie Martin）出任华为北美区首席技术官 (CTO)，前英国电信集团技术官米克·里弗（Mick Reeve）出任华为欧洲地区部战略顾问。

在薪酬制度方面，华为人力资源部门定期向专业咨询公司购买外部薪酬市场数据，以此随时分析和审视华为薪酬标准的外部竞争力。其制定针对海外员工的薪酬体系时，首先是必须尊重当地法律以及风俗习惯；其次是必须结合华为本身的支付能力，以及“对内、对外的公平性”。与当地主要同行企业相比，华为的薪酬水平具有较高的吸引力，为华为吸引了许多国际人才。

资料来源：丘慧慧：《华为：人才国际化与“去英雄主义”》，腾讯网，http：//tech. qq. com/a/20090801/000014 _ 1. htm，2009 - 08 - 01。

8.1 全球人力资源配置

8.1.1 民族中心模式

以民族为中心的人员安置政策是指所有主要的管理职务都由母公司所在国公民来担任。这种做法曾经十分普遍。宝洁、飞利浦和松下等公司一开始都采用这种做法。例如在荷兰的飞利浦公司，绝大多数外国子公司的全部重要职位一度全部由荷兰人担任。在现在的许多日本公司里，比如丰田和松下，国际业务中的重要职位仍然常常由日本人出任。

公司采用民族中心模式进行人员安排出于三个原因：

（1）跨国公司可能认为东道国缺乏合格人选担任高级管理职务，当跨国公司在欠发达国家有经营活动时，经常听到这种观点。

（2）跨国公司可能认为民族中心模式是保持一种统一的企业文化的最好方式。比如许多日本公司喜欢让日本侨民经理领导它们的海外经营活动，因为他们在日本国内工作时已经被纳入公司的文化中。

（3）如果跨国公司试图通过把母公司的核心优势传递给它的海外业务部门来创造价值，正如采取国际战略的公司所做的那样，它可能认为达到这一目的的最好方式是把母公司中了解这种优势的人员转移到国外业务部门。具体如表 8—1 所示。

表 8—1　　跨国公司使用外派人员的原因

指挥和控制	本国的外派人员常常按照“总部的方法”做事，因此能够向国外经营者传授“正确的”系统。
当地人才缺口	当地具有资格的人选缺乏，特别是需要向海外转移特殊的技术时，迫使公司把高技能的管理人员派到国外。
社会融合	把员工调到各个国家的职位有助于所有的人了解全球范围内的公司实体。

当地执行	在本国和国外子公司之间的转移常常因为当地执行的一些细节而终止。外派人员能够迅速解决中止和瓶颈问题。
当地员工的高流动性	跨国公司常常面临国外市场中当地员工的高流动性，受过严格培训的具有技术能力的专业人员尤其如此。每个离开的人都有知识产权泄露的风险。
管理提高	外派人员的国际工作经历可以丰富公司关于国际业务战略和实践的相关知识。

虽然有如此多的理论根据，民族中心模式现在在绝大多数跨国公司里都被逐渐废弃了。主要有以下两个原因：

首先，这种模式限制了东道国员工的发展机会，长期使用会引起不满、低生产率和员工更换的高频率。如果外派的经理的报酬远远高于东道国的经理，那么不满就会更强烈，而这种情况很常见。

其次，民族中心模式可能导致文化近视，即公司不理解东道国的文化差异，而这些差异要求公司采用不同的营销和管理方式。外派的经理需要一段很长的时间来适应这些差异，在此期间他们可能会犯严重的过错。

全球观察 8—1

启用当地管理者替代母国人员的趋势

近年来，使用母国人员的趋势已经发生了一些变化，甚至一直以来喜欢用母国人员的日本企业也发生了变化，日本企业国外子公司的重要管理岗位本来是不愿意任用当地管理者的。毕米什和英克彭（Beamish and Inkpen）最近对 3 200 家日本跨国公司进行了调查，发现在过去 40 年里外派母国人员的百分比在稳定下降。

是什么原因导致了这个变化？以下四个原因有助于解释这一现象。首先，日本在世界各地的子公司数量在增多，很难找到合适且胜任的母国人员。其次，当地管理者队伍在不断成长，从而没有必要再依赖于母国人员。再次，母国人员在海外工作的高成本会给公司的利润带来负面影响。最后，日本的人力资源政策正在改变，旧的“米纸经济高峰”(rice paper ceiling) 正逐渐消失。它曾阻止非日本籍员工晋升到子公司高层，而这种旧的“米纸经济高峰”的消失，特别是在美国，是因为日本人意识到其美国子公司不能有效地竞争。日本的母国人员被其美国竞争对手弄糊涂了，实际上，日本管理者根本不懂得如何为公司在美国市场销售的产品定好基调，不知道怎样调整市场方法以满足不同的细分市场，他们跟不上市场的变化节奏，缺乏灵活应变的能力，响应速度也难以和美国人竞争。除日本公司，其他国家的跨国公司很有可能会顺应这种潮流启用本地管理者替代母国人员。

资料来源：弗雷德·卢森斯、乔纳森·P·多：《国际企业管理：文化、战略与行为》，351 页，北京，机械工业出版社，2009。

8.1.2 多元中心模式

多元中心模式的人事策略要求招募东道国成员管理子公司，而由母公司所在国公民执掌公司总部的重要职位。在许多方面，多元中心模式力图解决民族中心模式的诸多弊病。

采用多元中心模式的一个优点是跨国公司陷入文化近视的可能减少了。东道国经理不大可能由于文化误解而犯错误，而这正是侨民经理易出错的地方。第二个优点是多元中心模式更省钱。侨民经理的花费是很昂贵的。

全球观察 8—2

跨国公司的天花板

“玻璃天花板现象”产生于20世纪80年代，主要指欧美大型公司中，外来移民尤其是亚洲人只能担任技术等低层职务，或者做到相对高位后很难再晋升，无法进入核心决策层这一现象。

中国本土经理人还处在主管的层次，能够按照“中国区总监—副总—中国区总裁—亚太区总裁”这一职务轨迹走下去的很少！

“跨国公司让本土经理人走开！”2002—2004年间，甲骨文中国员工流失率高达70%，深刻折射出本土经理人在跨国公司的职业危机。“玻璃天花板现象”成为本土经理人在跨国公司难以长期工作下去的重要原因。

资料来源：http：//wenku. baidu. com/view/353079bbf121dd36a32d821c. html，2011 - 12 - 21.

但是，多元中心模式也有自己的缺点。多元中心模式的主要缺点在于东道国经理和母公司所在国经理之间可能产生断带。语言障碍、对本国的忠诚和一系列文化差异可能把公司总部人员与各个外国子公司隔离开来。投资国和东道国之间若缺乏管理人员上的交流，则会加剧这种隔绝并导致公司总部和外国子公司之间缺乏整体性。其结果可能是跨国公司会成为一个由各个与公司总部只保持名义上的联系的独立的外国分支机构组成的联盟。在这个联盟内很难达成传递核心优势、追求经验曲线和区位经济所要求的协调。因此，虽然多元中心模式对采取多国战略的跨国公司可能会有效，但它对于其他战略是不适合的。另外，多元中心模式产生的联盟可能造成公司内部的惰性。例如，食品和洗涤业巨头联合利华在采用多元中心模式很多年以后发现，很难完成从多国战略到跨国战略的转移。联合利华的外国子公司变成了准自治的机构，每家子公司有很强的东道国形象。这些“小诸侯集团”努力地阻止公司总部限制它们的自治并进行全球化生产。

8.1.3 全球中心模式

全球中心模式的人事策略是在整个组织内挑选最适合的人担任重要职务，而不考虑国籍因素。这一政策有许多优点。首先，它使跨国公司能最有效地利用其人力资源。其次，它使跨国公司能建立一个国际管理班子，成员在许多不同国家里工作都会感到像在自己国家一样轻车熟路。采用全球中心模式安排人员的公司比采用其他方式的公司更有能力通过经验曲线和区位以及核心优势的多向转移来创造价值。另外，以此种模式建立起来的管理者队伍是由多国成员组成的，这能够缓解文化近视并提高对地方需求的反应能力。所以，在其他条件相同的情况下，全球中心模式策略看起来最具吸引力。

尽管如此，许多问题仍限制跨国公司采用全球中心模式的能力。许多国家希望外国子公司雇用该国公民。为此，它们在移民法中规定当东道国公民掌握必要技术及数量足够时，外国公司必须雇用东道国公民。另外一个问题是全球中心模式实行起来可能很昂贵。全球中心用工制度难以开发并且维护成本很高。全球导向这个概念包含一系列的态度和价值观。高管团队由不同国家的人组成可以减少文化上的近视，但是，困难来自需要在维持自身的同时还能够明白各种各样的人的观点。同样，全球中心模式的维护是昂贵的，因为让员工在各个地方接触各种各样的概念是昂贵的。在各国之间频繁地调任高价的管理人员时，培训和再分配成本迅速上升。而且，被置于国际"快速跑道"上的经理得到的丰厚薪水可能会在公司内部引起不满和怨恨。被任命为全球执行领导者的管理人员享有更高的工资和名声，进而在那些认为这些管理人员没那么重要的人之间引起怨恨，这时会发生难以预料的问题。

综上，根据国际化进程的三个阶段，跨国公司采取了三种相对应的人员配备政策（见表8—2）。第一阶段采用民族中心模式人员配备政策，即海外子公司所有的关键岗位都由跨国公司总部派出人员担任。第二阶段采用多元中心模式人员配备政策，政策的核心是招聘东道国人员管理当地的子公司，而跨国公司总部人员在总部任职。第三阶段采用全球中心模式人员配备政策，其核心是在集团公司总部、国内事业部和海外子公司中选择最佳的人员来担任关键职位而不考虑人员国别。

表8—2　跨国公司人员配置策略比较

人员配置策略	适用战略	优点	缺点
民族中心	国际战略	解决东道国合格管理人员的问题 统一企业文化 转移核心竞争力	滋生东道国不满情绪 导致文化近视
多元中心	多国战略	缓解文化近视 实施成本低	限制职业流动性 隔离总部和国外子公司
全球中心	全球战略	利用人力资源 建立强大的企业文化 建立非正式管理网络	各国移民政策限制其实施 成本较高

8.2 人员招聘、培训与外派

8.2.1 跨国公司人员招聘

1. 跨国公司人员招聘来源

根据西方发达国家跨国公司招聘员工的经验，跨国公司的高层和中层管理人员一般由母公司派出；中层和基层管理人员则从东道国、第三国或母公司选拔；其他员工，尤其是一线的操作工人，基本上是在东道国配备。

(1) 母公司人员。母公司人员作为驻外管理人员到海外分公司工作，这些人通常称为驻外人员或外派人员（expatriates），他们是工作和生活在母国之外的管理者。从历史上看，很多跨国公司在国外子公司的关键岗位都用具有母国国籍的员工或者驻外人员。

外派母国人员的原因各种各样。外派人员熟悉母公司的经营战略、经营方式以及各项政策，可以很好地贯彻母公司的宗旨和意图，使海外分公司与母公司保持良好的沟通，从而确保分公司与母公司在企业目标、公司政策等方面保持一致，同时对这些业务保持财务控制。另外，获外派机会的母公司人员可以获得国际工作的经验，这对员工个人的发展以及提高母公司人员的整体素质都是非常有利的。

但是挑选母公司人员作为驻外管理人员，也存在一些缺点。一是外派人员可能需要很长时间适应东道国文化、语言、政治和法律环境，在这段时间里他们很可能因为不熟悉情况而作出错误的决策；二是为外派人员及其家庭所支出的挑选、培训、报酬以及维持费用过高，增加了跨国公司的经营成本；三是这种人员配备方法限制了东道国人员的提升机会，可能会导致这部分员工的低生产率和高流动率，也不利于海外分公司的管理层与下属的有效沟通与合作。

(2) 东道国人员。东道国人员（host-county nationals）是指跨国公司所聘用的当地管理者。跨国公司发展到一定阶段，企业也积累了比较丰富的国际企业管理经验以后，就可以考虑开发和利用东道国的人力资源。从东道国招聘员工有许多优点：一是可以克服语言和其他方面的障碍，使东道国管理人员很快就能适应新工作岗位的要求，而且有利于分公司管理层与当地员工之间的沟通，使当地员工对分公司产生归属感；二是可以加深东道国政府和当地社会对分公司的良好印象，进一步与其建立良好关系；三是从东道国招聘员工可以大大节约成本，这一方面是因为东道国当地工资水平较低，跨国公司可以花较少的钱招聘到高质量的管理人员，另一方面可以节约由母公司外派管理人员所导致的高额培训、维持费用。

但是招聘东道国人员也有不足的地方。一是东道国人员不一定熟悉母公司的宗旨、政策、战略以及经营方式，因此往往不能起到作为母公司与分公司之间桥梁的作用；二是可能受强烈的民族意识影响，难以做到全心全意为母公司服务。

全球观察 8—3

替外国人工作的重要忠告

随着日本、韩国和欧洲扩大其经济领域，世界范围内的就业机会也随之增加。为外国公司工作是否好呢？那些曾经在外资公司工作的人都知道，这种择业选择有利也有弊。下面是一些曾经为外国的跨国公司工作的美国人撰写的经验介绍。

第一，虽然美国管理者通常被教育要快速决定，但大多数外国管理者还是愿意花更多的时间，并且认为做快速决定是没有必要的，有时甚至是非常糟糕的。在美国，我们常听到这样的说法："高效率的管理者只有 51% 的决策是对的。"在欧洲，这个百分比要低得多，这也解释了为什么欧洲管理者分析问题要比美国管理者深入得多。在外资企业工作的美国人更应注重慢而准确的决策。

第二，大多数美国人被告知不要发布很多指令。在拉丁国家，管理者习惯于发布大量的命令。在东亚国家，就很少有指示或命令。美国人必须适应特定国家的决策过程。

第三，大多数美国人在下午5点回家，如果有很多文案工作，他们会把它带回家做完。而日本管理者刚好相反，他们会在办公室待到很晚，还认为那些早回家的人是懒惰的。美国人要么适应，要么就证明给那些管理者看，他们的工作和其同事一样努力，只是地点不同而已。

第四，很多跨国公司把英语作为通用语言，但重要的对话还是用母国语言，所以学习语言是非常重要的。

第五，很多跨国公司用危机感来激励员工。在制造业确实如此，为了获得高产量和高质量，人们一直在持续的压力下工作。那些不习惯在高强度下工作的人很难在日本自动装配厂获得成功。美国人必须懂得，为工作创造人文环境并不是普遍适用的规则，而是一种例外。

第六，尽管在美国用工歧视是违法的，但很多跨国公司包括一些美国公司还是这样做了。女性很少有和男性一样的机会，而且很多高层管理工作只提供给母国人员。在大多数情况下，美国人已经接受这种民族中心主义（国民主义者）做法，在国际舞台上职业道德和社会责任是一个重要问题，并且不管是现在还是将来，跨国公司肯定还要面临这些挑战。

资料来源：弗雷德·卢森斯、乔纳森·P·多：《国际企业管理：文化、战略与行为》，352页，北京，机械工业出版社，2009。

（3）第三国人员 。第三国人员（third-country nationals，TCN）是指任职于跨国公司的管理者既不是跨国公司总部的母国公民，也不是跨国公司所在国的东道国公民。第三国人员的雇用并不如母国人员或东道国人员那样广泛。

从第三国招聘员工的优点在于这些人才一般都是职业的跨国经营者，他们精通外语，了解其他国家的文化，因此他们比母公司外派人员更熟悉东道国的情况，可以更快地进入工作角色。另外，招聘第三国人员在薪酬和福利方面的成本要低于母公司的外派人员。

招聘第三国人员也有不少缺点：一是这种招聘方法通常需要花费大量的时间和费用；二是第三国人员的薪酬和福利要高于东道国人员；三是有些国家对雇用这类人才很敏感，甚至会拒绝其入境或工作。

（4）人员召回。近几年来，在国际人力资源管理中出现了一个新名词——内派人员（inpatriate）。它是指东道国和第三国的管理者被调回母国总部工作。使用内派人员可以更好地开发跨国公司的全球核心竞争力，因此，新型的、懂多国语言、经验丰富的管理者正在不断涌现，他们被称为全球或跨国管理者。这些新型的管理者是成长中的国际管理人员的一部分。他们能跨国界管理业务，但并不适应传统的第三国人员模式。随着欧洲一体化进程和北美及亚洲类似的一体化进程的发展，对全球管理者的需求将大量增加。此外，由于世界某些区域劳动力短缺，出现了人才从富余地区向短缺地区的移民浪潮。

全球观察 8—4

日本跨国公司的人员召回

日本公司正在减少全球业务的单一文化导向。三菱公司的总裁要求公司高层管理者必须熟悉与其业务相关的所有国家的文化。索尼 80%产品销往海外，所以它也认识到这种文化多元性的需求，并已任命两个外国人为董事会成员。与此同时，它还打算聘用当地管理者，并让他们进入总部高层管理机构。此外，索尼董事会主席指出，5 年内董事会成员必须由来自不同国家的人担任，这对公司将来的发展非常重要。类似地，东芝公司计划使其高层管理人员和董事会成员更具全球代表性，以便促进其全球战略的长期发展。

资料来源：弗雷德·卢森斯、乔纳森·P·多：《国际企业管理：文化、战略与行为》，353 页，北京，机械工业出版社，2009。

（5）分包和外包。国际管理人才的其他潜在来源是将合同任务分包给海外公司或是在海外挖掘人才。离岸外包因公司组织和技术能力的提高而变得可能。这种能力的发展可以追溯到较早的国际分工以及精益生产（源自日本汽车制造商）在国际上向其他制造业和服务业的扩散，特别是当服务行业在本地通过低成本的电子通信提供工程、医疗、法律和会计服务等（而这些在以前被认为是必须走出去服务的）时。发展中国家，如中国、印度和菲律宾不断提高的教育水平，尤其是在科学和技术领域的提高，使通过外包来满足国际人力资源的需要越来越有吸引力。

一方面，从海外挖掘人才以及通过申请特别签证雇用来自海外的临时员工，能够很大程度地节约成本、降低开销；另一方面，可以帮助跨国公司在海外寻找高质量的人才，以弥补母国人才的缺乏。

全球观察 8—5

跨国公司人力资源管理外包

欧美几起大规模的人力资源管理外包案例曾吸引了业内人士的关注。达美航空公司（Delta Air Lines.）和万豪国际集团（Marriott International）都曾把各自的人力资源管理工作外包给第三方服务提供商，合同为期 7 年，其中达美航空公司签署的外包合同价值 1.2 亿美元。达美航空公司选择把薪资福利、工资报表、呼叫中心和信息服务等各种各样的人力资源管理服务外包；万豪国际集团则将全球的 13.3 万名雇员的薪资福利、招聘、培训和拓展等众多服务项目进行外包。

英国电信公司（British Telecom）在人力资源管理外包上更是大手笔。英国电信与埃森哲咨询公司（Accenture）签订了为期 10 年、价值达到 5.75 亿美元的人力资源外包合同，埃森哲咨询公司为英国电信公司的 8.7 万名雇员和 18 万名退休职工提供外包服务。

一项对美国500家公司的调查结果表明，美国、英国以及大多数欧洲国家主要人力资源管理职能中外包程度较高的分别是福利、培训和薪酬发放，分别占所有被调查企业的75%，65%和62%。

人力资源管理工作中，企业文化、员工关系、绩效考核、重大决策等都是战略性工作，通常不选择外包。工作分析、员工招聘、薪酬福利都是人力资源的基础性事务工作，与之相关的还有档案管理、考勤记录、工资发放等，这些遵循通用规则的工作，通常可以外包出去。而薪酬管理对某些企业来说可能属于核心的事务，关系到人员的稳定性和激励程度，在这种情况下，企业也会选择自己来做。

资料来源：陈丽青：《外包，依企业目标定夺》，智联招聘网，http：//cho. zhaopin. com。有改动。

2. 跨国公司人员招聘标准

(1) 母国外派人员或第三国人员的招聘标准。具体而言，在母国或第三国选聘人员时，影响跨国公司外派成功与否的关键因素有以下几项：

1) 专业技术能力。即一个外派人员至少需要具备完成这项工作所需的技能，或是了解如何根据国外的情况调整和传递技能。很多公司把出色的技术能力转化为自信和心理韧性的管理属性，这些属性支撑外派人员的工作表现。但是，这种倾向在改变。一些公司在寻找更年轻或是更老的员工去国外工作。一些公司正在记录员工的绩效以推测其长期潜质。

2) 适应性。经验表明，有效的外派人员具有某种适应特性。当进入一个新的不同以往的环境时，他们能表现出所需的技能和远见。因此，跨国公司通常根据以下几种适应性来评估一个可能的外派人员。门登霍尔（Mendenhall）与奥德欧（Oddou）研究归纳出四种可预测国外任职成功性的因素：自我倾向、他人倾向、感知能力及文化难度。自我倾向指外派人员的自尊、自信与健康心态；他人倾向指外派人员与东道国人员相互交往的能力；感知能力指理解他国人员行为原因的能力，也就是移情能力；文化难度指外派经理对任命相关所在国的特定职位的适应程度。

3) 领导能力。与母国的岗位说明相比，在国外子公司工作通常需要承担更多的责任。通常来讲，一个外派人员会发现作为国外子公司的高级管理人员，他缺少很多以前在公司总部可以获得的资源。公司期望外派人员面临这些挑战，可以开发出相应的技能，如沟通、自力更生、承担风险、外交等。因此，跨国公司认为管理者的领导能力是外派人员成功和选拔的关键。

全球观察 8—6

跨国公司的用人标准

日本松下电器将选择国际管理者的标准简称为“SMILE”标准，包括：(1) 专长（specialty）：所需要的技能与知识；(2) 管理能力（managerial ability）：领导能力、激励下属能力等；(3) 国际适应力（international flexibility）：如对其他国家文化及环境的适应能力；(4) 语言能力（language facility）：即是否能熟练掌握东道国语言；(5) 努力（endeavour）：在面对困难时的忍耐力和坚持力。

日本电气公司（NEC）对国际管理者有一套系统化的检验标准，包括：(1) 人格因素：活力、适应力、忍耐力、好奇心；(2) 能力因素：管理技巧、职业能力、语言能力、谈判技巧、解决问题的能力。

传立媒体（MindShare）的企业文化是可靠（accountability）、想象力（imagination）、热情（passion）、洞察力（insight）与正直（integrity），传立媒体将这套企业价值转换成人力资源管理模型，作为选择国际管理者的标准依据。

资料来源：薛求知、廖勇凯：《国际人力资源管理教程》，150 页，上海，复旦大学出版社，2010。

4）语言技能。它包括口头和非口头的语言交流技能。熟练地使用东道国的语言，是筛选外派人员的一个重要的标准，因为语言方面的差异是进行跨文化沟通最大的障碍。但是，从一些发达国家跨国企业的实践中可以看出，对语言能力的重视程度相对要低于上述其他标准。这也可能与英语的普遍使用有关。

(2) 东道国人员的招聘标准。对于东道国人员的筛选，首先要区分不同的招聘目的。不同的目的往往决定着不同的筛选标准。跨国公司招聘东道国人员，一是为当地的分公司配备人员；二是为母公司挑选合适的员工。

如果跨国公司招聘东道国人员是出于第一个目的，那么筛选标准的重点应在候选人的受教育程度、专业技能和相关工作经验等方面。与国内人力资源招聘工作不同的是，跨国公司在招聘东道国人员时，必须仔细研究东道国有关人员配备方面的法律法规和社会习俗，避免招聘过程中出现不必要的麻烦。比如在某些国家，有关个人家庭、爱好、父母和宗教信仰等方面的问题是不可询问的，因为这些方面被视为个人隐私。如果缺乏在东道国的雇用经验，很多跨国公司的做法是雇用一个当地的招聘机构，为分公司配备一名东道国人力资源经理，继而将分公司配备员工的职能本土化。

另外，跨国公司进入的方式对招聘东道国人员也会产生一定的影响。如果跨国公司在海外的分公司属于独资建立的工厂，那么在雇用问题上跨国公司有更多的决策权和判断力。但是作为一个合资企业来说，雇用问题则困难得多，因为当地的合作者可能在雇用问题上有自己的具体目标和操作方法。

挑选东道国人员的第二个目的是将其调至公司总部任职。这样做的动机有的是为了培养和发展东道国人员，他们被调到公司总部学习专业技能，接受专门培训；有的是为了使东道国人员获得归属感，这是跨国公司建立全球企业文化的一个组成部分；另外，多吸收海外分公司人员到公司总部工作，可以打破母公司文化一统天下的局面，使公司增强对其他文化的适应能力，从而使跨国公司成为真正的国际化企业。由此可见，跨国公司挑选东道国人员到公司总部任职的原因多种多样，具体的筛选标准也会因不同的动机而有所不同。此时，能否运用总公司的语言与他人顺利沟通，就成为挑选候选人的重要标准。

8.2.2 跨国公司人员培训

为了在全球化竞争中取胜，越来越多的跨国企业，把人力资源视为形成组织核心能力和竞争优势的关键因素。摆在许多跨国企业面前的难题是如何维持和保有一支训练有素的、具有国际化工作经验的员工队伍，因此，培训和发展员工已经成为许多跨国企业的当务之急。一个有力的证据就是越来越多的跨国企业都建立起了自己的“大学”或“学院”，比如麦当劳汉堡大学、迪士尼大学等。

1. 外派人员的培训

培训可帮助外派人员及其配偶减少外派失败。尽管培训非常有益，但实际上有很多外派人员在赴国外就任前并未接受过这些培训。一项研究显示，在那些被授予1～5 年国际任务的外派人员中，只有 30% 在就任前接受过培训。

（1）文化培训。文化培训旨在培养外派人员对东道国文化的理解，这有利于外派人员移情于东道国文化，从而提高与东道国人员交往的有效性。跨国公司应该对外派人员进行东道国文化、历史、政治、经济、宗教以及社会和商务实践的培训。考虑到配偶的适应性问题，让配偶或整个家庭参加文化培训班非常重要。

（2）语言培训。英语是全球商务的语言，在全世界范围内只用英语做生意是很有可能的。例如，在瑞士电子设备巨人 ABB 集团，13 位来自不同国家的高层经理需要经常开会。由于没有共同的母语，他们只有统一使用英语进行交流。尽管英语非常普及，但过于依赖英语会影响外派人员与东道国人员沟通的能力。如前所述，即使外派人员英语说得很流利，对东道国语言的沟通意愿仍有助于同当地员工建立起和睦关系，并提高外派人员的有效性。尽管如此，贝克（J. C. Baker）的调查表明，在 74 名美国跨国公司的外派人员中，只有 23 名认为国外语言知识对国外任职非常必要。那些为外派人员提供国外语言培训的公司相信，这将有助于提高外派人员的有效性，并使他们更加容易融入国外文化中，从而为公司在东道国树立良好形象。

（3）实践培训。实践培训包括了解东道国的人民、历史、地理、文化、企业、政治、生活等，培训旨在帮助外派人员及其家人适应东道国的日常生活。日常生活规律形成得越快，外派人员及其家人适应的成功率就可能越高。外派人员在当地拥有朋友关系网络非常关键。跨国公司通常在存在外派人员社团的地方投入大量努力，以保证新的外派人员的家庭能够尽快融入这一集体。外派人员社团可有效地提供信息与支持，在帮助外派人员家庭适应国外文化方面的作用不可估量。

全球观察 8—7

美国式的针对驻外人员及其子女的培训

驻外人员不能在海外开展工作的一个主要原因在于子女不能适应新的环境。为了解决这种文化适应问题，现在许多美国跨国公司都开发了特定的文化培训项目来帮助年轻人适应新文化环境和新的学校环境。其中一个很好的例子就是通用电气医疗器械公司。该公司在法国、日本和新加坡都有驻外人员。一旦公司要派某位员工到某个国家工作，公司将安排该员工和他的家人与那些刚刚从该国回来的员工和家人见面。如果要派到海外工作的家庭有十几岁的小孩，公司将把该家庭与那些在海外工作时也有小孩的家庭组成团队，讨论海外工作必须面临的问题和挑战。就这些孩子而言，他们能够与那些已经遇到同样问题的同龄朋友谈谈自己担心的问题，而后者能够提供一些重要的信息，告诉他们如何交朋友、学语言、逛街，怎样把待在国外的时光变成美好经历。

儿童所关心的到国外会遇到的一个典型问题是必须上寄宿学校。例如在沙特阿拉伯，法律禁止驻外人员的子女越过九年级上学，所以大部分驻外人员必须为其子女寻找欧洲学校。通用电气医疗器械公司解决这类问题的办法是开发一个专门的教育计划。对教师、学校、课程、母国要求和东道国要求进行审查，并为每个年级的小孩在其离国之前开发一个具体学习计划。

越来越多的跨国公司开始为驻外人员子女提供与管理者相同的文化培训。然而，有一个领域的正式培训对小孩而言没有成年人那么重要：语言培训。当大多数管理者发现花费大量时间还很难掌握当地语言的时候，许多小孩很容易就学会了。儿童的语言能力被低估了。

重视儿童教育的一个主要好处在于，为将来培养了有经验的并且有两种文化经历的人。这些人完成了大学教育、开始寻找工作的时候，其父母所在的跨国公司经常对他们感兴趣，将他们看成是未来的管理者。他们拥有对跨国公司有用的知识，能够讲外语，了解与该公司有业务关系的国家，有海外生活经验。这种逻辑已经使得一些跨国公司认识到，有效的跨文化培训不仅对现在的员工有好处，对将来的员工也有好处。

资料来源：弗雷德·卢森斯，乔纳森·P·多：《国际企业管理：文化、战略与行为》，375～376 页，北京，机械工业出版社，2009。

2. 东道国人员的培训

跨国公司对东道国人员的培训主要侧重于生产技术和管理技术的培训。

有关生产技术的培训一般侧重于从母公司或第三国转移到东道国的生产技术。培训对象多数是生产部门和质量控制部门的管理人员。

有关管理技能的培训通常按管理的职能进行分类。如对营销部门管理人员的培训侧重于各种营销、分销、广告和市场调查的管理技能；对财会部门管理人员的培训侧重于母国和东道国会计准则的差异、会计电算化方法、财务报表分析和外汇风险分析等。在多数大型跨国公司中，培训与管理人员的晋升联系在一起。不同等级的管理人员接受不同类型的培训，所以，管理人员晋升到新的岗位时，往往要通过新的培训计划增加所需要的技能。

此外，在培训东道国管理人员时需考虑到由于他们自小接受的教育、经历和文化熏陶，在管理活动中容易偏向民族利益。因此，必须加强对他们的忠诚培训，力图使他们站在较公正的立场上考虑与决策公司事务，使公司能实现跨国经营活动整体利益最大化的目标。

在培训和开发领域，跨国公司人力资源管理的重心由针对外派人员的预备性培训转向建立面向子公司全体管理人员的国际管理开发体系，其目的在于提高管理人员的业绩水平和全球视角。培训与开发涉及的活动十分广泛：了解组织状况、具体工作职责和需要的工作技能，了解工作场所的社会、文化及法律环境，开发管理人员在特定社会文化背景下的人际技能。研究表明，当培训与开发成为外派人员的特权时，企业文化的统一性、当地管理人员管理视角的拓展以及跨国公司的整体利益都将受到损害。因此，目前的趋势是将培训与开发拓展到整个管理层，以推动多文化、多国籍管理团队的形成。

8.2.3 跨国公司人员外派

1. 外派失败问题

在跨国公司人员配置中，以母国为中心和以全球为中心都依靠大量使用外派人员。在以母国为中心的政策下，外派人员是转移到国外的母国人员。在以全球为中心的政策下，国籍不再是人员转移的考虑因素，外派人员不一定是母国人员。国际人员配置的一个突出问题是外派失败，比如外派人员过早回国，外派人员不能在国外很好地发展。

外派的失败率很高（见表8—3）。研究显示，有16%～40%的美国雇员被派往国外发展子公司却提前离任，提前回国的比例更是高达70%。外派失败会给个人和跨国公司带来较高的成本。对外派人员自身而言，可能造成自尊心受损，职业生涯中断。而对跨国公司而言，跨国公司将所付出极高的经济成本和社会成本，甚至可能产生一系列负面影响。据估计，每次外派失败带给母公司的平均成本是外派人员本国年收入加上再安置成本（受汇率和分配地区影响）的3倍。学者针对美国跨国公司的调查发现，若外派人员无法顺利完成任务，组织需要为此付出约100万美元的代价。除了财务上的损失，跨国公司的信誉可能也会受到影响，可能因此而丧失国外市场的商机及影响海外市场占有率。此外，外派任务的失败也可能不利于后人接受此任务。

表8—3　　跨国公司外派失败率

外派失败率（%）	公司百分比（%）
美国跨国公司	
20～40	7
10～20	69
<10	24
欧洲跨国公司	
11～15	3
6～10	38
<5	59
日本跨国公司	
11～19	14
6～10	10
<5	76

资料来源：根据相关文献整理。

学者研究了跨国企业外派员工失败的原因，各国实践各有不同，如表8—4所示。

表8—4　　外派失败原因比较

	美国跨国公司	日本跨国公司
失败原因	● 配偶难以适应 ● 经理本人难以适应 ● 其他家庭问题 ● 经理人员个性和情感的成熟度不足 ● 难以担当起大型的跨国职能	● 难以担当起大型的跨国职能 ● 难以适应新环境 ● 个性或情感问题 ● 缺乏技术性能力 ● 配偶难以适应

资料来源：查尔斯·希尔：《国际商务：全球市场竞争（第三版）》，北京，中国人民大学出版社，2002。

欧洲跨国公司认为，外派失败的原因只有一个，就是外派人员的配偶无法适应新的环境。

学者经总结提出，外派人员海外任职失败的原因主要有以下五个方面。

（1）能力问题。多数跨国公司在外派人员选择中都强调他们的专业工作能力，因此，由于能力欠缺而导致的任职失败案例倒不是很多。

（2）调适问题。外派管理人员需要做好以下四个方面的调适：1）调整自我，即应该努力欣赏当地的娱乐和休闲活动，战胜压力，发挥技术与管理能力；2）调整与他人的关系，即建立当地社会关系网，与当地人进行交流；3）感知当地人的行为和自己的行为的真正原因；4）认识本国文化与东道国文化之间差别的内涵。以上任一方面不能做到，则意味着外派管理人员没有解决好调适问题。

（3）家庭问题。外派人员家属（特别是配偶）的配合在社会化过程中十分重要，海外工作可能会拆散家庭或聚合家庭。不同结果影响着外派人员的工作绩效。在一般情况下，配偶及子女所面临的压力比外派管理人员本人还大。

（4）文化问题。外派人员初到东道国时会碰到文化冲击，回国之初又会面临反向文化冲击。外派人员只有真正懂得了本国文化的特征，才有可能干好外派工作，也只有在这个时候才能理解和应对另一文化。为了对付文化冲击，外派人员要发展一种爱好，与当地人交朋友，加强家庭关系，进行语言培训，保持坦率虚心。

（5）个性问题。这方面的问题可通过培训在某种程度上加以克服，但这种培训的效果必定有限，因此，最好是选择对他人的感受敏感的人外派。

以上分析表明，外派人员海外任职的成败与他们社会化过程的成败密切相关。为了保证外派人员工作成功，必须对外派人员进行认真挑选、培训以及到岗后的指导。

2. 外派人员管理

跨国公司外派人员的管理过程包括六个步骤：

（1）选拔合适的外派人员。降低外派失败率的一种办法是改善挑选程序，筛选出不合适的候选人员。筛选管理人员从而为国外任务找到最具有倾向和最有潜能的人员就是外派人员选择（expatriate selection）的过程。这个过程可能是相当艰难的。全公司内有能力人才的缺失、雇用未来领导者遇到的困难，以及外派任务越来越昂贵的费用都是公司面临的问题。在很多情况下，“根本不存在科学的选择依据，员工被派遣出去仅仅是因为他们愿意去”。判断可能的外派人员适应国外环境、人和生产过程的困难使这个问题变得尤其复杂。

(2) 在外派人员离开母国之前，对其进行培训和开发，使其做好相关的思想准备，减少外派后的不适应，在这个过程中使外派人员对东道国的文化、语言、经营环境等有一定的了解，并对可能遇到的困难找到合适的解决方案。

(3) 解决外派人员在东道国的安置问题，包括住房安排、工作安排、家属安置、子女上学等问题。

(4) 对外派人员进行工作常规管理，重点是海外工作绩效评估、薪酬管理和劳动关系及劳动保护管理等。

(5) 当外派人员准备回国时，做好回国前的培训工作，并安排好回国后的任职问题。因为外派人员回国后，国内环境可能已经发生变化，同时，也存在家庭方面的变化，最糟糕的是可能是产生反方向的文化冲击。

(6) 回国后的再适应。主要是帮助外派人员尽快熟悉和适应新的环境，克服回国后在工作中遇到的各种困难。根据一项对外派人员归国的研究，在接受调查的外派人员中，60%～70%对他们回国后所从事的工作一无所知；60%的人认为他们的组织对其归国问题、其新角色、将来在公司的职业发展态度不明；77%的人在母国担任的职位低于其国际任命。令人多少有些吃惊的是，15%的外派人员在回国后 1 年内辞职，40%的人员在 3 年内离职。解决这一问题的关键是良好的人力资源规划。跨国公司的人力资源管理要为外派人员归国后融入母国组织的工作和生活，发挥其在国外获得的知识经验做出合理规划。

全球观察 8—8

AT&T 外派人员管理

美国 AT&T 公司外派人员师徒制（mentoring）取得了较好的成效。每位外派人员都有一个相当于副总裁级别的导师（mentor），除了该人员的外派表现必须向导师报告，有关其生涯发展计划也可以和他讨论。有关外派人员的任何职位变动，导师皆可向总公司表达意见，并且为外派人员的职业生涯规划提出建议。如此一来，外派人员就有了明确的组织层级职业生涯发展计划，师徒制也可作为晋升外派人员的辅助机制。

此外，AT&T 公司不仅会事先让外派人员知道将被派遣的目的地、为什么去、怎么去、何时前往，同时也会为外派人员安排未来更好的职业前景。一般来说，外派职位会较原来的更好，以增加外派人员的积极性。当东道国子公司人才本土化实施后，调回外派人员时，导师也早已替他安排好新的职位。

资料来源：薛求知、廖勇凯：《国际人力资源管理教程》，207 页，上海，复旦大学出版社，2010。

8.3　绩效评估与薪酬管理

8.3.1　绩效评估

绩效评估是对员工在一个既定时期内对组织的贡献作出评价的过程。绩效评估一般需要明确五个问题：评估目的、评估标准、评估方法、评价者的选择和评估周期。

1. 跨国公司绩效评估的特点

在国际人力资源管理中，绩效评估具有一定的特殊性。

首先，跨国公司绩效评估的目的不仅是为员工薪酬调整和晋升提供依据，而且加入了许多新的因素。比如重视个人、团队业务和公司目标的密切结合，将绩效评估作为把相关各方面的目的相结合的一个契合点。

其次，跨国公司绩效评估的目标包括战略和业绩。它突出了战略方向，有利于实现企业的长远发展。在业绩中，要求较全面地反映员工工作的各个方面，如员工在财务、客户关系、员工关系和合作伙伴之间的一些行为，也包括员工的领导能力、战略计划、客户关注程度、信息分析能力、人力资源开发、过程管理法等方面的表现，较为全面、合理、综合地反映一个员工各方面的工作成果。

最后，跨国公司的绩效评估必须顺应经济全球化的发展趋势，有利于选拔和培养全球性管理者。在全球化背景下，员工越来越趋向知识型，许多员工不仅仅在工作中追求高报酬，更多的是追求一种自我价值的实现，员工对于公平感、自我实现、工作本身对人的激励等在工作中的体现的要求越来越多，因而对于管理者素质的要求越来越高。如何选拔优秀的管理者，如何明确定义管理者的素质，以及如何培养管理者显得越来越重要，这需要一种全球眼光。

虽然主要国家的跨国公司在绩效评估上存在差别（见表8—5），但上述特征应该是跨国公司绩效评估共同的追求。

表8—5　　美国、日本和德国跨国公司在绩效评估上的差别

美国跨国公司	日本跨国公司	德国跨国公司
● 以职业分析为基础 ● 能力主义，强力表现，快速评价，迅速提升，现实回报，无情淘汰	● 年功序列 ● 福利型管理 ● 重视能力、资历和适应性三者平衡 ● 缓慢晋升	● 小幅定期提薪、晋升、调换工作 ● 公平竞争的择优机制

资料来源：王朝辉：《国际企业管理》，287页，北京，机械工业出版社，2006。

2. 跨国公司绩效评估流程

（1）确定绩效标准。硬目标、软目标和情境目标常常被用做绩效标准的基础。硬目标是客观的，可以用数量表示，并且可直接测量，比如投资回报率、市场份额等。软目标以关系或特性为基础，如领导风格或人际技巧。情境目标试图将绩效发生时的情境作为考虑因素。

也有学者提出，在硬标准方面，对子公司经理的绩效评估常常通过总部人员的经常来访及与母公司高层管理人员的会晤得到补充。软标准可以用来弥补硬标准，尤其是那些难以量化的方面，比如领导技能，但是这样的评估在某种程度上是主观的，对驻外人员而言，由于文化交流和冲突，评估变得更加复杂。然而，依赖硬标准比如财务数据来评估一名驻外经理是否管理好一家国外子公司，没有考虑达到结果的方式及所用的行为。考虑到某些道德方面的问题，美国政府制定了《海外反腐败行为法案》，这促使越来越多地运用行为而不是结果数据来评估国外子公司驻外人员的绩效。

综合运用硬标准、软标准和情境标准的评估系统使得每一项评价都富有效力，因此，跨国公司在绩效评估中应尽可能综合运用各种标准。

全球观察 8—9

索尼（中国）的绩效考核

自从索尼确定"把中国作为全球发展引擎"的战略后，索尼（中国）加强了绩效考核的力度。在索尼（中国）内部，采用 5P 评价系统来全面评估员工的业绩。5P 是指个人（person）、职位（position）、过去（past）、现在（present）、潜力（potential）。索尼（中国）对所有的指标进行量化，对于很难量化的指标则采取回答问题的方式，然后转化为量化结果。

索尼（中国）的绩效考核采用的是年度考核制。每年年末索尼（中国）人力资源部门都会将评价的标准向员工公布，每个员工首先根据标准进行自我评估；然后上级会与下属谈话。首先，对下属的工作内容进行分析；其次，对工作的方式、方法进行评价。完成个人评价后，人力资源部门还要对团队进行评估。整个评估系统周而复始，今年的评估完成后，明年的目标也就设定好了。

资料来源：《从在华知名企业看跨国公司薪酬体系及其本土化》，http：//www.hbrc.com/rczx/shownews - 2523756 - 14.html，2013 - 08 - 16。

(2) 谁来进行评估。通常是由雇员的直接上级进行评估。但这对子公司经理来讲可能存在问题，他们在距离很远的国家工作，却接受总部主管的评估，这些主管看不到每天驻外人员在特定情况下是如何表现的，因此，子公司经理多是用子公司的绩效来评估，这依赖于与国内单位相似的硬标准。当然，存在这样一个危险，即子公司经理会做出决定并采用有利于短期绩效却对更长期的公司目标有害的当地战略。

对其他驻外人员的评估可能是由子公司总经理进行的，也可能是由直接的东道国主管进行的，这主要根据岗位性质和层次而定。关于驻外绩效评估，东道国经理可能有更清晰的描述并可能考虑情境标准，但是他们可能有文化偏见，也缺少对在更广阔的组织情境下驻外人员绩效影响的评估。有些驻外人员宁愿由母公司来评估，因为他们的职业生涯晋升依赖于总部怎样运用评估数据，这在国外经营管理没有国内经营管理重要时尤其如此。也有些人则宁愿由东道国公司评估，他们认为这更能准确反映他们的绩效。

全球观察 8—10

肯德基的特殊顾客

美国肯德基国际公司的子公司遍布全球 60 多个国家和地区，达 9 900 多个。然而，肯德基国际公司在万里之外，又怎么能相信它的下属公司循规蹈矩呢？一次，上海肯德基有限公司收到了 3 份总公司寄来的鉴定书，对其外滩快餐厅的工作质量分 3 次鉴定评分，分别为 83 分、85 分、88 分。公司中外方经理都为之瞠目结舌，这三个分数是怎么评定的？原来，肯德基国际公司雇用、培训了一批人，让他们装扮成顾客潜入店内进行检查评分。这些“特殊顾客”来无影，去无踪，这就使快餐厅经理、雇员时时感到某种压力，丝毫不敢疏忽。

资料来源：http：//www.foodmate.net/hrinfo/bagua/24901.html，2007-12-13.

在国内环境下有时会用到多种评估方法，如 360 度评估。有人提出，考虑在国外任职跨文化的复杂性，可以由一组评估人员对驻外人员进行评估。格雷格森等人在对 58 家美国跨国公司的人力资源主管进行调查后发现，大多数公司（81%）在评估驻外人员绩效时用到不止一个评估人。母国或东道国的直接主管、驻外人员自己和人力资源经理经常被当作美国驻外人员绩效的多种评估者。一项对 99 家芬兰国际公司的调查报道说，79%的问卷回答者讲，驻外人员的绩效评估是由芬兰的主管进行的。这是因为在东道国经常没有合适的人员进行此类评价。

全球观察 8—11

不同国家之间应用 360 度评估的尴尬

一家美国的主要投资银行正在对来自多种文化的管理人员应用 360 度反馈的方法。他们咨询 THT 的意见，看测试得到的分数是否应该用来选择未来的领导者。一个明显的问题就是美国的管理人员比较倾向于进行相互之间的评价以及评价外国的管理人员，他们对这些外国管理人员的了解要比来自其他文化的团队对此的了解多得多。问题不是美国人会有偏爱美国人的偏向，而是总体上说，美国人在赞扬别人方面有显得更加慷慨的倾向，这样产生的结果是，美国人的评分要比来自其他文化的人的评分高得多。美国人与法国人之间最大的评分差距有 18 分，德国人、英国人、斯堪的纳维亚人和荷兰人处于这两个极端之间。

资料来源：费恩斯·特朗皮纳斯、查尔斯·汉普登·特纳：《跨文化人员管理》，44 页，北京，经济管理出版社，2008。

（3）绩效反馈。有效的绩效管理系统的一个重要方面是提供评价过程的即时反馈。年度评估的一个问题是员工收不到一致的、经常性的反馈，而这对维持或改善他们的绩效是很重要的。远离驻外人员的总经理对驻外人员进行评估的困难在于及时、适当的反馈仅在硬标准方面是可行的。

8.3.2 薪酬管理

国际薪酬实践现在已经远远超出了原始的驻外人员报酬的范围。全球薪酬的日益复杂性包括外包行为的增加和随之而来的对劳动力定价的需要；在给定的以网络为基础的人力资源信息系统（HRIS）的技术能力条件下平衡对激励、福利和津贴的统一化和分散化；在对国际外派人员的更准确、具体的绩效测量的需求和在日渐成熟的全球竞争下的成本敏感型环境的现实之间寻求平衡。

经理人员必须管理高度复杂多变的东道国细节，同时建立和维持一个统一的战略模式的薪酬政策、实践和价值观。由于薪酬体制的复杂性和高昂成本，我们在本章大多讨论的是母国人员的薪酬体系。

1. 国际薪酬的构成

（1）基本工资。驻外人员出国服务时的基本工资有不同的含义。在国内背景下，基本工资代表一定数量的现金薪酬部分，是确定奖金和福利等其他薪酬的基准。对于驻外人员来说，基本工资是整个薪酬计划、各种报酬和津贴的基本组成部分，许多津贴直接与基本工资挂钩，如出国服务津贴、生活津贴、住房补贴等，以及在职期间的福利和退休养老金。基本工资可以用母国货币或东道国货币支付。无论是母国人员还是其他国家人员，基本工资都是其国际薪酬的基础。驻外人员的薪酬计划是否有差异，要看母国人员或其他国家人员的基本工资是以母国标准还是以国际标准来支付。

（2）国外服务奖金。国外服务奖金是外派人员由于在其本国以外工作而得到的额外报酬，是激励员工接受国外任命的手段。外派人员必须生活在远离家庭和朋友的异国他乡，必须应对新的文化和语言，必须适应新的工作习惯和做法，这些不适可通过国外服务奖金得到一定的补偿。多数公司的国外服务奖金系数是税后基本工资的10%～30%，平均为16%。具体数额要根据外派任务是地域内的还是跨地域的而定。

（3）补贴。通常有四种补贴形式：生活补贴、住房补贴、配偶补贴以及艰苦条件津贴。

1）生活补贴。外派人员会得到生活补助（有时叫做货物和服务差价）来抵消由于一个特定的城市或者国家昂贵的开支所遭受的生活标准的下降。一些公司随着时间的推移不断减少生活费用差价，理由是随着外派人员适应当地环境，他们应该采用当地的购买习惯，例如，从附近的市场上购买蔬菜，而不是食用进口的包装好的蔬菜。跨国公司基于国际补偿的一些特殊数据来估计不同地区生活标准的差异。

2）住房补贴。住房补贴确保驻外人员能够保持在母国时的生活水平，或者在某些情况下使他们得到与提供给同类外国员工或同事相同的居住条件。其他替代方法包括公司提供强制性的或选择性的住房、固定住房津贴，或者按收入的比例估价，再根据实际的住房费用支付。

3）配偶补贴。配偶补贴用于资助外派人员的配偶努力找到工作和接受跨文化培训计划。在一些情况下，这些补贴能够抵消由于配偶放弃工作造成的收入损失。

大约 1/4 的跨国公司为外派人员的配偶提供寻找工作的帮助，通常通过与其他公司之间的人际网实现。配偶补贴可以应对由整个家庭收入和地位的可能变化造成的困难。在国内，所有家庭成员可能都可以工作，然而当他们出国以后，因为一般东道国政府几乎不允许除了调任的雇员之外的人工作，只有外派人员才拥有合法权利，所以外派人员的配偶或者伴侣必须要么放弃收入可观并且满意的工作，要么长期和对方分开。一些公司选择增加外派人员的补贴，大约一半的美国大公司选择帮助两地分居的已婚夫妇。

4）艰苦条件津贴。艰苦条件津贴（有时叫做“战争津贴”）支付给那些选派到特别困难的环境或者危险的地方工作的外派人员。特定背景下的生活条件会造成严重的困难，如恶劣的气候和健康条件，或者使外派人员的家庭遭受政治动荡的影响，这种政治动荡让每个人都处于危险的境地。

外派人员也接受一系列杂项补助，如让外派人员和家人定时回到国内的旅行补助，或者如果东道国的公立学校不适合，资助外派人员的孩子进入私立教育机构的教育补贴。

总体来说，跨国公司在逐渐减少补助的种类和数量。全球金融危机带来的成本压力迫使公司不得不削减补助。例如，在员工希望通过出国工作来保住工作的情况下，许多跨国公司正在逐步停止发放出国服务补助。除了成本的压力，还有其他一些因素导致补助的减少。首先，越来越多的人将出国工作看做发展个人商业技能和领导能力的机会。这些人愿意出国工作，即使物质奖励很少。另外，出国工作变得越来越普遍，已经是公司日常工作的一部分，不需要再用钱去吸引员工出国工作。减少成本的技巧包括削减福利和补助。许多公司将整个欧洲看做一个国家，并且对到那些曾经艰苦但是现在不再落后的城市的外派人员削减艰苦条件津贴。由于对成本控制的需求，以及来自发展中国家优秀员工的不断涌现，对外派人员薪酬的削减还将持续下去。

（4）税收。税收补贴调整的最终目标是确保外派人员的税后收入和他们的工作动力不会因为国外任务委派而受影响。因为税收通常是根据公司对外派人员基本工资的调整来征收的，所以如果国外的税率比国内的税率高，公司必须进一步向上调整。事实上，税收的均等化已经变成外派人员补助最重要，通常也是最昂贵的部分。如果外派人员的母国和东道国之间没有互惠税收合约，那么从法律上讲，就可能有义务向两个国家的政府缴纳所得税。在这种情况下，跨国公司通常为外派人员在东道国的税收买单。此外，当东道国较高的所得税税率减少了外派人员的净收入时，公司会对此差别作出补偿。

（5）其他福利。许多公司还要保证驻外人员在国外的医疗、养老金等福利水平与在母国一致。大多数公司把这些福利延伸到处理当地的不测事件——如承担把生病的外派人员或者其家庭成员转移到适合的国外医疗机构或支付高风险国家的绑架保险。对公司来说，花费成本很大，因为许多福利在公司母国属于纳税可抵扣项目（如医疗和养老金福利），而在国外却可能不行。

全球观察 8—12

各国劳动力成本和每周工作时间

国家	每小时平均劳动力成本（美元）	每周平均工作时间（小时）
美国	19.2	38
日本	20.89	36
韩国	6.71	47
德国	26.81	33
希腊	8.91	36
丹麦	22.96	32
斯里兰卡	0.47	43

资料来源：http：//wenku.baidu.com，2012-04-27.

2. 国际薪酬的计算方法

通常有两种方法：所去地价格决定法和平衡表法。

（1）所去地价格决定法（going rate approach），又称市场决定法，是指将跨国公司任职人员的基本工资与东道国的工资结构相联系。它是基于当地的市场价格，依赖于对调查结果的比较，即了解当地国家的人员情况（东道国人员）、同一国家外派人员的情况、所有国家外派人员的情况后，基于所选择的调查比较制定的薪酬。对低收入的国家，基本的报酬与福利可以通过额外的支付部分来增补。该方法的优点在于：与当地收入同等、简单，以及与东道国身份同等、公平对待不同的民族；缺点在于：同样职位的员工工资待遇不同、同一国家派出到同一国家的外派人员待遇不同，以及潜在的重新进入问题。

（2）平衡表法（balance sheet approach）。它是将国家间的购买力均等化，从而使员工能在国外任职时享受到与母国一样的生活标准。此外，在这种方法下，任职地区之间的差别可通过物质激励手段得以补偿（见图 8—1）。其中母国员工的支出被划分为所得税、住房支出、生活用品支出及储备。平衡表法力图通过为外派人员在东道国提供与母国相同的生活标准，加上一定的物质激励，使之接受外派任命。

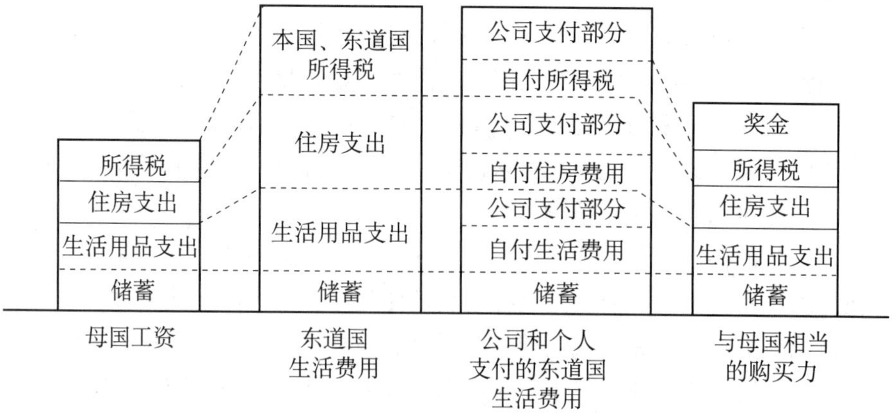

图 8—1 平衡表法

8.4 国际劳资关系管理

劳资关系又称劳动关系，是指企业经营者或者代表组织与其员工或工会组织之间发生的关系。跨国公司的劳资关系是跨国公司人力资源管理的重要内容。不同国家由于文化、历史和意识形态等方面的差异，劳资关系也有所不同。

20 世纪 90 年代以来，以跨国公司为载体的对外直接投资在全球范围内配置资源，使全球化浪潮进入了一个新的阶段。但是跨国公司在促进全球经济发展的同时，也对国家原有的劳资关系体系产生了重大影响。如何处理好劳资关系，将是政府、工会及跨国公司管理者三方主体在跨国经营时面临的重大问题。

8.4.1 当代跨国公司劳资关系发展的特点

当代跨国公司劳资关系发展的特点主要表现在以下三个方面。

1. 劳资关系体系趋同倾向

目前学术界普遍认为劳资关系体系可粗略分为“英美”模式和“莱茵”模式两种。“英美”模式的特征是强政府、弱工会和强雇主。政府在劳资关系中没有广泛参与，它不参与裁决劳资之间在企业层面上的冲突，也不确保工人在谈判代表上行使他们的权利，政府采取了限制工会和鼓励商业发展的政策。“莱茵”模式的特征表现为弱政府、强工会和强雇主。虽然政府在劳资双方进行的集体谈判中直接的参与较少，但政府拥有一套广泛的劳工法规体系，主要通过这套法律体系规范劳资双方的行为，地方政府通常将集体协议扩展到该地区或部门的非工会成员。工会力量比较强大，在企业的工资、福利等方面均有比较多的参与，集体谈判覆盖面较广。但随着全球化进程的不断推进，企业间的竞争日益激烈，跨国公司经常以转移或追加投资为筹码向政府和工会施压，要求拥有更大的自由和更多的决策权，从而对以强工会为特征的“莱茵”模式形成了严峻的挑战，该模式有向“英美”模式发展的倾向。

2. 工会力量不断削弱，跨国公司力量不断增强

随着高新技术在西方国家的迅速发展，多数西方国家不同程度地出现集体谈判覆盖率下降、工会成员人数减少和工会力量削弱的局面。另外，政府为了应对全球化带来的挑战，在全球竞争中立于不败之地，不得不制定一些优惠政策来吸引跨国公司投资。因此，目前工会的力量普遍有所削弱。

3. 发展中国家的过度优惠政策引发国际冲突

跨国公司在全球配置资源以追求利润最大化，但发达国家由于劳动力成本较高或政府规制较为严格，跨国公司经常采取外包、并购、合资、新建等方式将生产转移到劳动力成本较低、环境污染治理不严格的发展中国家。而一些发展中国家为了吸引外资和实施出口导向战略，竞相制定优惠政策，对跨国公司采取超国民待遇，

甚至进行优惠政策大比拼，其结果是不但使本国劳动者及工会组织处于不利地位，还受到了发达国家政府和工会、产业工人的责难。如1999年，西雅图会议期间有上万人走上街头示威，号称保护工人权利，反对不公平竞争。2000年2月在曼谷召开的联合国贸易和发展大会上，劳工标准和贸易壁垒问题再次成为会议焦点之一。欧美国家和工会组织强烈要求在全球范围内推行企业社会责任标准，呼吁发展中国家改善劳动条件和工作环境。这些做法虽然表面上看是为了保护发展中国家劳动者的生存标准和劳动权动权益，但另一方面也反映了它们维护自身利益、减轻国内就业压力的需要。

全球观察 8—13

跨国公司"分而治之"的国际劳资关系战略

跨国公司在跨国经营时，通过国际劳资关系战略的操作，可以获得更多的谈判筹码，以及最大的利益。

某家位于美国的电子厂由于当地工资上涨，以及劳工意识日益增强，决定将美国公司10%产能的生产线转移到法国子公司，这使得美国公司的100多位员工被裁员。

某德资跨国公司在英国子公司的工人开展罢工，要求加薪，然而在德国的母公司仍照常运作，并将原先在英国生产的订单转移到德国生产，使公司持续运转。英国那些罢工的工人在这段时间是没有收入的，他们的财务状况可能会因此而恶化，而这家公司却仍能继续承受他们这段时间的罢工。

资料来源：Robert Grosse and Duane Kujawa，*International Business*：*Theory and Managerial Applications*，Irwin，1988，p.447.

8.4.2 跨国公司劳资关系的三方主体

劳资关系的三方主体是西方市场经济国家处理劳动关系的一项基本制度，是政府、雇主组织和工会之间就与劳动关系相关的社会经济政策、劳动立法以及劳动争议处理等问题进行协商、谈判的原则与制度的总称。分析跨国公司劳资关系，应该从分析三方主体在全球化背景下面临的目标和冲突入手。

1. 政府机构面临的目标与冲突

政府的目标是建立法律环境以及对公平与平等、权力与权威、个人（而非集体）权利的主观价值判断框架。虽然不同国家政府的职能千差万别，但在劳资关系方面却有一些共同的目标，如协调劳资双方之间的关系，提供足够的工资、良好的工作环境，以及公平地分配财富，维护社会的稳定与发展等。

政府在处理跨国公司劳资关系时主要面临三种冲突。

（1）政府与跨国公司管理者的冲突。全球化为跨国公司创造了高额利润，同时为东道国经济的高速增长提供了机会。但政府劳动市场和经济政策常常为满足外来投资者和跨国公司管理者的需要所限制，政府既要吸引外资，还要应对国内因劳资冲突带来的各种压力。

（2）政府与雇员代表及工会之间的冲突。为了吸引和留住外来投资，政府放开市场并将国有企业私有化。但政府一方面觉得有必要加强工会的力量，增强他们与跨国公司集体谈判的能力；另一方面又不希望工会的力量太强大，以免造成对其政权的威胁。此外，政府还担心工会通过滥用权力增强集体谈判力量，而不是用来改善工作状况、提高工作的安全性或增强对雇员健康的保护。

（3）政府内部的冲突。这种冲突更多地表现为二元结构偏差，即上级政府与下级政府的目标不一致。这种情况在发展中国家尤其突出。上级政府希望跨国公司能够遵守当地的劳动法及工会法等相关法律、法规，而下级政府为了吸引外资，提升业绩，往往放松这些政策的限制，使劳动者及工会组织处于被动地位，劳资关系恶化。

2. 工会面临的目标与冲突

工会作为一种独特的组织，可以区分为总工会、行业工会、产业工会、公共部门工会和白领工会等多种类型。工会的目标也呈现差异化，但总体来说还有一些共同点，如维护和提高其成员的经济效益、保障其成员的民主权益、招募新会员和保留老会员、发挥参政议政作用等。

工会主要面临以下三方面的冲突。

（1）工会与跨国公司管理者之间的冲突。跨国公司在生产上的国际化并未能带来工会组织的国际化，相反，工会集体谈判力量经常受跨国公司组织与管理的影响。如跨国公司子公司较强的流动性可能会削弱工会组织的集体谈判能力，母公司一些重大决定的集权化也会降低工会的谈判能力。另外，一些跨国公司采取转移价格等手段对劳动者进行剥削，也大大损害了工会与跨国公司之间的关系。

（2）工会与政府之间的冲突。工会希望通过政府立法及协商保留既得利益，扩大自己的权力。而政府则处于两难境地，既不希望其力量太弱，又不希望其力量过于强大乃至危及自己的政权。

（3）工会内部的冲突。包括不同工会间和同一工会内部的冲突。工会间冲突如发达国家工会和发展中国家工会由于跨国生产或跨国贸易而在劳动标准、就业和福利等方面的冲突；全国性工会和地区工会或行业工会之间的冲突等。同一工会内的冲突表现为部分人不愿意加入工会或加入后不参与工会的活动，一些企业里的工会领导人同时还是企业的管理者，从而不能保证做到独立地为工会服务等。这些冲突的存在严重损害了工会组织的国际合作及工会自身的健康发展。

全球观察 8—14

沃尔玛“工会门”事件

沃尔玛创始人沃尔顿曾有不入工会的“家训”。在沃尔玛 1991 年完成的一份“劳资关系”的内部报告里，开篇即申明了“沃尔玛的哲学”：“沃尔玛反对员工加入工会。任何以为公司在加入工会问题上态度中立的提法都是不正确的。”

沃尔玛 1996 年进入中国，目前已在全国 170 个城市开设了 400 多家商场，在中国员工近9万人。在中国，沃尔玛也一直坚持“惯例”，并因一直不建工会受到了全总多次批评。有分析认为，沃尔玛的低成本策略是它不组建工会的根本原因。在国外，沃尔玛低工资、低福利的薪酬一直是媒体指责的对象。它一旦组建了工会，工人就有可能联合起来向沃尔玛要求更高的工资。

2004年11月，全总执法检查后，沃尔玛作出让步，发布声明称，如果有员工要求成立工会，沃尔玛会尊重他们的意见，遵照法律不阻止员工组织工会并履行工会法所规定的责任和义务。

2006年7月29日，沃尔玛深国投百货有限公司晋江店成立工会，这是全球最大连锁零售商沃尔玛在中国的首个工会组织。

8月4日凌晨，沃尔玛深国投百货有限公司湖景分店42名员工成立工会。

8月5日晚11时许，沃尔玛华东百货有限公司南京新街口店的31名员工，宣告沃尔玛在中国第3家基层工会组织成立。

8月6日，沃尔玛深圳西乡前进路分店的12名员工成立工会。

8月9日，沃尔玛表示将在中国的所有商场建立基层工会。

曾有中国政府官员用“蓄之既久，其发必速”来形容曾有“拒建堡垒”之称的沃尔玛此次建立工会之迅速。许多人更是称工会的“硬气”是市场经济条件下应当具有的风骨。

资料来源：http：//news.sohu.com/20070618/n250638489.shtml，2007-06-18.

3. 跨国公司面临的目标与冲突

跨国公司的目标一般比较明确，就是追求全球范围内的利润最大化或成本最小化。随着全球化的不断推进，跨国公司正在发起一场称为“社会倾销”的运动，即将资本和工作从高劳动成本、高劳资关系规制的国家向低劳动成本、低劳资关系规制的国家转移。按照内部化和交易成本理论，控制权是跨国公司进入外国市场采取独资或拥有多数股的一个重要方面，因此跨国公司对外进行直接投资的过程中对控制权往往看得比较重，其中当然也包括对劳资关系的控制。一项调查显示跨国公司管理者将“劳动实践和制度”以及“获取熟练劳动”作为两个最重要的考虑因素。另一项对英国分布于化学、电子工程、机械工程行业的30个跨国公司子公司的调查表明，跨国公司母公司仍然在一些重大问题如预算控制、资本投资和薪金支付方面保留较高的控制权。

跨国公司也主要面临三个方面的冲突，如图8—2所示。

（1）跨国公司与政府之间的冲突。这种冲突不仅包括跨国公司与东道国政府的冲突，还包括跨国公司与母国政府之间的冲突。因为跨国公司将产业转移出本国，往往会对国内的就业率、工资率和利润率产生影响，甚至会对一国政府大选构成威胁。

（2）跨国公司与工会之间的冲突。这种冲突不仅包括与东道国工会之间的冲突，还包括与母国工会之间的冲突。例如，跨国公司将一些制造业从发达国家转移到低成本的发展中国家，结果造成本国一些产业“空心化”，这种现象必然遭到本

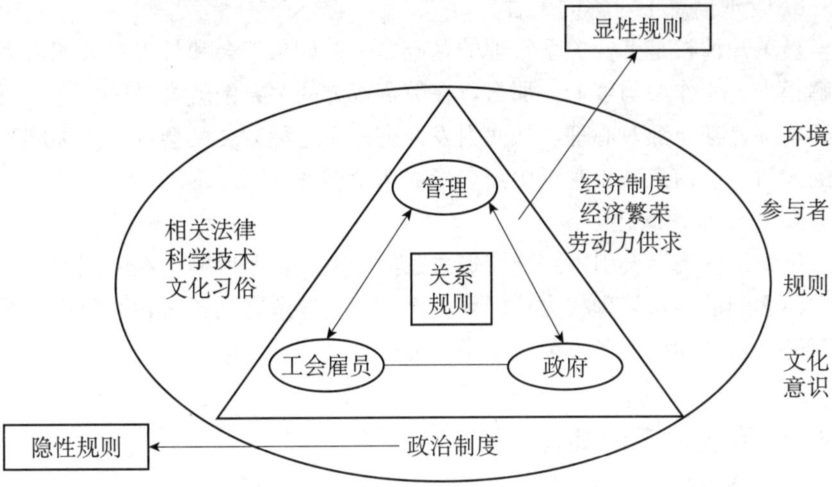

图 8—2 劳动关系的三方主体关系

国原有行业工会及工人的强烈抵制。

(3) 跨国公司内部的冲突。这种冲突主要表现为跨国公司内部集权和分权的程度如何把握，对于一些合资公司来说这个问题显得更重要。一般来说，高度一体化的跨国公司倾向于在劳资关系上高度集权，因为在任何分公司出现的问题都可能影响跨国公司的全球运作，这种情况下，母公司对海外的劳资关系发展将保持高度监视。子公司的经营情况也影响集权和分权的程度，较差的经营绩效倾向于增加全球控制的范围；子公司如果是被收购或兼并，则分权要明显些，而新建则倾向于高度集权。此外由于历史传统，欧洲国家的海外子公司要比美国的海外子公司存在更多的分权行为。

8.4.3 影响劳资关系管理的因素

跨国劳资关系的复杂性和文化多元性对劳动关系的管理形成了多重障碍，其中主要障碍有以下四个方面。

1. 工会内部统一的障碍

首先，各国政府因为不愿意放弃自己的权力而拒绝成立超国家的国际工会组织，阻碍了母国公司工会和海外子公司工会的统一。其次，各国工会代表的利益不同，各国员工利益和人力资源管理的矛盾对劳动关系管理也产生了不利的影响。最后，东道国工会、母国工会和第三国工会等工会组织都具有差异性，使人力资源管理部门的谈判协商对象十分复杂。

2. 经营管理层次岗位和权限分配的影响

在跨国公司海外经营中，不论是公司重组、企业合资，还是兼并和收购企业，管理层次的权限分配都是一个敏感问题。长期以来，在跨国经营管理中，母公司具有根本的决策权，而海外子公司在经营一线却没有权力，这就容易形成母公司和分公司（或子公司）的矛盾，也容易引发分公司（或子公司）经营方与当地工会的矛盾。

3. 管理信息不对称的矛盾

员工知情权是劳资关系管理的基础之一。如果工会和员工对公司人力资源决策了解很少，工作参与度低，那么，在劳资双方的关系中就容易因信息不对称导致员工的猜疑，甚至敌对心理，从而引发冲突。而这种冲突又会进一步加剧工会与管理层的矛盾，使信息减少甚至中断，形成恶性循环。

4. 组织结构问题

组织结构失灵会引发跨国劳资关系的冲突。实践表明，在跨国组织中，如果权力主体之间的经营管理权力范围界定模糊，会导致有利益时相互争夺，有责任时则相互逃避，从而引发各方劳资关系的冲突。

8.4.4 劳资关系的处理

跨国公司在处理国际劳资关系的方式上有着显著不同。主要的区别在于在公司中劳资关系活动集中与分散的程度。历史上大多数跨国公司都将国际劳资关系活动下放到国外子公司，因为国家间的劳动法规、工会力量、集体谈判性质等各不相同，将劳资关系职能下放给当地经理人员是有效的。人们认为集中管理不可能解决在多个不同环境中同时管理劳资关系的复杂性。

尽管这种逻辑仍然存在，但是目前出现了更加集中化控制的倾向，这一倾向反映出跨国公司正力图使其全球运作合理化。各行各业竞争日益激烈的压力使得成本控制对跨国公司越来越重要。由于劳动力成本占跨国公司总成本相当大的比例，许多跨国公司开始在与工会的谈判中运用转移生产这一威慑武器来改变工作法规，限制工资增长（正如福特公司在欧洲的做法）。由于这种生产转移涉及新投资的进入与工厂关闭问题，谈判中需要总部管理层涉入，因此，劳资关系中的集中程度呈上升趋势。

此外，人们越来越意识到工厂中工作的组织方式可成为竞争优势的主要来源。例如，日本汽车制造商的竞争优势很多来自其日本工厂中自主管理小组、工作轮换、交叉培训等的应用。为在国外工厂中获得相同的效果，日本企业在国外工厂照搬它们的工作实践。但这常常会与当地工会认可的传统工作方法发生直接冲突，从而受到当地工会的制裁。日本企业通常依照当地工会能否接受工作方式的根本变化来决定是否对其投资。许多日本企业的总部直接与当地工会进行谈判，在投资实施前与工会在工作方式的变化上达成协议，例如，日产公司决定在英国北部投资以前，已取得英国工会同意改变传统工作方式的承诺。从本质上说，追求这种战略需要对劳资关系职能进行集中控制。

8.5 延伸阅读：中国企业外派人员管理

中国跨国公司海外子公司外派人员比例虽然呈逐年下降趋势，但外派人员的绝对数量和相对比例仍然相对较高，如表 8—6 所示。因此，对中国跨国公司外派人员管理进行研究很有必要。

表 8—6　中国企业境外企业数量及人员配置状况

项目	2006 年	2007 年	2008 年	2009 年	2010 年	2011 年
境内投资主体数量（个）	5 000	7 000	8 500	12 000	13 000	13 500
境外企业数（个）	近万	超万	12 000	13 000	16 000	18 000
分布国家和地区（个）	172	173	174	177	178	177
境外企业就业人数（万人）	63	65.8	102.6	97	110.3	122
雇用外方人员（万人）	26.8	29.5	45.5	43.8	78.4	88.8
中国外派人员（万人）	36.2	36.3	57.1	53.2	31.9	33.2
人员外派比例（%）	57.46	55.17	55.65	54.85	28.92	27.21

资料来源：根据商务部《中国对外直接投资报告公告》数据整理。

8.5.1　中国企业的跨国经营现状使得外派人员成为必然选择

人力资源管理必须与企业经营战略相匹配，而国际人力资源管理的有效性也取决于企业外部环境和企业自身的国际战略选择。因此，研究中国企业跨国经营成为必要。

1. 中国企业对外直接投资的地区分布

20 世纪 90 年代以后，中国对外直接投资步伐明显加快，投资规模迅速扩大。从海外投资地区分布来看，中国对外直接投资相对集中于亚洲和拉丁美洲。从投资国家和地区来看，中国对外直接投资多集中于中国香港、开曼群岛、澳大利亚、英属维尔京群岛、新加坡等国家和地区。

2. 中国企业对外直接投资的产业分布

从中国对外直接投资产业分布来看，其基本格局表现为：第一产业对外直接投资比重较小，第二产业对外直接投资有下降趋势，第三产业对外直接投资迅速上升，并逐渐占据主导地位。从产业投资的内部结构来看，在第二产业中，中国企业对外直接投资主要集中于采矿业和制造业；在第三产业中，中国企业对外直接投资主要集中于批发零售业、租赁和商务服务业。数据显示，中国企业对外直接投资产业结构仍需不断优化。

3. 中国企业的跨国经营程度分析

学者一般多采用跨国指数（TNI）来衡量企业跨国经营程度。跨国指数是以下三种比值的平均值：公司海外资产占总资产的比例（FATA）、海外销售收入占总销售收入比例（FSTS）和海外雇员占总雇员的比例。

复旦大学和美国哥伦比亚大学对中国顶尖跨国公司的调研显示，截至 2008 年底，入榜的 18 家非金融类中国企业的海外资产额达 1 480 亿美元，相当于中国当年对外投资总额的 90%。而研究显示，18 家企业的跨国指数差异较大，从 3%到 77%，平均跨国指数为 14.8%。世界顶级跨国公司的跨国指数的值大多数都在 50%以上。中国企业跨国指数也远低于俄罗斯（54%）、印度（41%）和巴西（40%）等新兴市场国家。

4. 中国企业国际化发展阶段分析

阿德勒和加达（Adler and Ghadar，1990）曾将企业国际化经营阶段划分为四个阶段：国内生产阶段、国际化阶段、多国经营阶段和全球经营阶段。彼得·诺兰在2010年中国发展高层论坛年会上指出："中国大企业的国际化还处于初级阶段……中国的对外直接投资总存量只相当于世界领先跨国公司累计国外资产总值非常小的一部分。来自高收入国家的大企业已经深深地融入了中国的经济体系，但中国的大企业却在高收入国家基本上被看做无足轻重的企业。"

综上，中国企业国际化仍处于较低的阶段，即中国企业对外直接投资仍未能有效融入发达国家经济体系，其产业结构有待优化升级，跨国指数相对较低，企业跨国程度较低。这说明，与发达国家跨国公司相比，中国企业仍缺乏全球营销能力、技术创新能力和全球运营能力等。正是由于中国企业处于较低的国际化发展阶段，为满足总部与海外分支机构的协调控制和知识信息共享的需要，外派人员成为中国企业人员配置的必然选择。

8.5.2 中国企业外派人员管理现状

1. 外派人员选拔

根据美国人力资源管理协会（Society for Human Resource Management）所做的一项研究，八成的海外任务失败源于错误的人选。因此，外派人员的选择对外派管理至关重要。

相关学者在对一些中国企业外派人员的调研中发现，大部分中国跨国公司缺乏流程化、精细化的人员选拔方法，在选择外派人员时普遍遇到这样的难题：缺乏业务与外语兼通的国际人才。不同的企业采取了不同的解决方法。如TCL选择业务优先，即选择将综合素质较强的人才派驻目标市场，迫使其在语言不通的外国市场迅速实现语言本土化；而中远则选择以语言优先为标准。

2. 外派人员海外适应和外派绩效调查

相关研究针对中国跨国公司外派人员海外适应和工作绩效等进行了问卷调查。调查时间自2010年3月起，至2010年12月结束，持续时间近一年。采用电子邮件方式，回收有效问卷255份。

从调查对象的性别分布来看，男性为183人，约占总量的71.8%，女性72人，约占总量的28.2%。调查数据显示，中国跨国公司外派人员女性比例要高于全球平均水平。2009年，全球调查显示，女性外派人员平均占20%（2005年，女性外派人员比例为23%，达历史最高水平，自此之后一直保持在19%以上。历史平均水平为16%）。①

从外派适应来看，中国跨国公司外派人员在海外对一般生活条件、居住环境、工作职责等适应较好，均值较高；而在娱乐设施、医疗保健等方面适应相对较弱。

从外派绩效来看，大部分外派人员能较好地履行其外派职责，技术胜任能力较

① http：//www.emba.com.tw/ShowArticleCon.asp? artid=5211，2010-12-10.

强，但在当地融入性即外派情境绩效中相对不足。

此外，性别、外派经历、外派时间、东道国语言的流利程度、英语的流利程度不同，其外派适应和外派绩效存在显著的差异。具体而言，在性别方面，女性外派适应和外派绩效优于男性。在年龄方面，不同年龄的外派人员在一般适应、互动适应和外派绩效中存在显著差异。其中，26～30岁员工在外派绩效中低于31～35岁员工，但在一般适应中高于36～40岁员工。在教育水平方面，不同教育水平的员工在一般适应和工作适应中存在显著差异。其中，学历越高，一般适应程度越好；研究生学历的员工在工作适应方面高于本科学历的人员。在婚姻状况方面，不同婚姻状况的外派人员在互动适应和外派绩效中存在显著差异。其中，单身员工在互动适应维度上高于已婚员工，已婚员工在外派绩效维度上高于单身员工。在外派经历方面，有外派经历的员工在工作适应和外派绩效维度方面与无外派经历的员工存在显著差异。在外派时间方面，结果显示，外派时间虽然在一般适应和互动适应方面具有显著差异，但可能在工作适应和外派绩效中有负面影响。即外派时间越长，对东道国环境越熟悉，其一般适应和社会互动情况越好，但可能会由于长时间的海外工作而产生倦怠感，影响其工作适应和外派绩效。在语言的流利程度方面，东道国语言熟练程度不同的外派人员一般适应和互动适应存在显著差异；英语熟练程度不同的员工在外派适应和外派绩效上存在显著差异。①

3. 外派人员薪酬管理

由于各国的工资水准、生活成本、生活质量存在显著差异，因此，如何使外派人员薪酬既具有外部竞争性又具有内部公平性成为外派人员薪酬管理的一大难题。在具体的外派实践中，中国企业的外派薪酬管理制度又有所不同。

如中远于2003年实行境外上市公司高管人员认购股权制度，并在发达国家开始实行外派经理工资属地化试点等政策进行激励。TCL将薪酬划分为基本工资和海外派遣津贴两部分。基本工资为外派人员提供基本的生活保障，海外派遣津贴则包括海外服务津贴、艰苦条件津贴、安置迁移津贴、归国度假津贴等，并根据不同地区的经济差别、物价指数、工作绩效、当地辛苦指数（程度）的不同，调整海外派遣津贴的具体数额。华为外派补助包括三项：外派离家补助、艰苦补助、伙食补助。在艰苦补助中，华为根据国家艰苦程度设定等级列表。艰苦等级向非洲大部分国家以及孟加拉国等倾斜。

综上，中国跨国公司海外薪酬福利虽然有所差异，但大体思路一致——根据区域市场战略目标确定激励制度，补助额度适当向艰苦地区和不成熟市场倾斜，在成熟市场如欧洲市场，海外补贴保证维持基本支出，尽可能以合理的外派补偿政策确保员工外派前后的生活保持同等品质。

4. 外派人员的组织支持

（1）额外的商业保险。为预防海外风险，中国大多数跨国公司根据不同国家的情况，为外派人员及其家属购买相应的商业保险，如战争险、医疗险等。以华为为

① 参见周燕华：《社会资本视角：中国跨国公司外派适应和绩效研究》，北京，经济管理出版社，2012。

例，华为使用国际一级救援（如购买美国 AIA 保险），每年为外派人员支付的各种保障费用达数亿元，一旦华为员工在海外有意外，就有直升机送他们到认证的医院去抢救。

（2）医疗。为预防员工在当地可能出现的各种疾病，中国跨国公司也会在派驻前帮助外派人员完成各种疫苗的注射，帮助外派人员躲过当地高发疾病的威胁。

（3）生活。为避免外派的孤独感和保证正常的家庭生活，部分中国跨国公司允许家属子女陪同，联想、中兴、上海贝尔等出台明确的外派政策，鼓励外派人员的家属陪同。上海贝尔为外派人员子女提供国际学校，公司负责搬家所需的国际运费，中兴则对其员工家属给予一定的海外补贴等。同时，为帮助外派人员及其家属更好地适应海外生活等，中国许多跨国公司也采取了统一提供住所甚至统一提供饮食的做法，预防可能出现的风险。如新科公司专门从国内招聘大厨到海外，从国内空运诸如辣椒、十三香、龙口粉丝等减少外派人员饮食的不适应性；中兴为员工免费提供住房等，帮助外派人员减少生活饮食等方面的不适应性……不难发现，中国跨国公司已经采取一定的组织支持政策帮助外派人员减少海外生活中的不适应性。

（4）培训。对外派人员及其家属的培训在中国跨国公司中已经开始受到重视。以联想为例，一个星期组织两次语言学习。同时，联想规定，不允许中国外派人员一起吃饭，必须和东道国人员打成一片，在提高语言熟练程度的同时，避免由于文化差异而造成的误会。再如，上海贝尔为外派人员提供语言支持（语言培训），并为外派人员随行家属提供跨文化课程。

5. 外派人员归国后的管理

外派人员归国后的离职成为中国跨国公司外派管理的一大难题。国内一项专门针对中国海外运营企业的调查发现，部分中国企业海外员工两年内离职率高达70%。国内部分企业为留住外派回任人员也采取了一定的政策。以中兴通讯为例，外派人员离职率为10%～15%。中兴规定，满足外派年限后员工可以按其意愿回国。回任后，优先照顾工作地点（如西安出来的员工想回西安，给予优先安排）；同时，可自由竞争国内各种空缺岗位；再者，给予外派回国人员1～3个月的修养调整期，但如果最终超过规定时间上限，公司会依法解除劳动关系，并给予外派人员一定的补偿。华为也为外派人员设定了“缓冲地带”，即设置内部专家体系，对归国等待安排合适岗位的外派人员，在暂时没有合适的岗位之前，享受比较高的岗位级别，维持相对不变的待遇，以体现企业对外派人员价值的认可。

8.5.3 中国跨国公司外派人员管理问题

伴随中国企业的国际化，员工外派成为中国企业的人员配置策略之一。随着中国跨国公司外派人员数量的剧增，外派人员管理制度也处于不断的完善之中。但从以上现状描述中不难发现，中国跨国公司外派人员管理中仍存在诸多问题。

1. 缺乏综合素质的国际性人才

正如前面外派人员选拔中所描述的，目前中国跨国公司大多面临着语言技能与岗位技能不可兼得的国际性人才，从而使企业在选拔人才时不得不考虑采用某种标准优先的原则。这在短期内可能可以解决企业困境，但从企业跨国经营的长期发展来看，会束缚企业的海外扩张。随着企业国际化阶段和人才本土化比例的提升，一些国际项目可能更倾向于高频率、短期限的外派，而这种短期限外派难以帮助外派人员克服语言障碍。因此，培养国际化人才成为企业海外经营的关键。

2. 外派人员薪酬缺乏公平性

中国跨国公司外派人员的薪酬一般由三部分组成：基本工资、奖金和外派补贴。基本工资一般根据员工的岗位、工作能力和工作年限等确定；奖金大多与工作业绩挂钩；外派补贴则大多根据外派地区确定。但根据调查，外派人员对外派薪酬颇有争议，具体表现于：第一，考核缺乏公平性。空间距离和文化距离的实际存在，使得总部对外派人员的考核乏力，考核指标的设置、考核执行力的缺失等均使得考核结果可能存在不公平。第二，中国外派人员和东道国本土人才的薪酬存在差异。中国跨国公司外派人员基本工资大多参照国内同行企业的工资标准，而中国的薪酬水平远低于部分发达国家的最低工资标准。因此，在部分发达国家，中国外派人员的薪酬水平与东道国人员的薪酬水平可能存在一定的差距。横向比较的结果使得中国外派人员产生不平衡感。

3. 中国外派人员海外构成及海外适应绩效等调查力度相对不足

伴随着中国企业的国际化，中国企业外派人员数量剧增，中国企业外派人员海外适应和海外绩效的调查却屈指可数。现有文献显示，仅个别学者根据学术需要，对部分行业、企业的外派人员进行了有限的调查。而个体调查如杯水车薪，根本难以满足中国跨国公司国际化发展的需要。企业对外派人员在海外的情况缺少深入调查和分析，使得外派人员的选择缺乏相应的标准，外派人员考核指标设置存在一定的难度，外派管理的效果受到严重的影响。

4. 外派效果有待提高

不可否认的事实是，中国跨国公司的外派效果可能并不尽如人意，大多存在外派绩效未达到预期的目标、外派人员归国后离职率相对偏高等问题。而影响外派效果的原因是多方面的，可能是由于外派人员的不适应造成的，也可能是由于外派人员预期目标过高造成的……但外派效果不佳却给企业和个人带来了较高的经济成本和社会成本，甚至可能产生一系列负面影响，包括减少外派人员的自信心和信任感，使外派人员与家人及同事关系紧张，影响公司声誉等（Black and Gregersen，1991）。因此，提高外派效果对中国跨国公司外派人员管理至关重要。

8.5.4　中国跨国公司外派人员管理对策建议

随着全球化的加剧，中国企业面临着国际化人才短缺的问题，而问题产生的根源在于跨文化管理不足和人员在海外的不适应。因此，中国跨国公司增强外派人员管理至关重要。

1. 人员配置——人员本土化和外派策略的综合运用

跨国公司人员配置受到双重压力的影响，即来自照搬母公司标准程序压力的影响和来自东道国与母国环境差异的影响。因此，中国企业可考虑综合运用人员本土化策略和外派策略——在选择适度规模外派的同时，充分利用东道国本土人才。充分利用东道国本土人才，可以充分利用他们所拥有的社会网络以适应海外市场需求变化，拓展海外市场，而且可以有效地响应东道国的政治需求；再者，强化东道国本土人才与中国企业外派人员的互动，有利于中国企业培养熟悉国际惯例并具有一定国际工作经验的专业化人才。

2. 建立完善的外派人员选拔制度

首先，完善选拔标准。在实践中，可考虑建立“三位一体”的选拔标准体系：专业技能、交际技能和适应能力。同时，企业可考虑根据海外岗位需要建立外派人员胜任力体系，将外派人员胜任力作为特定的选拔标准。其次，完善企业内部的选拔方法和选拔流程。现在大多数中国企业在外派人员选拔中方法比较单一，缺乏规范的流程。如采用面试方法考查其语言技能，确定具备一定的语言技能和工作技能后外派，给予半年的试用期来确定是否可以办理工作签证。而事实上，外派试用期已经使企业产生了高额的外派成本。因此，选拔方法的多样化综合运用和选拔流程的规范化对提高外派成功率具有重要意义。

3. 规范外派人员的培训制度

首先，明确培训对象。外派不能简单地以外派人员个体为单位，需以外派人员的家庭为单位。如有家属陪同，培训对象应包括外派人员的家属。其次，明确培训内容。文化差异对外派绩效有决定性作用，因此，需加强跨文化培训。同时，明确不同阶段的培训重点。在外派任命前，加强对外派人员及其家属的跨文化培训；在外派任期中，加大对外派人员及其家属交际技能、语言技能的培训，以使外派人员尽快地融入东道国环境。此外，还需要注重对外派人员的道德培训。外派人员不仅代表中国企业的形象，也代表中国的形象，因此，对外派人员的道德培训十分必要。最后，确定培训方式。即采取多途径培训方式以提高培训效果，如采取自学和集中讨论相结合等多种方式，促进外派人员与中国其他外派人员、东道国居民互动，在有效地降低培训成本的同时，提高外派适应。

4. 建立科学的绩效考核和薪酬体系

在绩效考核中，应考虑建立一整套系统的评估体系。第一，进行有效的工作分析，明确绩效考评指标。如可根据母公司对子公司制定的战略目标，层层分解阶段性小目标，明确完成时间，确定绩效考评指标。第二，明确考核方法。由于地理距离和环境差异的存在，母公司难以对海外子公司人员进行有效的监督。因此，在考核方法中，可考虑采取 360 度评估法，即采取母公司考核、当地子公司评价、外派人员自我评估、下属同事评价以及顾客评价的方法综合进行评价。第三，保证及时沟通和反馈，同时根据绩效考核结果制定薪酬。在薪酬的制定中，需要充分考虑母国外派人员和东道国本土人才的薪酬差异，尽可能减少因薪酬差异而带来的员工不满意，减少离职风险，提高员工忠诚度。

5. 帮助外派人员建立长期职业生涯规划

要引入有效的长期职业生涯规划，主要表现于：第一，外派前，明确外派工作职责和工作目标。第二，外派中，明确外派时间，以避免外派人员因外派时间过长而对工作产生倦怠感。第三，外派后，明确安置目标。如果外派任命结束后外派人员的职业生涯被中断也将使企业付出极高的成本（Coperland and Griggs，1985），例如培养国际化人才的成本增加，影响现有外派人员的工作士气等。帮助外派人员建立长期职业生涯规划，可以帮助外派人员建立明确的归国后工作目标，提高工作积极性。

6. 成立专业的中国跨国公司外派人员海外调研机构

与部分发达国家相比，中国缺乏专业的外派人员海外调研机构。随着中国外派人员数量的增加，对中国企业外派人员的构成、外派适应和外派绩效等进行调查很有必要。只有掌握了中国跨国公司的外派人员在海外的发展现状，才能有针对性地对中国跨国公司的外派人员进行有效的管理，如确定外派人员选拔标准，制定绩效考核指标，建立相对公平的薪酬体系，帮助外派人员建立长期的职业生涯规划等。

本章小结

跨国公司中有三种人员配置策略：民族中心模式、多元中心模式和全球中心模式。跨国公司可从四种来源选择外派人员：母国人员、东道国人员、第三国人员和驻外召回人员。

外派失败是指外派经理人员过早返回其母国，这是国际人员配置的一个突出问题。外派失败的成本非常高昂。筛选出不合适候选人员的挑选程序可减少外派失败。在母国或第三国选聘外派人员时，选聘标准包括专业技术能力、适应性、领导能力和语言技能等。此外，通过培训可以降低外派失败的可能性。外派培训包括文化培训、语言培训和实践培训。

国际人力资源管理中，绩效评估具有一定的特殊性。跨国公司绩效评估一般需要明确五个问题：评估目的、评估标准、评估方法、评价者的选择和评估周期。

国际薪酬管理需考虑基本工资、国外服务奖金、补贴和税收等因素。一般常用所去地价格决定法和平衡表法两种方法来计算薪酬。

国际劳资关系的关键问题是劳工组织所能限制国际企业选择的程度。工会的行动会极大地限制企业追求跨国或全球战略的能力。跨国企业可通过将生产转移到他国来对抗工会的谈判能力。

本章主要概念

民族中心模式（ethnocentric approach）

多元中心模式（polycentric approach）

全球中心模式（geocentric approach）

外派人员（expatriates）

东道国人员（host-country nationals）

第三国人员（third-country nationals，TCN）

内派人员（inpatriate）
外派失败（expatriate failure）
外派选择（expatriate selection）
培训（training）
绩效评估（performance appraisal）
国际薪酬管理（international pay）
所去地价格决定法（going rate approach）
平衡表法（balance sheet approach）
国际劳资关系（international labor relations）

思考题

1. 微软正考虑在印度设立一个研发中心以开发新的应用软件。微软应该派公司的员工来开发这个项目还是雇用印度员工，或者将项目分包给一家印度公司？解释你的答案以及执行中的潜在挑战。

2. IBM公司准备派四位管理者去苏黎世，两位去马德里，两位去东京，他们都没有任何海外经验。你认为公司是否需要对他们进行培训，如何培训？

3. 研究显示，许多外派人员在回国时遇到的问题既影响在国外任职的有效性，又限制他们对公司的贡献。造成这些问题的主要原因是什么，后果如何？企业如何减少这类问题的发生？

4. 驻外人员返回公司总部会遇到哪些问题？如何解决这些问题？

5. 驻外人员的绩效评估中存在哪些问题？如何解决？

6. 劳工组织可以通过哪些方式来限制跨国公司的战略选择？跨国公司应如何克服这些限制？

开篇案例讨论

1. 华为在全球人力资源配置中采取了哪种策略？为什么采用这种策略？
2. 华为如何培养具有跨文化能力的人才？
3. 华为如何进行国际薪酬设计？其考虑的因素有哪些？

推荐读物及网站

论文

1. 赵曙明．人力资源管理理论研究现状分析．外国经济与管理，2005（1）．
2. 陶向南，赵曙明．国际企业人力资源管理研究述评．外国经济与管理，2005（2）．
3. 吴红梅．国外人力资源管理研究回顾与展望．外国经济与管理，2004（2）．
4. 彭剑锋．内外兼修十大 HR 新模型．人力资源，2005（8）．

5. Pawan S. Budhwar. International Human Resource Management：Review and Critique. *Journal of Management Reviews*，2002，Vol. 4，Issue I，pp. 41 - 70.

6. Patrick M. Wright. Introduction：Strategic Human Resource Management Research in the 21st Century. *Human Resource Management*，1998，8（3），pp. 187 - 191.

7. D. Guest. Human Resource Management and Performance：A Review and Research Agenda. *The International Journal of Human Resource Management*，1997，8（3），pp. 263 - 276.

8. P. Buller. Successful Partnerships：HR and Strategic Planning at Eight Top Firms. *Organizational Dynamics*，1998，17，pp. 27 - 42.

9. Peter Boxall. Achieving Competitive Advantage Through Human Resource Strategy：Towards a Theory of Industry Dynamics. *Human Resource Management* Review，1998，8（3），pp. 265 - 288.

著作

1. 查尔斯·希尔．国际商务（第7版）．北京：中国人民大学出版社，2009.

2. ［美］丹尼尔斯，拉德巴赫，沙利文．国际商务：环境与运作（第13版）．北京：机械工业出版社，2012.

3. 保罗·埃文斯，弗拉基米尔·帕希科，琼路易斯·巴苏克斯．国际人力资源管理．北京：机械工业出版社，2006.

4. 赵曙明．国际企业人力资源管理．南京：南京大学出版社，2005.

5. 赵曙明．企业人力资源管理与开发国际比较研究．北京：人民出版社，1999.

6. 林新奇．跨国公司人力资源管理．北京：首都经贸大学出版社，2008.

网站

1. http：//www. chhr. net

2. http：//www. chinahrd. net

3. http：//www - 900. ibm. com/cn/services/bcs/solutions/human _ capital. shtml

4. http：//www. shrm. org/（SHRM Online-Society for Human Resource Management）

5. http：//www. bls. gov/（BLS Working Papers）

第9章

跨国公司财务管理

本章学习目标

1. 了解跨国公司投资战略选择的影响因素
2. 了解跨国公司资金的内部转移机制
3. 了解跨国公司的避税与国际反避税
4. 掌握跨国公司的会计风险策略
5. 掌握跨国公司外汇风险的营销管理
6. 掌握跨国公司的交易风险控制

开篇案例　布鲁斯伯里草药制品有限公司的套期保值

布鲁斯伯里草药制品有限公司坐落于英格兰中部，靠近威尔士，是一家经营药茶、调料和药品的老厂商，其产品覆盖整个英国以及欧洲大陆的许多地方。布鲁斯伯里草药制品有限公司在向国外客户出售商品时，一般都用英镑结算，这样做是为了防范不利的汇率变动。然而，该公司刚刚收到了来自法国中部的一家大批发商的价值为320 000英镑的订单，条件是3个月付款并以欧元结算。布鲁斯伯里的财务长埃尔顿·彼得斯必须考虑接下来的3个月里英镑对欧元是否会升值，以便弄清楚在以欧元付款时会不会抵消掉公司全部或大部分利润。虽然他认为这种可能性不大，他仍然决定向公司的银行就如何规避汇率风险征求意见。彼得斯先生从公司的银行处了解到目前欧元/英镑的即期汇率是1.453 7欧元/1.00英镑，因此交易量应该是465 184欧元。彼得斯先生还了解到英镑和欧元对美元的3个月远期汇率分别是1.899 0美元/1.00英镑和1.315 4美元/1.00欧元。银行建议根据两种外汇对美元的远期汇率所暗含的欧元/英镑的套算远期汇率，建立一个套期保值，卖出应收欧元、买入英镑。如果你是彼得斯先生，你会怎么做呢？

资料来源：http：//wenku.baidu.com/link？url=RqzxhYHneXZlcFAYjQbc2BB1n-Y29zVT05I3oBO-T1l7-HvMmqFym0MOsePvc_yTbpf2zfokwuitVgNu2oGYPvCGwegwY2qycSuGVNf_9NK，2015-04-06.

9.1　国际投融资

9.1.1　跨国公司投资战略选择的影响因素

跨国经营同国内经营存在很大的差别。这种差别集中到一点就是跨国经营企业面临的是由众多国家和地区构成的国际市场，而国内经营企业通常面临的只是单一的国内市场。这表明，跨国经营企业面临更多的市场选择，从而也使企业在选择和确定具体的目标市场时，必须考虑和分析更多的影响因素。这些影响跨国投资战略选择的因素，大致可以从如下几个方面来认识。

1. 国际市场的不完全性

所谓市场的不完全性，是指市场的运行及其体系在功能或结构上的失灵。不仅最终产品市场存在由交易成本上升或不确定性增大引起的不完全性，中间产品市场也存在类似的不完全性。这种不完全性或市场失灵在价格不易准确判定的技术、知识、信息等中间产品市场更是普遍存在。当这些中间产品进行跨国界的流动和交易时，这类市场不完全性所造成的障碍就更为严重。跨国企业正是通过组织体系的跨国界设置和统一的管理手段来协调其中间产品或内部资源的流动与配置，以避免市场不完全对企业经营效率的影响；交易的内部化成为跨国企业产生与发展的重要动因。

除了由交易成本引起的市场不完全性，实际上，无论在一国市场还是在国际市场，均存在结构性的市场不完全。在国内市场上，由企业规模竞相扩大而形成垄断或寡头的市场结构，将可能导致商品和要素市场的不完全，这种市场不完全势必随着垄断企业或寡头企业的跨国界发展而扩大到国际市场。而在国际市场上，各国政府及其代理组织对经济活动的积极参与和直接干预，又将造成另一种结构性的市场不完全。主权国家的政治边界，以及各国政府不同的经济政策和法规、制度，使得国际市场分割为不同的国别市场和地区市场。在这些相对分离的国别和地区市场中，商品或要素进入或流出将遇到障碍，市场运行的方式和效率也存在多种差异。正是国际市场这种结构性的不完全，使跨国经营企业面临更为复杂的经营决策。

2. 区位优势与区位障碍

由国家行政权力造成的国际市场不完全性，会对跨国企业的经营发展产生双重的作用。一方面，各国政府利用关税、税收、利率、汇率等政策造成了不同的市场壁垒和市场运行差异，使商品和要素的国际流动面临不同的区位障碍；另一方面，各国政府为保护本国利益设置的种种壁垒，使壁垒后面的不同国家和地区在市场容量、要素供给、资源富集程度等方面出现多种差异，这又为跨国企业采用直接投资方式利用这些差异提供了广阔的机会。跨国企业的全球性经营活动在很大程度上正是要绕过多种障碍，去获取和利用不同壁垒后面的区位优势。

企业的决策原则是趋利避害。跨国经营企业对不同国别或地区市场的选择，当然应该以获得和利用的区位优势最多、跨越区位障碍的成本最少为基本准则。跨国企业在选择跨国发展的国别和地区市场时，至少应考虑取得如下三个方面的有利因素。

（1）获得壁垒后面的产品市场。国家和地区贸易壁垒的存在加大了产品出口进入的难度和成本，采用直接投资方式有利于绕过这种壁垒，进入特定的区位市场。因此，企业应准确地判断壁垒后面是否存在特定产品的市场和较大的市场容量。这是决定选择的基本因素。

（2）获得本国不易获取的经营资源。这里的经营资源是广义的，包括东道国当地蕴藏并能开采的较为有利的自然资源，发达的科学和教育所提供的价格低廉甚至免费的科技信息，发达的资本市场以及丰裕和适宜的资本供给，良好的基础结构所提供的能源、运输及其他服务等。这些资源由于本身特点或市场不完全而缺乏流动性，从而构成特定国家的比较优势。尽可能地获得和利用这些区位资源优势，无论对于企业还是国家都是必要和有利的。

（3）获得当地政府的政策优惠。由于跨国直接投资可能给东道国带来利益，一些东道国政府出于发展本国经济的长期考虑，常常给予外国投资企业以特别的政策优惠，比如在一定时期内减免所得税或进出口商品关税，给予优先贷款权等。因此，选择这样的国家作经营进入，企业不仅能够分享该国的区位比较优势，还可以获得超过当地企业的比较利益。

3．行业市场机会与进入障碍

在企业发展方向决策中，国别和地区市场的选择仅仅是第一个层次的决策，它相对较为宏观。在国别和地区市场方向大致确定的前提下，还需要进行第二个层次的决策分析，即对相关行业市场的因素进行综合考虑和分析。当然，在企业的决策实践中，这两个层次的因素分析和决策总是紧密结合在一起进行的，很难截然分开。影响市场选择的行业因素同样应从两个方面来考虑，即市场机会和市场进入障碍。

（1）市场机会分析。分析目标国家或地区特定行业市场有无长期投资发展的机会，至少应考虑两个比较主要的因素。

第一，行业市场容量。这是特定行业产品市场需求的因素。市场容量特别是未来较长一段时期内潜在的市场容量决定着行业市场的规模和产品的总体销售量，是投资企业首先应予考虑的因素。一般来说，分析行业市场容量，不仅需作定性分析，更应作一些定量分析。

第二，行业发展阶段。这是反映特定国家当地行业生产与供给方面状况的因素。特定行业产品的生产在一国内通常处于不同的阶段，比如行业空白期、行业引进与成长期、行业成熟与能力过剩期、行业衰退期等。行业发展处于什么阶段决定着进入企业将会面临什么样的直接竞争状况。一般来说，在有市场需求的前提下，进入处于行业空白期和衰退期的国家将是可行和有利的。行业生产能力高度发展，本身也在寻找国外市场的国家显然不应该选作投资进入的目标市场。

（2）市场进入障碍分析。不同国家的行业进入障碍决定着进入企业将为此支付的成本和代价，因此企业必须给予慎重比较和分析。跨国投资的行业进入障碍至少包括如下几方面的因素。

第一，进入企业必须承担的额外成本。跨国进入企业比当地现有企业至少要在几个方面支付额外成本：一是一次性投入的垫付资本及其利息支出；二是寻找有利的原材料、流动资金和其他要素供应来源所花的时间和费用；三是为增强市场认识、树立新的品牌商标而需要投入的宣传促销费用，以及额外的管理控制费用等。这些额外成本的构成同国内行业新进入者并无太大的差异。但由于社会文化环境和语言的差异，二者在费用开支的数量上却有很大的差别。显然，跨国进入的费用更多。

第二，当地现有企业的竞争结构与竞争性反应。当地行业原有厂商的竞争结构对跨国投资的新进入者具有直接的影响；寡占或垄断性结构中原有企业易于联合排外，进入难度较大；相反，原子式的宽松竞争结构中则可能较易进入。此外，进入者新的生产能力将会打破行业现行的竞争与供求均衡格局，因此当地现有厂商不可避免地会以各种方式对进入作出反应。显然，这些反应和行动不仅会改变进入者的预期收益，也会给进入者造成新的最初可能没有预计到的行动障碍。因此，进入企业的选择与规划应对这类反应的程度及可能持续的时间作出必要的预测和估算，并据以调整成本与收益的比较预期。

第三，当地政府与社会的态度。当地政府现行和可能采取的产业政策、对外国投资者的政策以及对环境污染、技术标准等方面的政策规定，均可能对进入企业造成不利或有利的影响。尽管不少国家一段时期内会采取吸引外资进入的优惠政策，但在对具体行业的管制上，当地政府仍不可避免地会偏护本地企业。比如给本地企业以政府补贴、提供优惠贷款等。这种偏护随当地政府不同时期的产业政策重点而对不同行业表现各异，这显然需要进入企业充分估计政府政策变化可能造成的劣势增加或优势减少程度。此外，当地社会公众对不同国家的民族情感倾向，以及对不同外国产品既有的质量认识和偏好态度等，都可能对跨国进入企业构成或大或小的进入障碍。

9.1.2　跨国公司融资策略与方式

1. 跨国公司融资策略

融资策略是国际企业财务管理的一个重要组成部分。融资成本的高低会直接影响国际企业的经营成本，从而影响企业的竞争力。融资结构（财务结构）合理与否还将直接影响国际企业的后续融资能力，甚至会给国际企业的生存带来危险。国际企业可从全球范围内权衡各类可利用的资金来源，从中选择最佳的资金组合，以达到企业总体融资成本最小化、避免或降低各种风险、建立最佳的财务结构三大融资目标。

（1）总体融资成本最低化。尽管完全市场（perfect market）和有效市场（efficient market）的理论已不断成熟，国际资本市场也在逐步趋于统一，但是当今的国际资本市场还远远达不到完全市场的标准。各国政府各种各样的行政干预以及社会、经济、技术等方面的因素，使得国际资本市场仍可细分为众多的差异化市场。国际企业所具有的全球范围的资金调度能力和信息网络使之能较好地把握住这些机会。一般来说，国际企业为实现总体融资成本最小化这一战略目标，主要可采用如下三种策略。

1）减少纳税。各国的税制、税率有很大差别。即使在一国之内，不同的纳税对象所承受的税负也各不相同。因此，国际企业可以通过选择适当的融资方式、融资地点和融资货币减少纳税负担。例如，国际企业的海外子公司支付债务的利息，不论是支付给母公司还是其他金融机构，一般都可享受税收抵免。但是，因为股息是从税后利润中支付的，所以股息发放不能抵免税负。因此，母公司若以债务融资而非股本注入的形式向其海外子公司提供所需资金，就能使公司的总体税负得到某种程度的减少。

2）利用优惠补贴贷款。各国政府为了达到鼓励本国产品出口、优化产品结构、扩大劳动力就业等目的，往往提供一些优惠补贴贷款。例如，大多数国家的政府设置了专门的金融机构，如进出口银行，向本国境内的出口企业提供低息的长期贷款。这种优惠信贷也可给予购买本国商品的外国企业。国际企业可以利用其全球经营网络，作出适当的投资与购销安排，以充分利用这些优惠信贷。

3）绕过信贷管制，争取当地信贷配额。各国政府往往在一定程度上对本国的金融市场实施干预，或是为了诱导投资方向作某种战略性的转移，或是为了使利率或汇率稳定在某一水平，也可能是为了刺激或抑制信贷资金的增长，等等。当一国外资流入过度时，该国政府就可能规定，新借外资的一部分必须存入政府指定的某一机构或采取类似措施，以使筹借外资的实际成本上升；而当一国资金流出过度时，该国政府便可能对外资企业在当地金融市场筹措资金实施信贷配额管理。因此，绕过这些信贷管制措施，并争取尽可能多的配额，是国际企业财务管理人员的一大职责。

（2）避免或降低各种风险。有远见的财务经理必须意识到，任何一笔重大的融资安排，不论是母公司所作的还是子公司所作的，都会对公司总体的风险及其他融资渠道产生影响。因此，国际企业的融资部署不仅需要考虑融资成本最小化这一目标，还需要考虑如何降低公司的风险，保持和扩大现有融资渠道。为此，国际企业可采取三种措施。

1）降低外汇风险。外汇风险是指由于不确定的汇率波动而导致公司资产或收益遭受损失的可能性。外汇风险主要有三类：交易风险、换算风险和经营风险。其中，交易风险和换算风险主要是由于公司经营中出现了未加抵补的外币净资产（或净负债）头寸。这种未抵补的头寸通常称为“外汇暴露”。国际企业可通过配对的融资安排，消除或减少存在于某种货币上未抵补的净头寸。

2）避免或降低政治风险。国际企业在制定国外融资策略时，必须考虑政治风险因素。一般而言，降低政治风险的策略方针有：第一，尽可能选择政治稳定的国家进行投资。在政治风险较高的国家投资时，尽可能利用公司外部资金。如果东道国政府或其他方面特别要求母公司必须提供内部资金，则应尽量以贷款的形式进行融通。第二，应坚持以子公司或外国投资项目的盈利作为偿还贷款的资金来源。这样做的目的是，促使债权人出于自身利益的考虑，关心子公司或投资项目的进展情况，关注东道国对项目合同的履行情况，从而将子公司或投资项目的利益与国际性金融机构、客户甚至其他国家的政府利益紧密地联系在一起。

3）保持和扩大现有融资渠道。国际企业的融资策略应具备两个特点：一是全球性；二是长远性。在追求低成本、低风险融资来源的同时，国际企业还应放眼长远利益，保持和扩展全球范围的融资渠道，以确保稳定的资金来源和融资灵活性。比如，努力使资金来源多样化，以超量借款保持现有资金来源。国际企业应努力拓宽融资的选择范围，不可过于依赖单一或少数几个金融市场。

（3）建立最佳的财务结构。建立一个最佳的财务结构，对保证国际企业融资能力最大化十分重要。

1）国际企业总体财务结构。国际企业最佳财务结构的建立，基于协调其所有附属公司的财务结构。只有通盘考虑全球附属公司的财务结构，国际企业才能使其总体财务结构最优化。国际企业的资金供应者关注的是与国际企业世界范围的财务结构相联系的违约或破产风险。任何一个附属公司的破产或其他类型的财务困难都会在一定程度上损害国际企业的资信地位。因此，国际企业在全球融资过程中，必须经常监测和调整公司整体的财务结构，以实现成本最小化和融资能力最大化。

2）母公司的担保与债务合并。国际企业在确定公司全球范围的总体最佳财务结构时，还会面临如下问题：是否需要将母公司担保和未合并的海外子公司债务纳入总体财务结构？理论上，母公司对提供担保的与未提供担保的两种负债所承担的义务是不一样的。对于提供担保的子公司债务，当子公司无力清偿时，母公司负有偿还的法律义务。而对于未提供担保的子公司债务，母公司不承担任何法律上的偿还义务。这两种法律义务的区别常易导致形成这样的观点，即只有母公司担保的子公司债务才会影响母公司总体的风险地位和融资能力，而母公司未担保的子公司债务充其量只能影响该子公司本身。关于国外子公司未经合并的债务是否影响国际企业总体融资能力这一问题，应作具体分析。就某一公司在某一时期而言，由于投资者可能一时疏忽，没注意到或没考虑到未经合并的子公司债务，国际企业的总体融资能力有可能不受影响。但是，在当今金融市场日益成熟、通信和信息流动高度发达的社会，投资者和金融分析家很难被长期蒙蔽，任何可能影响国际企业债务风险和融资能力的国外债务都会很快引起他们的注意。

2. 跨国公司融资方式

跨国公司的巨大成功与其庞大复杂的融资系统的有效运行密切相关。国际融资的成功与否，对跨国公司投资决策、对外投资的成本和日常的财务管理都有影响。跨国公司的融资活动既为其他经营活动服务，又对其他经营活动有制约作用。常见的国际融资方式有如下几种。

（1）股权融资。跨国公司的绝大部分股权资本来自本国的投资者，但跨国公司可以利用以下几种方式向世界各地的投资者发行股票，扩大资本来源。跨国公司可以直接到外国股票交易所挂牌上市销售其股票。这种方式为潜在的投资者特别是不能接近国外股票市场的投资者提供了方便。但是，到目前为止，跨国公司通过直接到外国股票市场销售股票所得到的主要好处是扩大了宣传，提高了知名度。尽管利用国际股票分销业务发行新股票的机会不断增加，但是跨国公司从海外筹集的大部分股权资本仍然是通过在欧洲债券市场发行可转换债券和附认股权证债券而获得的。可转换债券允许投资者随时或在一定时候以某一特定的价格把它兑换为普通股票。附认股权证债券在发行时按金额比例附有一定数量的认股证，给予投资者在一定时期内按照预定价格购买公司普通股票的权利。

跨国公司在世界范围内筹措股权资本的另一方式是通过子公司在当地发行股票。但在绝大多数发展中国家，由于资本市场很不发达，跨国公司在当地的子公司很难通过发行股票筹资；也有一些跨国公司，特别是涉及高技术领域的跨国公司，在东道国进行直接投资时更喜欢独资的形式，因为它们担心失去对专有技术的控制。

（2）债券融资。正如国内公司一样，跨国公司可以通过在其本国市场上发行债券得到长期资金；此外，跨国公司还可以在国际债券市场发行债券得到长期资金。国际债券一般划分为外国债券和欧洲债券。外国债券由债券发行国以外的借款方发行。

全球观察 9—1

外国债券

一个美国公司可以发行以德国马克标价的债券，卖给德国的投资者。外国债券主要集中在美国（纽约）、瑞士（苏黎世）、德国（法兰克福）和日本（东京）的金融市场上发行。由于发行外国债券要跨越国界，既要受本国外汇管理法规的约束，又要得到市场所在国的批准，在法律手续上比较烦琐。欧洲债券在债券标价货币之外的国家出售，它一般同时在两个或两个以上国家的境外市场上发行，且不在任何特定的资本市场注册，由国际辛迪加包销。过去它作为一种吸引长期资金的手段非常流行。欧洲债券的种类很多，有固定利率债券、浮动利率债券、可转换债券及多种货币债券等，它可以给筹资者更多选择，而且因为欧洲债券市场是一个境外市场，不受各国金融政策、法令的约束，对发行债券的审批手续、资料提供、评级条件的掌握不如其他债券市场严格，所以对借款人有很大吸引力。

资料来源：任映国：《欧洲债券与国际银行辛迪加》，载《金融科学》，1990（2）。

（3）贷款融资。贷款按照来源地可以分为国内贷款和国外贷款，国内贷款主要是跨国公司母公司从当地获得的贷款，国外贷款则是从国际金融市场上获得的贷款。欧洲货币市场是国际金融市场的核心，在欧洲货币市场上，资金供应比较充足，而且贷款的种类多，方式也比较灵活，是很好的筹资场所。贷款按照贷款人可分为银行贷款、政府贷款及国际金融机构贷款。政府贷款和国际金融机构的贷款一般比银行贷款要优惠，但对项目的要求比较高。

(4) 其他方式。相比国内公司，跨国公司还有一些特殊的融资方式，如国际贸易融资、出口信用保险、国际项目融资及国际融资租赁等。

1) 国际贸易融资。国际贸易融资事实上是进出口厂商之间提供的一种商业信用。从出口商出售货物到进口商支付货款存在时间和空间的差距，无论是出口厂商或进口厂商，还是进出口双方都需要取得对方或第三方提供的信用，以利于资金的周转。国际贸易融资的方式有赊销、承兑交单、付款交单、信用证和预付款等五种主要方式。值得指出的是，由于利益是对立的，进出口厂商双方总是极力地选择对自己有利的支付方式与信用贷款。双方通常是在一般惯例的基础上，通过谈判达成协议。

2) 出口信用保险。为了鼓励出口，一些国家成立了政府机构或准政府机构，承保本国出口厂商以信用出售商品、到期收不回货款的风险。

3) 国际项目融资。从事矿产、能源开发、交通运输、电力、通信和水利等工程建设的跨国公司经常会遇到需要巨额资金投入的大型投资项目。由于这类项目的规模和所需资本巨大，主办公司甚至连政府也难以独立承担这些项目的投资风险，传统的融资方式因条件限制已不能满足这些项目的融资要求，因此项目融资就应运而生。项目融资不同于一般的融资方式之处在于，为资助该项目的贷款将由该项目的收入来偿还。

4) 国际融资租赁。国际融资租赁是由国内融资租赁发展起来的，目的是为企业提供固定资产的融资。跨国公司采用国际融资租赁的方式，可以获得两个好处：一是降低政治风险。在一个政治环境不稳定的国家投资时，租赁设备比直接购买设备的风险要低。二是减少纳税。当设在高税率国家的子公司需要某项设备时，母公司可以采用高租金的形式向该子公司出租设备，以达到降低整个公司纳税的目的。

9.2　跨国公司资本运作

9.2.1　跨国公司运营资本的流量管理

跨国公司内部资金的流量管理实际上是跨国公司内部资金转移系统的设计和管理，其焦点在于资金的定位，即确定所持资金的币种和地点，通过借助各种转移机制，从事资金的公司内部转移与调动，以便最有效地利用汇率波动、外汇管制、税制及税率差别等因素。本节将讨论跨国公司内部资金的转移机制和转移方法。

1. 跨国公司内部资金的转移机制

跨国公司内部资金的转移机制是运用各种资金转移机制实现资金最佳定位的财务体系，也叫跨国公司财务体系。跨国公司内部财务交易是其全球经营活动的内在要求，在跨国公司总部的高度协调下运作的国际商品交换（原料、零部件和产成品）、服务贸易（技术、管理技术、商标和专利）和资本贸易，使跨国公司内部资金的配置更合理、更有效。一般来说，由于国内金融市场是有效率的，能够反映资本成本的特定投资风险而且按统一的税率缴税，因此国内公司的内部资金转移对增加公司的税后利润意义不大。

但在跨国经营中，公司面临大量的资金转移障碍和各国税制差异。若仍采取国内公司的交易形式，势必要支付高昂的成本和税负。

借助于内部资金转移机制，跨国公司可获得三种新的获利机会。

（1）赋税套利（tax arbitrage）。即将利润从高税率国家子公司转移至低税率国家子公司，或从那些处于应纳税状态的子公司转移到处于亏损状态的子公司，以减轻税负。

（2）金融市场套利（financial market arbitrage）。通过内部财务系统，跨国公司可逃避外汇管制，赚取较高风险收益，降低借入资金的风险成本，并开发以前难以获得的资金来源。

（3）管理体制套利（regulatory system arbitrage）。当子公司的产品受到当地政府部门的价格限制时，跨国公司通过在公司内部重新分配利润能掩盖真实的获利能力，并可加强与当地政府的讨价还价地位。

跨国公司之所以能灵活利用上述套利机会，原因是：首先，跨国公司可以灵活地选择资金或利润转移渠道。其次，在转移时间方面弹性较大，跨国公司可运用提前或拖延收付来间接转移资金。最后，跨国公司常常采取“化整为零”的策略进行资金转移，利用各种管道分期分批转移资金，以避免刺激东道国。

2. 转移定价

转移定价（transfer price）是指跨国公司以其全球战略为依据，在母公司与子公司、子公司与子公司之间进行商品和劳务交易时采用的内部价格。转移定价具有所得税效应、关税效应、资金配置效应、调节利润水平效应以及逃避限制效应。后三种效应如下所示。

全球观察 9—2

所得税效应

所得税效应可以用表 9—1 中的例子说明，假定 A 子公司生产 10 万块电路板，成本为每块 10 美元，产品卖给 B 子公司。B 子公司又以 22 美元/块卖给一家独立的外部客户。由于 A 国的所得税税率为 30%。B 国的所得税税率为 50%，因此不同的转移定价，会使整个公司的税后利润有所不同。

表 9—1 **高低转移定价的税收效应** 单位：千美元

	A 子公司	B 子公司	A+B
低价政策：			
销售收入	1 500	2 200	2 200
销售成本	1 000	1 500	1 000
总利润	500	700	1 200
其他费用	100	100	200
税前利润	400	600	1 000
税收（30%/50%）	120	300	420
净利润	280	300	580

续前表

	A 子公司	B 子公司	A+B
高价政策：			
销售收入	1 800	2 200	2 200
销售成本	1 000	1 800	1 000
总利润	800	400	1 200
其他费用	100	100	200
税前利润	700	300	1 000
税收（30%/50%）	210	150	360
净利润	490	150	640

如表 9—1 所示，在低价（单价为 15 美元）情况下，A 子公司支出 12 万美元税额，而 B 子公司则支付 30 万美元税额，总共 42 万美元税额，净利润为 58 万美元。但当采取高价政策时（单价为 18 美元），A 子公司税额上升至 21 万美元，而 B 子公司则降至 15 万美元，总税额为 36 万美元，净利润则是 64 万美元。因此转移定价的提高，导致了总税收降低 6 万美元，从而使净利润上升 6 万美元。

如果 A 子公司出售货物给 B 子公司，我们要将税收最小化，那么就有如下原则：如果 $t_A > t_B$，则转移定价越低越好；如果 $t_A < t_B$，则转移定价越高越好。这里，t_A 和 t_B 分别为 A 子公司与 B 子公司的税率。

资料来源：陈伟利、陈坚：《跨国公司财务管理》，北京，对外经济贸易出版社，1998。

全球观察 9—3

关税效应

关税因素的引入使所得税效应更为复杂。假设 B 子公司需缴纳 10%的从价关税，那么提高转移定价会增加 B 子公司的关税负担。转移定价所导致的总效应如表 9—2 所示。

表 9—2　**高低转移定价的所得税加关税效应**　单位：千美元

	A 子公司	B 子公司	A+B
低价政策：			
销售收入	1 500	2 200	2 200
销售成本	1 000	1 500	1 000
关税	—	150	150
总利润	500	550	1 050
其他费用	100	100	200
税前利润	400	450	850
税收（30%/50%）	120	225	345
净利润	280	225	505
高价政策：			
销售收入	1 800	2 200	2 200
销售成本	1 000	1 800	1 000

续前表

	A子公司	B子公司	A+B
关税	—	180	180
总利润	800	220	1 020
其他费用	100	100	200
税前利润	700	120	820
税收（30%/50%）	210	60	270
净利润	490	60	550

在实行低价政策时，进口关税为15万美元，B子公司的关税产生了抵税效应而减少7.5万美元，总税额为49.5万美元；而当实行高价政策时，进口关税增加至18万美元，产生的关税抵税效应为9万美元，总税额为45万美元。因此实行高价政策仍有利可图，但收益却下降了1.5万美元。一般而言，关税相对于所得税之间的差距越大，低价政策就越有利。

关税引入后，转移定价基本原则为：若 $T_B > \frac{t_B - t_A}{1 - t_B}$，则转移定价越低越好。这里，这里 T_B 为B国的关税税率，假设A国不征收出口关税。

资料来源：陈伟利、陈坚：《跨国公司财务管理》，北京，对外经济贸易出版社，1998。

（1）资金配置效应。转移定价还可用来配置资金。一般来说，东道国往往对母公司从当地子公司调出资金施加一定的限制，如对利润汇出的限制以及外汇管制等。跨国公司可以通过转移定价将其所赚的利润轻而易举地调回母公司或其他子公司。如果母公司要从某国移出资金，母公司可提高卖给该子公司产品的价格。反之，母公司也可通过压低价格的方式来为子公司提供资金。另外，为避免东道国的资本限制，减少直接投资额，跨国公司还可利用高利贷方式将资金以利息形式调出。跨国公司还可利用不同东道国的利率差别，通过提高内部转移价格的方法，把资金调往最有利可图的地方。

（2）调节利润水平效应。对于公司利润水平进行调节，是转移定价在跨国公司经营过程中的又一作用。通过调低利润，跨国公司可取得以下几方面的效果。

1）跨国公司往往通过转移定价来提高子公司的成本，以降低利润率。如果某一子公司在当地的利润过高，容易引起东道国政府的反感，使其要求与跨国公司重新谈判，强迫盈利过高的跨国公司出售股票给当地投资者以分散所有权，或者采取国有化措施。

2）由于担心某一子公司利润过高而导致竞争对手更多地进入同一市场，跨国公司也会利用转移定价调低利润。

3）跨国公司还可运用转移定价这一手段对付当地的合资伙伴。由于合资企业的利润是由投资各方的出资份额决定分配的，因而运用转移定价，可使利润在分配前就转移到母公司，减少当地合资伙伴应分利润。

当然，跨国公司也可运用转移定价调高利润，以便子公司在当地有良好的形象，提高其资信水平，并在当地谋取银行信贷。

(3) 逃避限制效应。近年来，许多东道国政府加强了对外资的控制和管理，限制外资不利于本国的行为。跨国公司可利用转移定价逃避此类限制。利用转移定价逃避的限制主要有：

1) 外汇管制；

2) 利润汇出限制；

3) 最终产品价格限制；

4) 反倾销法；

5) 反垄断法等。

近来，在实际生活中，许多国家都制定了相应的控制手段来限制转移定价。例如某些国家对于同国际市场价格有较大出入的转移定价，海关当局有权根据市场价格对商品重新估价，决定应征的关税。

3. 再开票中心

再开票中心（reinvoicing center）往往是公司的一个资金经营子公司，在各子公司之间进行商品交换时，生产子公司把货物卖给再开票中心，后者再以转移定价转售给销售子公司，实际货物却是直接由卖方子公司运到买方子公司。再开票中心处理的是文件，而不是实际货物，如图 9—1 所示。

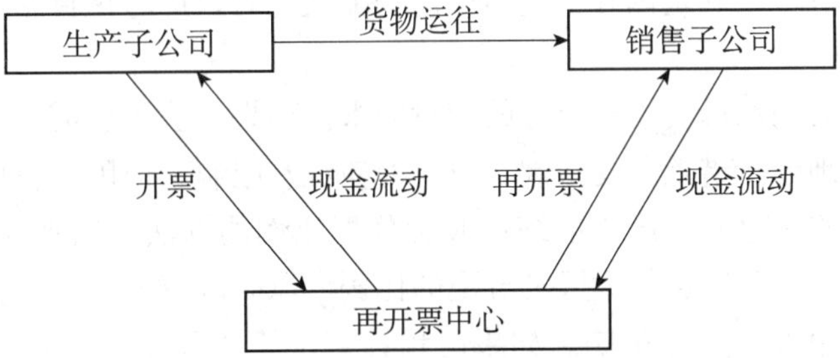

图 9—1　再开票中心的作用

再开票中心通常设在低税国家，即所谓的避税地（tax haven），该中心所赚利润被课征较低的税收，从而使跨国公司整体获取更多的税后利润。但再开票中心承担了外汇风险，它的外汇风险管理人员需负责管理公司内部交易引起的所有外汇交易风险。

另外，再开票中心的建立可使公司迅速发现需要资金支付的子公司，并且能确定通过提前或拖延收付向该子公司安排资金。

再开票中心的主要缺点是公司为成立这一中心需支付一定的额外费用。

4. 公司内部借贷

跨国公司向国外子公司的初始投资很大一部分是以贷款形式提供的，这种贷款转移资金方式下资金被冻结的风险比使用股权投资低得多。这是因为：

(1) 贷款有固定利率、固定支付期和偿还期，现金流入量稳定，通过还本付息，为把资金转移到母公司提供了一种可靠的方法。

(2) 与股利相比，外汇限制及税收因素往往有利于贷款的还本付息，而且还本付息是不征税的。

(3) 子公司所在国可能更愿意允许贷款的偿还，而不愿意允许股权资本返回。此外，许多东道国对转移价格和提前或拖延收付也有限制，但对还本付息极少有限制。

有鉴于此，公司内部借贷往往成为跨国公司唯一可供选择的合法转移机制。

跨国公司内部借贷有多种形式：

(1) 直接贷款 (straight loan)。直接贷款指跨国公司的一个机构直接向另一个机构提供贷款，借贷的货币可以是任何一方或第三国的货币，直接贷款利率就是资金的转移定价。

(2) 背对背贷款 (back to back loan)。背对背贷款指母公司或提供资金的子公司把资金存放在中介银行里，银行再把等值资金以当地货币或母公司货币借给当地子公司。

(3) 平行贷款 (parallel loan)。平行贷款指需要对国外子公司提供贷款的跨国公司在银行或其他第三方的帮助下，找到另一家跨国公司，该公司在同一国家的子公司有额外现金，于是这两个公司相互贷款。

5. 股利

子公司获利后就该支付股利，子公司的股利是子公司与母公司之间资金流动的一个主要部分。在确定国外子公司如何分配股利时，应考虑许多因素，其中最重要的如下。

(1) 子公司和母公司对资金的相对需求。如果子公司急需扩大经营规模或追加投资，向当地银行借款又受限制，或者即使没有限制，但因支付股利而借款会引起当地政府反感，这时一般采取缩小股利分配比例的办法，以平衡资本结构。反之，母公司急需资金，则可扩大股利分配的比例，以获取资金。

(2) 货币汇率走势影响。如果已预计到汇率将发生变化，并可能遭受外汇损失，国外子公司也会通过股利分配加速向母公司转移资金。在子公司所在国货币即将贬值时，增加股利分配比例或加发额外股利可减少当地货币资产，并合法地将其转化为母公司所在国货币。如果预计当地货币将升值，可推迟宣布股利分配日期或把已收到股利再贷给当地子公司。

(3) 公司税收状况影响。在许多国家，股利支付要被当地政府课征很重的预扣税。有些国家对股利汇出还有数额限制，超过数额限制，需课征额外税收。因此，税负大小是跨国企业选择股利政策的一个主要因素。

(4) 子公司所在国政治风险的高低。子公司所在国政治风险高，则母公司要求子公司尽快转移剩余资金，一般都通过加大股利分配实现转移；反之，则少分配股利，尽可能提高子公司自有资本的比例。在正常情况下，跨国企业大多维持一个稳定的股利支付率，以取得东道国政府信任。

6. 被冻结资金的管理

如果跨国公司子公司资金被冻结不能转移出东道国，跨国公司可以采取如下方法应对资金冻结的风险。

(1) 投资前策略。跨国公司在投资前的项目分析时就应考虑资金被冻结的问题，一项投资是否可行取决于考虑到资金被冻结后的期望收益率是否超过资金的机会成本。

一旦母公司决定投资，它就应该事先采取措施准备汇回或利用投资项目产生的利润。公司可采取以下措施：

1）与其他子公司建立贸易联系。

2）对使用商标、许可证及其他服务收取费用。

3）尽量使用当地借款。

4）利用特殊的融资安排，如背对背贷款和平行贷款等。

5）与东道国政府达成专门协议。

（2）投资期间汇出冻结资金。在东道国实行外汇管制、子公司资金被冻结的情况下，公司仍有许多直接或间接的渠道可以把资金部分转移出来，比如转移定价、提成费和管理费、提前或拖延收付以及背对背贷款等。此外还可采取以下措施：

1）对当地子公司和东道国都有利的一种方法是创造不相关的出口，这样就提供了资金转移渠道。

2）为整个公司范围内的使用而购买资本品和当地服务、进行研发工作以及举行公司的大会、度假等消费性活动，以将一些必要开支用被冻结资金来支付。

3）安排易货贸易或反向贸易，利用被冻结资金购买也许并不需要的货物，然后将这些货物换成其他商品，以便在国际市场销售或用于母公司和其他子公司的生产。

（3）被冻结后的资金保值。对确实不能移出的资金应进行再投资，以保持其真实价值不受通货膨胀恶化及当地货币贬值损害。如果冻结是暂时的，可投资于当地的货币市场获取一定的收益。也可将被冻结资金存放在当地的跨国银行分行，作为在世界其他地方申请贷款的担保，或作为这类贷款的最低存款额。

如果短期或中期证券组合投资不可行，跨国公司则可进行直接投资，在当地建立新的生产设施。如果建立生产设施的直接投资机会也没有，跨国公司可用被冻结资金购买当地的土地、办公楼或产品，以达到保值目的，避免通货膨胀威胁。

9.2.2　跨国公司运营资本的存量管理

1. 国际现金管理

跨国公司管理国际现金的方法主要有两大类：一是集中管理；二是加速现金收付。

（1）集中管理。公司持有现金的动机一般是应付按计划支付的日常现金支出和预料之外的现金流出，前者称为交易动机，而后者称为预防动机。所谓集中管理，又叫集中存款，即跨国公司总部要求每个子公司仅为交易持有最低的现金余额，而把全部为预防动机所持有的现金集中起来，由公司的专门机构和人员负责管理。这些集中的现金一般都储存在伦敦、纽约、东京等主要国际金融中心，如子公司出现预料之外的支付，可迅速动用这部分资金，以救燃眉之急。

集中管理国际现金有如下优点：

1）可以有效地降低现金余额水平。集中管理可以在不影响各子公司预防需求的基础上降低预防动机现金持有量。集中存款的现金余额估算方法是各子公司期望现金需要量之和加上期望值和的三个标准差。但集中现金余额的标准差是各子公司标准差平方和的开方，故集中现金余额标准差肯定小于各子公司标准差之和。

2）可以运用多边净额结算，节省结算费用。跨国公司拥有许多子公司，子公司与子公司之间、子公司与母公司之间存在巨大的资金流量。显然，如此大的跨国资金转移势必伴随着高额的结算成本。结算成本包括外汇买卖差价、款项收妥所需时间的机会成本、线路租金及其他交易成本等。多边净额结算是跨国公司降低结算成本的有效方法。

多边净额结算（multilateral netting）是指跨国公司的财务部门对各子公司间的债务关系定期进行整合，在多边债务相抵后指令各子公司只对剩余的净债务做实际支付。多边净额结算的基础便是现金的集中管理。多边净额结算通常每个月进行一次，也可每月安排多次。有些国家如意大利禁止或限制跨国公司的多边净额结算，另一些国家如美国则允许多边净额结算。因此在使用前，还需符合各国法律规定。

3）有利于现金流通。作为集中管理的一个副产品，公司总部拥有各子公司现金状况的有关信息，便可以准确编制现金预算，以应对下周或下个月对流动资金的需要。

4）有助于提高公司的融资和投资效率。集中管理的管理者可以在全球范围内寻找最低廉的资金来源和收益最丰厚的多余资金投向。如果一个子公司有过剩资金闲置或只能按较低的投资率投资，那么另一个需要资金的子公司就不必以高利率借入资金。假如整个公司出现资金剩余，集中管理就能比较各市场的收益率、交易成本、外汇风险和税金，择其最优来决定资金投向。

（2）加速现金收付。加速现金收付是国际现金管理的另一类方法。耽搁时间会产生应付账款，还会使外汇风险增加。收款速度慢、时间延迟主要是付款公司支付资金给银行的付款时间拖延和银行系统的清算时间拖延。要加快收款速度，可采用如下方法，缩短付款时间和银行清算时间。

1）电子资金转移系统。许多国外银行为其客户提供电子资金转移设备和电传转移。因为顾客地理分布太广，通过邮寄支付的时间相当长，因此多数跨国公司不喜欢用邮寄方式支付大额支票。

2）存款箱制度（lock-box system）。存款箱制度是用于加快支票清算过程的一种制度，客户把支票发送到以公司命名的指定存款箱里，地方银行或跨国银行的分支机构每天对存款箱里收到的支票要结算一次或多次。支票经过特殊加工，通常在1～2 天内，货币流通中心将跨国公司的资金冲减，这样支票清算过程至少可减少3～4天。

3）起息日（value dating）服务。起息日服务指隔数月后（以支票开出地点时间为准），银行把跨国公司储存支票的价值记入贷方账户，而不考虑清算时间的长短。例如，欧洲银行为在国际交易中需要支出的项目设立一个回溯（back value date）起息日账户，即一般在取得国外资金前2天，银行要借记公司的账户。

4）直接转账。跨国公司与购货营业额大的客户达成协议，由客户在其银行存款中定期转账，转入公司的银行账户，即在客户关系银行设立账户。

2. 应收账款管理

国际应收账款主要产生于对国外独立客户的销售，或对公司内部附属企业的销售，这两方面情况不同。这里主要讨论公司外应收账款的管理，公司外应收账款管理主要讨论交易的支付条件、应收账款的信贷延期和收账保证措施等问题。

（1）支付条件。支付条件指公司的信用期或信用条件情况。一般来说信用条件越优惠，销售数量就越多。但慷慨大方并不总是最好的策略。拖欠的风险、大额应收款投资增加的利息支出以及以买方货币计价应收款的价值贬值风险等也要与提高的销售量收益之间很好地权衡。

（2）信贷延期的决策方法。跨国企业为了增加销售量，经常采用信贷延期方法。信贷期限越长，销售量可能越大。但信贷延期也带来了不偿还风险，增大了应收账款利息支出。所以是否给予信贷延期，取决于给予之后的成本和收益的分析。

（3）应收账款的融资和收账。应收账款的融资和收账形式很多，这里只介绍一种集应收账款融资和收账于一体的方式——保付代理业务（factoring），也叫保理业务。保理业务的具体做法是：在延期付款的商品买卖中，销售公司在向购买商供货后，即将此债权出售给保理商，由此立刻获得相当于应收账款80％～90％的预付金，其余10％～20％的金额划入一个被冻结账户，由保理商用来支付各种合理费用，如给客户的付现折扣、索赔、佣金和预付金利息等。购买商付清货款后，或在规定付款期到期后90天内，保理商把冻结账户上的余额还给销售公司。

大多数保理业务都是通过国际保理商组织进行的，保理业务对出口商或跨国公司好处巨大，出口商可用往来账户进行货运，而不用现收现付或使用信用证进行交易。出口商无须承担信用调查和托收的成本，也不承担评估政治风险的成本。这些工作全由保理商承担了，因此，国际保理的费用是很高的，一般费用水平是贷款的1.75％～2.5％，再加上高于同期收款利率的利息。

3. 存货管理

与国内公司一样，跨国公司持有原材料、在制品和成品等存货的目的是保证生产过程正常进行和销售供货不致中断。存货管理的目标是优化存货数量、节约存货占用的资金。

（1）存货超前购置。在许多发展中国家，缺乏远期外汇和货币期货市场，外汇又不准自由汇出。在这种情况下，可采取提前购买将来要用的商品，特别是进口品，防止因当地货币贬值而引起损失。提前购买形成的存货增加也应有个限度，即将存货保值的收益与放弃投资当地证券获得收益的机会成本比较，如收益大于成本，则应购进存货；反之，则不应购买存货。

（2）存货准时制（just in time）。存货准时制理论首创于日本，目前在欧洲国家广泛使用。存货准时制要求供应商在购买商指定日期将存货按规定送到购货单位现场。实行存货准时制的工厂或工厂中的某一个或某几个部门，可以基本上不保留存货。生产上所需存货由供应商及时送达，这就节省了大量的存货储存成本，包括管理费用、保险费用、房租以及因存货占用的资金利息。

实行存货准时制要求购货单位在原材料存货管理上严密精确，存货领用的日期要预先精确计算；还要求供应商密切配合，不管批量大小都要及时送达。

9.3 跨国公司税收管理

9.3.1 世界各国主要税种的分类

国际企业所面临的税收种类较多，不同国家的税法规定也各不相同，但主要可分为如下五类，如表9—3所示。

表9—3　国际企业所面临的税收种类

种类	相关说明及其规定
公司所得税	对国际企业的总体税负具有举足轻重的影响。所得税税率的高低常是国际企业决定投资意向的一个重要参考指标。各国公司所得税税率差别较大，主要工业国的税率普遍较高，且相互之间差别不太大。
增值税	在西欧、拉丁美洲的大部分国家以及世界上其他一些国家里，增值税已成为国家间接税收入的主要来源。
关税	关税是一国政府对进出该国海关的货物所征的税收，可分从价关税和从量关税两种。从价关税是按货物的合同价格征的关税，从量关税则以货物的数量作为计征基数。有些国家使用两者混合计征的方法。
预提税	政府对本国居民及在本国经营的公司向国外支付的股息、许可费和利息等征收一定比例的税收。
其他税	国际企业还可能遇到如流转税、遗产税以及财产税等税负。

9.3.2 常见的国际避税方式

在谋求跨国收益最大化的过程中，合理有效地规避各国税收，以使自身的税负水平达到最低，是任何一个跨国公司都希望实现的一个财务管理目标。因此，跨国公司进行国际避税（international tax avoidance）就成了其财务活动的一个重要内容。跨国公司进行国际避税的基本方式可分主体转移和客体转移两种。

1. 主体转移方式

税收总是对一定课税主体的课税客体进行课征的。在一个主权国家课税权既定的条件下，所有管辖范围内的课税主体都承担着同等的税负。但是，如果课税主体和课税客体在空间上发生了向另一个课税权主体国家的转移，则由于不同课税权主体国家之间的税负存在差异，就会造成该课税主体和课税客体在不同课税权主体国家存在税负上的差异。

课税主体转移一般是以摆脱或回避高税国居民（公民）税收管辖权，从而减轻税负为主要目的。由于各国在确定其税收管辖权时采用的原则和标准以及有关法律规定存在明显的差异，因而导致了课税主体的不同形式转移所带来的不同避税效果。

（1）跨国公司转移或避免国籍国。在适用法律标准的国家，跨国公司的无限纳税义务是由其国籍身份所决定的。这里所说的法律标准，是把适用于跨国公司的居民（公民）概念明确为依照有关国家法律注册设立的法人企业（社团），即各主权国家对按照本国的法律注册设立的法人企业（社团）行使公民税收管辖权，而不论这个法人企业（社团）的管理机构是否设在本国。因此，一个跨国公司为了国际避税而转移或避免其国籍国，只要撤销其在该国的登记注册，改在其他国家登记注册就可以实现，由此可消除公民税收管辖权下的无限纳税义务。但是，转移或避免其国籍国并不意味着必然消除其在该国的无限纳税义务，因为实行公民税收管辖权的国家一般同时行使居民税收管辖权，所以跨国公司在该国的一些基本活动仍会落入居民税收管辖权的范围而承担无限纳税义务。

（2）跨国公司转移或避免居住国。在适用户籍标准的国家，跨国公司的无限纳税义务是由其住所、居所以及居留天数等因素决定的。这里所说的户籍标准，是把适用于跨国公司的居民（公民）概念明确为管理机构所在国的法人企业（社团），即各主权国家对跨国公司行使居民税收管辖权限于管理机构设在本国的法人企业（社团）范围内，而不论这个法人企业（社团）是否按照本国法律规定注册设立。因此，一个跨国公司为了国际避税而转移或避免其居住国，只要改变其居所或住所所在地以及缩短在一国的居留天数，就可消除其在居民税收管辖权下的无限纳税义务。由于居民税收管辖权为多数国家所采纳，且确定居民税收管辖权的因素又是多方面的，因而跨国公司避免或转移居住国也有两类方式：一类是虚假迁出或转移居住国。因为实行户籍标准的国家判断一个居民公司的标准是看它在本国有无居所，而对公司居所的判断标准主要是实际控制和管理机构所在地的外部条件，所以，跨国公司可以通过筹划设法消除构成管理机构存在的因素来避免居所的存在，如改变股东大会或董事会召开的所在国，改变其保管公司账册和公布盈余分配方案的地点，改变其发生经营决策指令的国家等，使这些活动发生在低税国。另一类是居住国的真正迁移，即一个跨国公司的管理机构或实际有效管理中心真正从高税国迁到某一个低税国。这是跨国公司摆脱高税居民税收管辖权国家最彻底的方式。但这种方式会使跨国公司付出很高的代价（搬迁费用、停工损失等），因此，除非跨国公司居所转移后能弥补各种损失，否则一般不会采用。

2. 客体转移方式

跨国公司的客体转移避税方式是指跨国公司的课税客体在不同课税权主体国家之间进行转移以达到避税目的的方式。这里所说的客体，不仅仅是指课税客体自身，如所得、收益等各种因素。由于主体转移避税方式是主动的，因此各国对此有很多约束，而客体转移避税方式是从动的，因而更普遍、更隐蔽、更复杂，也更容易为跨国公司所接受。

（1）避免成为常设机构。主权国家行使税收管辖权时，首先会选择收入来源地税收管辖权，即它只对纳税人来自本国领土范围内的应税收益、所得以及存在于本国领土范围内的应税一般财产价值征税，而不论取得者或拥有者是否属于本国公民或居民。而在确定是不是来自本国领土范围内的收益、所得或存在于本国领土范围内的一般财产价值时，一般会沿用常设机构的概念，即对构成常设机构的征税，否则就不征税。国际上对常设机构的定义是“企业进行全部或部分营业的固定场所”，包括管理场所、分支机构、办事处、工厂、作业场所、营业代理人等。而在确定常设机构的收益、所得或一般财产价值时，又有归属制和引力制两个原则。为此，跨国公司只要在居住国（国籍国）以外的其他国家从事经营活动时避免取得收入与常设机构的各种联系因素，或在归属制原则国家中避免取得收入归属于常设机构，也就随之避免了在该非居住国的有限纳税义务。而当非居住国税率高于居住国（国籍国）税率时，跨国公司避免成为非居住国的常设机构就显得更为重要。

（2）利用常设机构进行收入与费用转移。跨国公司避免成为非居住国的常设机构可以达到一定的国际避税效果，而在无法避免成为常设机构时，只要巧妙地对总机构与常设机构、常设机构与常设机构之间的交易进行安排，同样可以达到国际避税的目的。当一个跨国公司作为投资者决定采用常设机构形式在国外投资时，随着国外常设机构的设立，该公司就成为总机构，于是就产生了怎样在总机构与国外常设机构之间划分或分配企业全部经营成果的问题。由于国际法则中通常并不考虑常设机构是否为一个独立的法律实体从而按独立核算原则来确定其与总机构或其他常设机构进行的交易，或者将总机构与国外常设机构在全球范围内产生的共同利益以一个客体的方式在总机构和国外各分支机构之间进行分配，因而很难正确地界定常设机构的收益实现和费用发生究竟是在自主经营还是在统一整体范围内，由此存在国际避税的广泛可能性。

跨国公司利用客体在总机构与常设机构之间、常设机构与常设机构之间转移有多种形式：

1）利用常设机构转让营业财产。即通过总机构与常设机构之间、常设机构与常设机构之间营业财产的转移，尽量减少当期或将来的纳税义务。

2）利用常设机构转移利息、特许权使用费和其他类似费用。尽管在各国的税法和国际税收协定中对发生在总机构和常设机构之间的这些费用列支作出了严格的区分，但在实际工作中是很难准确把握的。如果跨国公司对此加以巧妙利用，同样可以达到减轻税负的避税目的。

3）利用常设机构转移管理费用。通常情况下，跨国公司的管理费用需要在各常设机构之间分摊，由各常设机构承担这部分费用。由于总机构在管理费用分配上有很大的弹性，与对常设机构的实际管理活动有很大差异，加上各国税制本身存在差异，跨国公司就可以利用这一点来达到减轻税负的避税目的。

4）利用与常设机构之间的劳务收费。通常情况下，跨国公司总机构和常设机构之间发生的劳务费用不予扣除，劳务收入也不计入收入额中，因此，跨国公司就可以将一部分劳务活动从高税国转向低税国的常设机构，以增加低税国常设机构的劳务活动，从而将一部分利润转移到低税国。

5）利用常设机构的亏损。一般情况下，跨国公司通常要将其总机构和常设机构的当年损益一起汇总向居住国（国籍国）计算纳税，但发生在高税国中的亏损与发生在低税国中的亏损有时会因各国对待亏损企业的税务规定有很大差异而产生完全不同的结果。因此，跨国公司就可以设法在最有利的国家使某个常设机构在最有利的时间发生亏损，为跨国纳税人减轻税负提供回旋的余地。

6）利用常设机构所在国之间的汇率变化。由于各种货币汇率波动是变幻莫测的，而对于一个常设机构来说，汇率经常发生剧烈变化可导致盈亏计算上的巨大偏差，因而可以人为地利用汇率的这种变化通过盈亏计算为跨国公司进行有效的避税。

（3）利用关联企业（affiliated enterprises）间转移定价转移收入和费用。跨国公司对外投资除采用常设机构，还可以建立具有法人资格的独立子公司，通过合资、参股等形式取得对国外企业的控制权。子公司与母公司、同一母公司的子公司之间往往会利用它们之间特殊的经济利益和联系，人为地通过价格变化来影响相互之间的收入和费用分配，从而有效地规避各国的税收。这是实现客体转移避税最重要的手段之一，这种避税形式较广泛、复杂。

（4）通过避税地渠道实现客体转移。一个高税国的跨国公司如果想从客体转移中获得更多的避税收益，必然会考虑向低税国转移客体。而选择倾向必然是避税地。因为避税地通常情况下是指那些能为跨国投资者提供特殊优越的税收环境，以诱使国际资金、技术和劳务从高税国流入的国家和地区。通过避税地不但能实现客体转移避税，同时也能实现主体转移避税，是一种综合避税方式。

9.3.3　跨国公司的避税与国际反避税

国际避税尽管在法律性质和表现上有别于国际逃税，但其造成的后果并不轻于国际逃税，因为两者都直接减少了政府的税收收入，损害了资金和技术收入国的预期经济利益，形成了纳税人之间的税负失衡，使诚实守法的纳税人处于不公平的竞争地位，同时还会造成经济福利的损失，引起国际资金流动秩序的混乱。因此，许多国家都会根据本国的特点，逐渐采取各种富有特色的反避税（counter-avoidance tax）方法和措施，并逐步形成具有法律效率的反避税税制，同时不断地通过法律手段，扩大和加强政府间的合作，在更大范围内进行反避税。

1. 单边反避税方法

完善税收法律、法规，加强税收征管，堵塞漏洞，增强税法的自身防护能力，是各国税务当局进行反避税和反偷漏税的一个重要方面。各国单边的反避税方法一般是制定反避税条款。各国在税法中一般都根据自身的条件和反避税要求，制定出相应的反避税条款，通常包括：

（1）一般反避税条款。主要表现在税法对课税客体的表述方面采用广义和一般经济概念来概括，以扩大税务当局采取行动的机会。

（2）特殊反避税条款。主要是针对各种特定的避税和逃税行为所制定的明确具体的税法条文。

（3）特殊与一般相结合的反避税条款。这是指税法条款里对某种交易行为及其纳税义务作出具体规定的同时，附以一般性的规定。

(4) 综合与全面反避税条款。这是指针对有相似性或可比性的避税行为，所列入的可以适用于不同类型的、具有相似可比性的反避税条款。

2. 开展国际合作防范国际避税和逃税

如果只是依靠一国的单边措施，其效果是有限的，因而加强各国之间的合作与交流就显得十分重要。开展国际合作主要通过以下一些方式进行。

(1) 情报交换。各国之间订立双边国际税收协定，在其中规定相互交换有关税收情报的条款，使各国税务当局在其反避税和逃税过程中能掌握跨国纳税人在其他国家的有关情况，落实跨国纳税人国际避税和逃税的真实状况。

(2) 国外税务调查。由于一国税务当局进行税务调查的权限仅限于该国领域内，但在签订国际税收协定的前提下，双方可能会在协定中达成对方税务当局入境调查并给予协助的条款，据此，税务当局就可对跨国公司在签订税收协定的其他国家范围内的经济活动进行直接调查。

(3) 同步调查与审计。对涉及两个国家跨国公司的国际逃税或避税案件，有关国家税务当局可以根据税收赋予的权利，同时对该跨国公司在各自境内的经济活动进行调查和审计，并及时通报，以联合打击跨国避税和逃税活动。

(4) 跨区域多边合作。对于涉及跨区域各国公司的税务调查，必须通过有关国家税务当局的共同协助，包括多边情报交换、多边同步调查与审计等，共同对同一跨国公司集团进行反逃税或反避税。然而，无论是各国税法还是各国征管和国家之间的合作，都不可能对跨国公司在国际经济活动中的每一项内容在制度和管理中均加以规定和控制，况且，随着经济的发展和变化，新经济形式会层出不穷，因而跨国公司必然会不断寻找新的避税方式，而税务当局也应不断地完善税法，加强税收征管和国际税务合作。

9.4 跨国公司财务控制系统

9.4.1 会计风险控制

在会计实践中，往往不强调概念依据上的明确性，几种折算方法常常交叉使用。日本企业会计评议会在1979年发布的关于外币折算的会计准则中，就结合了时态法和区别流动与非流动项目法两者的特点，它的做法是，在采用时态法的同时，允许长期货币性负债按历史汇率折算。这与美国第8号和第52号财务会计概念公告所规定的时态法是不同的。这样做的目的在于避免巨额长期债务出现重大的折算损益，因为日本企业大多具有很高的负债比率。日本的这一准则还规定，不把折算损益计入当年合并净收益，而是作为“折算调整额”列入合并资产负债表的一方，视其正负值归入资产方或负债方。此外，对在非常货币环境下从事经营活动的公司，还允许采用其他合理的会计和报告方法。实务界的这种做法往往使利润平稳化更加有效。

会计风险控制主要有这样两种方法：资产负债表保值（balance sheet hedge）

与合约保值（contractual hedge）。前者主要通过外币风险资产和风险负债在总额上的平衡实现对风险的控制，后者则带有一定的投机性。

1. 资产负债表保值

对于外币资产来说，那些在折算时使用现行汇率的资产，对汇率的变动是敏感的，这些资产也称风险资产。同理，风险负债是指那些在折算时使用现行汇率的负债。在资产负债表中，当风险资产和外币负债在总额上达到平衡时，外币汇率变动所带来的会计风险将等于零。外币汇率上升，该种外币资产的升值将被等值的同种外币负债的增加抵消；外汇汇率下跌，该种外币资产的贬值也将与外币负债的减少相抵，最终风险为零。

进行资产负债表保值，其目的就在于使风险资产和风险负债在总额上相等，这项工作一般不是由一家子公司来完成的，而是通过跨国公司在全球范围内的所有子公司共同参与来完成的。对风险资产和风险负债的保值，不仅要考虑到外币的种类和结构，还要考虑到合并报表所采用的外币折算方法。由于现今世界各国所采用的汇率制度不统一，有的是自由浮动，有的是限制浮动，有的盯住某一种外国货币浮动，有的则盯住一揽子货币浮动，因此，在考虑外币的种类和结构时，必须按照不同货币彼此之间的内在联系来加以区分。

全球观察 9—4

风险资产与风险负债

假设美国大众电子公司只有一家海外子公司福斯特，母公司本身暂不存在外币资产和外币负债，那么，福斯特公司的风险资产和风险负债即可代表整个跨国公司。表 9—4 是福斯特公司的风险资产和风险负债的情况，其中各个项目的金额是用当地货币表示的，折算采用了两种方法：现行汇率法和时态法。

表 9—4　福斯特公司风险资产和风险负债情况（以当地货币（LC）表示）

	资产负债表各会计项目	现行汇率法下的风险	时态法下的风险
资产			
现金	400	400	400
应收账款	550	550	550
存货（按成本）	550	550	
固定资产（净值）	1 000	1 000	
资产总计	2 500		
风险资产		2 500	950
负债和股东权益			
应付账款	320	320	320
长期借款	1 080	1 080	1 080
实收资本	860		
留存收益	240		
负债和股东权益总计	2 500		

续前表

	资产负债表各会计项目	现行汇率法下的风险	时态法下的风险
风险负债		1 400	1 400
风险净资产		1 100	−450
乘以期末汇率		1.2	1.2
风险净资产		1 320	−540

从表中可以看到，在即期汇率为1LC=1.2美元的情况下，福斯特公司的净风险资产在现行汇率法下为1 320美元，时态法下为−540美元。在这里，风险净资产的负值代表存在净的风险负债。

如果福斯特公司预期汇率将从期初的1.2美元/1LC变为期末的1美元/1LC，则在现行汇率法下，公司由于有1 100LC的资产暴露在汇率风险之下，汇率下降的结果是出现220美元的损失。在时态法下，公司有450LC的风险净负债。汇率下降，意味着偿付LC负债的实际支出减少，其结果相当于获得90美元的收益。在现行汇率法下，由于该项损失绕过了利润表直接在资产负债表中的累计折算调整项目下反映，表现为股东权益的直接减少，而在时态法下，折算损益直接反映在当年的净利润中。为避免这种影响，福斯特公司及其母公司可以运用资产负债表保值方法。它们有两种可供选样的方案：在减少LC资产的同时不减少LC负债，或在增加LC负债的同时不增加LC资产。

一种做法是将LC现金兑换为美元，如果现金数额大小不足以减少风险资产，公司还可以采取另一种做法：由福斯特公司借入与风险净资产1 100LC等值的一笔负债，将它兑换为美元，由福斯特公司自己持有，或作为股利分配或偿还公司间债务由大众电子公司持有。或者，由大众电子公司借入这笔负债，兑换为美元后由自己持有，或者作为投资或一项往来，由福斯特公司持有。

上述方法是在现行汇率法下的资产负债表保值，在时态法下也一样。当然，在预计有折算利得90美元的情况下，公司可以不采取上述保值方法。但公司预计是否准确、以后年度是否还能保持这样的折算利得（即收益是否平稳），则是值得公司进一步考虑的。

资料来源：毛付根、林涛：《跨国公司财务管理》，大连，东北财经大学出版社，2008。

2. 合约保值

会计折算风险的控制，除了采用上述资产负债表保值方法，还可以像进出口交易一样利用远期市场进行保值，即合约保值。采用这一方法，首先要确定企业可能出现的预期折算损失。

全球观察 9—5

合约保值

福斯特公司在使用现行汇率法折算的情况下，预计存在220美元的折算损失（这里假设不考虑资产负债表和利润表在汇率变动期间所发生的变化）。该公司或其母公司为避免这项损失，可于期初在远期市场卖出风险性货币LC，期末再从即期市场买入等量的同种货币，并进行远期合约的交割。

如果此时远期市场的汇率为 1 美元/1LC，与福斯特公司预期的期末即期汇率相等，则上述远期交易便不存在什么意义，因为卖出 LC 获得的美元数量与再次买入 LC 所花费的美元数量一样，预计的折算损失仍无法弥补。倘若远期市场的汇率为 1.2 美元/1LC，大于预期的即期汇率，则卖出 LC 获得的美元肯定少于购回 LC 所花费的美元，也就是说上述交易是获利的。这样，预计的折算损失就可以得到弥补。用一个公式来说明：

预期折算损失（美元）

＝远期合约的收益

＝远期合约金额（LC）×[期初远期汇率（美元/LC）

－期末预期的即期汇率（美元/LC）]

所以

远期合约金额＝220 美元÷（1.2 美元/1LC－1 美元/1LC）＝1 100LC

上述远期合约数量的确定过程对其他折算方法也是适用的，现在用一个一般性的公式来描述：

$$\text{远期合约金额}=\frac{\text{以报告货币计价的预期折算损失}}{\text{远期汇率（RC/LC）}-\text{预期的即期汇率（RC/LC）}}$$

式中，RC 代表报告货币；LC 代表当地货币。

从福斯特公司所进行的远期交易可以看出，这种合约保值方法与一般的套期保值不同，它以预期的折算结果为基础。这一预算除了要预测期末的折算汇率，还要考虑财务报表各项目的变动。如果预测不准、出现偏差，合约保值的效果就很难判断了，而在实际工作中，这种预测往往是不准确的。因此，这种方法与其说保值，不如说是对未来即期汇率的投机。

资料来源：毛付根、林涛：《跨国公司财务管理》，大连，东北财经大学出版社，2008。

9.4.2　经济风险控制

经济风险产生的根本原因是汇率变动及其背后的货币价值变动对跨国公司未来一定时期内的现金流入和流出所造成的影响，这些流动来自国内或国外，来自既定的经营政策和预期在未来实施的各项投资、销售、原材料购买和劳务需求等诸项计划，直接关系到企业实现长期利润最大化这一目标。因此，经济风险的控制应着眼于企业长远经营战略、在宏观上把握国际经济发展趋势的同时，充分而又仔细地分析微观环境里实际和潜在的诸种因素的影响，把经济风险的控制作为外汇风险管理工作的核心。

跨国公司通常有多个生产场地和销售市场，它们分布在世界各地。跨国公司主要通过这种多元化的分散经营来管理和防范经济风险，其基本思想与证券投资中所强调的证券组合分散化思想是一致的。具体来说，跨国公司的经济风险控制主要体现在营销管理（marketing management）、生产管理（production management）和财务管理（financial management）三个方面。这里重点介绍营销管理和财务管理。

1. 外汇风险的营销管理

外汇风险的营销管理主要有以下四个方面：市场选择、定价策略、产品策略和促销策略。

（1）市场选择（marketing selection）。对一个出口商来说，产品在哪些市场销售，以及在这些市场中应采取何种营销管理方式是首先需要明确的问题。从防范经济风险的角度看，选择市场应将有关国家的货币变动对未来销售收入的影响放在第一位。营销管理还要处处考虑经济风险，根据货币变动的具体情况调整自己的营销行为，以实现企业长期利润最大化的目标。

选择市场的同时，还要考虑到不同市场中的市场分割（marketing segmentation）状况。一般而言，根据购买行为、需求类型、社会经济地位和年龄等因素，可将市场划分为若干部分，以便对不同的消费群体做不同的推销努力。市场分割不同，企业受货币变动的影响也可能不同。例如，一个企业，如果其生产的产品能够适应顾客日新月异的消费需求，则在当地货币贬值的情况下，就可能不会像生产大众化产品的企业那样，容易遭受外币贬值带来的损失。又如，在本币贬值的情况下，一个原来以高收入消费群体为销售对象的企业很可能将发现，它们的产品现在在一般的消费者当中也打开了销路。

市场选择和市场分割是企业的两项基本营销策略，也是营销策略在调整时的主要对象。然而，从短期看，这两项策略并不能快速地对实际或预期的货币变动作出及时反应。因此，企业必须选择更灵活的反应方式，如调整价格、改变促销政策和信用政策等。当然，从长期看，如果真实汇率（real exchange rate）发生持续性的变化，那么企业就必须考虑修改这两项营销策略。

（2）定价策略（pricing strategy）。一个企业在确定国际市场产品价格时大多以长期利润最大化为目标，然而在一定时期，它还需要考虑以下一些目标，如新产品打入国际市场、维持或扩大市场占有率、在无竞争或低竞争的环境下达到一定的投资报酬率、稳定价格以避免价格大战、应对竞争的需要等。

当外币汇率下跌时，出口商所面对的最好情况是按贬值程度提高外币计价的产品价格，保持收入不变，最坏情况是由于竞争激烈而无法提价，公司收入减少，但一般来说，情况将介于这两者之间，因为外币贬值对所有的出口商来说都是不利的。突然提价，因受到来自其他出口商或当地企业同类产品的竞争威胁，自己的产品在市场中所占份额将有可能下降。同时，在顾客对价格很敏感的情况下，提价将使自己失去一部分顾客，导致销售数量以至销售收入减少。然而，从另一个极端来说，也正是因为所有的出口商都面临收入减少的同样现实，因此，将外币计价的产品价格适当提高，以保证对外销售上的最低收益率，将是大多数出口商的选择。

相反，当本币出现贬值时，情况对出口商就有利得多，其产品在国际市场上将变得更具竞争力。当然，一个公司没有必要按本币贬值的相同幅度去降低其国外销售价格，它可以在提高单位产品的收益率和扩大其市场占有率之间进行选择。这取决于真实汇率变动的持续时间、规模经济的程度、顾客对价格的敏感程度、扩大出口的成本结构以及因利润丰厚是否会引来新的竞争者等诸多因素。需求弹性越大，越倾向于通过维持较低的价格和扩大销售量来增加收入。与此类似，当规模经济达到一定程度时，一般也认为，通过维持低价和提高销量来降低产品的单位成本是值得的。相反，当产品的需求弹性较小以及规模经济的程度较低时，则宜采用相反的定价政策。

企业在定价方向上有一个长远的计划是十分重要的。以新产品的定价为例，有的新产品需求弹性小，因此常常把价格定得很高，以便及早收回投资，待到大批量生产投放市场时，才把价格调低；而有的产品因需求弹性大，故一开始价格定得较低，目的是打开销路，在产品占领市场后，再提高价格。

当政府实行如规定毛利、限定价格变化或确定价格等价格控制措施时，企业可以有多种应对办法。一种办法是，一开始把价格定得很高，当本币贬值、政府实行价格控制时，企业将处在比较主动的位置。这时，即使成本有所上涨，但还是可以获得一定的收益补偿。另一种办法是，将价目单定价提高，但实际仍可按现有价格销售，即进行折价销售，通过折价幅度的调整来抵消价格控制的作用。还有一种常见的办法是，生产一种与现有产品相差无几的新产品，把新产品的价格定高。

(3) 产品策略 (product strategy)。产品策略包括新产品的开发生产、旧产品的减产淘汰以及产品的生产决策等。

新产品能否成功进入市场，与新产品的设计思想、产品性能以及销售策略等有关。汇率的不稳定加大了新产品的这种不确定性，也给市场营销方面的投资带来了较大的风险，尤其是在库存成本和广告成本方面。因此，在某个市场上由于汇率变动所带来的产品竞争上的价格优势，往往也是新产品进入市场、建立声誉的良机，需要及时把握。

在产品策略中还必须注意到那些已经过时或让顾客失去兴趣的产品，对这一类夕阳产品往往需要进行削减或淘汰。在这一调整过程中仍需要考虑汇率风险。对这一类产品的处理通常有三种方式：保留、削减或抛弃。汇率的变动趋势不同，处理方式也可能不同。

实际上，许多企业在预期本币即将贬值时，还有可能继续在国内生产那些尚有利润可赚的产品。然而，如果汇率的走向相反，那么企业就很可能立即停止这类产品的生产。汇率波动对产品的生产决策也存在影响。如果本币贬值，面向国外市场的企业就有可能需要扩大生产，以扩大在该市场中的顾客面。在国内市场也是如此，为抓住本币贬值所形成的相对进口产品的竞争优势，企业亦有可能扩大生产。

汇率变动所导致的产品生产调整，往往还与市场分割有关，即将产品在不同的消费群体间进行调整，比如瞄准收入较高，要求高质量，但对价格不大挑剔的消费群体。

(4) 促销策略 (promotional policy)。同样，促销策略也要考虑预期汇率的变动。一般的促销手段有广告、人员推销、营业推广和公共关系等，在这些方面的开支预算是营销过程中的一个重要问题。汇率的变动会要求促销预算在预算金额和各个市场间的预算分配上进行调整。促销策略的这种调整并不是孤立的，它要根据市场选择、产品调整等营销策略的变动来确定。假如企业向两个不同的国家出口产品，其中一国的货币升值，另一国的货币贬值。由于在货币升值的国家可以争取到更大的市场，因而，在该国的促销经费往往需要追加。而在货币贬值的国家，由于企业可能在产品结构上进行调整，因此，在该国的促销就有可能从以介绍和销售为主要目的，转向以建立企业声誉和树立某种消费观为主要目的。

需要再次强调的是，公司经营是以未来现金流量净现值的最大化为目的的，公司的促销也应从这个角度出发。产品的声誉不是一朝一夕建立起来的，需要经过长期的促销努力，因此，产品促销必须持之以恒，并需要有长远的计划。

2. 外汇风险的财务管理

由于经济风险主要表现在对企业未来现金流量的影响上，因此外汇风险的财务管理主要是指利用一些财务手段，通过对财务状况的调整来抵消对现金流量的这种影响。这些手段包括前面所介绍的各种合约保值方法，目的在于构造一个合理的债务结构，使得因汇率变动导致的现金流入的减少可以被偿债成本的降低抵消。

一种情况是本币升值，由于成本相对提高，外币销售收入减少，未来现金流量净现值也减少。如果生产出口产品所需的资金是通过融资渠道获得的出口市场的当地货币，那么由于偿债成本降低，现金流出减少，未来现金流量净现值的减少可以在一定程度上得到弥补。如日本汽车出口到美国，生产汽车所需的资金是从美国某银行获得的美元借款，这样当日元对美元升值时，该汽车制造商所需偿付的美元借款成本（以日元来衡量）就较低。当这两方面的减少在数量上相等或相近时，销售方面减少的现金流入就可以补偿债务成本的降低，使之完全或基本抵消。当然，利用远期市场或期货市场，也可以保证未来现金流入不受汇率变动的影响。这两种方法常常结合起来运用。

全球观察 9—6

外汇风险的财务管理

假设某国某一跨国公司在美国设有一子公司，2014 年 6 月美元对当地货币（LC）的汇率为 1 美元＝1.409 5LC 时，该子公司净现金流量是 2 000 000LC（即 1 418 943美元），若 LC 升值为 1 美元＝1.2LC，由于以 LC 衡量的销售收入减少和成本开支上升，子公司净现金流量将变为 1 200 000LC（即 1 000 000 美元）。如果子公司生产所需各项资产总额为 4 000 万 LC，或者 28 378 858 美元（按 1.409 5 的汇率折算），则为抵消净现金流量的减少（金额为 800 000LC），公司可以在美国借得一笔美元款项，其金额为 x：

$$x \times (1.4095-1.2) = 800\,000 \text{ (LC)}$$

$$x = 1\,909\,308 \text{ (美元)}$$

这笔美元借款在偿付时成本上的降低值将刚好可以弥补净现金流量的减少值。这笔借款按现在的汇率（1.409 5LC＝1 美元）计算相当于 2 691 170LC，4 000 万 LC 资产中除这一部分外都可以在某国筹集。

资料来源：根据相关文献设计编写。

然而，要在外汇风险的实际管理工作中使用这种方法往往是十分困难的，因为未来汇率的变动及其对公司未来现金流动状况的影响一般难以作出准确预测。因此使用这种方法，大多要使用估计值。

9.4.3 交易风险控制

交易风险的控制方法主要有契约保值和经营策略两类。主要的契约保值手段包括在远期市场/货币市场、期货市场和期权市场上的保值等。跨国公司的经营策略常常要考虑外汇交易风险，其中许多用于控制交易风险。这些策略往往和跨国公司财务系统的运作分不开。如定价政策、提前与延期结汇、建立再开票中心等。下面介绍契约性套期保值（contractual hedge）的几种形式。

由于在远期市场/货币市场、期货市场和期权市场上的套期保值，以及互换协议等，都是契约式的交易，故称这一类保值方法为契约性套期保值，也称合约保值。

1. 远期市场套期保值

远期市场套期保值（forward market hedge）就是利用远期外汇市场，通过签订抵消性的远期合同来消除外汇风险，以达到保值的目的。在西方，远期外汇市场不仅能用作抵补外币应收或应付账款和净资产暴露，还可以用来进行外汇投机。它对结算日明确的外币收付可以进行套期保值，也可在收付日期不确定的情况下使用。

远期市场套期保值涉及一个合同和履行合同的资金来源问题。从合同方面讲，运用外汇合同从本质上说反映的是这样一种契约关系，即在达成协议或签订合同的时候，就规定一方当事人在将来某个特定日期向另一方当事人交割一定数额的某种货币，以换取特定数额的另一种货币。这种合同的基本特征是现在就确定外汇交易的价格和数量，尽管其具体交割要在将来某个时日进行。在达成协议或签订合同时，不存在现金流动，除非一方当事人的资信程度尚不被对方了解，需要以一定的现金作担保。

在另一些情况下，履行外汇远期合同的资金尚无着落，而是要等到未来某日到即期外汇市场上去购买。由于未来的即期汇率在目前是不确定的，与现存的远期汇率可能存在差异，因此，它的过期头寸是开放的或未经抵补的。这种性质的套期保值常常在对折算风险进行抵补时使用。只有当购买日的即期汇率与当初签订合同时的远期汇率一致时，折算风险的抵补才能算得上是全部的或完整的。

但是，对每一笔涉及外币的交易都进行远期套期保值也是不必要的，因为这里还有一个交易成本的问题，如买入汇率与卖出汇率之间的差价及远期贴水等。对于跨国公司来说，它经常有不同币种的外汇风险。因此，在考虑利用远期外汇市场来进行套期保值时，往往要分析套期保值的利益与成本的关系，以及时判断这些防范措施是否值得采用。

此外，在使用远期套期保值方法时，还需注意到一个前提，即必须存在远期外汇市场。在现实经济生活中，并不是任何货币都有远期市场的，存在远期市场的绝大多数是西方国家可自由兑换的货币及少数几个已走上工业化道路的发展中国家的货币。不仅如此，即使存在远期市场，也不是所有期限的远期交易都能做成，因为不同货币的远期交易所覆盖的期限及所规定的最低成交数量是不一样的。

2. 货币市场套期保值

货币市场套期保值（money market hedge），又称融资套期保值或即期套期保值，指的是通过在货币市场上的短期借贷建立配比性质或抵消性质的债权、债务，从而达到抵补外币应收、应付账款所涉及的汇率风险的目的。

与远期市场套期保值一样，货币市场套期保值也涉及合同和履约资金的来源问题，这里的合同是一个借款协议。需要货币市场套期保值的企业借入一种货币后将之兑换成另一种货币。履约资金，即还贷资金有两种来源：如果资金来自企业经营所得，那么，此时在货币市场的套期保值是经过抵补的；如果资金目前尚无着落，需要等到借款到期时才到即期外汇市场上购买，则这种套期保值称为未经过抵补的或外汇头寸敞开的套期保值。

货币市场的套期保值机制与远期市场的很相似，不管采用何种方法，公司的收益都与未来汇率变化的影响无关。但是，两者间也存在一定的差异。货币市场套期保值成本是由两国利率之差决定的，而远期市场套期保值成本则是远期外汇市场报价的函数。在有效率的市场上，这些成本应该是几乎相等的，但是，并不是所有的市场都能一直保持是有效率的。更有甚者，一个企业从两个不同国家的货币市场上借入的借款利率差，还有可能与这两个市场上的无风险国债利率差不同。也就是说，利率平价关系不是时刻都存在的。

与远期市场套期保值相比，货币市场套期保值有较大的灵活性，它可以使公司较早就能得到本币资金，并有可能在较高的收益水平上加以运用。正是由于货币市场套期保值能将公司的外汇风险管理与资金的筹措和运用有机地结合起来，因此它更受跨国公司的喜爱和重视。但是，在使用这一方法时，还需注意到资金借贷渠道是否畅通，以及政府对这种性质的金融交易是否采取了管制措施等。

3. 期权市场的套期保值

期权市场套期保值（options market hedge）指的是通过购买外汇看跌期权或看涨期权来达到规避汇率风险的目的。期权的市场风险和信贷风险在买卖双方之间是不对称的。期权出售者面临的市场风险没有下限，但其收益却至多等于所得的期权费。然而，购买者的风险有下限，最多损失其期权交易成本，但同时其收益是无上限的。

全球观察 9—7

期权市场的套期保值

假设美国奥特兰公司 3 月向英国亚当斯公司出售一批价值 1 000 000 英镑的数控机床，约定 3 个月后即 6 月付款。奥特兰公司的资本成本为 12%，各种套期保值交易相应的报价如下：

即期汇率为 1.564 美元/1 英镑；

3个月的远期汇率为1.554美元/1英镑（英镑年贴水2.558%）；

英国3个月期借款利率为年10.0%（季2.5%）；

英国3个月期投资利率为年8.0%（季2.0%）；

美国3个月期借款利率为年8.0%（季2.0%）；

美国3个月期投资利率为年6.0%（季1.5%）；

费城股票交易所6月看跌期权合同金额为31 250英镑，协定汇率为1.55美元/1英镑，每英镑保险费为2.5美分，每份合同交易费为50美元；

柜台交易市场6月看跌期权合同金额为1 000 000英镑，协定汇率为1.55美元/1英镑，1.5%的保险费。

奥特兰公司可以通过购买看跌期权来抵补1 000 000英镑上的汇率风险。这样奥特兰公司就可以把风险损失限制在一个已知的水平上，同时，保留对英镑升值带来潜在增益进行投机的机会。

根据前面的报价，合同金额为31 250英镑，协定汇率为1.55美元/1英镑，每英镑期权价格为2.5美分，每份合同交易费为50美元。奥特兰公司在费城股票交易所购买6月到期的看跌期权，其成本为：

每份合同的价格（0.025×31 250）	781.25美元
每份合同交易费	50美元
每份合同总计成本	831.25美元
需合同数目（1000 000/31 250）	32美元
期权合同总成本（32×831.25）	26 600美元

奥特兰公司也可以按协定价格1.55美元/1英镑和保险费1.5%从银行购买3个月看跌期权100万英镑，期权成本由奥特兰公司和银行协商为：

期权成本＝合同金额×保险费×即期汇率

＝1 000 000×0.015×1.564

＝23 460（美元）

比较两种结果，奥特兰公司显然会从场外交易购买看跌期权，它比费城股票交易所的购买成本低。

这里，我们仍用未来值来比较各种套期保值方法，先计算3个月后的期权成本，同样，投资收益率会有多种可能，这里采用的是奥特兰公司的资本成本12%（每季为3%）。3个月后期权成本为24 164美元，即每英镑期权成本为0.024 2美元。

6月收到1 000 000英镑，此时美元价格取决于即期汇率的高低。如果此时汇率高于1.55美元/1英镑，则依期权合同，奥特兰公司可以不履约，它可以将英镑在即期市场上兑换成美元。也就是说，奥特兰公司的潜在增益是不存在上限的，这一点与不采取任何抵补措施时一样。比如，此时即期汇率为1.56美元/1英镑。那么，奥特兰公司将得到1 560 000美元。扣除交易成本24 164美元，净收入为1 535 836美元。

但是，当即期汇率低于1.55美元/1英镑时，利用期权保值和不采取抵补措施两者的结果是不同的。这时，奥特兰公司可以履行期权合同，按 1.55 美元/1 英镑卖出 1 000 000 英镑。收到 1 550 000 美元，再扣除成本 24 164 美元，获得美元净收入 1 525 836 美元。也就是说，不管汇率跌至多低，期权合同总能保证奥特兰公司收到 1 525 836 美元，风险损失有一个下限。但是，在不采取任何抵补措施的情况下，风险损失是没有下限的。

我们可以在期权抵补和其他几种套期保值方法之间找到等值的临界线，这些临界线把汇率的变化划分为几个区间。依据区间的划分，公司可以为自己找到最佳的保值方案。区间的上界通过期权市场保值和远期市场保值的比较来决定。其等值条件是远期汇率与单位英镑的期权成本之和，即 1.554＋0.024 2＝1.578 2（美元）。如果即期英镑汇率高于 1.578 2 美元/1 英镑，则适宜采用期权方案；如果低于该界限，则适宜采用远期方案。

区间的下界则通过期权市场保值与不抵补方案相比较来决定，其等值条件是协定价格与单位期权成本之差，即 1.55－0.024 2＝1.525 8（美元）。如果即期汇率高于这个值，则不抵补方案效果更好，承担一定的风险有可能获得更多的收益；如果低于这个值，则应采用期权市场的套期保值，因为它存在风险损失的下限。当然，方案的选择最终还要取决于跨国公司对风险和收益的权衡考虑。

资料来源：毛付根、林涛：《跨国公司财务管理》，大连，东北财经大学出版社，2008。

9.5 延伸阅读：中国企业跨国经营外汇风险防范系统①

林塔尔（Linetal，2006）指出，不同预警模型结论出现差异的原因可能是，使用了不同的变量，使用的数据频率不同，或者是采取了不同的模型。因此，在对货币危机预警模型扬弃的基础上，中国企业跨国经营外汇风险的预警可以从以下三个方面对已有模型进行改进：(1) 提升变量的典型性和全面性。典型性指标具有普适性，对于大多数国家货币汇率风险的预警是适用的。但由于各国国情殊异，一些指标在某些国家货币汇率变动的预警中成效卓著，但在其他国家则不然，因此，预警变量的选择还应体现特殊性。(2) 增强数据频率采集的多元化。(3) 建立新的模型。新模型的提出需要两个基本条件：对外汇风险的形成或传导机制有了新的认识，即理论上的突破；出现了新的预警技术。

9.5.1 中国企业跨国经营外汇风险预警的时间框架

冯芸、吴冲锋（2002）认为，在预警机制的设计方面，已有研究的预警过程单一在逻辑上缺乏循序渐进、由粗到细的逐层深入。预警流程使用单一时标进行循环检测，相应地在预警先行指标的选取方面忽视了不同先行指标提前预警时间的差

① 参见韦军亮：《中国企业跨国经营风险预警的理论与实证研究》，天津，南开大学博士学位论文，2009。

异。再者，多数研究中，大多数先行指标为年度或季度数据，检测周期过长，难以适应经济全球化下金融市场快速变化的特点。有鉴于此，韦军亮（2009）提出了一个基于综合指标的多时标预警流程，并结合外汇风险预警理论的新发展，提出了中国企业跨国经营外汇风险预警的时间框架，在此框架内讨论了外汇风险的预警定量模块的构建问题。所谓外汇风险预警的时间框架，是指将时间因素纳入预警模型之中。这里的时间因素有两层含义：(1) 预警指标或变量的采集频率。通常，宏观经济和金融数据的采集频率为年、季度或月，称为低频数据，微观经济、金融数据的采集频率可以为月、周和日，金融交易数据甚至可以达到分、秒，称为高频数据。就研究目的而言，以日为观测单位的高频数据就足够了。(2) 预警信号发出的时间特征。已有研究通常会预先设立预警时段（window）。如果模型发出预警信号后×个月内外汇风险显现，就称该信号是一个良信号（signal），否则称为噪声（noise）。这个×个月就称为预警时段。12个月对于货币危机预警可能是合适的，但对于从事跨国经营的中国企业而言，就不一定适合了。除了会计风险，其他风险的产生时间由于企业生产周期的长短而有所不同，但一般而言，企业从原材料采购到产品出售的平均时间都短于半年，因此，从企业角度来看，3个月或6个月更为合适一些。外汇风险预警时间框架的引入有助于在源头上增加可用的预警指标的数量，从而减少由于关键指标的缺失而导致的模型设定偏误，减少由于对指标频率人为调整带来的偏误，也有利于建立立体的预警体系，从多个层次上对风险的到来进行跟踪，进而提高预警的准确度。

9.5.2 基于时间框架外汇风险的预警流程和预警规则

1. 外汇风险预警流程的再造

冯芸、吴冲锋（2002）提出的多时标预警流程分为三个层次，即长期预警、中期预警和短期预警。多时标预警流程遵循的是逐层深入的设计理念，基本思路是风险预警部门依次从长期预警指标、中期预警指标和短期预警指标进行监测。对应于每一层预警指标发出的信号，风险管理系统就启动相应的风险响应措施，且启动对下一层预警指标的监测。如果无预警信号发出，则无须采取相关措施，也无须启动对下一层预警指标的监测。长期和中期预警信号发出，有关部门需要采取相应的风险响应措施，以消除潜在的风险。如果长期、中期和短期预警信号同时发出，风险管理系统就应启动应急风险预案，具体如图9—2所示。

以上流程虽然遵循了由远及近、逐步强化的原则，但存在一个致命的缺陷。首先，中期和短期预警指标监测的启动有赖于上一层预警指标发出预警信号，其隐含假设是，外汇风险的发生是宏观经济、行业或部门经济与金融市场同时出现问题所致，这与外汇风险的产生原因不符。以极端的货币危机为例，在卡明斯基（Kaminsky，2003）总结的6种货币危机中，经常账户恶化型危机、财政赤字型危机、金融过剩型危机和国家外债型危机符合以上条件，而发达国家多发的国际资本流动突然逆转型危机和自我实现型危机一般都发生在宏观经济面基本良好的情况下。因此，循序渐进的串联式预警流程存在致命缺陷，尤其在监测发达国家货币时，应当

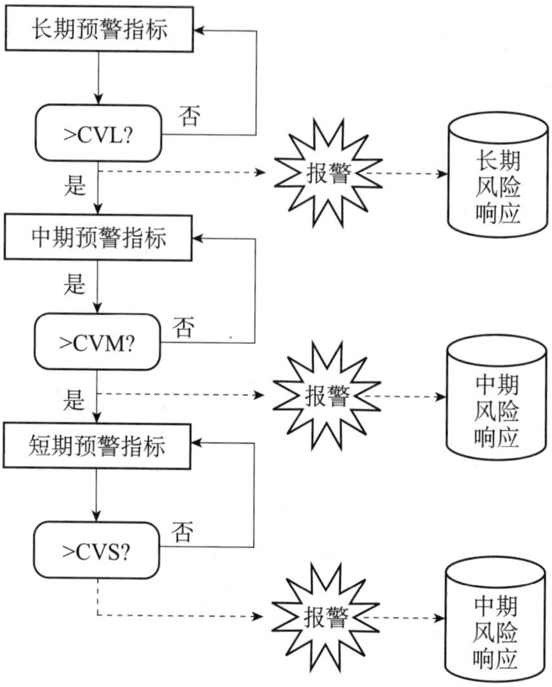

图 9—2 串联式风险预警流程示意图

说明：CVL，CVM 和 CVS 分别表示长期、中期和短期预警指标阀值。

以并联式预警流程取而代之。并联式风险预警流程的主要挑战是需要风险预警专家，必要时还可以邀请外部专家参与，对外汇风险发生的概率和严重程度进行判读，如图 9—3 所示。

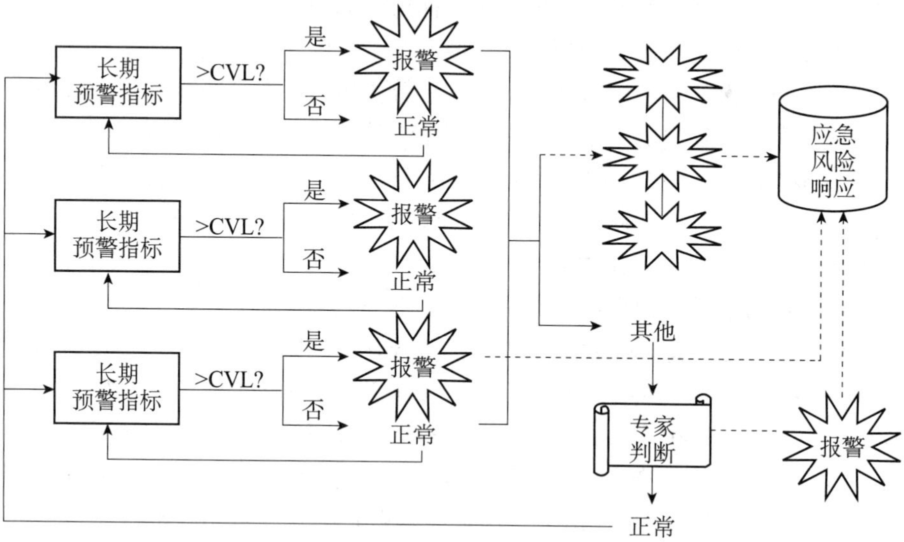

图 9—3 并联式风险预警流程示意图

2. 外汇风险的预警规则

下面在并联式预警流程的基础上进一步讨论预警规则问题。首先来看阈值确定的样本多样性问题。冯芸、吴冲锋（2002）对阈值的确定是随意的，缺乏必要的规则或经验证据。中国企业跨国经营的东道国具有显著的多样性，因此外汇风险的预警不能和货币危机的预警一样，只涉及曾经发生危机的少数国家或某一类国家（如东盟国家等），而应既包括发达国家，也包括发展中国家，既有发生过严重外汇风险的国家，也有汇率波动相对比较平稳的国家。

其次来看阈值的形态。多数预警研究均以经验上得来的指标警戒值作为阈值，对此，可能由于国家差异而造成表示方法的复杂和不直观性。因此，冯芸、吴冲锋（2002）建议采用百分位数，它对应的样本取值为关键边界值。尽管百分位数在一定程度上反映了阈值确定的国家差异，但是这还不够。因为同一项指标的取值在不同国家类型，特别是发达国家、新兴工业化国家和一般发展中国家之间存在显著的差异。发达国家由于市场经济比较完善、政府宏观调控水平高，因而经济运行比较平稳，故指标的取值方差较小，所以，百分位数对应的关键边界值与其他值之间的差别可能并不明显。而发展中国家有所不同，由于市场经济有待完善、政府宏观经济调控水平较低、经济发展以短期赶超为目标等因素，经济的运行相对起伏较大，因而预警指标的取值方差可能较大，因此，除了在形式上采用百分位数法，还需要考虑不同类型国家的差异。

再次来看综合预警指标的构建。冯芸、吴冲锋（2002）采用简单算术平均的方法在各个预警指标的基础上构建综合指标，其隐含假设是各指标具有相同的预警能力，这显然是不合理的。卡明斯基（Kaminsky，1998）信号模型使用加权平均构造综合指标的方法，权重为噪声—信号比（简称噪信比）的倒数。与简单算术平均数相比，该方法根据各预警指标预警能力的强弱，对其赋予相应的权重，预警准确性高的指标，赋予的权重大，显然这一方法要更好一些。

最后来看风险响应的性质、特点和彼此之间的关系。冯芸、吴冲锋（2002）着眼于货币危机的预警，因而注重宏观经济的调整，对于从事跨国经营企业的外汇风险管理的要求而言，宏观经济的调整对于外汇风险的应对当然不无裨益。但对于企业而言，它对于宏观经济政策的影响极为有限，因此，企业外汇风险响应的重点有所不同。这种不同主要体现为两个方面：在长期和中期，企业的风险响应主要应体现为相应供应链环节，比如采购的区域性、结算的货币选择等，由于契约的周期性，这些调整往往在短期内难以实现；短期主要以应急预案的实施为主。风险响应应急预案的目标是在风险一触即发或已经充分显现的情况下，将其对企业的财务损失、人员伤亡和运营连续性的破坏降到最小。中长期风险响应预案和短期风险应急预案之间要有机地协调起来，互为补充，以提升企业对外汇风险的响应效率，降低响应成本。

本章小结

由于企业的经营活动跨越了本国国界，与其他国家或地区的企业、单位或个人发生了财务关系，跨国公司的财务管理所涉及的问题更为广泛复杂，同时也面临更多的风险和机会。跨国公司可从全球范围内权衡各类可利用的资金来源，从中选择最佳的资金组合，以达成企业总体融资成本最小化、避免或降低各种风险、建立最佳的财务结构三大融资目标。运营资金管理主要包括跨国公司运营资本的存量管理和跨国公司运营资本的流量管理。企业在国际化经营的过程中，必须对各个国家的税务环节乃至市场环节有透彻的了解，通过有效的全球战略一体化的整体筹划，合理选择投资地，确定企业的定价目标和策略，力求使自己的总体税负降低。跨国公司在国际化经营中，应建立完备的财务控制系统，以应对会计风险、经济风险以及交易风险等。

本章主要概念

赋税套利（tax arbitrage）
转移定价（transfer price）
关税效应（tariff effect）
所得税效应（income tax effect）
再开票中心（re-invoicing center）
多边净额结算（multilateral netting）
存款箱制度（lock-box system）
国际避税（international tax avoidance）
资产负债表保值（balance sheet hedge）
合约保值（contractual hedge）
契约性套期保值（contractual hedge）

思考题

1. 国际企业的资金管理与一般企业存在哪些基本的差异？为什么会存在这些差异？
2. 国际企业应如何科学地制定融资战略？
3. 转移定价的基本原理是什么？为什么说防范转移定价的问题存在一定难度？
4. 如何科学地实现国际企业的现金管理？
5. 国际营运资金转移的一般方式有哪些？在资金转移受限或被冻结的条件下有哪些可用的技巧？
6. 集中管理国际现金有哪些优点？
7. 国际重复征税的原因和对策是什么？
8. 试述外汇风险的营销管理策略。
9. 什么是交易风险？它与会计折算风险有何差异？

10. 交易风险的控制方法有哪些?

开篇案例讨论

1. 预测布鲁斯伯里草药制品有限公司面临的交易风险。
2. 布鲁斯伯里草药制品有限公司会采用何种策略防范交易风险?
3. 布鲁斯伯里草药制品有限公司所采用的套期保值策略会出现什么问题?

推荐读物及网站

论文

1. 许晖，余娟．企业国际化经营中关键风险的识别研究．南开管理评论，2007，10 (4)．

2. 邵学言，陈玉．我国跨国公司融资结构与影响因素的实证分析．海南金融，2006 (3)．

3. 许晖，赵佳佳．我国中小企业国际化经营中的风险识别与防范管理研究．未来与发展，2006 (11)．

4. 聂萼辉．跨国公司海外研发投资公共区位影响因素研究．对外经贸，2013 (6)．

5. 陈宁．利益相关者为视角的中小企业跨国经营风险防范．现代财经，2011 (1)．

6. 黄河．中国企业跨国经营的政治风险：基于案例与对策的分析．国际展望，2014 (3)．

7. 曹旭平，黄灿，沈杰．中国对外投资风险防范研究．工业技术经济，2010 (5)．

8. Michael Hough，Anton Du Plessis and George P. H. Kruys. *Threat and Risk Analysis in the Context of Strategic Forecasts*. Pretoria：University of Pretoria，Institute for Strategic Studies，2008，p. 6.

9. World Transfer Pricing 2014. The Comprehensive Guide to the World's Leading Transfer Pricing Firms. *International Tax Review*，2014.

10. Wenlee Ting. Multinational Risk Assessment and Management：Strategies for Investment and Marketing Decisions，*The International Executive*，1988，Vol. 20，No. 2，p. A.

11. Berlin. Managing Political Risk in the Oil and Gas Industries. *Oil，Gas & Energy Law (OGEL)*，2003，Vol. 1，No. 2，pp. 31 - 33.

网站

1. http：//www. tpweek. com

2. http：//www. ceconlinebbs. com/gl/%B9%FA%BC%CA%B2%C6%CE%F1%B9%DC%C0%ED. htm

3. http：//articles. baltimoresun. com/keyword/mnc-financial

第 10 章

跨国公司供应链管理

本章学习目标

1. 掌握全球供应链设计的策略
2. 理解全球供应链的优化
3. 掌握全球采购的流程
4. 掌握国际生产的管理策略
5. 了解全球物流的基本活动
6. 理解全球物流系统

开篇案例　利丰的全球供应链管理

20 世纪 90 年代以来，香港利丰集团在供应链管理实践中取得了瞩目的成绩。其全球供应链管理模式具有以下特点：

(1) 积极拓展全球性的采购经销网络，对产品供应链进行优化管理，并实现供应链各节点上企业的紧密合作，以争取“零售价里的软 3 美元”（The Soft ＄3）。在竞争日趋激烈的国际市场环境下，利丰管理层极为重视“零售价里的软 3 美元”：一件商品在美国的零售价是 4 美元，其生产成本仅为 1 美元，要再减已经非常困难，但另外 3 美元则是供应链各个环节的价值，包括产品设计、原材料采购、物流运输、批发零售、信息和管理等，在这方面企业有很多机会节省获利。利丰积极拓展全球性的采购经销网络，通过不断改善供应链管理赚取这“软 3 美元”。

为了在全球范围内为客户制定最优化的供应链，利丰非常重视供应链各节点企业的紧密合作。利丰通过其庞大的全球采购网络，与各种不同类型的生产商保持长期的密切合作，建立了互信关系。利丰能为其网络中的生产商带来一定数量、价格合理的订单，生产商也愿意在预订产能、快速生产和各种生产细节上与利丰配合，并提供最高的生产弹性，以便利丰能为客户度身定造最优化的供应链。

（2）建立从采购、经销到零售的一条完整供应链的组织管理架构，重视并不断强化各企业的核心业务和核心竞争力。在整条供应链管理中，处于供应链上游的利丰贸易，一直专注其核心业务——贸易采购，包括接单、选择生产商和供货商、根据顾客（消费者/客户）需求设计和开发产品、制定生产计划、采购原材料、监控生产和保证质量等，而把非核心业务的生产、实际运输都外包给有能力的工厂和货运代理；处于供应链中游的利和经销，主要专注于经销代理和批发业务，包括市场推广、品牌代理、品类管理、物流服务、销售渠道的拓展和管理等；处于供应链下游的利丰零售，其核心业务是紧贴消费市场，针对目标顾客的需要提供产品和服务，建立零售店的品牌形象，改善对顾客的销售服务，优化工作流程、实物流程、资金流程和信息流程，从而最大限度地减少库存。

（3）建立以客户为中心、以市场需求为原动力的拉动式供应链运作模式，为客户提供“一站式”的增值服务。利丰的供应链管理属于拉动式供应链运作模式。利丰的客户主要是欧美市场的零售商，这些客户非常了解欧美消费市场的需求，知道如何销售产品和服务顾客，但他们也知道自行管理生产事宜并不合算，于是委托利丰代理，要求利丰帮助他们选择生产商和供货商，设计整个生产计划及流程，代为监督质量和生产时间，直至产品装运出口。利丰的供应链管理强调了真正的客户导向，根据顾客的需求，从采购服务逐步发展起一系列增值服务，并扮演简单代理商、增值代理商、贸易供货商、虚拟生产商等多种角色。

（4）利用流程管理和信息系统优化供应链。利丰的供应链管理极为重视流程管理的设计、执行、检讨和不断改善。以利丰零售旗下的 OK 便利店为例，1998 年，面对香港零售市场竞争日趋激烈的形势，该集团重整供应链管理模式。在物流配送系统管理方面，公司投资 2 000 万港元建立综合供应链网络，形成快捷、低成本的供货商直接配送系统和仓库配送系统；在信息流程管理方面，OK 便利店先后建立综合信息系统、电子数据交换系统（EDI）、仓库管理系统（WMS）和电子销售点管理系统（E-POS），为公司提供准确、及时的信息，以改善销售计划。通过改善流程管理和信息系统来优化供应链的运作，OK 便利店的营运开支占销售额百分比从 1998 年的 26%下降到 2000 年的 21%，最终实现扭亏为盈。

资料来源：冯邦彦：《利丰的全球供应链管理模式》，中国物流与采购网，http://www.chinawuliu.com.cn/zhxw/201305/10/227325.shtml，2013 - 05 - 10。

供应链管理主要涉及供应（supply）、生产（production）、物流（logistics）、需求（demand）四个领域。结合跨国公司实际，跨国公司供应链管理的主要内容包括全球供应链设计与优化、全球采购管理、国际生产与外包管理和全球物流管理。

10.1 全球供应链设计与优化

全球供应链设计和优化是跨国公司供应链管理的重要环节，直接影响到全球供应链的运行效果。有效的全球供应链设计可以提高客户服务水平，降低系统运营成本，提高供应链效率。因此，跨国公司要科学合理地设计和优化全球供应链。

10.1.1 全球供应链设计的原则与策略

1. 全球供应链设计的原则

为了充分应用供应链管理思想以实现全球供应链设计的目标，全球供应链的设计需要遵循一些基本原则。

（1）自上向下和自下向上相结合的设计原则。供应链设计包括自上向下和自下向上两种方法。自上向下的方法是从全局走向局部，自下向上的方法是从局部走向全局；自上而下是系统分解的过程，而自下而上则是集成的过程。在设计供应链时，首先由高层管理者依据市场需求和企业发展规划做出战略规划与决策，然后由下层部门实施决策。因此，供应链的设计是自上向下和自下向上的综合。

（2）简洁性原则。简洁性是供应链的一个重要原则，为了能使供应链具有灵活快速响应市场的能力，供应链的每个节点都应当简洁，具有活力，能实现业务流程的快速组合。

（3）集优原则。供应链各个节点的选择应遵循强强联合的原则，以达到实现资源外用的目的。每个企业只集中精力致力于各自核心的业务过程，这些企业具有自我组织、自我优化、面向目标、动态运行和充满活力的特点，能够实现供应链业务的快速重组。

（4）协调性原则。只有和谐协调的系统才能发挥最佳的效能。同样，供应链的业绩好坏取决于供应链合作伙伴关系的和谐程度，因此与合作企业建立战略伙伴关系是实现供应链最佳效能的保证。

（5）动态性原则。动态性（不确定性）在供应链中随处可见，可以导致需求信息扭曲。因此，要预见各种不确定因素对供应链运作的影响，减少信息传递过程中的信息延迟和失真。增加透明性，减少不必要的中间环节，提高预测的精度和时效性对降低不确定性的影响都是极为重要的。

（6）创新性原则。创新性原则包括：一是创新必须在企业总体目标和战略的指导下进行，并与战略目标保持一致；二是要从市场需求的角度出发，综合运用企业的能力和优势；三是发挥企业各类人员的创造性，集思广益，并与其他企业共同协作；四是建立科学的评价体系及组织管理系统，进行技术经济分析和可行性论证。

（7）战略性原则。供应链设计时需要通过战略性思考减少不确定性的影响。从供应链战略管理的角度考虑，供应链设计的战略性原则还体现在供应链发展的长远规划和预见性上。供应链的系统结构发展应和企业的战略规划保持一致，并在企业战略指导下进行。

2. 全球供应链设计的策略

（1）基于产品的供应链设计策略。客户对企业产品的需求、产品寿命周期、需求预测、产品多样性、提前期和服务的市场标准等均是影响供应链设计的重要因素。产品有不同的特点，供应链也有不同的功能，只有两者匹配，才能实现供应链的高效率。因此，企业应设计出与产品特性一致的供应链。

基于产品的供应链设计策略就是围绕市场的产品需求来设计供应链。不同的产品类型对供应链设计有不同的要求。根据产品的生命周期、需求稳定程度及可预测程度等可将产品分为功能性产品和创新性产品两大类（见表 10—1）。

表 10—1　两种不同类型产品的比较（在需求上）

需求特征	功能性产品	创新性产品
产品生命周期（年）	>2	1～3
边际贡献（%）	5～20	20～60
产品多样性	低（每一目录 10～20 个）	高（每一目录上千个）
预测的平均边际错误率（%）	10	40～100
平均缺货率（%）	1～2	10～40
季末降价率（%）	0	10～25
按订单生产的提前期	6 个月～1 年	1 天～2 周

在确定产品类型之后，可利用供应链设计与产品类型策略矩阵（见表 10—2），为企业选择理想的供应链类型。

表 10—2　供应链设计与产品类型策略矩阵

	功能性产品	创新性产品
效率型供应链	匹配	不匹配
响应型供应链	不匹配	匹配

该矩阵显示了四种可能的产品与供应链组合，产品与供应链匹配的最佳组合是功能性产品对应效率型供应链，创新性产品对应响应型供应链，即表 10—2 中在左上方与右下方内的组合。

右下方组合（响应型供应链，创新性产品）说明，市场响应速度快、适合生产创新性产品的企业，在响应型供应链上的投资回报率比在效率型供应链上的投资回报率要高得多。若企业采用响应型供应链来运作功能性产品（左下方组合），即使增加投资，也可能获利较少，得不偿失。考虑到创新性产品的需求不确定性，设计响应型供应链与之匹配时，应采用如下策略：

1）通过不同产品拥有尽可能多的通用件来增强某些模块的可预测性，从而减少需求的不确定性。

2）通过缩短提前期与增加供应链的柔性，企业就能按照订单生产，及时响应市场需求，在尽可能短的时间内提供顾客所需的个性化的产品。

3）当需求的不确定性已尽可能地降低或避免后，可以用安全库存或充足的生产能力来规避其剩余的不确定性，这样当市场需求旺盛时，企业就能尽快地提供创新性产品，从而减少缺货损失。

效率型供应链与功能性产品能够匹配（左上方组合），但企业利润率较低。因此，在供应链设计时可采取如下策略：

1）削减企业内部成本。

2）不断加强企业与供应商、分销商之间的协作，从而有效降低整条供应链的成本。

3）降低销售价格。这是建立在有效控制成本的基础之上的，但一般不轻易采用，需要根据市场竞争情况而定。

总之，在设计理想的供应链之前，企业必须先确定市场需要的产品类型和企业供应链的类型，并使两者合理匹配，从而实现企业产品和供应链的有效组合。

（2）基于多代理的集成供应链设计策略。随着信息技术的发展，供应链不再是由人、组织简单组成的实体，而是以信息处理为核心、以计算机网络为工具的人—信息和组织集成的超智能体。基于多代理的集成供应链模式是涵盖两个世界的三维集成模式，即实体世界的人—人、组织—组织集成和软体世界的信息集成（横向集成），以及实体世界与软体世界的人—机集成（纵向集成）。

基于多代理的集成供应链建模方法包括基于信息流的建模方法、基于过程优化的建模方法、基于案例分析的建模方法以及基于商业规则的建模方法，如图 10-1 所示。

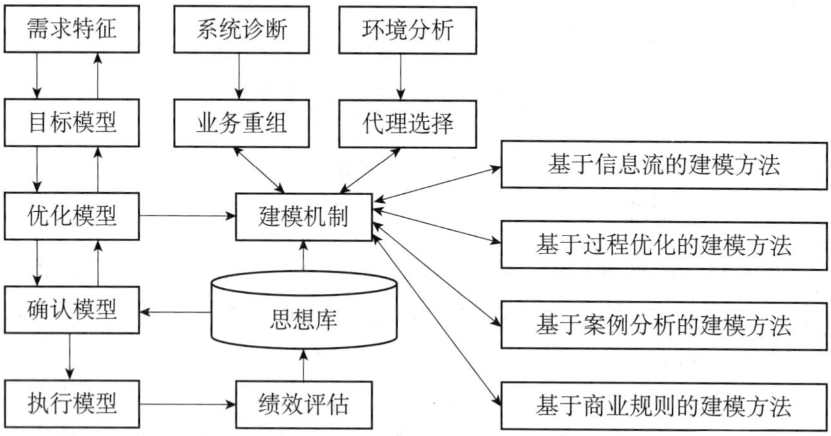

图 10—1　基于多代理的集成供应链建模方法

全球观察 10—1

戴尔响应型供应链的构建

戴尔公司找准了它所生产的产品——个人电脑的特征（创新性需求，生命周期短，需求不稳定且难以预测，产品改型变异程度大，价值重量比高等），据此制定了相应的供应链策略——响应型供应链。戴尔公司所建立的响应型供应链中没有分销商、批发商和零售商，减少了供应链级数，所有来自客户的最新信息都以最快的速度及时反馈给供应商，以便后者据此调整供应策略。因此，有效地缩短了订单的执行时间，加快了信息传递的速度，也极大地削弱了牛鞭效应的影响。据康柏公司的一项调查显示，在传统的间接销售模式下，通过分销商和零售商配送产品所产生的渠道费用通常为销售收入的 13.5%～15.5%；在戴尔的直销模式下，由于中间环节的省略，这一费用显著降低到仅为 2%。与此同时，戴尔公司在产品配送方面具有极大的自主权和自由度，简约化的直销模式有效地缩短了信息和产品在整条供应链上传送所需的时间。戴尔公司只需要保持 5 天销售所需的产品，就可以应对任何市场变化。可以说，戴尔公司针对创新性产品的特性成功建立了快速、高效的响应型供应链，有效满足复杂多变的需求的同时，也降低了整条供应链的成本，为解决供应链反应速度、柔性和实现速度、柔性的费用之间的矛盾提供了一个范例。

资料来源：王贵斌、靳荣利：《戴尔供应商管理模式研究》，载《物流技术》，2006。

10.1.2　全球供应链设计的步骤

全球供应链的设计要以产品为中心，设计出与产品特性相一致的全球供应链。一般而言，全球供应链设计通常分为以下九个步骤（见图 10—2）。

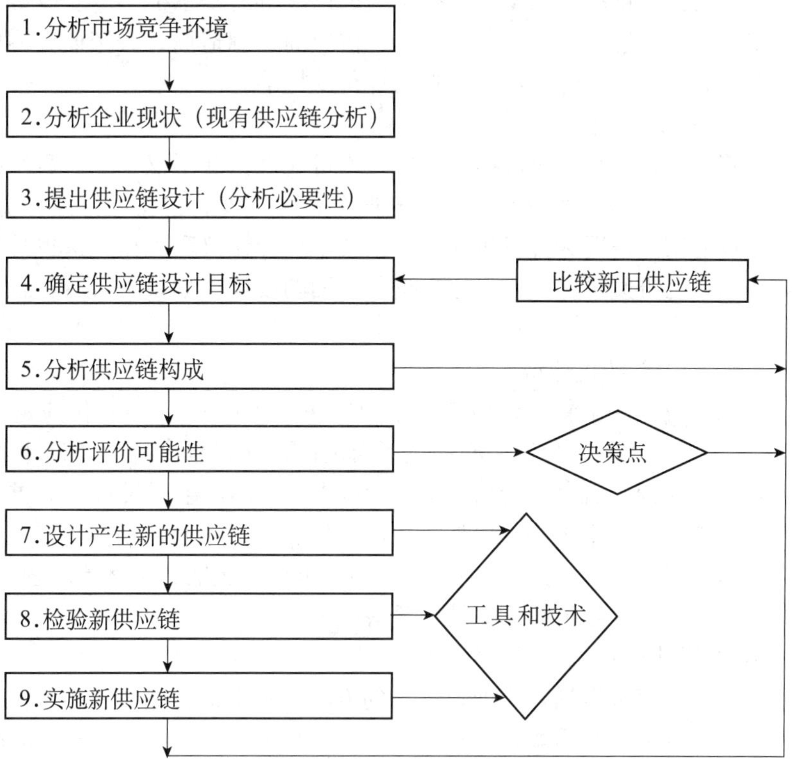

图 10—2　全球供应链设计的步骤

1. 分析市场竞争环境

该步骤在于找到针对哪些产品市场开发供应链。企业必须知道现在的产品需求、产品的类型和特征。分析市场特征的过程要向卖主、客户和竞争者进行调查，以确认客户的需求和因卖主、客户、竞争者产生的压力。这一步骤的输出是每一产品按重要性排列的市场特征，同时对于市场的不确定性要有分析和评价。

2. 分析企业现状

该步骤主要分析企业供需管理的现状，其目的不在于评价供应链设计策略的重要性和合适性，而是着重于研究供应链开发的方向，分析并总结企业存在的问题及影响供应链设计的阻力等因素。

3. 提出供应链设计

针对存在的问题提出供应链设计项目，分析其必要性。要了解产品，围绕供应链可靠性和经济性两大核心要求，提出供应链设计的目标。

4. 确定供应链设计目标

根据基于产品的供应链设计策略提出供应链设计的目标。主要目标在于获得高服务水平、低库存投资、低单位成本之间的平衡，同时还应包括以下目标：（1）进入新市场；（2）开发新产品；（3）开发新分销渠道；（4）改善售后服务水平；（5）提高客户满意度；（6）降低成本；（7）降低库存。

5. 分析供应链构成

该步骤是分析供应链的组成，提出组成供应链的基本框架。供应链中的成员组成分析主要包括制造工厂、设备、工艺，供应商、制造商、分销商、零售商，客户的选择及其定位，以及这些成员选择与评价的标准。

6. 分析评价可能性

该步骤是分析和评价供应链设计的技术可能性。这不仅是某种策略或改善技术的推荐清单，而且是开发和实现供应链管理的第一步，它在可行性分析的基础上，结合本企业的实际情况为开发供应链提出技术选择建议和支持。这也是一个决策的过程，如果认为方案可行，就可接着进行下面的设计；如果不可行，就要重新进行设计。

7. 设计产生新的供应链

该步骤是设计产生新的供应链，主要解决以下问题：（1）供应链的成员组成（供应商、设备、工厂、分销中心的选择与定位、计划与控制）；（2）原材料的来源问题（包括供应商、流量、价格、运输等问题）；（3）生产设计（需求预测、产品类型、生产能力、分销中心、价格、生产计划、生产作业计划和跟踪控制、库存管理等问题）；（4）分销任务与能力设计（销售市场、运输、价格等问题）；（5）信息管理系统设计；（6）物流管理系统设计等。

8. 检验新供应链

供应链设计完成以后，应通过一定的方法、技术进行测试检验或试运行。如果效果不好，返回第 4 步重新进行设计。如果效果良好，就可以实施供应链管理。

9. 实施新供应链

供应链实施过程中需要核心企业的协调、控制和信息系统的支持，使整个供应链成为一个整体。核心企业负责从工业设计到批量生产、物流等全方位的供应链控制和协调。

10.1.3 全球供应链的优化

供应链优化是一项系统的工作，涉及供应链优化的目标、策略、方法等内容。常用的供应链优化方法主要有两种：基于标杆管理的供应链优化方法和基于约束理论的供应链优化方法。

1. 基于标杆管理的供应链优化方法

基于标杆管理的供应链优化方法是一种向标杆企业学习，对本企业供应链流程、功能进行与时俱进的持续改善的方法。一般情况下，基于标杆管理的供应链优化方法可以按照以下步骤进行运用。

（1）确定标杆管理的主题。一般来说，标杆管理的主题是在对自己的现状进行比较深入、细致的研究基础上确定的，所选择的主题一定是供应链优化的关键，进行标杆管理的目的是带动或促进竞争力和工作效率的提高。

（2）确定标杆管理的对象和内容。标杆管理的对象是供应链流程中影响绩效的关键环节，而标杆管理的内容是在标杆管理主题范围内决定标杆管理对象主要绩效的管理实践或关键因素。通常标杆管理的内容由相关领域的专家和实践操作者在事先召开的预备会议上确定。

（3）组成工作小组，确定工作计划。工作小组成员由供应链管理部门各相关层次的管理人员和操作者组成，也可能包括其他相关业务部门的人员，如财务部门人员、营销部门人员等。

（4）资料收集和调查。首先收集相关主体、对象、内容方面已有的研究报告、调查报告或相关资料，在研究这些已有资料的基础上，拟定实地调查提纲和调查问卷。在实地调查之前，要对调查问卷和实地调查方法事先在内部进行检验，确定调查问卷和方法的有效性。在实地调查过程中，需要重点关注形成差异的地方。

（5）分析比较，找出差距，确定最佳做法。在对调查所取得的资料进行分类、整理并进行必要的进一步补充调查的基础上，进行调查对象之间的比较研究，确定各个调查对象之间存在的差异，明确差距形成的原因和过程，并确定最佳做法。

（6）明确改进方向，制定实施方案。在明确最佳做法的基础上，找出弥补企业现实状况和最佳做法之间差距的具体途径或改进机会，设计具体的实施方案，并进行实施方案的经济效益分析。实施方案要明确实施重点和难点，预测可能出现的困难和偏差，确定对实施情况的检查和考核标准。

（7）沟通与完善方案。利用多种途径，将拟定的方案、所要达到的目标前景同全体成员反复交流与沟通，征询意见，争取全体成员的理解和支持，并根据成员建议，修正和完善方案，以统一成员的思想，促使全体成员在方案实施过程中目标一致、行动一致。

（8）实施与监督。将方案付诸实施，并将实施情况不断地与最佳做法进行比较，监督偏差的出现，并采取有效的校正措施，以努力达到计划的目标水平，努力赶超标杆对象。

（9）总结经验。在完成每次标杆管理活动之后，必须对实施效果进行合理的评判，及时总结经验，对新情况、新发现进行进一步的分析。

（10）再标杆。针对环境的新变化或新的管理需求，持续进行标杆管理活动，确保对最佳实践的跟踪。企业实施基于标杆管理的供应链优化方法的过程，也是一个不断创新的过程。

2. 基于约束理论的供应链优化方法

约束理论指出，任何一个多阶段的生产系统，如果任一阶段的产出取决于前一个或几个阶段的产出，那么产出能力最低的那个阶段决定整个系统的产出能力。在企业的经营过程中，任何一个阻碍企业有效扩大产出能力、降低库存和运行成本的环节，都是一个约束（通常也称作瓶颈）。任何系统至少存在一个约束，否则它就会获得无限的产出能力。因此，要提高一个系统的产出能力，必须打破系统的约束。

在共同愿景和契约的约束下，供应商、制造商、分销商、零售商和客户形成了供应链，物流、信息流和资金流的流动过程展现了整条供应链的核心能力。在这条复杂的供应链上，协调衔接的难度非常大，十分容易断裂。在供应链的关键企业链条上，企业不仅应该关注成为约束的供应链成员，更应该关注企业内部的约束。供应链的优化过程其实是一种供应链成员的优化过程。

运用约束理论优化供应链的步骤如下：

（1）发现供应链运作过程中存在的问题，即供应链的约束。

（2）对供应链进行诊断分析，分析导致该约束的主要原因。

（3）把这些主要原因进行归类分析，进一步剖析导致这类原因（结果）出现的各因素，目的是把大问题细化，将大事化小，为解决问题创造条件。

（4）抓住主要矛盾或矛盾的主要方面，针对小问题逐个突破，消除瓶颈。

（5）经过试运作后，如果情况良好，就形成机制，变成规范，对相关人员进行培训，使他们能够掌握和应用。

（6）旧问题解决之后，新问题可能会出现。当新问题出现后，依据上述步骤解决出现的问题。

全球观察 10—2

戴尔公司供应链的优化

戴尔公司的供应链管理一直被视为全球的典范之一。其供应链的优化主要体现在渠道流程优化上，具体包括：第一，直销原则。直销在戴尔公司具体体现为基于最终客户需求的模式，就是由戴尔公司建立一套与客户联系的渠道，由客户直接向戴尔公司发出订单。订单中可以详细列出所需的配置，然后公司按单生产。这是戴尔公司供应链管理的第一个特点，实质上就是基于客户需求的渠道扁平化。第二，以信息代替存货。戴尔公司基于其强大的渠道流程优化能力，通过处理信息资源创造价值。传统分销代理渠道是储存货物的水渠，厂商的库存是压在分销渠道中的，这样一来很难做到零库存。戴尔公司通过供应链流程的简化和优化、信息反馈速度的提高、库存管理能力及与零件供应商协作关系的加强，达到了“以信息代替存货”的目标。第三，价值整体创造。戴尔公司打破了传统意义上厂家与供应商之间的供需配给，始终保持与客户的实时互动，及时得到第一手的客户反馈和需求，然后根据客户需求接收订单，再进行以客户需求为导向的产品制造。

资料来源：郑金花：《戴尔供应链管理模式对我国企业的启示》，载《物流工程与管理》，2011（1）。

10.2　全球采购管理

随着经济全球化时代的到来，跨国公司在采购商品时，有时国内市场的商品在性能或质量上不能满足其要求，或者相同的商品从国外进口价格比在国内购买更便宜，这时就需要进行全球采购。

10.2.1　全球采购的流程

全球采购的流程如图 10—3 所示。

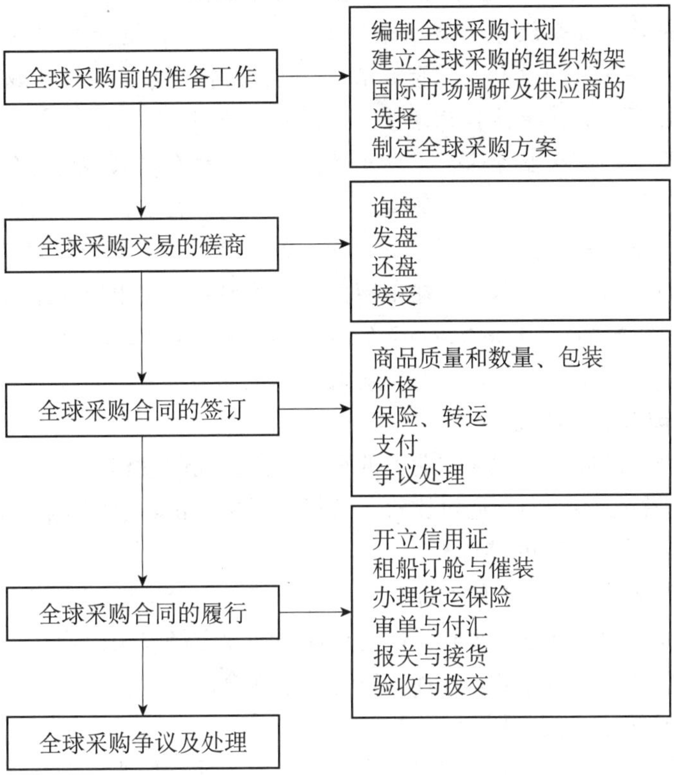

图 10—3　全球采购流程图

1. 全球采购前的准备工作

（1）编制全球采购计划。全球采购计划规定了拟进行的全球采购业务的基本要求，它的编制标志着全球采购业务的开始。全球采购商品的种类、用途不同，全球采购计划的内容也不同，主要包括采购单位名称，采购目的，采购商品名称、品质、数量、单价、总价，采购国别，贸易方式，到货口岸以及经济效益分析等。

（2）建立全球采购的组织构架。由于全球采购的专业性、复杂性，跨国公司通常需要成立一个专门为全球采购而设立的组织，以更有效地开展全球采购工作。

(3) 国际市场调研及供应商的选择。市场调研包括对采购商品的调研和对出口商资信的调研。对采购商品的调研要根据商品的特点有重点地进行。对出口商资信的调研包括目前的经营状况、信用状况、生产能力、技术水平等。在供应商的选择上，一般来说应选择资金雄厚、技术先进的大公司作为供应商。

(4) 制定全球采购方案。全球采购方案是跨国公司在国外市场调研和价格成本核算的基础上，为采购业务制定的经营意图和各项具体措施安排。其内容包括采购数量和时间安排、采购交易对象的选择与安排、采购成交价格，以及采购方式和采购条件。

全球观察 10—3

沃尔玛的全球采购网络

全球采购总部是沃尔玛全球采购网络的核心，也是沃尔玛的全球采购最高机构。在这个全球采购总部里，除了四个直接领导采购业务的区域副总裁向总裁汇报，总裁还领导着支持性和参谋性的总部职能部门。

沃尔玛结合零售业务的特点以及世界制造业和全球采购的总体变化趋势，在全球采购网络的组织上采取以地理布局为主的形式。在其设立的四大区域中，大中华及北亚区的采购量最大，占全部采购量的70%，其中中国分公司又是采购量第一的国别分公司，因此，沃尔玛全球采购网络的总部就设在中国的深圳。

资料来源：Stephen Chen：《沃尔玛的全球采购秘密》，载《石油石化物资采购》，2009 (1)。

2. 全球采购的磋商

全球采购磋商是全球采购业务的重要阶段。在此过程中，跨国公司与数家交易对象分别进行洽购磋商，通过比价、选择和讨价还价，议定价格。

3. 全球采购合同的签订

在交易磋商中，一方的发盘为另一方所接受，合同即宣告成立。签订书面合同不是合同成立的必要法律步骤。但是全球采购双方经口头磋商达成的交易，或者经函电方式磋商达成的交易，往往另行签订书面合同。

4. 全球采购合同的履行

全球采购商履行合同的主要内容有开立信用证、租船订舱与催装、办理货运保险、审单与付汇、报关与接货、验收与拨交等，如出现损失还需办理索赔。

(1) 开立信用证。买方履行全球采购合同的第一项程序是要按照合同的规定时间开立信用证。具体手续是：买方按合同规定的内容，填写开立信用证申请书，连同采购合同副本或复印件送交母国相关银行；母国相关银行根据全球采购合同的规定，审查开证申请书，无误后便开出信用证寄发国外。

(2) 租船订舱与催装。在开出信用证后，买方应及时委托外运公司办理租船订舱手续。手续办妥后，要迅速将船名、船期通知卖方，以便卖方备货装船，做好船货衔接工作。同时，买方还应了解和掌握卖方备货和装船前的准备工作情况，做好催装工作。

（3）办理货运保险。每批全球采购货物，指定一方在收到国外装船通知后，应将船名、提单号、开船日期、货物名称、数量、装运港、目的港等项内容通知保险公司，办理货运保险手续。

（4）审单与付汇。货物装运后，卖方便将汇票和货运单据送交出口地银行议付，议付行随即将汇票和货运单据转寄母国相关银行；母国相关银行在买方的配合下，对单据进行审核，如果符合信用证规定，便向国外卖方付款；如有不符，应立即要求国外议付行改正，或暂停对外付款。

（5）报关与接货。全球采购货物抵达目的港后，买方应及时办理报关、接货手续。海关凭进口许可证或报关单，查验货、证，无误后放行，买方接货。全球采购货物的报关、接货等工作一般由采购方企业委托外运公司代办。

（6）验收与拨交。全球采购货物在卸船时，港务局要核对卸货，如发现缺少，应填制“短卸报告”交船方签认，作为索赔的依据；如发现残损，应将货物存于海关指定的仓库，由保险公司会同商检机构检验，做出处理。全球采购货物经过检验后，由买方委托外运公司提取货物并转交给订货单位。

5. 全球采购争议及处理

在全球采购业务中，有时会发生卖方不按时交货，或所交货物的质量、数量、包装与合同规定不符的情况，也可能由于装运保管不当或自然灾害、意外事故等致使货物损坏或短缺，进口方可因此向有关责任方提出索赔。

10.2.2 全球采购谈判与合同

1. 全球采购谈判程序

采购谈判可分为准备阶段、开局阶段、正式洽谈阶段和成交阶段。

（1）准备阶段。这一阶段的主要工作内容包括：

1）明确谈判内容。需要收集与谈判内容有关的各项采购业务资料，如供货厂商的产销能力和供货服务水平、采购市场供需和价格动态等。

2）确定谈判的目标。谈判目标是指在采购目标确定之后，准备在谈判中实现的目标。采购目标要根据采购性质而定。

3）制定谈判策略。制定谈判策略的基本步骤如下：第一步，明确希望通过谈判达成的目标；第二步，收集相关数据，了解供应商的详细情况，特别是价格方面的立场，并对所购物资的成本进行分析；第三步，确定实际情况，也就是找出认为可信的数据；第四步，找出分歧点，即需要在谈判中重点讨论的问题；第五步，分析各自的优势和劣势；第六步，确立自己在分歧中的地位，并且根据所得资料估计供应商在分歧中的地位；第七步，制定谈判策略。

（2）开局阶段。谈判开局是谈判双方首次正式接触，是准备工作的继续、正式洽谈的开始，起着承前启后的作用。

开局阶段需要做的几项工作如下：第一，进一步加深对对方的了解和沟通；第二，洞察对方，调整策略；第三，激起对方的兴趣；第四，共同设计谈判程序，包括议题范围和日程。

(3) 正式洽谈阶段。这一阶段可分为开始洽谈阶段和业务洽谈阶段。

1) 开始洽谈阶段。该阶段阐述为什么要谈判，谈判的内容是什么，预计谈多长时间等。双方各自表明自己的立场，进一步巩固已经建立起来的轻松、诚挚的工作气氛。

2) 业务洽谈阶段。该阶段包括两个环节：第一是摸底阶段。在合作性洽谈中，摸底阶段双方分别阐述对会谈内容的理解，希望得到哪些利益，首要利益是什么，可以采取何种方式为双方共同获得利益作出贡献，以及双方的合作前景。第二是磋商阶段。该阶段所有要讨论的议题内容都已横向铺开，要以合作的方式反复磋商，逐步推进谈判内容。

(4) 成交阶段。该阶段要草拟经磋商所达成的协议初稿，经双方进一步修改认可，签订正式协议书，据以签订正式合同，整个谈判过程至此结束。

2. 全球采购合同的订立

采购合同的订立，是采购方和供应方双方当事人在平等自愿的基础上，就合同的主要条款经过协商取得一致意见，最终建立起物品采购合同关系的法律行为。

(1) 采购合同订立前的准备工作。合同依法订立后，双方必须严格执行。因此，采购人员在签订采购合同前，必须审查卖方当事人的合同资格、资信及履约能力，按经济合同法的要求，逐条订立采购合同的各项必备条款。

1) 审查卖方当事人的合同资格。为了避免和减少采购合同执行过程中的纠纷，在正式签订合同之前，采购人员首先应审查卖方当事人作为合同主体的资格。

2) 审查卖方当事人的资信和履约能力。资信，即资金和信用。审查卖方当事人的资信情况，了解当事人对采购合同的履行能力，对于在采购合同中确定权利义务条款具有非常重要的作用。

(2) 采购合同签订的程序。普遍运用的采购合同签订程序包括要约和承诺两个环节。

1) 要约。要约是指当事人一方向他方提出订立经济合同的建议。提出建议的一方叫要约人。要约是订立采购合同的第一步。

2) 承诺。承诺是指当事人另一方完全接受要约人的订约建议，同意订立采购合同的意思表示。接受要约的一方叫承诺人。承诺是订立合同的第二步。

(3) 采购合同签订的形式。

1) 口头合同。口头合同是指合同双方当事人只是通过语言进行意思表示，而不是用文字等书面表达合同内容来订立合同的形式。

2) 书面合同。书面合同是采购实践中最广泛采用的一种合同形式。它具体可以分为合同书、信件、数据电文、确认书四类。

3) 其他合同。其他合同形式是指除了口头合同与书面合同以外的合同形式，主要包括默示形式和推定形式。

10.2.3 全球供应商的管理

1. 全球供应商的选择

在进行全球化采购时，其中一个最主要的问题就是供应商的选择与评估，要做到采购有效，关键的问题是选择高效、负责的供应商。

(1) 供应商信息的获得。全球采购人员可以从以下渠道获得供应商的信息：

1) 各国的商业部门可以提供国外供应商的名字和地址清单，还有它们的产品类型。在获得这方面的信息时，各国主要城市的地方政府都可以提供相应的帮助。

2) 本国和世界各地的商业团体都可以为需要进行全球采购的跨国公司提供原材料的信息。国际商会通过其在世界各地的分支机构也可以提供原材料的供应信息。

3) 在全球采购中，有经验的采购部门会和其他采购者共享信息，以表明它们不是直接竞争者。

(2) 供应商的选择。在获取相关供应商的信息后，需要对这些潜在的供应商做出初步的判断或评价，看其潜力是否能够达到公司未来发展所需的水平。通常情况下，会对新的供应商从以下几个方面进行判断：

1) 供应商的业务。对供应商的业务考评具体包括对供应商的成本进行分析，对其交货质量、速度、安全性、及时性，对其信誉、发展前景、供应销售网络等方面进行考评。

2) 供应商的生产能力。对供应商生产能力的考评是指考评供应商的技术合作能力、财务、设备、制造生产等情况。

3) 供应商的质量体系。供应商的业务量充足，生产能力很强，在这种情况下还要考察其质量体系是否稳定。此外还要考察供应商的新产品开发能力、质量检测能力，考察供应商是否按照生产工艺的说明书进行生产。

4) 价格。价格因素也是筛选供应商的一个重要因素。但是，低廉的价格往往会掩盖产品的其他弱项。因此，应给予价格一个合理的地位。

2. 供应商绩效考评

供应商绩效考评是对现有供应商的日常表现进行定期监控和考核。

(1) 供应商效绩考评的范围。供应商效绩考评最简单的做法是仅衡量供应商的交货质量；成熟一些的做法除考核交货质量，还跟踪供应商的交货表现；较先进的系统则进一步扩展到供应商的支持与服务、供应商参与本公司产品开发的表现等，也就是由考评订单履行过程延伸到产品开发过程。

(2) 供应商绩效考评的指标体系。评估供应商绩效的指标主要有质量，供应，经济，支持、配合和服务等。

1) 质量指标。质量指标是供应商绩效考评的最基本指标，包括来料批次合格率、来料抽检缺陷率、来料在线报废率、供应商来料免检率等。其中，来料批次合格率是最常用的质量考评指标之一。

2) 供应指标。供应指标是同供应商的交货表现以及供应商经营管理水平相关的考评因素，其中最主要的是准时交货率、交货周期、订单变化接受率等。

3) 经济指标。经济指标与采购价格、成本相联系。质量与供应指标考评通常每月进行一次，而经济指标则相对稳定，多数企业每季度考评一次，此外经济指标往往都是定性的，难以量化。

4）支持、配合和服务指标。对供应商在支持、配合和服务方面表现的考评通常也是定性的，每季度进行一次。相关的指标有反应与沟通、表现出的合作态度、是否参与本公司的改进与开发项目、售后服务等。

全球观察 10—4

戴尔对供应商的筛选与考评

戴尔对供应商筛选的标准主要体现在供应商的成本、科技含量、运送、服务、持续供应能力和全球营运的支援度等六方面。仅达到戴尔的一两个标准是不够的，戴尔要求供应商必须支持公司所追求的所有重要目标。为此，戴尔确定了量化的评估方式——供应商计分卡，戴尔在卡片上明确规定在每 100 万件产品中能容忍多少比例的瑕疵品、产品在市场上的表现、在戴尔自己生产线上的运送表现、戴尔与供应商合作的容易度等。戴尔会根据对供应商考评的结果，分阶段地逐步扩大采购其产品的规模，即采用“安全量产投放”的办法，以降低新入选企业供应水平不稳定的风险。考评的对象不仅包括产品，而且涵盖产品生产的过程，也就是说，要求供应商具有符合标准的质量控制体系。

资料来源：王贵斌、靳荣利：《戴尔供应商管理模式研究》，载《物流技术》，2006（6）。

10.2.4 全球采购的策略

1. 选择适合的全球采购模式

全球采购模式可以分为生产者驱动的全球采购模式、购买者驱动的全球采购模式、专业化的国际采购组织和国际经纪人所从事的全球采购模式。跨国公司可以根据实际情况选择适合自身的全球采购模式。

（1）生产者驱动的全球采购模式。这种模式主要出现在资本和技术密集型的行业中。在这些领域，制造能力突出的大型跨国公司成为全球采购网络的核心，在全世界范围内进行最为有利或最佳的采购活动，从而使得供应链形成最佳的竞争优势。

（2）购买者驱动的全球采购模式。这种模式是指以批发商、零售商和贸易公司为核心进行全球采购活动、由此形成全球采购供应网络。这种采购一个非常突出的特点就是以这些零售商、批发商和贸易公司所掌握市场需求的特点来提出对商品样式、规格、质量、标准等方面的要求，然后在全球范围内寻找最好的生产者或者供应商，最后销售到全球的市场中。这种采购方式主要用于劳动密集型行业和消费品行业。

（3）专业化的国际采购组织和国际经纪人所从事的全球采购模式。众多中小企业如果自己进行全球化的采购，一方面成本过高，另一方面缺乏充足的信息和专业的人才。因此，面对这样的需求，在国际贸易领域中一些专业性的采购组织和采购经纪人应运而生，成为面向中小企业的采购供应商。

2. 选择适合的全球采购商业模式

跨国公司全球采购的商业模式大致可以分为以下几类。

(1) 贸易代理模式。贸易代理可以帮助筛选当地的供应商、谈判价格并负责处理其后的订单履行以及物流。它们作为第三方的服务提供商，可以使其客户免于应付复杂琐碎的日常操作，甚至可以替客户进行一些较小规模的投资。跨国公司在选择贸易代理的时候必须非常留意保持自己的控制权，充分了解贸易代理的能力水平和责任履行情况。

(2) 在当地成立合资和独资的外商投资企业。一般情况下，如果投入了更多的精力和资金，公司往往可以获得对其供应商更充分的了解，并可以对质量进行更紧密的控制。同时，公司也便于和供应商开展更为长期和直接的合作。

(3) 在全球范围内设立采购办公室。在全球范围内设立采购办公室来专门评估、选择和发展当地供应商，这种方式基本上是一种共享服务的模式，利用一批专业的采购团队来专门负责处理从订单到物流管理的相关事宜。在采用这种方式时，公司内部各个商业部门的大力支持无疑是成功的关键。此外，该办公室管理自营或外包物流的能力也至关重要。

在以上三种不同的方式中，建立国际性的采购办公室可能是最广泛采用且最成功的方式。除了专业性和整合性所带来的优势，国际采购办公室通常可以使公司采购成本显著下降和采购周期明显缩短。

3. 集中采购与分散采购相结合

集中采购由一个完全集中的核心采购部门负责对集团内所有工厂供货，通过建立核心采购部门、集中采购所需物品、提高与供应商的议价能力，来获得更有竞争力的价格。其优点包括易于实现采购的规范化、标准化和细分化；通过少批次、大批量的集中采购节省采购费用，降低管理成本；通过建立灵活的战略储备，提高库存管理水平，节约库存成本。其缺点主要体现为容易导致上下级之间相互抱怨，对市场反应速度较慢而使企业丧失机会，管理费用过高。

在分散采购中，企业每个独立业务单元或工厂都有自己的采购部门，并由其完全负责本部门的供货。其优点体现为可以非常接近当地工厂的采购需求和当地市场，也可以很简单地做出适合当地工厂采购需求的决定，迅速而直接地解决采购过程中发生的问题，特别是能及时处理突发事件；有利于增加各个业务单元或分部的竞争，从而提高它们的积极性。其缺点包括没有集成的采购效应，采购谈判议价能力相对薄弱，同时没有全球的统一标准，在整个集团内缺乏相互合作和基础的数据及市场行情分析，也容易带来财务控制方面的困难以及采购技术人员的短缺问题，从而可能会导致采购成本上升。

对于跨国公司而言，采购工作的管理采用总部集权的集中制和工厂分权的分散制相结合的多层次网络采购组织制度通常比较合理。这种采购制度消除了单独实行集中制或分散制的缺点，兼取了两者的优点。

4. 全球采购与本地采购相结合

跨国公司活跃的行业有两大类：其一是全球性行业，企业要以全球市场为目标在全球范围内进行生产布局，组织原材料与零部件的采购。其二是多国市场竞争的行业，其生产与销售靠近目标市场，中间投入品也主要源于当地市场。通常，前者倾向于全球采购，后者倾向于当地采购。随着经济全球化的发展，各行业跨国公司的采购决策全球化程度都在提高。

在全球采购的总体趋势下，有些跨国公司还主动寻求当地化经营战略。采购本土化实际上是跨国公司全球化思维的重要组成部分，是跨国公司根据全球战略要求权衡境外采购与当地采购利弊后的一种策略选择。跨国公司可以通过本地采购考察、培育低成本国家的供应商进而推向全球，使该供应商成为全球供应商，实现全球采购。

10.3 国际生产与外包管理

国际化生产是跨国公司优化资源配置、调整产业结构以及实现规模经济的需要，并已成为跨国公司全球经济的主要组成部分。在21世纪，国际化生产有不断扩大的趋势。跨国公司应抓住经营环境全球化带来的机会，将国外子公司和分支机构转变为利用全球资源、为全球市场制造产品和提供服务的一体化国际生产体系。

10.3.1 国际生产的管理策略

1. 国际生产的合理布局

跨国公司的生产布局分为宏观布局和微观布局。

（1）宏观布局。国际生产的宏观布局包括部门结构和地理分布两部分内容。国际生产的部门结构是指跨国公司在生产和再生产过程中，由对外投资所形成的各部门间的生产联系和数量比例关系。跨国公司国际生产部门结构的形成与发展，既受到直接投资、市场条件、资源状况、政府约束等因素的影响，也受到本部门或本行业生产技术特点、科学技术发展水平、劳动力供给状况等因素的制约。而跨国公司国际生产的地理分布受东道国市场条件、劳动力素质水平、企业管理水平等因素影响。通常而言，跨国公司把高科技、高附加值的产品生产线放在母国或经济发达的东道国，把中低技术产品的生产布置到经济欠发达的东道国。

全球观察 10—5

耐克的国际生产布局

进入21世纪，运动商品企业对成本敏感性越来越高。由于供货量非常大，单位成本微小的变动都会引起总成本极大的变化；此外，一种款式的运动鞋的销售期缩短到8～9个月，较以往少了一个半月以上。以前对代工厂是每半个月下一次订单，现在正在变成每星期下一次订单；鞋型的生命周期由以往的5～6个月缩短到3个月左右。

为了应对这一调整，耐克增加了生产网点建设，加紧了在亚洲、南美、墨西哥、土耳其和美国本土生产厂的布局。根据2005年公布的《社会责任报告》，耐克共雇用 65 万名工人。这次耐克公布的海外生产商名单包括中国的 124 家，泰国的 73 家，韩国的 35 家，越南的 34 家。此外，还有亚洲其他地区以及南美、澳大利亚、加拿大、意大利、墨西哥、土耳其等地的工厂。

资料来源：金水琴：《耐克与阿迪达斯怎样做物流》，载《物流时代》，2008（7）。

（2）微观布局。国际生产的微观布局是指跨国公司对生产厂址的选择。其涉及的问题包括生产厂址设在哪个国家的哪个地区，设在哪个具体地点，如何布置等。生产厂址的选择非常重要，需要遵循以下几个原则：一是生产厂址尽可能接近原材料产地；二是选择基础设施较好的地区建厂；三是按照劳动力指向原则选择生产厂址；四是生产厂址最好接近消费市场；五是生产厂址最好选择在享受所在国税收减免的区域。除上述原则，不同部门、行业的跨国公司还应该考虑自身生产特点、发展战略以及不同国家的环境保护要求等因素，选择最佳的生产厂址。

2. 国际生产的专业化协作

国际生产专业化是跨国公司进行现代化大生产的一种主要的组织形式。国际生产专业化是社会生产力发展和国际分工深化的结果，同时也是现代科学技术进步的客观要求。跨国公司通过在公司内部各子公司之间实行专业化即内部专业化，可以有效地提高技术水平、扩大生产批量和促进多品种产品生产的发展。公司的外围企业实行专业化即外部专业化，可以有效地利用协作关系降低产品成本，增加本公司的盈利。在全球化背景下，跨国公司要加强内部专业化与外部专业化的协作，以节约交易成本和提升企业核心能力。

3. 国际生产的整体调控

跨国公司国际生产需要整体调控，具体包括：

（1）质量控制。一是建立一套完整的质量保证体系，不仅包括制造过程，而且包括设计、试制、物质供应、设备维修、质量检验、产品适用在内的全过程；二是界定质量范畴，不仅包括产品质量，而且包括工作质量，在国际生产中应以高于国家标准的国际标准进行生产；三是建立一套比较完善实用的质量管理方法；四是加强全球性生产的质量控制。

（2）筹供控制。筹供控制是跨国公司进行国际生产另一种有效的控制形式。筹供是指跨国公司通过采购、转包生产或国外子公司生产的方式，取得物资供应的活动。筹供控制分为内部筹供和外部筹供。内部筹供是指公司通过股权安排，控制一些企业的生产并将生产物作为另一些企业的投入物；外部筹供是指跨国公司通过国内外市场，为公司的一些企业获取生产中必需的物资供应。一般来说，生产连续性强，或是对原材料、元器件供应的依赖程度高的跨国公司主要采用内部筹供的控制方式；而零部件或原材料需要种类繁多而且技术进步较快的跨国公司主要采用外部筹供的控制方式。

4. 国际生产的非股权经营模式

国际生产并不仅仅局限于对外直接投资和贸易，国际生产非股权经营模式的重要性正日益突出。非股权经营模式包括合同制造、服务外包、订单农业、特许经营、技术许可、管理合同，以及其他类型的契约关系。跨国公司借助这种模式协调它们在全球价值链中的活动，并且在不持有东道国公司股权的前提下影响这些公司的管理。非股权经营模式可以通过生产能力建设、技术扩散以及促进东道国企业发展等方式，推动发展中国家中长期的产业发展，帮助其融入全球产业链，并从中受益。

10.3.2 跨国公司生产外包的决策

跨国公司生产外包的决策模型如图10—4所示。

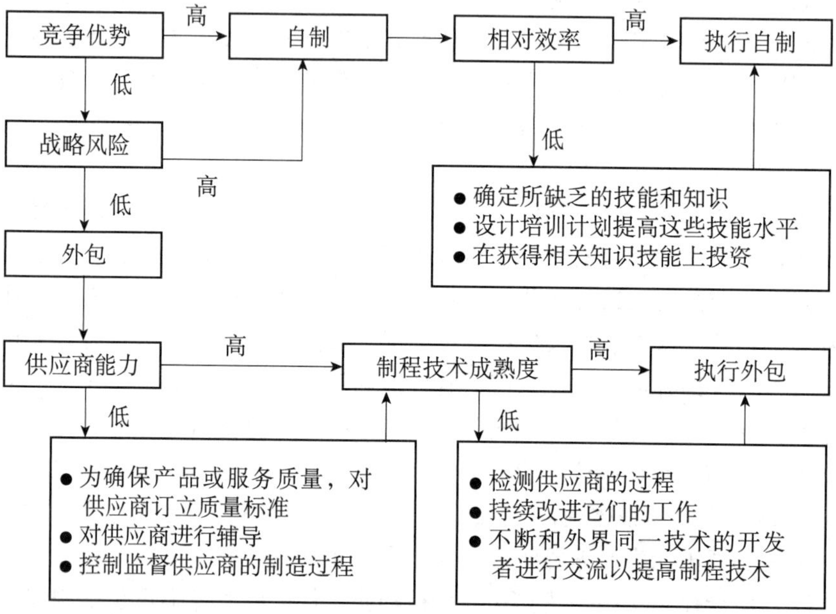

图10—4 生产外包/自制决策模型

从决策模型中可以看出，影响生产外包的决定性因素是竞争优势和战略风险。如果某业务对企业当前及潜在竞争优势影响较弱，外包出去对企业战略风险较小，该业务应该实施外包策略；如果某业务对企业当前及潜在竞争优势贡献较大，外包出去会给企业带来较大的战略风险，那么该业务还应实施自制策略。

1. 竞争优势

根据竞争优势，影响企业生产外包的一般因素如下。

（1）成本。在分析影响自制还是外包决策的成本因素时，需要关注两方面：一是不管自制还是外包，需对成本进行客观估测。把固定成本和可变成本分开，所有的相关成本，不论是直接或间接的、近期或预期的，都要划归到这两类成本当中。二是在决定生产还是外包某零件时，需要估测所需投资额。投资主要涉及设备购买、招聘和培训新员工等方面。

（2）质量。企业必须考虑自己生产的产品与购买的产品在质量上是否有重大差别，以及某种质量的产品是否在市场上销售。

（3）数量。对独特的非标准化产品，如果需求量小，在市场上很难购买到。而企业自制这些产品，又会面临产品规划设计、购买加工设备和原材料、安装调试等方面的高成本。解决此问题的办法是加大购买量或寻找合适的替代品，也可以考虑向其他企业外购。

（4）生产能力。中间产品规模越大，购买而不是内部生产的可能性就越大。如果生产产品所需的投资巨大，规模较小的企业通常只能选择外包。成熟企业通常会比新公司更愿意尝试自制目前需要购买的部件。新企业一般总是致力于提高产出，很少有剩余资本和生产能力去生产零部件。

（5）闲置资源的利用。即使有合适的供应品种，自行生产的决策有时也会带来利润。行业不景气时，企业就面临着设备、劳动力和管理人员的闲置问题。通过生产原先需要购进的部件，可使闲置设备重新运转，留住熟练工人，并将经营成本分摊到更大的产量上。

一个企业在判断一项活动是不是企业竞争优势的源泉时，必须对企业自身竞争战略有着非常准确、深刻的认识，并考察该项活动在企业价值链中的地位和角色。如果该项活动能给企业带来竞争优势，该项活动就不宜外包。

2. 战略风险

即使有时某项业务本身看起来对企业的竞争优势贡献不大，但它和其他业务部门有着紧密的联系，而且企业中的很多技能由这种紧密关系产生，企业就可能自己从事该业务。虽然专业从事该业务的代工企业效率较高，费用较少，但企业必须考虑一旦该业务外包出去，会给企业带来巨大的战略风险。通常而言，代工企业如果获得了企业比较重要的技能或知识而企业对其行为又缺乏控制，有潜在的两种情况可能使委托制造企业受到损害。一种情况是，企业在生产外包时不小心培养了一个新的竞争对手，而这个竞争对手有时可能非常有威胁性。另外一种情况就是代工企业可能把这些知识稍加变形，然后向委托制造企业的竞争者泄露或出售。

3. 代工企业的能力和制程技术的成熟度

（1）代工企业的能力。如果一个代工企业的能力不是很高，企业就需采取一系列措施来保证其提供的产品或服务达到企业的要求。这些措施包括建立流程的质量标准以使代工企业明确改进目标，对代工企业进行培训，以及对代工企业的工作过程进行监督和控制等。

全球观察 10—6

耐克公司对代工企业的管理

耐克公司有三个层次的合作伙伴：高级伙伴、大规模定制代工企业和发展中的代工企业。高级伙伴和耐克共同开发新产品和技术。大规模定制代工企业规模巨大，它们不和耐克共同开发产品，因为它们还为其他委托制造企业生产产品。发展中的代工企业成本最低。为了提高发展中的代工企业的生产能力，耐克公司有一个强大、有效的指导计划，帮助它们成为更高水平的代工企业。耐克把发展中的代工企业和高级伙伴紧密地连接起来，希望前者在后者的帮助下更快进步——高级伙伴通过提供培训及业务活动融资和转包一些劳动力密集的活动给这些单位来帮助它们成长。

资料来源：孙杨澄：《跨国公司生产外包战略及其管理研究》，42页，上海，复旦大学博士学位论文，2003。

（2）制程技术的成熟度。制程技术的成熟度是执行制造活动的难易程度，以及这种技术在代工企业市场上的普及程度。有些活动实施起来相对比较容易，而且有大量的代工企业可供企业选择。相反，还有一些制程操作起来难度很大，并且有能力操作这种制程的代工企业数量较少。在这种情况下，委托制造企业就需要和代工企业签订更为复杂的合同，对代工企业的工作进行更为严格的监督和控制，持续改进它们的工作效率并促使它们不断和其他同行沟通以提高其技能水平。

10.3.3 跨国公司生产外包的策略

跨国公司进行生产外包时，一方面要通过合同管理和引入适当竞争，有效控制代工企业的成本和服务水平；另一方面要与代工企业建立合作伙伴关系，促进战略目标的实现和竞争优势的创建及维系。

1. 合同管理

合同管理是指委托制造企业通过与代工企业进行谈判、协商，根据双方的利益达成某种一致，并由双方签署的框架式协议。当前，几乎所有的跨国公司在生产外包时都使用合同管理这种方式。

合同管理能够带来生产成本的节约。如果委托制造企业实力雄厚，就很有可能通过与代工企业的谈判获得低于市场的价格。即便委托制造企业实力一般，但由于与代工企业长期合作，在谈判中同样也有可能获得较低的价格。此外，合同管理还有助于加强委托制造企业与其代工企业的合作。作为委托制造企业，产品的价格、质量和供给及时性是最重要的。而代工企业更加关心委托制造企业在市场中的表现、能力以及可持续发展潜力。合同管理可以解决双方利益上的一些冲突，并为今后进一步合作奠定良好的基础。

2. 引入适度竞争

引入适当竞争，可以提高代工企业产品的质量并降低相应产品的购买价格。具体措施包括：

（1）发展两家以上代工企业。很多跨国公司的代工企业发展计划都强调“候补”企业的发展。它们同时与几家类似的代工企业发展建立业务联系，即使主要委托一家代工企业进行生产，也会同时从另外一些代工企业那里进行小批量订货用于生产线试验。

（2）价格竞争。通过招标等类似方法可以调动多个代工企业间的竞争。如果委托制造企业在合适的市场环境下正确运用这些方法，就可以得到更多的空间来降低成本和实现信息完全化。

3. 提升伙伴关系

伙伴关系的紧密程度可以通过企业之间的共同行动、早期介入、相互依赖、关系的持续与信息分享等得到加强。

(1) 共同行动。在代工的合作模式下，委托制造企业与供应商的共同行动主要有共同研发、配合供应商的海外直接投资。除了共同研发，代工企业还会有追随委托制造企业前往海外直接投资的行为。

(2) 早期介入。代工企业早期介入是指供应产品的制造商在产品创新和发展过程的早期就已经介入。日本汽车工业国际竞争力强的一个关键因素是代工企业在早期阶段的介入，也就是为新车设计零组件。代工企业介入产品发展可以降低组装厂本身的工作负担，而将焦点放在本身具有竞争力的领域中。

(3) 相互依赖。代工需要中小制造商做专有的投资来满足专有性中间产品的需求时，双方都会发现它们进入相互依赖的情况。

(4) 关系持续。运用生产外包的思维时，长期合作代表企业之间有一个长期稳定的关系。为了与代工企业发展长期良好关系，20 世纪 80 年代中期开始不少跨国公司有意减少代工企业的数量，同时增加每一供应商的平均合约期限。

(5) 信息分享。委托制造企业可以与代工企业分享其自身的企业发展战略，代工企业也愿意为委托制造企业提供其自身的未来发展规划，这样通过信息分享可以使双方对彼此有更多的了解，而且可以促进双方更好地完成各自的任务，提高彼此之间的满意度和忠诚度。

10.4 全球物流管理

10.4.1 全球物流的基本活动

全球物流的基本活动主要包括采购、运输、包装、储存保管、流通加工、商品检验检疫与通关、装卸搬运和信息处理等。

1. 全球物流采购

随着全球物流管理的日益盛行，采购功能在跨国公司中扮演着更加重要的角色。要真正做到低成本、高效率地为跨国公司提供全球物流服务，采购就需要涉及跨国公司的各个部门。采购的功能是：明确跨国公司各部门所需要的物品，从适当的来源以适当的价格、适当的送货方式（包括时间和地点）获取适当数量的物品。

2. 全球物流运输

运输的作用是将商品使用价值进行空间移动，克服商品生产地和消费地的空间距离阻隔，创造商品的空间效用（场所效用）。全球货物运输是全球物流系统的核心。商品通过全球货物运输作业由卖方转移给买方。全球货物运输具有路线长、环节多、涉及面广、手续繁杂、风险性大、时间性强等特点。全球货物运输主要包括运输方式的选择、运输单据的处理以及投保等有关方面。

3. 全球物流包装

美国杜邦化学公司提出的杜邦定律的核心观点是：63%的消费者是根据商品的

包装装潢进行购买的，国际市场和消费者是通过商品来认识企业的，而商品的商标和包装就是企业的脸面。

在考虑出口商品包装设计和具体作业过程时，应把包装、储存、搬运和运输有机联系起来，统筹考虑，全面规划，实现现代全球物流系统所要求的“包、储、运一体化”，即从开始包装商品时就考虑储存的方便、运输的快速，以加速物流，减少物流费用，符合现代物流系统设计的各种要求。

4. 全球物流储存保管

商品储存保管使商品在其流通过程中处于一种或长或短的相对停滞状态，这种停滞是完全必要的。国际贸易和跨国经营中的商品从生产厂家或供应部门集中运送到装运港口，有时需要临时存放一段时间，再装运出口，这是一个集和散的过程。全球物流储存保管主要是在各国的保税区和保税仓库进行的。从物流角度看，应尽量减少储存保管的时间和数量，加快货物和资金的周转，实现全球物流的高效率运作。

5. 全球物流流通加工

流通加工是物品在生产地到使用地的过程中，根据实际需要施加包装、分割、计量、分拣、刷标志、拴标签、组装等简单作业的总称。全球物流流通加工主要以出口商品加工最为典型，其重要作用是使商品更好地满足消费者的需要，不断地扩大出口。同时，它也是充分利用本国劳动力和部分加工能力，扩大就业机会的重要途径。进出口商品流通加工的具体内容包括：第一类是装袋、贴标签、配装、挑选、混装、刷标记（刷唛）等出口贸易商品服务；第二类是生产性外延加工，如剪断、平整、套裁、打折、折弯、拉拔、组装、改装、服装的检验和烫熨等。其中，第二类属于出口加工或流通加工，是附加值较高的流通加工活动，不仅可以最大限度地满足客户的多元化需求，而且可以创造货物的增值。

6. 全球物流商品检验检疫与通关

全球物流的基本活动中还包括商品检验检疫与通关，属于商品在海关部门的短暂停留。通过商品检验，确定交货品质、数量和包装条件是否符合合同规定。如发现问题，可分清责任，向有关方面索赔。在买卖合同中，一般都有商品检验条款，其主要内容有检验时间与地点、检验机构与检验证明、检验标准与检验方法等。另外，商品的出入境还需要申请通关。

7. 全球物流装卸搬运

全球物流装卸搬运主要包括对国际货物的运输、保管、包装、流通加工等物流活动，以及在保管等活动中为进行检验、维护、保养所进行的装卸活动。在全球物流活动中，装卸搬运活动频次较多，容易导致物品损坏。装卸搬运活动合理化的具体措施主要是确定最恰当的装卸搬运方式，尽量减少装卸搬运次数，合理配置及使用装卸搬运装备，以做到节能、省力、减少损失、加快速度，获得较好的经济效果。

8. 全球物流信息处理

全球物流信息处理的主要功能是采集、处理及传递全球物流、商流以及资金流的信息情报。功能完善的全球物流信息系统能够更好地促进国际贸易和跨国经营的开展。全球物流信息主要包括进出口单证的作业过程、支付方式信息、客户资料信息、市场行情信息和供求信息等。全球物流信息的特点是信息量大、交换频繁、传递量大、时间性强、环节多、点多、线长，所以要建立技术先进的国际物流信息系统。

总体而言，全球物流的每个基本活动并不是孤立的，而是与其他基本活动紧密联系，共同构成一个有机的整体。因此，要对上述各基本活动统筹兼顾，系统规划。其中，运输及储存保管分别解决了供给者与需要者之间场所和时间的分离，分别是全球物流创造空间效用及时间效用的主要活动，因而在全球物流系统中，这两个基本活动处于主要地位。全球物流主要通过全球货物的储存保管和运输实现其自身的时空效应，满足国际贸易的基本需要。

全球观察 10—7

耐克公司的全球配送系统

作为全球最大的运动鞋销售商，耐克公司非常注重物流系统的建设。在世界各地自建多个配送中心，为其客户提供良好的物流服务，确保其竞争优势。

耐克在美国有三个配送中心，其中在“空港”孟菲斯有两个。孟菲斯的耐克配送中心运行于 1983 年，总建筑面积约 21 万平方米，是当地最大的自由配送中心。耐克在那里建立了三层货架的仓库，并安装了新的自动补货系统，使得耐克能够保证在用户发来订单后 48 个小时内发出货物。

在欧洲，耐克在比利时安特卫普省建造了一个配送中心，负责在整个欧洲和中东的配送供给，于 1994 年开始运营。因为随着耐克在欧洲市场的迅速扩大，很快就超出了配送中心的供应能力，耐克决定扩建其配送中心。耐克与德勤公司共同制定了欧洲配送中心建造、设计和实施的运营计划。这个配送中心有着一流的物流设施、物流软件及 RF 数据通信，从而使其能将产品迅速地运往欧洲各地。

资料来源：金水琴：《耐克与阿迪达斯怎样做物流》，载《物流时代》，2008 (7)。

10.4.2 全球物流管理框架

全球物流管理框架如图 10—5 所示。

1. 全球贸易和采购管理

贸易是物流的基础和前提。在国际市场上采购原料和销售产品，要求具有比较专业的贸易知识，往往可以通过代理商来完成全球贸易。但对于跨国公司的物流管理者而言，他们也需要了解一般贸易条款、通用贸易术语，掌握全球采购的理论、规律，熟悉全球供应链管理的理论与方法，并了解全球生产运作方式，准确把握产品需求规律和订单管理方法。

2. 全球货物运输管理

在全球物流活动中，长运距，多中间环节，不同的交通和海关的规定，基础设

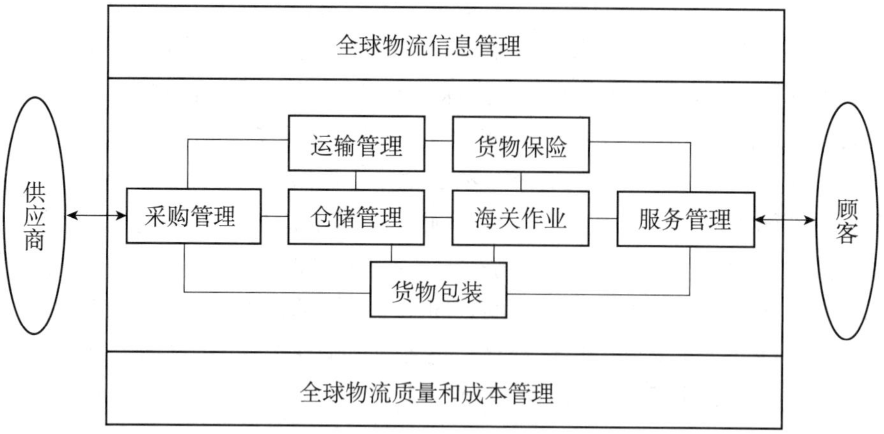

图 10—5 全球物流管理框架

施、汇率、文化和语言的差异使运输过程中遇到的问题变得较为复杂，物流管理者需要熟悉各类运输方式的成本、效率以及优势和不足，并与货运代理商保持良好的合作关系。不管是国际海运、陆运还是空运，第三方承运人通常均会介入全球货物运输环节。基于此，全球货物运输合理化的具体措施包括：一是提高运输工具实载率；二是减少动力投入，提高运输能力；三是合理选择运输方式，重点选择集装箱运输和国际多式联运等高效率的运输方式；四是开展直达运输；五是开展配载运输以提高装载量；六是发展先进的运输技术和运输工具。

全球观察 10—8

索尼的全球运输管理

索尼在处理自己产品的远洋运输业务中，往往是与集装箱运输公司直接洽谈运输合同而不是与货运代理谈，但是在具体业务中索尼也乐意与货运代理打交道。与其他日本实业公司不同的是，索尼与日本的商船三井、日本邮船、川崎船务等实力雄厚的航运集团结成了联盟，因此索尼集团公司在业务上始终保持独立自主。但是索尼非常重视电子信息管理技术（EICT），使用比较先进的通用电子信息服务（GEIS）软件，与日本和世界各地的国际集装箱运输公司建立密切的电子数据交换联系（EDIL）。

为了进一步降低物流成本，索尼集团公司常常根据实际需要，办理集装箱货物的多国拼箱。索尼集团公司在对美国的跨太平洋出口贸易航线上，常常把产品集中到北美内地某一个配送中心站，或者把货物运送到洛杉矶附近的混合中心进行中转或者拼箱，充分发挥索尼集团公司在北美的亚特兰大、纽约和洛杉矶等地区拥有的仓储能力。索尼集团还利用欧洲荷兰作为拼箱中心，凡是准备运往东欧地区的货物先从其他各国进口和集中到荷兰这个拼箱中心，然后发送到东欧各地的配送站。

资料来源：《务实的索尼全球物流运营》，中国物流招标网，http：//news. clb. org. cn/2009-08-31/22636. html，2009-08-31。

3. 全球仓储管理

全球市场间的远地理距离导致仓库布局上的分散，促使库存成本上升和仓储管理难度加大。为了提高顾客服务水平和生产正常进行，跨国公司需要较高的安全库存以应对因全球货物运输环节所带来的较高不确定性，而较高的库存导致库存成本上升，因此，需要更高超的管理水平来寻求库存成本与需求响应之间的平衡。为了应对全球日益增加的多样化个性需求，准时制生产、精益生产等先进生产方式不断普及，对全球范围内的仓储管理提出了更高的要求。基于此，提升全球仓储管理水平的措施包括：一是实行 ABC 分类法；二是适度集中储存；三是加速货物周转；四是采用有效的先进先出方式；五是提高仓容利用率；六是采用有效的储存定位系统；七是采用有效的监测清点方式。

4. 海关作业

与国内物流相比，海关作业是全球物流所独有的。海关是国家主权的象征，作为特定的管理和执法部门，对进出境的运输工具、货物、行李物品、邮递物和其他物品进行监督并征收关税和税费。海关作业是各项物流作业中专业性比较突出的一种，海关制度、关税税率、完税价格审定、关税减免、保税措施等既涉及相关法律法规，也涉及制度和程序，同时还需要专业的技术和技能。跨国公司需准确把握海关作业某些环节的一般规律，并处理好与代为处理海关作业者的关系。

5. 全球货物包装

包装是指为在流通过程中保护产品、方便储运、促进销售，按一定技术方法采用的容器、材料及辅助物等的总体名称，也指为达到上述目的而在采用容器、材料和辅助物的过程中施加一定技术方法的操作活动。在全球货物包装中，包装标准化和合理化是国际物流界共同面对的两个课题。包装标准化体现在包装材料标准化、包装容器标准化、包装工艺标准化、装卸作业标准化和集合包装标准化等五个方面，具体措施包括：一是包装尺寸标准化；二是包装作业机械化；三是包装成本低廉化；四是包装单位大型化；五是包装材料资源节省化。

6. 全球货物保险

保险与水上运输几乎是密不可分的，这是由航运所包含的巨大风险导致的。航运保险也因此成为最古老的险种之一。国际货物主要是通过海洋运输完成的，因此货物保险就成为全球物流必不可少的内容。投保国际货物保险是企业维持生产持续进行和获得预期利润的保障，种类繁复的险别、复杂冗长的理赔程序往往导致企业成本的增加，既稳妥又经济地统筹管理国际货物保险需要相关的专业知识和实践经验。

7. 全球物流信息管理

供应链上的各成员在物流的各个环节都会发现和处理大量的信息，它们需要通过这些信息了解货物的运输、跟踪、分拣、存储、配送以及包装等节点的状态。信息流和物流是相伴相生的。信息技术的发展促进了物流技术的进步，现代信息技术在物流管理中的作用越来越重要。不断涌现的信息技术，如 EDI，RFID 等对于降低物流成本和提高物流效率具有重要的意义。MRP，ERP 等信息系统在企业中得到越来越广泛的应用，构建物流信息系统对于完善企业信息系统和企业决策支持系统具有重要意义。

8. 全球物流的服务管理、质量管理和成本管理

物流活动所创造的产品表现为运输、仓储、装卸搬运、包装、配送以及流通加工等所有物流活动，最终表现为为下一级顾客提供服务，物流服务创造的效用包括时间效用和空间效用。物流产品的质量最终表现为各项物流职能的服务水平。在全球化和信息化蓬勃发展的新经济环境中，企业及其供应链上的伙伴企业如何迅速地响应顾客多样化、个性化的需求是衡量服务水平的重要标志。顾客满意度是衡量物流质量的重要指标，物流活动提供的效用价值超过顾客的期望，顾客就会感到满意。企业可以通过实施全面质量管理和六西格玛管理来提高物流服务质量。然而，无论是提高服务水平还是提高质量管理水平，企业都会面临成本增加。提高服务和质量意味着增加成本，而降低成本往往导致服务和质量的降低，二者间存在效益背反。如何通过物流综合成本控制来实现高水平的服务和质量管理是摆在企业面前的重要课题。

10.4.3 全球物流系统

全球物流是一个复杂而巨大的系统，是一种集各种一般功能于一体的开放系统。全球物流系统的基本要素包括一般要素、功能要素、支撑要素和物质基础要素。

1. 全球物流系统的一般要素

全球物流系统的一般要素包括劳动者要素、资金要素和物的要素。

(1) 劳动者要素。它是现代物流系统的核心要素和第一要素。提高劳动者的素质是建立一个合理化的全球物流系统并使它有效运作的根本。

(2) 资金要素。交换是以货币为媒介的。实现交换的全球物流过程，实际上也是资金的运作过程。同时，全球物流服务本身也需要以货币为媒介，全球物流系统建设是资本投入的一大领域，离开资金这一要素，全球物流就不可能实现。

(3) 物的要素。物的要素首先包括全球物流系统的劳动对象，即各种物品。如果没有该要素，全球物流系统便无从谈起。此外，全球物流物的要素还包括劳动工具、劳动手段，如各种物流设施、工具、消耗材料等。

2. 全球物流系统的功能要素

全球物流系统的功能要素指的是全球物流系统自身具有的基本能力，这些基本能力有效地组合、联结在一起，形成全球物流系统的总功能。全球物流系统的功能要素包括商品的包装，储存，装卸，运输，报关，检验，外贸加工及其前后的整理、再包装，全球配送、物流信息处理等。从全球物流活动的实际工作环节来看，全球物流系统也主要由上述8项基本功能构成。同时，这些功能要素也与全球物流的基本活动相一致。

3. 全球物流系统的支撑要素

全球物流系统的运行需要许多支撑手段，尤其是处于复杂的社会经济系统中。要确定全球物流系统的地位、协调与其他系统的关系时，这些要素显得尤为重要。全球物流系统的支撑要素具体包括：

（1）体制、制度。物流系统的体制、制度决定了物流系统的结构、组织、领导和管理方式。国家对其控制、指挥和管理的方式，是全球物流系统的重要保障。当前，许多国家运用减免税负的方式鼓励民间资本投资物流中心等基础设施的建设，创造开放透明的运输市场环境，放松管制、促进市场竞争等都促进了国际物流的发展。

（2）法律、规章。全球物流系统的运行不可避免地涉及企业或人的权益问题。法律、规章一方面限制和规范物流系统的活动，使之与更大的系统相协调；另一方面则是给予保障。合同的执行、权益的划分、责任的确定、单证的国际流转都要依据法律、规章加以确定。各个国家和国际组织的有关贸易、物流方面的安排、法规、公约、协定、协议等也是全球物流系统正常运行的保障。

（3）行政、命令。全球物流系统和一般系统的不同之处在于，全球物流系统关系到国家的军事、经济命脉，所以，行政、命令等手段也常常是全球物流系统正常运转的重要支持要素。

（4）标准化系统。标准化系统是保证全球物流各环节协调运行、保证全球物流系统与其他系统在技术上实现联结的重要支撑条件。

（5）国际信用手段。国际信用手段为国际物流活动的支付与结算提供信用保障。

4. 全球物流系统的物质基础要素

全球物流系统的建立和运行需要大量的技术装备手段，这些手段的有机联系对全球物流系统的运行具有重要作用。同时，这些物质基础要素对于全球物流和某个基本功能的实现也是基础和前提。一般而言，物质基础要素具体包括：

（1）物流设施。它是组织全球物流系统运行的基础物质条件，包括物流站、场，物流中心、仓库，国际物流线路，建筑物，公路，铁路，口岸（如机场、港口、车站、通道）等。

（2）物流设备。它是保证全球物流系统运行的条件，包括仓库货架、进出库设备、加工设备、运输设备及装卸机械等。

（3）物流工具。它是全球物流系统运行的物质条件，包括包装工具、维修保养工具及办公设备等。

（4）信息技术及网络。它是掌握和传递全球物流信息的手段，根据所需信息水平的不同，包括通信设备及线路、传真设备、计算机及网络设备等。

（5）组织及管理。它是全球物流网络的“软件”，起着联结、调运、运筹、协调、指挥其他各要素以保证全球物流系统目的的实现等作用。

10.5　延伸阅读：跨国公司在东道国物流外包

10.5.1　跨国公司在东道国以物流外包作为最主要的物流运作模式

当前，跨国公司在东道国的物流运作模式主要包括：（1）自建物流。跨国公司建立覆盖东道国的物流网络，虽然短期投入巨大，但从长远来看，拥有覆盖全国的物流网络不仅可以带来可靠的销售网络，促进企业的经营绩效，而且可以有效控制物流成本和风险。(2) 成立物流合资企业为其提供物流服务。出于减小风险以及对物流进行较好的协调和控制的目的，跨国公司在东道国往往与同行其他企业或优秀的物流服务商成立物流合资企业，为其提供物流服务。(3) 实施物流外包。通常而言，绝大多数跨国公司在东道国拥有较少的自有物流基础设施和设备，这些远远不能满足跨国公司的物流服务需求，其物流业务绝大部分依赖于外包。

从 20 世纪 90 年代开始，物流外包的使用在世界各地显著增加。墨菲等（Murphy et al.，2012）在对美国大型企业的国际物流情况进行调查后发现，几乎所有大型跨国公司在东道国都倾向于使用第三方物流服务商。美国《财富》500 强企业在东道国使用物流外包的比例从 20 世纪 90 年代的 40%提高到 2012 年的 85%。世界 500 强中的 400 多家跨国公司在中国均有直接投资，其中 90%左右的跨国公司选择了物流外包。

10.5.2 跨国公司在东道国实施物流外包的动机

通常而言，企业实施物流外包最主要的动机包括减少物流成本和改善物流服务。但跨国公司在东道国实施物流外包的动机除上述两方面，还注重以下三方面。

1. 提升核心能力

跨国公司在东道国实施物流外包，可以节省出资源用于发展和强化自身的核心能力。拉奥和扬（Rao and Young，2010）分析发现，跨国公司在东道国实施物流外包最重要的动机就是能够有效促进核心能力的发展。瓦伊迪耶纳坦（Vaidyanathan，2010）把跨国公司在东道国外包的物流活动分为全球仓储、运输、客户服务以及存货与物流管理等四类，并认为在东道国外包这些物流活动的主要目的就是集中企业资源，提升自身的核心能力。

2. 促进在东道国的产品销售

借助于物流服务商的物流网络，跨国公司在东道国可以提高其产品销售额，扩大产品的市场份额。中国和印度日益重要，不仅是众多跨国公司的采购地和生产地，也是它们产品的最终销售地。因此，跨国公司通常使用第三方物流服务来支持上述这些活动。基于对在两国的跨国公司进行的调查发现，受访的所有美国生产企业在中国使用物流外包的目的都是支持它们的销售活动。

3. 支持在东道国的生产运营

使用第三方物流服务有效改善供应物流的效率，可以为企业在生产效率上带来持续的改善。基于对在中国和印度的跨国公司进行的调查发现，在中国的 16 家美国生产企业使用第三方物流服务是为了支持它们在中国的生产运营活动；同样，在印度的 10 家美国生产企业使用第三方物流服务是为了提高这些企业在该国的生产运作效率。

10.5.3 跨国公司在东道国外包的物流业务

通过梳理相关文献，跨国公司在东道国外包的物流业务主要包括运输、仓储、市内配送、采购、包装加工、条码采集、原料质检、代结贷款、代为报关通关、货运代理、物流信息管理和物流系统设计等，并呈现如下特点。

1. 外包出去的业务以传统物流业务为主

跨国公司在东道国外包出去的业务主要是传统物流业务，外包频次较高的是仓储、运输和配送。在印度，美国跨国公司外包的物流业务按照使用频率大小排序，依次是直接运输服务、整合运输、仓储、代理报关、货运代理等。在中国，跨国公司外包的物流业务按照外包频次大小排序，依次是仓储服务、中转运输、市内配送、代为报关、物流信息管理、物流系统设计、原料质检、代结贷款、包装加工和条码采集等。

2. 外包出去的业务中核心、增值物流业务较少

整体供应链和物流系统设计、物流信息管理、包装加工和条码采集等核心、增值物流业务外包较少，可能原因之一是这些核心、增值业务涉及跨国公司的核心技术等商业机密，它们害怕通过外包把这些机密泄露出去；另一原因可能是虽然不涉及跨国公司的商业机密，可以外包这些物流业务，但在东道国很难找到能较好地提供上述增值服务的物流企业。对在中国的跨国公司进行的调查发现，跨国公司需求程度最高的物流服务包括物流过程管理、物流信息服务、物流系统设计等。但在中国，跨国公司外包这些核心、增值物流业务的比例较小，主要是因为提供上述服务的物流企业较少。

10.5.4 跨国公司在东道国的物流服务商类型及管理

1. 跨国公司在东道国的物流服务商类型

第三方物流服务商对支持跨国公司在东道国的物流战略扮演着重要的角色。具体而言，跨国公司在东道国使用的物流服务商大致可以分为以下几类。

（1）母国原有物流服务商。跨国公司在东道国使用的物流服务商基本上是跨国公司在母国的原有物流服务商，追随跨国公司来到东道国。利布和本茨（Lieb and Bentz，2011）通过调查发现，美国大型制造企业在加拿大、墨西哥、中国和印度等东道国从事采购、生产和销售活动，会导致它们的物流服务商也扩展到这些国家，为其提供物流服务以支持这些企业的上述活动。物流服务商的这种方式在业界被称为跟进式策略。此外，如果跨国公司初次进入某一东道国，在选择使用第三方物流服务时，通常它们最想让其原有第三方物流服务商为其在该东道国提供物流服务。

（2）提供全球物流服务的物流服务商。跨国制造企业需要跨国服务、关系和技术，只有规模较大的物流服务商可以做到。超过 5 000 个跨国公司（其中包括 50% 的世界 500 强企业）在新加坡均有业务，它们中的许多已把物流运作外包给能够提供各种复杂供应链管理服务的当地以及国际第三方物流服务提供商。跨国公司在中国选择的物流服务商偏重于跨国物流企业。据调查，跨国公司在中国选择物流服务商时，选择外资物流企业的次数最多，高达 62%；选择民营物流企业的次数次之，达到 40%；选择国有物流企业的次数最少，达到 27%。

(3) 东道国物流企业。东道国物流企业也会被跨国公司选用，为其东道国地域范围内的物流服务。与跨国物流企业相比，东道国物流企业通常具有低成本及网络布局优势。在中国，跨国公司的物流外包服务开始流向具有低成本及网络布局优势的中国物流企业。较为典型的是，格力物流为松下、佳能等外资企业提供物流服务，中海物流为诺基亚、三洋等企业提供物流服务，宝供物流集团为宝洁、飞利浦、雀巢、沃尔玛等40多家跨国公司提供物流服务。此外，东道国物流企业具备的本土化知识也是跨国公司选择物流服务商的重要考虑因素。物流服务商的本土化知识主要表现在物流服务商与东道国政府相关部门的关系以及协调能力上。在中国，物流业发展的政策法规环境有待改善和提高，还存在行业条块分割、地方保护等方面的问题，跨国公司需要物流服务商的本土化知识来提高在华的物流服务效率。

2. 跨国公司在东道国对物流服务商的管理

跨国公司在东道国对物流服务商的管理策略包括：

(1) 跨国公司在东道国的物流服务商使用上基本是外资物流企业和国内物流企业混用。在物流服务商的数量上，跨国公司在东道国出于风险考虑通常不会只选择一个物流服务商，所使用物流服务商的数量一般在2～5个，以通过竞争调动各物流服务商的积极性。

(2) 跨国公司在东道国选择物流服务商最主要的途径是公开招标。通常而言，跨国公司在东道国的物流部门会通过招标形式自主选择物流服务商，而无须公司总部来确定。中外运、中远、大田、大通等公司成为跨国公司在中国的物流服务商均是通过投标、中标实现的。

(3) 跨国公司在东道国与物流服务商合作时间较长，形成了长期良好的合作伙伴关系。出于物流服务的稳定性考虑，跨国公司注重与物流服务商的合作，通常不会频繁更换物流服务商。而且双方良好的合作伙伴关系提高了对彼此的满意度和忠诚度。跨国公司不仅向物流服务商扩大其物流外包范围，而且把其推荐给其他潜在客户。同样，物流服务商也愿意承担市场风险，自建物流网络以满足跨国公司在东道国扩大市场份额的需求。并且，在跨国公司出现重大问题时，物流服务商愿意配合跨国公司共同解决问题，并自愿调低物流服务价格，减轻跨国公司的负担以共渡难关。以米其林公司为例，总部在法国的米其林在英国2005—2011年由TNT物流为其提供物流服务，双方建立了长期良好的合作伙伴关系。在2012年，米其林与TNT物流又签订了6年合同，由TNT物流负责其在美国和加拿大的轮胎配送业务。

(4) 跨国公司对东道国物流服务商的评估也非常重视。跨国公司密切关注各个物流服务商的运作情况，会定期和不定期地进行抽检，并根据科学规范的评价标准对其进行绩效评估。

10.5.5 东道国物流外包对跨国公司的影响

1. 降低物流成本

在东道国实施物流外包对跨国公司最重要的影响之一就是降低物流成本。物流外包服务商凭借其物流专长和规模经济等优势，通过提高各环节能力的利用率，实现费用节省，可以有效地降低跨国公司在东道国的物流成本。利布和本茨（Lieb and Bentz，2011）对美国 500 强企业在东道国的物流外包进行调查后发现，70%被调查企业表示物流外包对物流成本缩减产生了积极或非常积极的影响。对跨国公司在中国物流外包的调查显示，采用物流外包后，大部分跨国公司的物流运作成本都下降或减小，有效百分比高达 68%。

2. 提高物流服务水平

在东道国实施物流外包对跨国公司最重要的另一影响就是提高物流服务水平。随着物流服务商的介入，跨国公司物流系统的可靠性、响应性、高效性等得到体现，物流服务质量得到提升，提高了客户服务水平，促进了跨国公司客户的满意度。利布和本茨（Lieb and Bentz，2011）通过对美国 500 强企业进行调查后发现，70%的被调查企业表示物流外包对物流服务水平产生了积极或非常积极的影响。同时，65%的被调查企业认为物流外包对企业客户满意度产生了积极或非常积极的正向影响。

3. 提高生产率

物流外包使得跨国公司在东道国的供产销可以更有效地衔接，促进了生产的连续性和灵活性，有助于提高跨国公司在东道国的生产率。库雷希等（Qureshi et al.，2011）通过研究表明，跨国公司在东道国实行物流外包能够在企业生产率上带来持续的改善。斯洛珀（Sloper，2012）认为，物流外包促进了跨国公司在东道国产品价值链的优化，从而促进了生产率的提升和价值增值。

4. 增加市场份额

物流服务提供商可以为跨国公司在东道国更快地将其产品推向东道国市场，而且可以借助它们及其合作伙伴的物流网络扩大跨国公司产品的销售区域，增加销售额，扩大在东道国的市场份额。通过对跨国公司在东道国发放调查问卷进行实证研究发现，跨国公司在东道国物流外包可以提高企业的销售额，对企业在东道国的市场份额也会产生正向影响。

上述几方面的改善还会提高跨国公司在东道国的利润水平，有助于促进跨国公司提升财务绩效。索拉基维等（Solakivi et al.，2012）对芬兰企业在东道国物流外包与企业财务绩效的关系进行研究，向 223 个企业发放调查问卷，财务绩效主要包括总资产收益率、股权收益率和税前收入三个指标。利用方差分析和因素分析该研究发现，从总资产收益率、股权收益率这两个指标来看，物流外包能够有效促进跨国公司在东道国的财务绩效。

10.5.6　对我国“走出去”企业的启示

1. 我国“走出去”的跨国公司应该在东道国优先选择物流外包

随着我国经济的发展、企业实力的增强，“走出去”的国内企业越来越多。不过，我国这些企业大多遵循“大而全”、“小而全”的运作模式，热衷于自建物流，物流外包意识淡薄，较少实施物流外包。鉴于发达国家跨国公司在东道国的物流策略以物流外包为主，并获得了良好的效果，因此，我国“走出去”的企业也应该强化物流外包意识，积极实施物流外包。

2. 我国“走出去”的跨国公司在东道国要合理选用物流服务商

根据诸多跨国公司在东道国使用物流服务商的经验，我国企业在东道国应优先选用原有物流服务商，最好是我国物流企业，让其在企业进入东道国之前，构建符合企业发展战略的物流网络。此外，也要适量选择某些东道国的本土物流服务商，以更充分地利用这些物流服务商的本土化知识和物流网络。

3. 我国“走出去”的跨国公司在东道国应与物流服务商建立长期良好的合作伙伴关系

在国内，我国企业与物流服务商之间的关系多为短期合作，并不断考虑选择新的物流服务商，真正的伙伴关系尚未形成。但对于我国“走出去”的跨国公司而言，在东道国一定要转变上述观念，不要频繁更换物流服务商，要与物流服务商签订较长周期的合同，定期进行绩效评估，加强双向沟通，增强彼此间的信任和依赖，创建风险共担、利益共享的长期良好合作伙伴关系。

4. 我国物流企业应增强内功，构建国际物流网络，为我国的走出去的企业提供物流保障

我国企业实施“走出去”战略后期望我国的物流企业也追随其至东道国。但我国物流企业服务质量、服务范围、技术水平等相对落后，更多地专注于国内业务，“走出去”参与国际竞争、构建国际网络刚刚起步，所以很难追随我国跨国企业至东道国。因此，我国物流企业应提升自身素质，掌握先进的物流管理理念和技术，通过与东道国物流企业结成战略联盟或并购等方式，扩大在东道国的物流网络，为我国“走出去”的企业提供有效的物流保障。

本章小结

全球供应链设计和优化是跨国公司供应链管理的重要环节，直接影响到全球供应链的运行效果。本章阐述了全球供应链设计的原则与策略，详细分析了全球供应链设计的步骤并简单介绍了全球供应链的优化。

随着经济全球化时代的到来，跨国公司在采购商品时通常采用全球采购。本章重点阐述了全球采购的流程，简单介绍了全球采购谈判与合同以及全球供应商的管理，并对全球采购策略进行了详细分析。

国际生产是跨国公司优化资源配置、调整产业结构的需要，是规模经济的需要，并已成为跨国公司全球经济的主要组成部分。本章重点介绍了国际生产的管理策略、跨国公司生产外包的决策和跨国公司生产外包的策略。

信息流、资金流和物流是供应链管理的三大要素。全球物流管理的水平也直接决定着跨国公司供应链的成本和效率。本章主要介绍了全球物流的基本活动、全球物流管理框架

以及全球物流系统。

本章主要概念

全球供应链设计（global supply chain design）
全球供应链优化（global supply chain optimization）
全球采购（global procurement）
全球采购策略（global procurement strategy）
全球采购谈判（global procurement negotiations）
全球供应商管理（global supplier management）
国际生产（international production）
生产外包（production outsourcing）
生产外包决策（production outsourcing decision）
全球物流管理（global logistics management）

思考题

1. 简述全球供应链的设计原则。
2. 结合实际阐述全球供应链设计的步骤。
3. 简述全球采购的流程。
4. 结合实际阐述全球供应商的管理措施。
5. 结合实际论述全球采购策略。
6. 结合实际阐述国际生产的管理策略。
7. 简述跨国生产外包的决策模式。
8. 结合实际阐述跨国公司生产外包的具体策略。
9. 简述全球物流的基本活动。
10. 结合实际论述全球物流系统的具体构成。

开篇案例讨论

1. 利丰的产品生产和物流采用了何种策略？
2. 利丰采用了哪些措施来优化现有全球供应链？
3. 利丰如何管理自己遍布世界各地的全球供应商？

推荐读物及网站

论文

1. 刘刚，李峰．跨国公司在华竞争战略演变驱动力及实现路径——基于供应链管理的视角．中国工业经济，2008（6）．

2. 包小忠．跨国公司全球供应链的构建与离岸服务外包的区域分布．管理现代化，2009（2）．

3. 温丽琴，卢进勇．中国跨国公司构建自主国际生产经营网络研究．亚太经济，2012（6）．

4. 赵立斌．国际物流网络与跨国公司生产网络的嵌入性研究——基于服务流程模块化的视角．商业经济与管理，2013（2）．

5. 朱彤，孙启俊．跨国公司全球化生产模式的理论分析——基于行业的视角．当代经济科学，2008（1）．

6. 赵立斌．跨国公司 FDI 与东盟国家参与全球生产网络进程．国际经贸探索，2014（1）．

7. M. J. Meixell and V. B. Gargeya. Global Supply Chain Design：A Literature Review and Critique. *Transportation Research Part* E：*Logistics and Transportation Review*，2005，41（6），pp. 531－550.

8. T. Schoenherr. Outsourcing Decisions in Global Supply Chains：An Exploratory Multi-country Survey. *International Journal of Production Research*，2010，48（2），pp. 343－378.

9. H. M. Wee，S. Y. Peng and P. K. P. Wee. Modelling of Outsourcing Decisions in Global Supply Chains：An Empirical Study on Supplier Management Performance with Different Outsourcing Strategies. *International Journal of Production Research*，2010，48（7），pp. 2081－2094.

10. M. A. Cohen and S. Mallik. Global Supply Chains：Research and Applications. *Production and Operations Management*，1997，6（3），pp. 193－210.

11. K. Rao and R. P. Young. Global Supply Chains：Factors Influencing Outsourcing of Logistics Functions. *International Journal of Physical Distribution & Logistics Management*，1994，24（6），pp. 11－19.

著作

1. ［英］阿伦·布兰奇．国际采购与管理．北京：机械工业出版社，2003.

2. ［英］戴维·泰勒编．全球物流与供应链管理案例．北京：中信出版社，2003.

3. 唐纳德·沃特斯编．全球物流与配送规划管理战略（第四版）．北京：中国人民大学出版社，2009.

4. 李怀政．全球物流管理．北京：中国物资出版社，2006.

5. 逯宇铎，李杰．全球采购管理．北京：机械工业出版社，2006.

网站

1. http：//www. chinawuliu. com. cn

2. http：//www. scmcn. net

3. http：//www. scm. org. cn

4. http：//www. cscmpchina. org

5. http：//www. cscmp. org

第11章

跨国公司跨文化管理

本章学习目标

1. 掌握跨文化管理学的基本研究方法
2. 了解跨文化管理的主要内容
3. 掌握跨文化冲突的原因以及化解的途径和解决的办法
4. 运用跨文化管理的有关理论分析企业国际化实践中的问题
5. 通过案例讨论，培养学生的分析能力、表达能力和解决问题的能力

开篇案例　不同文化价值观的冲击——BAC公司人力资源管理中的跨文化差异

作为一个新的驻华跨国子公司，由于需要优秀员工的加入以求经营能够尽快地进入轨道，BAC公司采用了美国文化中强调个人能力和竞争的人力资源管理方法，如果业务人员工作绩效达不到标准，则会在1～3月内被解聘。而中国文化中对人的长久发展的观念则认为员工是可以通过培训成为行家里手的，不赞成以一时的表现来决定一个员工的职业生涯。在最初的半年中，公司人员流动率相当高，达到了20%以上，能够留在公司的员工也对严格的人员进出制度心存敬畏。虽然公司的效益得到了很大的提升，但员工心中却对这样的快节奏血液循环充满了危机感，对企业的依赖感不强，进而影响了他们工作的积极性和主动性。

资料来源：http：//www.docin.com/p-412371458.html，2012-12-20.

11.1　跨文化管理理论

跨文化管理又称为交叉文化管理（cross cultural management），即在全球化经

营中，对跨国公司子公司所在国的文化了解、认知、适应、融合，以及采取绝对尊重和相对包容的管理方法，在跨文化条件下克服任何异质文化的冲突，并据以创造出企业独特的文化，从而形成卓有成效的管理过程。其目的在于在不同形态的文化氛围中设计出切实可行的组织结构和管理机制，在管理过程中寻找超越文化冲突的企业目标，以维系具有不同文化背景的员工共同的行为准则，从而最大限度地控制和利用企业的潜力与价值。跨国公司只有进行了成功的跨文化管理，才能使公司的经营得以顺利运转，竞争力得以增强，市场占有率得以扩大。

全球观察 11—1

文化对领导和员工行为的影响

法国管理学者劳伦特（Laurent，1983）曾经在西欧 9 个国家、亚洲 3 个国家和美国针对企业管理者和员工调查他们对工作中 6 个问题的看法，结果发现不同国家的人对同样的问题答案很不相同。

其中一个问题是这样问的："企业建立金字塔形的组织结构的主要原因就是使每个人都清楚自己的位置，并知道谁对谁具有权威。你同意吗?"

研究发现，美国管理者大部分都不同意这样的说法，只有 17%的人同意。相反，他们认为，建立金字塔形组织结构的主要原因是为了能够对工作任务进行有序组织以推进问题的解决。同时，他们认为，要加快解决问题的速度，组织结构应该扁平化，上级和下属应该是同事并平等地讨论问题，他们坚信扁平化一定可以做到。

大多数来自关系导向文化的管理者，如南欧人、亚洲人、拉丁美洲人和中东人则非常同意这样的说法。比如，有 42%的意大利人、43%的法国人、50%的日本人、70%的中国人和 83%的印度尼西亚人表示赞同这样的说法。印度尼西亚人甚至不相信一个企业可以离开金字塔形组织结构而存在，更不用说取得成功了。

资料来源：陈晓萍：《跨文化管理》，北京，清华大学出版社，2009。

11.1.1 文化与管理

1. 文化

关于什么是文化，目前并没有统一的定义。泰勒认为，文化是一个复杂的整体，它包括知识、信仰、艺术、法律、伦理道德、风俗和作为社会成员的人通过学习而获得的任何其他能力和习惯。

霍夫斯泰德认为，文化是同一组织成员或者同一种区划下的人群的"共同心理程序"。文化不是一种个体特征，而是具有相同的教育和生活经验的许多人所共有的心理程序。

美国文化语言学的奠基人萨皮尔（E. Spair）认为，文化被民族学家和文化史学家用来表达在人类生活中任何通过社会遗传下来的东西，包括物质和精神两方面。

总体来看，正如本书第 3 章所界定的，文化是一个由社会（集体）所需要的知识、信仰、艺术、道德、法律、风俗以及其他能力和习惯等构成的复杂整体。

2. 文化与管理的关系

（1）文化影响市场选择。对一个国家文化的理解，将影响跨国经营战略中对市场领域的选择。市场营销专家认为，国家之间的创新倾向主要取决于国家之间的文化传统和新产品进入市场的时间。创新波及理论认为，新思想的传播或交流，在文化背景相同的群体内部较容易，否则很困难。社会学家认为，世界文化分为高背景和低背景两大类文化类型。在高背景文化中，内部同文同种，约定俗成相同，因此信息容易传播。而在低背景文化中，社会内部差异大，存在许多亚文化，它们相互独立。这样信息既不易传播，也不易被接受，在商业上表现为新产品的创新过程中模仿者较少。例如，研究表明，日本、韩国、中国台湾三个高背景文化市场的“模仿倾向系数”都大于美国。那里新产品引进比较晚，但普及速度都比美国快。

（2）文化影响提供的产品和服务。在决定向国外市场提供什么样的产品和服务时，必须考虑文化差异。例如，中国冰清玉洁、高贵典雅的荷花图案，在日本却表示祭奠之意。美国加州牛肉面大王只在洛杉矶有 1 家分店，而在中国却有 77 家分店，对中国大众极具吸引力。美国可口可乐的国际营销战略的胜利，取决于其广告制作适应各国国情，如今可口可乐已深植于中国人心中。

11.1.2 价值取向理论

较早提出跨文化理论的是两位美国人类学家——克拉克洪与斯乔贝克（Kluckhohn & Strodtbeck，1961）。他们认为，不同文化中的人群对人类共同面对的六大基本问题有不同的观念、价值取向和解决方法。这六大问题包括：对人性的看法；对自身与外部自然环境的看法；对自身与他人之关系的看法；人的活动导向；人的空间观念和人的时间观念。

1. 对人性的看法

这一问题关注文化把人视为善的、恶的还是两者的混合物，探讨人在本质上是善还是恶，人性可以改变还是不可以改变。

不同文化中的人对人性的看法有很大差异。比如，美国文化对人性的看法比较复杂，不单纯地认为人生来善良或生性险恶，而认为人性可善可恶，是善恶混合体。他们同时认为人性的善恶有可能在出生以后发生变化。基督教的原罪说反映的是人性恶的理念，而通过忏悔和行善可以洗脱罪孽、升上天堂反映的则是人性可变的信念。相反，有的社会对人性采取较单一的看法，比如，中国的“人之初，性本善”表现的是对人性的乐观态度，而“三岁看老”则有一点人性难变的假设。

2. 对自身与外部自然环境的看法

这个问题关注人们是屈从于环境，还是与环境保持和谐关系，抑或能够控制环境。虽然在一些文化中自然是可以控制的，然而在另一些文化中它被当作恩赐而被迫接受，命运和宿命早有定数，人们不是试图改变命运或者主动使事情发生，而是被动地顺其自然、任其发生。在一些国家，伊斯兰教占有重要的地位，人们对于自然的态度从俗语“如果主希望”可以得到充分的反映：事物的发生是不可控制的。如果试图去控制，则会被认为是“愚蠢的或者是反宗教的”。相似地，在葡萄牙有一句含义相同的话“如主所愿”，它又一次反映了宗教在日常生活中的重要性，人们要接受自身的命运或者说是宿命。相反，美国人和加拿大人则相信他们能够控制自然。介于两个极端之间的是一种更为中立的看法，即希望寻求与自然的和谐关系。例如，很多远东国家的人们对待环境的做法就是以它为中心活动。

3. 对自身与他人之关系的看法

文化必须以可预期的方式架构人与人之间的关系，这包括三个方面：个人、群体和等级关系。前两个方面强调的是个人还是群体主导社会关系，第三个方面强调对等级关系的考虑，或强调人们之间或群体之间的地位差别。

中国人把个体看做群体的一员，个人离开群体很难生存。个人不应有与他人不太相同的特征，应该尽量合群，左右逢源。一个人如果个性太突出，太与众不同，就可能遭排斥，而变得格格不入。在个人利益与群体利益发生冲突时，个人则应该牺牲自己的利益保全集体的利益，应该大公无私，毫不利己专门利人，应该牺牲小我，成全大我。长期以来中国宣传的英雄人物几乎都或多或少具有这些品质。

4. 人的活动导向

这一问题描述的是一个文化中的个体是否倾向于不断行动。对活动导向的差异可以显示人们是怎样对待工作和娱乐，以及人们的偏好是怎样的。在人们的做事方式上，文化可分为存在型和实干型。实干型文化中，人们强调行动和通过努力工作把事情做完。他们重视做事或活动，强调成就。例如，北美人生活在做事取向的社会中。他们认为，人必须不断地做事，不断地处在动之中，才有意义，才能创造价值。更有甚者，不仅要动，而且要快。他们工作勤奋，并希望因为自己的成就而获得晋升、加薪以及其他方式的认可。“别只是站在那儿，去做些事情”，成为许多美国管理者经常性的命令。美国和北欧的管理者更喜欢做些什么，并且很快地作出决定。美国的这种行动文化已越来越成为商业社会的重要特点。

5. 人的空间观念

这一问题关注特定文化环境中对空间的拥有程度。一些文化非常开放，倾向于把空间看成是公共的东西，没有太多隐私可言，并公开从事商业活动。另一些极端的文化则倾向于把空间看成是个人的私密之处，极为重视让事情在私下进行。大多数社会文化是两个极端的混合物，并落在中间某一处位置上。例如，日本的组织表现出社会的公开特性。那里几乎没有私人办公室，经理和操作工人在同一间屋子里，在中间不分隔的桌子上办公。一个小组的低级职员面对面坐在成行的桌子前，小组的领导在这一行端头的桌子前工作，而一个部门的领导会坐得稍微分离一点，以观察若干个小组。对于不习惯这种结构的欧洲人来说，这种办公室看起来或者感觉起来有些像银行里的一个交易室：开放、吵闹、狭窄、过于密集而相互影响，每一个人都知道别人在干什么。在德国是另一番情形，人们会发现一些单独的办公室，紧闭的门上写着这个办公室主人的名称。德国人很难在一个敞开的大办公室里办公，因为能够听见他人谈话显然是一种缺乏隐私权的表现。

6. 人的时间观念

对时间的看法主要涉及两个层面。一个是关于时间的导向，即一个民族和国家是注重过去、现在还是未来。另一个层面是关于时间的利用，即时间是线性的，应在一个时间里做一件事，按计划和时间表行事，还是时间是非线性的，在同一时间里可以做多件事，不应该绝对按照时间表行事，应该灵活机动。

(1) 时间的导向。文化对于时间有过去、现在和未来三种取向。这个问题关注的是一国的文化注重的是过去、现在还是将来。过去取向文化的人们强调传统，炫耀过去；现在取向文化的人们倾向于只争朝夕地生活，几乎不作明天的打算；未来取向文化的人们相信今天所发生的一切将来都会有回报（见表 11—1）。

表 11—1 三个时间范畴

过去	现在	将来
● 谈论过去、家庭血统和国家 ● 激励自己去重建辉煌 ● 尊敬长辈 ● 每件事都认为与传统和历史有关	● 认为即时的活动和享受是最重要的 ● 很少反对计划但也很少执行 ● 对现在的关系很有兴趣 ● 每件事情都被认为由同时代的影响和风格决定	● 更多谈论的是前景、潜在的东西以及未来可获得的成功 ● 很有热情地计划、策划 ● 对新生的、潜在的东西很感兴趣 ● 过去、现在开发或使用的东西都是为将来利益着想的

(2) 时间的利用。不同的社会对时间的价值观也不一样。在美国文化中，更趋向于把时间看成是有限的，就像金钱，是被花费的。美国人关注的是现在和近期对于员工的绩效评估，典型的北美组织每 6 个月或一年对员工进行一次评估。相反，日本的员工常常用 10 年以上的时间证明他们的价值。还有一些文化关注的是过去，如意大利人就追随着他们的传统，并寻求保护他们历史的实践活动。

11.1.3 文化架构理论

荷兰经济学家和管理咨询家特朗皮纳斯（Trompennas，1993，1998）历经 10 年，对来自 47 个国家的 15 000 名经理人进行人际沟通方面的调查后，提出了文化架构理论的 7 个文化维度。

1. 普遍主义/特殊主义：社会的责任或个人的责任

在普遍主义文化中，人们认为判断对和错有一定的客观标准，可以应用在任何人身上和任何时间、任何场合。特殊主义文化则认为，在判断对和错的时候，特殊情况和关系起到更重要的作用，而不是由抽象、刻板的条例决定。

表 11—2 概括了在商务管理领域普遍主义者和特殊主义者的不同特点。

表 11—2 普遍主义文化与特殊主义文化的差异

普遍主义文化	特殊主义文化
● 对于规则的关注要比对于细节的关注多	● 对于事物间关系的关注要比对于某些规则的关注多
● 法定合同易于拟定	● 法定合同易于改动
● 值得信赖的人是指那些能够遵守诺言和履行合同的人	● 值得信赖的人是指那些能够尊重相互间变化的人
● 认为只有一个真理	● 对于真理的解释有很多种
● 就事论事	● 牵涉人事关系

全球观察 11—2

普遍主义和特殊主义的测试

一个例子就是“开车误撞行人”的情境：有一天你和朋友驾车外出，在一条小街上行驶时，你发现朋友的车速为每小时 40 公里，而当时允许的车速为每小时 30 公里。开到街角时，突然有行人从路边出来，朋友来不及刹车，就把行人撞倒了。当时没有其他目击者。警察来了，让你提供目击者口供。假如你不作伪证，你的朋友将承担严重后果。

请回答以下两个问题：

问题一：你觉得在多大程度上你的朋友有权力要求你为他作伪证，即他实际时速为每小时 30 公里？

A. 我的朋友有绝对权力要求我为他作伪证。

B. 我的朋友有一些权力要求我为他作伪证。

C. 我的朋友没有任何权力要求我为他作伪证。

问题二：你会为他作伪证吗？

D. 我会为他作伪证。

E. 我不会为他作伪证。

询问美国学生时，一个 40 人左右的班上大约有三五个人认为朋友有一些权力要求自己为之作伪证，没有人赞同朋友有绝对权力，但几乎所有的人都会说朋友没有任何权力要求自己为之作伪证。询问中国学生时，情况就很不一样，几乎没有人赞同朋友没有任何权力，而绝大多数人都认为朋友有一些权力。对问题二的回答差异更显著。在美国，只有一两个学生愿意为朋友作伪证。而在中国，大约有半数以上的人举手表示愿意为朋友作伪证。

当让他们各自说明自己选择的理由时，不作伪证的人如是说：

(1) 如果朋友会期待我为他撒谎，那他就不是我的朋友，我不与那样的人交朋友。

(2) 朋友超速发生了事故，应该为自己的行为负责，如果我为他作伪证，反而是害了他。

(3) 作伪证是违法行为，我自己会因此受到惩罚。

(4) 作伪证是不道德的行为，我作为一个正直的人，应该说真话。

(5) 受伤的行人应该有权讨回公道，我作伪证是为虎作伥。

而选择作伪证的人则如此说明自己的行为：

(1) 作为朋友，他有权期待我为他作伪证，这是朋友应该做的。

(2) 朋友超速发生了事故，有可能吊销执照甚至进监狱，作为朋友，我应该帮助他避免坏的后果。

(3) 虽然作伪证是不良行为，但我是为朋友而不是为自己作伪证，这属于"两肋插刀"行为，不惜自己冒风险而拯救朋友，是义举。

(4) 作伪证并不一定是不道德行为，得看动机和结果。

(5) 行人已经受伤，不会因为我的行为而有任何改变，而我的朋友可就指望着我了。

双方给出的理由看来都合情合理。但现在把事件的变数推向极端，比如开车的人不是你的朋友，而是你的亲人（如父母、子女、配偶），再如被撞的行人不仅受了伤，而且进医院后不久就告别了人世，看他们的选择会不会发生改变。结果发现在亲人的状态下，因为与自己的利益关系极近，少数人从不作伪证改成了作伪证，但在去世的情境下，几乎所有的人都对自己原来的选择更加坚定。主要理由如下：

不作伪证：对方已经死了，朋友更应该负责；对方也是人，与所有人一样享有基本人权，应该对他公道。

作伪证：对方已经死了，谁也无能为力；而朋友则真正陷入了困境，是真正需要帮助的时候；身为朋友，此时不帮，更待何时？

在此，我们暂且不管谁对谁错，因为各人有自己的逻辑推理和基本假设，并且都能自圆其说。但对该问题的不同回答清楚地显示了存在文化差异是不可争辩的事实。

资料来源：陈晓萍：《跨文化管理》，北京，清华大学出版社，2009。

2. 个人主义/集体主义：个人目标或集体目标

个人主义与集体主义这个维度关注群体如何解决问题：个体更看重他个人还是把自己看成是群体中的一员。进一步讲，社会应该更重视个体对社会的贡献，还是应该首先考虑集体，因为集体是由许多个体构成的。

在强调集体主义的社会中，人们愿意归属的群体各不相同：工会、家庭、民族、公司、宗教、职业或政党组织。例如，日本人认同他们的国家和公司，法国人认同他们的国家、家庭和职位，爱尔兰人认同罗马天主教堂。

跨文化管理深深地受到不同国家中个人主义—集体主义倾向的影响。谈判、决策和激励是受影响最关键的领域。在群体中，对成就的认可以及计件工资的发放必须根据各人的贡献区分开来，并且每个人对共同承担任务的贡献是区分的，贡献多的应该受到表扬或奖励。这是个人主义文化中的情形。如在美国，在工作中将薪水和工作表现联系起来是十分合理的。只要不断努力，每个人都可能成功。如在苹果公司，薪水是没有上限的，优秀的表现可以获得相当于基本工资两倍的月薪，无须考虑部门中是否需要平衡。

相反，在集体主义文化中，这是不可能的。在许多亚洲国家，集体逻辑非常盛行。例如，一个跨国公司在推行为了提高生产率而为工人提供营养午餐时遇到阻力，因为当地的雇员要求把午餐费用直接支付给他们，从而使他们可以养活家人。这种态度就是："我们在家人挨饿的时候怎么能吃得下呢？"又如，印度尼西亚人是以群体方式处理他们的文化的，每个人都在群体中联系在一起，在一个群体中，以不同的标准发薪水是不妥当的，按表现分配也是不适合的。在日本也是如此，人们担心按业绩分配会破坏内部和谐，并可能同时引发追求短期效益的想法和做法。

3. 中立/情感：相互关系中的情绪化倾向

在中立与情感的问题上，人类的理性和感性会起一定的作用。理性和感性哪个占主导地位，取决于采用的方法中所持态度是中立的，还是带情感的。

在中立文化中，人们倾向于认为在工作场合表现出诸如愤怒、高兴或紧张等情绪是非职业化的；相反，在情感文化中，人们会认为他们的中性化同事是没有情绪的，或是把他们的真实感情掩藏在假面具中。在中立文化中，人与人之间很少有身体接触，人与人之间的沟通和交流也比较微妙；而在情感文化中，人与人之间身体接触比较自然、公开，交流沟通时表情丰富，充满肢体语言（见表 11—3）。

表 11—3　　中立文化与情感文化的差异

中立文化	情感文化
● 不表现他们的思想或感觉 ● 可能（偶尔地）会通过面部表情或手势来表达他们的紧张 ● 冷静和自控能力很令人钦佩 ● 肢体语言和面部表情都被视为禁忌 ● 总以一种语调来叙述事情	● 以语言或非语言的表达方式表达他们的所思所感 ● 很明显地表示出他们的紧张情绪 ● 没有任何顾忌地流露自己的情感 ● 崇尚热情而有生命力的表达方式 ● 总是抑扬顿挫地高声朗诵

全球观察 11—3

中立文化与情感文化的差异

日本的中立文化表现在很多方面，其一是人与人之间感觉舒服的空间距离比较远，在三尺以上，一般见面鞠躬，不做任何身体接触。讲话时表情中性，喜怒不形于色，让来自情绪文化的人不知所措。最有趣的是电影《恭贺》（*Gung-Ho*）中的一个情境。美国人亨特从美国飞去日本请日本的一家汽车公司到他所居住的城市开厂，因为原先的美国汽车厂倒闭关门现在空置，全城的人差不多都失业了。亨特很幽默，尽量想逗日本人笑，然后说服他们去开厂。没想到他一个人说了十几分钟，放了十几张幻灯片，底下坐着的日本管理人员没有一点反应，既不笑，也不生气，而是面无表情，直直地看着他。他以为他们听不懂英文，就问："你们说英文吗？"一个年长的立刻就说："我们都会说英语，你接着说。"亨特很尴尬，只能又说了几句，但还是没反应，所以就草草收场了。返美的路上，他一直很沮丧，觉得自己完全失败了，回到家里就马上开始看报纸上的招工广告，准备给自己找份工作。没想到，一个星期后，日本人来了，而且宣布开厂，并说他们之所以作出此决定主要是因为亨特的精彩演说。可以想见亨特是多么震惊，当然更别提有多高兴了！

与日本人相比，美国人相对比较情绪化，但与希腊人比，美国人就显得不那么情绪化了。在电影《我盛大的希腊婚礼》（*My Big Fat Greek Wedding*）中，可以明显看到这种反差。一个成长于非常传统的希腊家庭的女孩爱上了一个美国男子，当她把男子带到家里去见父母时，那个男子看到的不只是他的父母，而是她的“全家”，包括所有远近亲戚，而且大家都争先恐后地冲上来与他拥抱，七嘴八舌，亲热无比。当他把她带去见父母时，情形则完全不同。儿子与父母本身就很生分，彼此之间温文尔雅、彬彬有礼，见面时除了握手，基本没有其他的身体接触。父母见了女孩则问其姓名，又因为她的姓比较奇怪，进而猜测她来自哪个国家，当然猜得驴唇不对马嘴，显示出美国人对外国的无知。吃饭时大家也沉默寡言，整个气氛是冷清而尴尬的。

资料来源：陈晓萍：《跨文化管理》，北京，清华大学出版社，2009。

4. 关系特定/关系散漫：相互关系中投入的程度

这个维度表示个人和他人交往中的投入程度。每个人的个性不同，有些更外向，有些更内向。但是，在不同文化中，人们的公共空间和私人空间大小是有差异的，而且愿意与他人共享这些空间的程度也是各不相同的。在关系特定的文化中，人们有更大的公共空间和更小的私人空间，他们守卫自己的私人空间，把私人空间封闭起来。但是，在关系散漫的文化中，公共空间通常难以进入，而一旦进入公共空间，私人空间就比关系特定文化容易进入（见表 11—4）。

表 11—4　特定文化与散漫文化的差异

散漫文化	特定文化
● 以一种间接、迂回、看似无目的的方式阐述事情	● 直接、有针对性地叙述事情
● 做事老练，有些模棱两可甚至于让人难以理解	● 做事直率，力求精确，并且让人很容易接受
● 低流动性	● 高流动性
● 工作和私人生活紧密相连	● 将工作和私人生活分开
● 在不同场合用同样的称呼	● 在不同场合用不同的称呼

5. 注重个人成就/注重社会等级：权力和地位的合法性

注重个人成就/注重社会等级这个维度是关于社会中的地位和权力是如何决定的。社会可能以一个人的出身或者取得的成就、付出的努力评价其地位；个人的地位则可能基于这个人做什么或是这个人是什么。不同的社会文化在这方面是不同的。

全球观察 11—4

成就文化与等级文化

一位瑞典经理在巴基斯坦执行一个项目，有一个人员空缺必须马上补齐。在认真评估后，他选择了两位很有前途的雇员中的一位。这两位雇员都受到过高等教育，都是机械管理的硕士，而且都是该领域的专家。然而，卡恩由于近期的成绩最终得到了提拔。萨拉落选了，看到结果后很难过，就去找他的瑞典老板要求一个解释。他的老板向他说明，因为只有一个空缺，所以两个人中只能有一个当选，且你的进步没有卡恩大。

最后他知道萨拉早于卡恩两年从美国同一所大学获得学位。因此，萨拉自认为很有希望比同事有更高的地位。

资料来源：陈晓萍：《跨文化管理》，北京，清华大学出版社，2009。

6. 线性时间/同步时间：人与时间的关系

线性时间/同步时间这个维度是指我们是否立即做事，一次做一件还是做几件。线性时间认为时间是呈线性序列的，一次只能做一件事情；同步时间则认为，人们可以同时做几件事情，时间是灵活的、无形的。

7. 内控文化/外控文化：人与自然的关系

内控文化/外控文化这个维度是指人们相信环境控制人还是人控制环境，即我们是否控制我们的环境，或者我们是否被环境控制。内控文化中，人们认为大自然是复杂但却可以控制的，即相信人们通过努力可以控制自然。外控文化中，人们认为人是自然的一部分，因而应该与大自然和谐共处，人们应该调整自己以适应环境。

11.1.4 文化价值维度理论

霍夫斯泰德关于文化的观点是在他做的关于文化差异的实验性研究基础上形成的。20 世纪 70 年代，IBM 公司想在全球各工厂建立一套共同的管理程序和标准，但是在不同国家，如巴西和日本的管理程序和标准存在很大差异。霍夫斯泰德通过采访和问卷调查的方式发现，这种差异在很大程度上与员工所在国家的文化有关系。他把文化描述成“人的头脑中的一种集体共有的程序，它能将一类人与其他人区分开来”。经过几轮的研究，他把文化差异归纳为四个基本的维度。他指出所有的差异都可追溯到基本维度中的一个或几个。这些维度是：个体主义/集体主义、权力距离、不确定性规避和男性化社会/女性化社会。20 世纪 90 年代，他的文化维度中又增加了时间取向。

1. 个人主义/集体主义

个人主义/集体主义（individualism/collectivism）表示个人与群体间的关联程度。个人主义文化注重个体目标，相反，集体主义文化则更强调集体目标（见表 11—5）。个人主义文化中，人们应当自己照顾自己和直系家庭，而在集体主义文化中，人们期望他们的内群体或集体来照顾他们，作为这种照顾的交换条件，他们对内群体拥有绝对的忠诚。个人主义文化没有圈内（in-group）和圈外（out-group）的明显差别，而集体主义文化却有明显的圈内和圈外的差别。

表 11—5　集体主义文化与个体主义文化的差异

集体主义文化	个体主义文化
● 更多地使用“我们”	● 更多地使用“我”
● 决定由代表送回企业	● 决定由代表当场做出
● 以合作的形式完成任务并认为那是大家共同的责任	● 人们总是想独立完成工作并认为那是自己的责任
● 很多人一起度假	● 两个人甚至一个人度假
● 人贵在认同、皈依，理想境界是成为集体的一员	● 人人应当自立自主，人的特征是自我，是个人；人贵在个人首创精神，理想境界是发扬个人领导能力
● 相信群策群力，提倡集体决策	● 强调遇事果断，崇尚个人决策
● 感情上认同企业	● 感情上独立于企业
● 大企业更有吸引力	● 小企业更有吸引力
● “以厂为家”，献身于企业的事业	● 个人与企业是各打算盘的利益关系
● 人不能只顾自己，不顾他人	● 人人为己，天经地义
● 人分圈内圈外，为朋友两肋插刀	● 人际关系一视同仁，生意就是生意
● 保住职位对管理人员更重要	● 管理自主权对管理人员更重要
● 人的价值在于承担责任	● 人的价值在于享受人生
● 环境不以个人为转移，重在适应	● 只要有决心总会有办法
● 人的社会关系先天决定	● 社会关系、朋友自行选择

在霍夫斯泰德的研究中，一个社会的个人主义/集体主义倾向是通过个人主义指数（individualism index）来衡量的。这一指数的数值越大，说明该社会的个人主义倾向越明显，如美国；反之数值越小，则说明该社会的集体主义倾向越明显，如日本和亚洲大多数国家。

2. 权力距离

权力距离指的是一个社会中的人群对权力分配不平等这一事实的接受程度。接受程度高的国家和民族，社会层级分明，权力距离大；接受程度低的国家和民族，人和人之间比较平等，权力距离小（见表 11—6）。

表 11—6　权力距离的表现

低权力距离文化	高权力距离文化
● 不平等应当被限制在最小的可能程度之内，有权的人和无权的人应当有一定程度的相互依赖，二者根本上是和谐的	● 人们之间的不平等是应当的，无权的人应当依赖有权的人；实践中，无权的人要么依附，要么反依附
● 父母平等对待儿女，儿女平等对待父母	● 父母教育儿女要服从，儿女尊重父母
● 教师期望学生在课堂上发挥主动性，学生平等对待教师	● 教师主导课堂，是传授知识的权威，学生尊重老师
● 受教育更多的人比受教育少的人拥有更少的权威价值观	● 受教育多和受教育少的人都接受权威价值观
● 组织中的权威等级关系只是因工作方便而创立的角色上的不平等；盛行分权	● 组织中的权威等级关系反映了上层和下层天然的不平等；集权盛行
● 组织高层与基层人员工资差距不大	● 组织高层与基层人员工资差距很大
● 下属期望上级在决策时征求其意见	● 下属期望被告知做什么工作
● 理想的老板是一个应变能力强的民主型领导	● 理想的老板是一个仁慈的独裁者或是一个好父亲
● 反对特权与特殊地位	● 经理人员的特权和地位象征是正当的

3. 不确定性规避

不确定性规避是指组织或群体面对不确定性时所感受到的威胁以及试图通过制定安全规则和其他手段来避免不确定性的程度。霍夫斯泰德认为，人们抵抗未来这种不确定性的途径主要有三种：科技、法律和宗教。人们用科技来抵抗自然界的不确定性，用法律来抵抗来自其他社会成员的不确定性，而宗教则被人们用来化解不可抵抗的死亡和来世的不确定性。霍夫斯泰德的调查表明，不同民族文化之间在对不确定状态的回避倾向上有很大的不同（见表 11—7），有的民族把生活中的未知、不确定性视为大敌，千方百计加以避免，而有的民族则采取坦然接受的态度，认为“是福不是祸，是祸躲不过”。

表 11—7　　不确定性规避的表现

不确定性规避倾向弱	不确定性规避倾向强
● 不确定状态是生活的题中应有之义，只需随遇而安，不要紧张，听其自然	● 不确定状态是人生的大敌，应当尽量消除；高度紧张和不安感强
● 不同意见和情感不应当表露	● 不同意见和情感在适当的时间和地点可以流露
● 在模糊、不熟悉、有风险的情形下泰然处之	● 接受熟悉的风险；惧怕模糊、不熟悉、有风险的情形
● 对儿女管教不严厉；容忍不同意见和好奇心	● 对小孩管教严厉；不同的即是危险的
● 学生喜欢开放讨论式学习	● 学生习惯于结构化学习环境，关心答案正确与否
● 教师可能回答：我不知道	● 教师应当回答所有问题
● 规章制度越少越好	● 希望凡事都有规章制度；即使这些制度无法执行
● 有的是时间；勤劳不是美德；精确与守时必须经过学习才能做到	● 时间就是金钱；努力工作是一种内在冲动；精确和守时是自然的
● 容忍离经叛道和创新思想与行为	● 压制异端思想和行为；抵制创新
● 受成就、自尊或归属感激励	● 受安全和自尊、归属感激励

4. 男性化社会/女性化社会

男性化社会/女性化社会维度表明性别对一个社会中男性和女性扮演什么角色的决定程度。霍夫斯泰德把这种以社会性别角色的分工为基础的男性化倾向称为男性或男子气质所代表的维度（即男性度（masculinity dimension）），它是指社会中两性的社会性别角色差别清楚，男人应表现得自信、坚强、注重物质成就，女人应表现得谦逊、温柔、关注生活质量。而与此相对立的女性化倾向则被其称为女性或女子气质所代表的维度（即女性度（feminine dimension）），它是指社会中两性的社会性别角色互相重叠，男人与女人都表现得谦逊、恭顺、关注生活质量（见表 11—8）。

表 11—8　　男性化文化与女性化文化的表现

男性化文化	女性化文化
● 成功是人生的真正尺度	● 人生重要的是生活质量
● 金钱和物质导向	● 人情导向，友谊和环境更重要

续前表

男性化文化	女性化文化
● 人最理想的状态是独立 ● 敬慕成功的强者 ● 美在规模、速度之中 ● 男人要有主见，女人应当关怀体贴 ● 人生在于工作 ● 收入比闲暇更重要 ● 相信 X 理论（人生厌恶工作）	● 同舟共济，相互依赖最理想 ● 同情生活中的弱者和不幸者 ● 美在小巧、缓慢之中 ● 男人也应体贴关心 ● 工作是为了生活，而不是相反 ● 闲暇比收入更重要 ● 相信 Y 理论（人生乐在劳作之中）

5. 长期取向/短期取向

考虑到孔子的儒家思想对东方国家特别是中国的影响，霍夫斯泰德在前四个文化维度的基础上增加了第五个维度——长期取向/短期取向。长期取向/短期取向指人们对战略的看法是否具有长远的眼光。

长期取向高的社会，人们倾向于节俭、积累、容忍和传统，追求长期稳定和高水平的生活；长期取向的文化关注未来，重视借鉴和毅力。相反，短期取向文化的价值观是倾向过去和现在的。

若干国家文化差异的得分如表 11—9 所示。

表 11—9　若干国家文化差异的得分

国家	权力距离	不确定性规避	个人主义	男性化
加拿大	28	24	93	57
意大利	38	58	89	93
希腊	50	100	45	67
丹麦	6	6	85	8
挪威	12	30	77	4
瑞典	12	8	82	2
巴西	75	61	52	51
印度	82	17	62	63
以色列	4	66	66	47
日本	32	89	55	100
澳大利亚	25	32	98	72
英国	21	12	96	84
美国	30	21	100	74
中国	89	44	39	54
新加坡	77	2	26	49
奥地利	2	56	68	98
德国	21	47	74	84
瑞士	17	40	75	93
墨西哥	92	68	42	91
法国	73	78	82	35

11.1.5 GLOBE 文化维度模型

全球领导力和组织行为有效性（global leadership and organizational behavior effectiveness，GLOBE）项目是由豪斯（R. J. House）等学者于 1994—1997 年进行的一项大规模的文化实证研究，该项目试图发现各国家文化之间的异同，以及它们如何影响各地组织的实践行为尤其是领导行为。他们调查了 62 个国家和地区、951 个组织的 17 000 位管理者，总结出 9 个重要的文化维度，并于 2004 年出版了《文化、领导和组织：对 62 个社团的全球化研究》一书，详细介绍了 9 个文化维度的含义以及各维度的测量计算方法。表 11—10 总结了这 9 个重要文化维度的含义。

表 11—10 GLOBE 文化维度模型

文化维度	含义
权力距离 (power distance)	群体当中人与人之间在等级、权力和威望等方面的不同等程度
群体集体主义 (in-group collectivism)	个人表现出来的对小群体的忠诚程度，小群体指家庭、密友和所在单位、组织等
公共集体主义 (institutional collectivism)	个人表现出来的对更大范围群体（如国家）的融入性，大群体中的个体相处融洽、强调合作的程度
不确定性规避 (uncertainty avoidance)	人们明确遵循规矩、秩序，以规避未来不确定风险的程度
未来倾向 (future orientation)	人们立足于长期的发展、讲究规划、注重对未来的投资等的程度
性别平等 (gender egalitarianism)	一个社会或组织减少性别角色差异、降低性别歧视的程度
坚定性 (assertiveness)	个体在与其他个体打交道时是否有独断、对抗、激进等表现，相对于含蓄温和而言
人性倾向 (humane orientation)	待人公平，慷慨，关心照顾他人的表现
绩效导向 (performance orientation)	注重绩效的提升，强调结果重于过程

GLOBE 文化测量模型除了对文化维度进行重新分类，另一个重要的贡献是区分了文化现状（culture practices）和文化价值观（culture values）。在进行问卷调查过程中，被调查者既提供了文化现实，即现实中文化现实的分值，又提供了文化“应该”的分值，即文化价值观的分值，这是其分析文化的不同维度的独特之处，因此，GLOBE 文化维度下每一个维度都有 2 个分值，每个国家的文化共得到了 18 个分值。图 11—1 描述了 GLOBE 文化模型多层次测量方法。

GLOBE 文化调查把以前一系列文化研究结合在一起，以至于有一些文化分析维度与霍夫斯泰德的研究维度很相似。但是，虽然在文化维度的划分上很相似，研究者并没有完全采取霍夫斯泰德的维度，并且各维度的含义也不相同，他们将霍夫斯泰德的个人主义/集体主义划分为两个不同的维度：公共集体主义和群体集体主义。前者是指社会提倡以个体的自由和自主为代价换来集体利益、和谐和协作。后

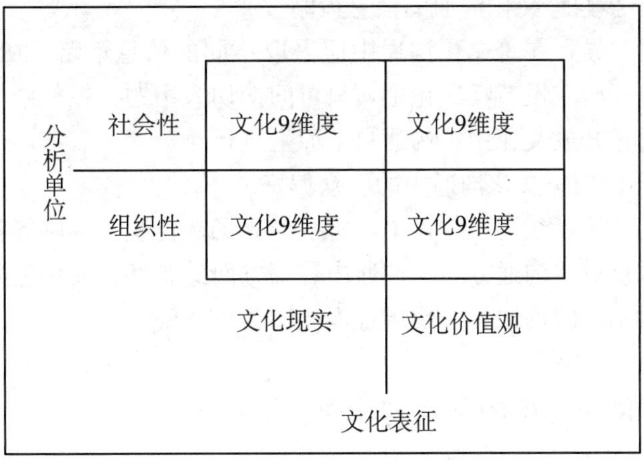

图 11—1 GLOBE 文化维度模型多层次测量方法

资料来源：J. S. Chhokar，F. C. Brodbeck and R. J. House，Culture and Leadership cross the World，*The GLOBE Book of In-depth Studies of 25 Societies*，2007，5.

者是指对家庭、组织和雇主的忠诚。此外，GLOBE 项目没有采用霍夫斯泰德提出的男性主义/女性主义这一维度，而是提供了其他四个与男性化/女性化比较相关的维度：坚定性、性别平等、人性倾向、绩效导向。GLOBE 项目中的其他三个维度——权力距离、不确定性规避、未来倾向则非常类似于霍夫斯泰德提出的权力距离、不确定性规避和长期取向/短期取向的定义，但是其与霍夫斯泰德的维度研究并不完全一致。GLOBE 文化维度研究率先提出在研究民族文化时应该将文化现状和文化价值观进行区分，这一点解决了跨文化研究中很多长期存在的困扰。GLOBE 文化维度被认为是组织价值观和文化领域最新的研究成果之一，在分析有关中国文化维度时是值得依赖的文化维度之一。GLOBE 的文化维度模型逐渐在不同领域被人们加以利用。

11.2 跨文化沟通的模式

在一种文化中编码的信息，包括语言、手势和表情等，在某一特定文化单元中有特定的含义，传递到另一文化单元中，要经过解码和破译，才能被对方接收、感知和理解。当信息的发送者和接收者不属于一个文化单元时，我们就说存在跨文化的沟通。

11.2.1 文化与沟通

1. 文化差异影响跨文化沟通的形式

文化差异使跨文化沟通表现为多种形式。在集体主义文化中，沟通多以征询、参与的形式进行；在个人主义文化中，沟通多以叙说、说服的形式进行；在独裁文化中，沟通的形式表现为单向沟通；在民主文化中，沟通的形式表现为双向沟通。

2. 文化差异影响跨文化沟通的信息策略

根据文化的差异，在跨文化沟通中应采取不同的信息策略。在快节奏文化中，可直接切入主题；而在慢节奏文化中，只可间接切入主题。在权威文化中，沟通自上而下进行；而在开放文化中，沟通自下而上进行。

3. 文化差异影响跨文化沟通中的听众偏好

由于文化的差异，在沟通过程中，听众的立场、传统、准则等各不相同，这些因素直接影响听众对待沟通方式、沟通内容等方面的态度。文化差异也使跨文化沟通过程中听众对不同的沟通者表现出各不相同的信任度。

11.2.2 跨文化沟通中的语言与非语言沟通

1. 跨文化沟通中的语言沟通

不同的语言源于不同的文化，每种语言都有其独特的文化内涵。语言差别是同文化沟通与跨文化沟通相区别的显著标志之一，也是企业中跨文化沟通的最大障碍之一。

(1) 高语境与低语境。在低语境文化中，缺少共同的经历意味着“每次他们和别人交流的时候都需要详细的背景信息”。在低语境文化中，语言传达了大多数信息，语境和参与者方面只包含极少的信息。这一特点反映在多个方面。西方人的交流方式常常比较直接和坦率，也就是说，所有事情都需要说明白，而且是越明白越好。

(2) 直接与婉转。说话的直接与婉转恐怕是语言沟通跨文化差异中较显著的一个。美国人说话直截了当，开门见山；而中国人则喜欢拐弯抹角，犹抱琵琶半遮面。

(3) 插嘴与沉默。在语言沟通中，另一个文化差异表现在讲话的合理程式上。是一个接一个有条不紊地讲话，还是大家彼此打断、七嘴八舌？是一问一答，你说完一句我说下一句，还是你说完我想一想再往下说，或者你没说完我就插话？什么样的说话程式在某一文化中被视为平常合理的？不同民族、文化的人在这一点上有明显的不同。

(4) 倾听与对话。倾听是实现有效沟通的另一个重要方面。不同的民族和文化之间在倾听的特点上也有许多的不同之处。有些民族比另一些民族更安静、更乐于倾听，有些民族比另一些民族更善于倾听。在倾听文化中，人们偏向的沟通方式是自言自语—停顿—反思—自言自语，而且尽可能让对方先开始自言自语。相反，在对话文化中，人们常常会用发表意见或问问题的方式打断对方，以此显示自己对话题的兴趣。

2. 跨文化沟通中的非语言沟通

非语言沟通是指在沟通中不通过语言传达信息的过程，这些非口头语言包括语音语调、眼神交流、面部表情和身体语言、空间距离等。

(1) 语音语调。强皮·纳斯和汉普顿·特纳（1998）曾经在他们的书中分析了三类人：盎格鲁-撒克逊人、拉美人和东方人，这三类人在说话的语音语调上有相当鲜明的不同。其中，盎格鲁-撒克逊人说话抑扬顿挫，跌宕有致；拉美人说话语调很高，而且保持亢奋状态，情绪激昂；东方人则语调平缓单一，不紧不慢。在说话时，有的文化崇尚小声说话，而有的文化却崇尚大声说话。

（2）眼神交流。在美国和其他盎格鲁-撒克逊文化中，没有眼神交流的沟通几乎是不可能存在的。在更大范围的文化中，各种子文化在眼神交流方面所存在的不同，也可能导致很多误解。此外，社会阶级或阶层还会影响选择直接的还是间接的眼神交流。

（3）面部表情和身体语言。在东西方文化中，东方人比较含蓄，所以面部表情也不习惯过于直露；而西方人则比较直爽，习惯把喜怒哀乐写在脸上。有时同样一个姿势，在不同文化中含义可能不同，甚至相反。

（4）空间距离。人需要一定个人的空间，如果有人“入侵”这个空间，就会给个体带来一种负面情绪。个人空间的大小在不同文化中有不同的约定。到东方国家工作的西方人，屡屡觉得个人空间被入侵，如果一个美国人和一个日本人谈话，我们会发现美国人可能会碎步后退，而日本人会碎步紧逼。

11.2.3 跨国公司文化中的个人与群体

1. 中国的集体主义

在中国集体主义是首要的价值观，也是主要文化模式之一。“我们”的意识在中国文化中极为盛行，个人身份是以社会体系为基础的，个人在情感上是依赖于组织机构的。中国文化强调组织归属感，组织可以涉及私人生活或是个人所属的氏族；当然个人也相信组织的决定。

集体主义有两个维度：一是群体取向（group oriented）；二是他人取向（other-oriented）。在群体取向的影响下，中国人提倡社会、国家，家庭的利益重于个人利益，在必要的时候甚至应该牺牲小我来顾全国家、团体的利益。崇尚群体价值观至上、无我精神的中国传统文化价值观极力压抑自我，要求人们“循规蹈矩”，“安于现状”，人的行为应与自己身份相称，并时刻遵守规则，不可越雷池一步。

他人取向是群体取向的延伸，表现在中国人做事之前首先考虑别人怎么看怎么说，这使得中国人把面子看得很重。集体主义的必然结果是中国人互相依赖、合作、谦虚谨慎，讲究集体主义与爱国主义。成功之时，他们把功劳归于集体、环境和他人的帮助。这也使中国人变得内向、保守、忍耐、易与环境和谐相处。

中国人的其他价值观如过去时间取向、崇尚权威、追求稳定等都建立在集体主义价值观之上，集体主义价值观有助于中国其他价值观的实现。但集体主义价值观也有消极的影响，它使个人缺乏进取精神和竞争意识，过分看重“关系”。

2. 以美国为代表的西方的个人主义

与中国文化相反，西方人，尤其是美国人，极端崇拜个体主义，做事以自我为中心。在美国个人主义是首要的价值观，也是主要的文化模式之一。在个人主义的文化中自我意识占主导地位，鼓励竞争而非合作，个人目标要先于集体目标。美国人在情感上不依赖组织或团体，而且每个人有权拥有私人财产，个人持有自己的看法和意见。在他们的文化中强调进取精神和成功，并且看重个人决策。

美国人强调外在的、个人的、权利的、功利的东西并且崇尚竞争。他们相信每个人有自己独有的特性，并且应该充分认识及巩固这种特性。强大的个体模式影响着美国人看待地位、领导权、竞争及坚持自我权利等的态度。在美国人们会采取主动的方式争取个人利益和福利，在与别人打交道时十分直接，有时也很武断。在个人主义文化中的最高境界是达到自我实现，这表明无论选择任何领域的工作，个人都能充分发挥自己的潜能。

美国之所以会有这样的文化模式也是受到美国历史的影响，美国人的祖先是一群探险家，他们拓荒并用自己的双手创造财富，他们毫不畏惧一无所有地白手起家，他们是那么自信，相信自己能接受挑战改变命运，因此美国人崇尚个人主义。

个人主义是美国价值观的基础，其他的价值观如未来时间取向、崇尚平等、追求变化等都建立在其上。个人主义在美国是个褒义词，它反映了美国人坦率、自立、追求自我价值和自我实现的个性，但也有其消极的一面：人际关系冷漠，缺少合作精神。

11.2.4 跨文化信息交流与沟通

跨国公司在国际上进行企业活动，由于情况复杂和风险大，很可能误入歧途，或者达不到预期的经营目的。各国的货币币值、政府政策以及企业进行活动的条件都会发生意料不到的变化，影响国际上的企业活动，所以进行跨国公司经营活动必须制定好计划，按计划严格控制。

首先，为了尽可能减少意料不到的事件，特别是避免使企业遭受意外的损失，跨国公司进行每项活动时必须对有关国际情况调查清楚，获得必要的信息，之后才能有效地进行决策，准确制定出经营计划。不过对国际情况进行调查比国内更为困难，因为变动的因素更多，情况更为复杂，可以选择的方案要比在国内进行企业活动多得多，而且很多情况无法调查到，在每个方案中常有很多是未知的因素。也就是说，决策可以利用的信息不像国内决策那样完备、可靠。

其次，跨国公司进行决策、执行计划和控制企业活动的组织机构也与国内一般企业不同。因为组织机构分散在各国，不一定都了解母公司调查国际情况的要求，如果不采取适当的措施，很可能收集不到用来进行决策和控制企业活动的合适信息，致使跨国公司坐失时机，或者在竞争中失利。

最后，国际企业活动比国内企业活动更难控制。母公司与附属企业之间，以及附属企业彼此之间相隔都比较远。一方面由于各国环境不相同，政治和经济的稳定程度不相同，而在进行企业活动交往的人国籍又多，有必要对企业活动加强控制；另一方面由于情况复杂，会遇到的重大问题比较多且难以控制，这使及时向母公司提供信息显得十分重要。

1. 现代信息系统对跨文化信息沟通的作用

任何大的组织，不管是国内公司还是跨国公司，都需要收集、分析、储存大量的信息。任何组织进行国际企业活动必须掌握许多额外的信息，这也使它在收集、分析和交流信息上增加了大量的工作。只有在收集、分析和交流信息时，才会感到跨国公司在有效地进行国际企业活动时使用现代信息系统的重要性。

因为跨国公司规模都比较大，需要信息比较多，所以不应低估现代信息系统的作用。信息系统与进行经营管理决策之间存在密切的关系，在极为复杂的国际环境中，要制定好各种决策必须能及时得到大量有用的信息。提供的信息能否及时反映市场和竞争对手经营活动变化的情况与各国法律的改变情况，对跨国公司能否存在、能否在竞争中取得胜利是至关重要的。

2. 跨国公司需要提供和报送的信息

从某种意义上说，跨国公司需要提供和报送的信息与国内企业相同。提供或报送信息的对象为：向政府和政府所属机构报送有关税收、物价、工资、养老金，以及按照员工安全和卫生管理部门与环境保护部门的需要报送的各种信息；向股东、债权人报送合并财务报表、经济活动总结，以及将来所承担的义务等信息；向经理和有关管理人员提供规划、预算、各种费用的实际与计划的差异数，以及受通货膨胀影响的信息；向员工提供工资和福利、培训和进修，以及各种有关支出的信息；向社会各界群众报送对社会进行义务活动及其理由的信息。

同时，跨国公司也有与国内企业不同的需要，应报送或提供如下各种特殊的信息：对跨国公司在任何国家进行的企业活动和企业的财务状况，都要先按当地需要信息的对象进行分析和报送，然后由地区组织进行汇总、分析和报送，最后由母公司将整个跨国公司的信息进行汇总、分析和报送，而且经常是按跨国公司的主要经营行业进行分析和报送的。跨国公司在每个国家的财产可能遭受不同的风险，这不仅要收集财产所在国可能受到影响的信息，而且要收集关于整个跨国公司在全世界的营业可能受到影响的信息，并进行分析研究。需从整个跨国公司出发，为每个附属企业分别制定奋斗目标和达到目标的策略，这不仅要从整个跨国公司在全世界经营的奋斗目标出发，而且要考虑每个附属企业所在国的具体经济、法律、社会、文化以及政治环境。由于反映各国具体情况的数据各不相同，而且在不断变化中，跨国公司很少有可比的基础。

3. 信息收集、分析、交流上的各种问题

（1）使用者不同或要求不同所引起的问题。首先需考虑信息的五种基本使用者：政府、股东和债权人、经理和管理人员、员工以及社会各界公众。一个跨国公司至少在两个国家内进行企业活动，那就至少有两个政府、两套经理和管理人员、两批员工，以及两个社会的公众需要它提供信息。

（2）距离母公司远近不同和文化不同所引起的问题。附属企业分布在世界各国，与母公司距离比较远，如有重要的贸易要成交，要征求母公司意见，为了时间快，不得不用收费比较贵的通信方法。各国文化程度不同，对收集和提供信息工作的影响也很大。许多在文化程度比较落后的国家中的附属企业，对母公司需要它提供的信息，常不像母公司有同样的紧迫感。常有这样的情况：母公司只是例行公事，需要国外附属企业提供一般的信息，可是附属企业由于受文化程度等条件的限制，无法及时按要求提供给母公司。所以在那些离母公司远、文化程度又落后的国家中的附属企业常使母公司无法得到所需要的信息，即使得到了，有的已失去时效，有的则质量差，不可靠。

上述还只是一般性的问题，一个跨国公司收集信息时实际遇到的问题更曲折、复杂，要制定并运行好一个跨国公司的信息系统，其困难程度可想而知了。

（3）有关财务报表的问题。每个国家都有独特的会计要求和税收制度，跨国公司在各国进行的企业活动和需要达到的目标又常各不相同，加上各附属企业的会计人员技术水平不同和积极性不同，这就使跨国公司制定和执行统一的会计制度困难重重。诸如可口可乐那些大型跨国公司都按照自身的条件和要求开发独特的信息系统，并对每个附属企业规定具体的要求来处理好这个矛盾。这是这些跨国公司在激烈的竞争中业绩能蒸蒸日上的基本原因之一。

11.3 跨文化沟通的障碍与改善

跨文化沟通（cross-cultural communication）通常是指不同文化背景的人之间发生的沟通行为。由于地域不同、种族不同等会导致文化差异，因此跨文化沟通可能发生在国家间，也能发生在不同的文化群体之间。

11.3.1 跨文化沟通中的障碍与影响因素

1. 跨文化沟通中的障碍

跨文化沟通对企业经营管理的影响是多方面的。由于文化的差异性，不同文化背景的人在沟通时可能遭遇文化休克（又称为文化震荡或文化冲突），其表现主要有如下方面。

（1）认知层面。企业中来自不同文化背景的管理者和员工，在进行信息交流时，常常会在认知层面由于跨文化沟通障碍，产生一种消极的定型观念，阻碍企业中良好人际关系的建立。比如，有的外方管理者看到企业中个别中方员工工作效率不高、工作不认真，就盲目地认为所有的中国员工都缺乏责任感、工作效率低下，因而主张在企业管理中制定严厉的规章制度来监督管理员工。

（2）价值观层面。在企业管理中，如果沟通双方具有不同的价值观，那么他们就有不同的假定前提，并据此对外界的信息刺激作出不同的反应。话题的积极性或消极性程度越高，即必须坚持或必须反对的价值观冲突程度越高，其沟通破裂的可能性就越大；对所有沟通参加者所能兼容的价值观问题越多，其进行有效沟通的范围越广（关世杰，1995）。

（3）语言层面。不同的语言源于不同的文化，每种语言都有其独特的文化内涵。语言差别是同文化沟通与跨文化沟通相区别的显著标志之一，也是企业中跨文化沟通的最大障碍之一。在企业中，由于多种语言的使用，不同语言的使用主体在进行沟通时常常容易在语义和语用两方面产生误会，引起文化冲突，影响企业内部和谐人际关系的建立，破坏企业同合作者的良好关系，使企业蒙受巨大损失。

2. 跨文化沟通中的影响因素

（1）感知。萨姆瓦等学者认为，有五种主要的社会文化因素对发展感知起着重大的影响作用：信仰、文化价值观、心态系统、世界观、社会组织。不同的民族和文化拥有不同的信仰，它们决定了人们的价值选择和判断，而文化价值观是人们在作出选择和解决争端时作为依据的一种规则体系。价值观是后天习得的，它不是普遍的，会因文化背景的不同而不同。同样，不同文化背景的人有着不同的心态系统，而世界观更是在无形之中影响着人们对事物的理解。同时，跨文化沟通双方不可避免地会来自不同的社会组织，不同的社会组织拥有不同的组织文化，这种组织文化的不同也决定了其成员的行为规范和价值判断的不同。由此可见，上述文化方面的五个因素决定了沟通者对沟通所传达信息的感知。由于文化差异的存在，人们对同一事物的描述和理解产生了差异，由此出现了沟通障碍。

（2）成见。成见是指不考虑个体成员特征，根据对某一个群体先前已有的观念、态度和看法，形成对这个群体中某一个成员的认识。在跨文化沟通中，经常会因为沟通双方成见的存在，先入为主，不具体分析某一个人的沟通特征，而用某一文化群体共同的特征来分析沟通者的行为特征。比如，我们经常听到类似这样的话："他是×国人，他必定……"

（3）缺乏共感。共感是指设身处地去体味别人的苦乐和际遇，从而产生情感上的共鸣的能力，而缺乏共感就是指缺乏产生这种共鸣的能力，不能完全了解、评价、接受他人的文化差异。在跨文化沟通中要产生共感，首先要做的是对对方的沟通语言和行为进行正确的文化归因。不同的文化主体在进行沟通时，如果来自一种文化的人受到了来自另一种文化的人的冒犯，被冒犯者认为这是出于对自己文化的不了解，冒犯通常会被原谅。但是如果被冒犯者把这种跨文化沟通障碍归因于非文化背景的解释，如认为是冒犯者的傲慢自大等，就会产生严重的问题。这就是文化归因问题。为了与具有不同文化背景的人一道工作，需要我们对面临的环境进行正确的文化归因，换位思考，站在对方的角度看待问题。同类的文化归因会导致对他人的积极评价，有助于我们更好地理解对方的语言和非语言的行为。

（4）种族中心主义。种族中心主义是影响跨文化有效沟通的又一个因素。所谓种族中心主义，是指一种以自身的文化价值和标准去解释和判断其他文化环境中的群体的趋向。具有种族中心主义思想的人会认为，只有自己的民族文化才是正确的，很难考虑别人的价值观念和思想感受。比如，一个认为英语是最好和最合乎逻辑的语言的美国主管，绝不会去学习他认为"低级的"和"不符合逻辑的"外国语言；如果他认为自己的"非语言"系统是最文明的，那么他将会认为其他人的"非语言"系统是低级的。在这种情况下，种族中心主义对人们之间共感的形成将设置一个可怕的障碍，不仅会导致沟通的完全失败，而且会导致双方的对抗和敌意。因此，在跨文化沟通中，沟通双方需要注意克服种族中心主义思想的产生，把自己和沟通方的文化差异放在全球范围内进行辨别和理解，促进跨文化沟通的有效进行。

11.3.2 跨文化沟通的路径选择

1. 跨文化理解

跨文化理解是跨文化管理沟通的先导程序之一。它包括两层基本含义：第一，要理解他文化，首先必须理解自己的文化。对我们自己的文化模式，包括其优缺点的理解，能够促使所谓文化关联态度的形成，从而使我们在跨文化交往中能够获得识别自己文化和其他文化之间存在的类同和差异的参照系。第二，基于文化移情（cultural empathy）理解他文化。文化移情要求人们必须在某种程度上摆脱自身的本土文化，同时又能对他文化采取一种超然的立场，避免盲目落到另一种文化俗套和框框之中。

为促进企业内部的跨文化理解，需要有意识地建立各种正式和非正式的、有形和无形的跨文化传统组织与渠道。可选择的方法有：设置企业内部的通用语言（如英语）以有利于直接沟通，并避免使用隐语；组织多形式、多层次、不同规模的公共联谊活动；倡导并制定有效的行为规范。

2. 分析文化容忍度

在企业中，管理者、员工日益国际化，面对的竞争对手、合作对象日益国际化。不同的文化对异质文化的容忍度不一样，有些文化对异质文化的容忍程度较高，易于接受；而在另一些文化中可能持排斥态度。因此，企业有必要对全体员工进行文化容忍度调查，在尊重异质文化的基础上提高对彼此文化的容忍度，尽量避免越过文化容忍度进行沟通，减少跨文化沟通障碍。

3. 选聘合适的海外经理

选聘的海外经理本身是否能适用东道国的文化，是否能把母国与东道国文化进行融合，是整个文化能否融合的关键因素。如果海外经理本身就不能进行文化调适，那么整个企业的文化融合便十分渺茫，海外经营的失败率也就随之提高。美国学者董（Tung）20 世纪 80 年代的一项关于跨国公司外派经理人员失败原因的调查表明，美国公司外派失败原因按重要性排序分别为：配偶不能适应异国环境；外派人员不能适应异国环境；其他家庭问题；外派人员的个性和情感成熟性；不能应付巨大的海外任务。外派人员本身不能适应异国环境及其个性、情感问题，是造成外派人员失败的重要原因，说到底这是个性和文化适应问题、融合问题。

4. 跨文化培训

跨文化培训是公认的进行跨文化融合的一项基本手段。跨文化培训能达成以下功效：减少驻外经理可能遇到的文化冲突，使之迅速适应当地环境并发挥正常作用；促进当地员工对公司经营理念及习惯做法的理解；维持组织内良好稳定的人际关系；保持企业内信息流的畅通及决策过程的规范；加强团队协作精神与公司凝聚力。这些功效的发挥使跨文化沟通成为现实。

11.3.3 跨文化沟通的改善策略

要消除文化差异所导致的跨文化沟通障碍，必须发展有效的跨文化沟通，建立内外有效的跨文化沟通渠道，正确理解与发送沟通信息，有效排除跨文化沟通过程中的干扰，尽量减少沟通中的误解，妥善处理沟通失误带来的不利局面，避免沟通中断的发生等。

第一，发展共感。首先，要承认不同文化之间的差异，这样才能为发展共感找到方向和切入点；其次，要有一种“换位”意识，排除对各种异质文化的成见的干扰，设身处地地站在他人的角度去理解文化现象，正确地认识自己，消除民族中心主义的偏见，消除自我与环境相分离的状态；最后，必须站在信息接收者的立场看待问题，从信息接收者的角度设想问题。要摆脱文化中心主义的偏见，不可歧视或贬损其他文化。只有客观、公正、全面地认识和理解异质文化，才能消除跨文化沟通过程中的各种文化因素障碍。

第二，发展双向沟通。沟通是一个循环的相互影响的过程，这个过程包括信息发出者、接收者和信息本身。沟通实际上就是信息的编码、解码和诠释的过程。由于文化差异的存在，来自不同文化背景的人把各自不同的价值观念、信仰和风俗习惯带到沟通过程中。他们对从另一种文化中传来的信息，总是按自己的文化背景以及由此决定的解码方式加以理解，从而导致对对方信息理解的不准确，进而做出错误的判断和决策。因此双向沟通有助于对来自不同文化背景的信息的诠释。双向沟通的特点是：沟通的双方均参与编码与解码的过程，双向沟通结果所得到的反馈可以帮助进一步阐述双方的意图。通过双向沟通和反馈，进一步刺激跨文化沟通的积极性，拓宽沟通渠道，及时总结沟通中好的经验并加以推广，同时对沟通中出现的问题及时纠偏。在第一轮沟通中出现的含糊不清的意图可以在第二轮沟通中得到解决。尽管双向沟通会受到许多因素的干扰，但是与单向沟通相比却是一种较为有效的沟通方法。

第三，进行跨文化培训，提高跨文化沟通能力。培训也是发展有效跨文化沟通的一项基本手段。当前我国跨国经营企业中，绝大多数都偏重对员工的纯技术培训，却忽视了对员工尤其是管理人员的跨文化培训。跨文化培训恰恰是解决文化差异、发展有效跨文化沟通的一项基本手段。跨文化培训的主要内容应包括对双方民族文化的认识和了解，文化的敏感性、适应性的培训，语言培训，冲突处理能力的培训，地区环境模拟等，其目的是减轻可能的文化冲突，促进东道国人员对企业经营理念及习惯做法的理解；维持组织内良好稳定的人际关系，保持企业内信息流的畅通及决策过程的效率，加强团队协作精神与企业凝聚力。

第四，培育开放式沟通。为确保有效沟通的思想在跨文化企业中得到正确的推行，首先要确保在管理层之间建立起相互理解、相互尊重的文化氛围。其次是加强管理层和员工之间及公司和外部社会的沟通，同时积极培育开放式的沟通，有意识地建立各种正式及非正式、有形和无形的跨文化沟通组织与渠道，让每个员工都有大量的机会表达自己的意见。

第五，发展文化移情。文化移情要求人们必须在某种程度上摆脱自身的本土文化，摆脱原来自身的文化约束，从另一个不同的参照系（他文化）反观原来的文化，同时又能够对他文化采取一种较为超然的立场，而不是盲目地落到另一种文化俗套之中。

11.4 跨文化商务谈判

11.4.1 跨文化商务谈判的程序与过程

1. 确立谈判目标

马斯洛的需要层次理论在一定程度上可以指导人们确立自己的谈判目标。需要是谈判的起点，人们发现谈判各方的实际需要后，可以调整自己相应的谈判策略去迎合、反击或使对手改变来适应自己的要求。

2. 交流和行为

跨文化商务谈判中来自不同文化背景的谈判人员的交流方式和行为各不相同。西方人在交流时习惯于使用明确区分内容的标志，表达精确清晰，非此即彼。而中国式的思维表现为隐约、模糊、亦此亦彼。在跨文化交流中，理解对方的交流模式，做到知己知彼，才能使交流顺利进行。另外，当谈判者来自一个有着等级文化的国家时，他习惯于影响其他谈判方；而一个来自平等文化国家的人谈判时，则希望在谈判中把自我对对方的压力降到最低。

3. 谈判结果

直观的谈判结果无非有两种：一种是谈判达成协议或取得进展，称为谈判成功；另一种是谈判无法达成协议或不能继续，称为谈判破裂。然而，策略地接受和对待谈判结果可以说是谈判取得的第三种结果。因为在商务交往活动中，双方一旦确立某种商务关系，他们的交往就可能不是一次的、孤立的。无论一次的谈判是成功还是破裂，都应该为下一次的交往或谈判奠定一个有利的基础，尽可能地形成一个良好的、发展的形势。有效的跨文化商务谈判不仅能够化解矛盾，而且能够走向协同。

11.4.2 跨文化商务谈判的技巧与管理

1. 跨文化商务谈判中的影响因素

(1) 基本看法。文化背景不同，谈判人员对谈判的作用和谈判的过程看法各异。有人把谈判看成是一方赢、另一方输的相互冲突，有人认为谈判是比谁强谁弱的竞争，还有人认为谈判是为完成某项任务同心协力的过程。在一些国家里，谈判的赢方是让步最多的一方，不管让步的代价有多大。

(2) 谈判人员选用标准。文化背景不同，选用谈判人员所依据的因素也有所不同。选择谈判人员可以根据其以往的经验、社会地位（或权力关系）、对某一学科的了解，或者根据其是否具有值得信任这样的个人品格等。

(3) 侧重点。文化背景不同，谈判人员侧重的方面不同。一些谈判人员强调协商与协议直接相关的主要问题，而另一些谈判人员则强调人与人的关系。

(4) 礼节。文化背景不同，谈判人员在谈判桌上就会表现出不同的自身特有的交往礼节，同时他们墨守成规的程度也视场合不同而变化。礼节包括送礼、娱乐、着装礼仪、就座安排、谈判人数、间歇时间安排、谈判过程持续时间设计。是否采取正式的礼节是礼节上应该考虑的一个重要组成部分。

(5) 语言交流和非语言交流。文化背景不同，谈判人员的交流方式就不同。一些谈判人员依靠语言交流，另一些谈判人员则依靠非语言交流，如手势、身体距离、沉默等。一些谈判人员用单一的方式交流，而另一些谈判人员则用多种方式交流。交流方式越多样化，交流的环境就越复杂，人们对交流环境的关注就越多。

(6) 争论的性质。文化背景不同，谈判人员会试图采用不同的争论方式去说服对方。一些谈判人员依据事实或逻辑争辩；另一些谈判人员采用传统方式和过去做过的方式。一些谈判人员依据直觉或感情；另一些谈判人员利用宗教信仰和哲学思想。

(7) 个人的角色。个人在不同社会中所扮演的角色并不相同。一些谈判人员把个人看成是至关重要的，某一个人的成功或失败决定着谈判的结果；另一些谈判人员则认为个人隶属于谈判主方集体，抑制个人的雄心；还有一些谈判人员把谈判各方看成谈判的整体，不论是主方还是客方，都十分关心整体的成功。

(8) 信任的基本条件。如果谈判双方为了彼此的利益同心协力，所有谈判人员在谈判中都寻求与另一方建立起信任关系，信任就显得十分必要。但是，每一个谈判方建立信任的基础不一样。一些谈判人员仰仗过去的经验或过去的成绩；另一些谈判人员依据直觉和感情；还有一些谈判人员坚持在确保谈判顺利进行的前提下感觉舒适的想法。

(9) 风险倾向。因为谈判开始时，谈判人员并不知道最终的结果，所以谈判具有一定的风险性。不同的谈判方把谈判的不确定性和风险性看成是相对令人满意的或不满意的。因此，一些谈判人员乐于接受新思想或始料不及的建议；另一些谈判人员在期望的界线中或习俗中偏爱墨守成规。

(10) 时间概念。时间的价值因人而异。一些谈判人员认为时间是有限的、应当明智利用的东西，守时、制定议事日程、制定详细的时间表对他们来说十分重要；另一些谈判人员认为时间很多，取之不尽用之不竭，因此，他们更期望谈判进展缓慢，时间灵活性强。

(11) 决策制度。文化背景不同，谈判双方的决策方式不同，有个人决策和全体成员共同决策之分。在谈判中，一方参与谈判的人员也许会参考地位最高的人或资历最深的人的意见。一些谈判人员接受由谈判组中大多数人制定的决策；另一些谈判人员则寻求成员的一致同意，除非所有人员一致同意，否则决策不会形成。

(12) 协议形式。一些国家的谈判人员希望用书面协议形式；另一些国家的谈判人员用口头协议或握手方式表示认可。一些协议的内容十分详尽，针对突发事件和可能发生的事件制定尽可能多的条款；另一些协议则被认为是合法的约定；还有一些谈判方很少忠实履行合法的合同，他们更强调个人的承诺。

2. 跨文化商务谈判中的技巧

一次跨文化商务谈判的成功在很大程度上可以说是谈判策略和技巧运用的成功，相反，谈判的失败也可能是谈判策略和技巧运用不当导致的结果。如果将谈判者的经济、物质、环境等因素看做硬实力的话，那么相应的谈判策略和技巧则可以视为谈判者的软实力。纵观以往的经典跨文化商务谈判案例不难看出，硬实力的高低和谈判的成败几乎是没有相关关系的，而能否合理运用谈判策略在很大程度上决定了谈判中利益的分配和谈判结果的好坏，获得谈判成功、利益目标达成的一方即谈判策略运用得当的谈判者。

谈判策略和技巧作为理论研究和经验总结的成果，在商务谈判动态过程中的应用具有很大的不确定性，没有一个明确的标准。策略运用相对灵活，因此把握起来有很大的难度，不仅体现谈判者的谈判实力和技巧，更体现针对不同谈判情境下不同谈判对象的选择和运用技巧，即针对不同文化背景的谈判对手，策略和技巧的运用应该因人而异，灵活变通。

11.4.3 跨文化决策与实施

跨文化商务谈判应坚持基本的商务谈判原则，承认文化，尊重文化，求同存异。既要善于总结，全面考虑，又要灵活变通，避免冲突升级，诉诸法律。只有承认冲突，正视冲突，合理解决，利用冲突，最终才能有效地解决冲突。

以下谈判策略可供参考。

1. 坚持立场、针锋相对策略

即当谈判出现意见和利益冲突或谈判陷入僵局时，适时向对方表明己方坚持的态度立场，形成声势上的回应，以期谈判对手做出让步。坚持立场不仅是跨文化商务谈判的原则，更是谈判策略技巧之一。在跨文化商务谈判中，坚守建立在谈判者一方文化背景基础上的谈判立场和谈判目标是谈判者通常会持有的态度，而向对方妥协、寻求调解在谈判的任何环节都会被视为不太科学的选择，当然在谈判陷入僵局、被动或双方认同的情况下也可以考虑采用。

2. 开诚布公策略

即在跨文化商务谈判伊始或在谈判进程中，坦诚地表明各自的利益需求、谈判目标、态度立场等，营造开诚布公的谈判环境，这样可以在谈判双方之间快速建立信任，减少谈判中可能出现的冲突，最终实现互惠互利。单从文化差异的处理和谈判的原则角度来说，这一策略的运用无疑体现了现代跨文化商务谈判应有的风格和发展方向，也是减少和处理利益冲突的有效途径，但在实际谈判过程中运用时会变得相对复杂和难以把握。因此，适度原则是谈判者必须坚持的，即文化差异的处理和开诚布公策略的运用应适度结合，因时、因地、因人而异并适时调整。

3. 造势策略

即谈判者一方在谈判中积极、及时捕捉谈判的突破口，为己方营造或扩大谈判优势，或使对手陷入被动、扩大劣势，使得对手做出让步。造势策略的运用对谈判者的要求相对较高，谈判者对文化差异的认知和处理、谈判经验、对谈判对手心理和行为变化的细致把握、对谈判进程的缜密观察都与策略的运用息息相关，同等谈判条件下也可能出现成功和失败两种截然不同的结果，讨论这一策略运用的条件因素是很必要的。

4. 合作竞争策略

这一策略是既合作又竞争，在合作和竞争之间有所取舍，并充分协调，实现合作和竞争的均衡。跨文化商务谈判发生在文化差异的范围内，文化和利益的协调是一个同步的过程。谈判中意见和利益的协调一般呈现两种结果：一种是简单的再分配，即谈判双方现有的所有利益的动态协调，利益总量不会增加；另一种则是在谈判双方团结竞争的环境下实现互惠互利，利益增值，利益总量相对增加。

5. 一般策略——灵活运用

谈判中，原则性策略和技巧即之前讨论的策略，如造势策略的运用为预防和解决谈判中利益冲突提供了宏观的依据，但在具体的运用过程中离不开具体策略和技巧的搭配。将宏观和微观有机结合是使谈判成功必不可少的。

谈判利益冲突本身并非不可调和的，所以针对跨文化谈判，谈判者应该抓住其问题的核心，即文化差异，从文化差异出发，层层剖析谈判对手的谈判目的、谈判心理和行为、谈判情境等因素，宏观上把握文化差异，微观上合理灵活运用谈判的策略和技巧，找到问题的突破口，减少谈判中的不确定因素和冲突因素，最终促进跨文化商务谈判中利益冲突的预防和解决。

11.5 延伸阅读：美国在华跨国公司跨文化冲突与管理

11.5.1 中美文化差异根源及表现

1. 中国文化渊源及表现

(1) 中国文化渊源。

第一，儒家思想对中国文化的影响很深，几千年的封建社会所传授的四书五经、传统的责任感、节制和忠孝思想都是儒家文化和封建统治结合的结果。

第二，农耕文化把人际关系以及人与自然关系的和谐作为理想目标，强调个人必须服从社会、群体的利益，否定个体的独立意识。

第三，以宗法色彩浓厚和君主专制高度发达为主要特征的中国传统社会政治结构对中国文化的影响有三点：一是社会结构的宗法型特征导致中国文化形成伦理型范式，使中华民族凝聚力增强，注重道德修养，成为礼仪之邦；二是中国社会结构的专制型特征导致中国文化形成政治型范式，造就了中华民族的整体观念、国家利益至上的观念和民族心理上的文化认同；三是宗法与专制相结合，在政治上表现为儒法合流，在文化上反映为伦理政治化和政治伦理化，突出地表现为内圣外王的心态，即修身齐家治国平天下的人生理想和追求。

(2) 中国文化表现。

第一，在中国社会中，面子、关系和人情三者往往是联系在一起的。

第二，追求和谐是中国人求和心理的又一大体现。

第三，中华民族的整体观念是中华民族文化的重要内容。

第四，重视社会等级观念。

第五，重视传统，吃苦耐劳，节俭，忍耐。

2. 美国文化渊源及表现

(1) 美国文化渊源。

第一，移民历史造就了美国人尊重个体自由、崇尚平等与民主、对传统与权威的怀疑、对未来的乐观态度等特征。

第二，西部大开发推崇个人奋斗，重视个人成就，讲求个人价值的最大限度实现，突破一切束缚以实现自我的彻底解放。由此导向了强烈的自我中心主义，反传统、反权威、反控制、反约束，随心所欲、为所欲为、自由延展，自我发泄和宣泄。

第三，工业革命与信息革命带来的巨大发展形成了美国人控制世界的社会价值观。

第四，宗教文化。

(2) 美国文化表现。

第一，个人主义精神。

第二，创新，勤奋，冒险。

第三，追求物质与实用主义。

11.5.2 美国在华跨国公司跨文化冲突分析

1. 美国在华跨国公司跨文化冲突的本质

基于文化差异的视角，文化冲突从本质上体现为跨国公司里美国等外籍“人”与中国本土“人”的冲突。具体表现为个人与自我、个人与他人以及个人与环境之间的冲突。就美国在华的跨国公司跨文化管理来说，文化冲突既体现在美国等外籍管理者与中国本土管理者以及中国雇员之间的关系中，也体现在中国本土的管理者与跨国公司聘用的外籍雇员之间的交往上，因此美国在华跨国公司跨文化管理的实质可总结为关系管理。这种文化冲突表面上体现的可能是沟通双方之间达不到一致的目标，而其深层次所体现的则是两种不同文化的价值观、宗教信仰以及思想、接受的教育等隐藏在表层之下的人的内在部分的较量。

美国在华跨国公司跨文化管理要解决的核心问题或实质内容就是在跨国公司中，处理好美方聘请（用）或选派的美国等外籍管理者及雇员同跨国公司在中国本土聘请（用）的管理者及雇员之间的关系。这一关系可具体表现为垂直（上下或领导与被领导）关系和水平（同级别）关系两种，其中，垂直关系既包括中方管理者与外籍雇员之间的关系，也包括外籍管理者同中方雇员之间的关系；水平关系主要是指中美两国聘请（用）的管理者之间以及外籍雇员与中方本土雇员之间的关系。

2. 美国在华跨国公司跨文化冲突的表现

(1) 经营管理理念与决策方式中的文化冲突。美国在华跨国公司在经营管理理念方面，美方管理者比较注重长远效益，而中方管理者则比较侧重短期行为；美方管理者习惯于个人作决定，中方管理者则热衷于集体决策；美方管理者具有高度责任感和主动性，中方管理者缺乏个人的主动性，责任感弱。客观地说，美方的管理方法比较严谨，工作与管理过程都有严密的规章制度，并且严格按照这些制度来进行。而中方管理人员往往不太适应这些严格的制度，在实际工作中也不能严格地按照规定来操作，并且往往受到关系、人情等思想的影响。正是上述方方面面的客观存在，才使跨国公司内部中美管理人员经常会产生一些误解和矛盾。

（2）领导权力分配与使用中的文化冲突。由于中国属于等级制度很强的国家，对于权力高度尊重，在管理过程中倾向于强调谁是领导，并且对于领导的权威不容置疑。另外，中国是一个以关系为基础的社会，属于典型的重视关系的国家，人们习惯于依赖关系来得到自我的利益，在组织及公司中，个人交流和关系更重要，规则的实施在很大程度上取决于有影响力的人物的控制。相比之下，在美国，人们依靠规则、法律，强调彼此的合约，尊重合约和约定，拒绝专制独裁，愿意质疑权威。

（3）人力资源管理中的文化冲突。美国在华跨国公司内部的人力资源管理一直存在比较大的差异，主要体现在工资政策的制定以及员工工资调整的依据、公司人才选拔使用的标准等方面。

在工资政策的制定以及员工工资调整依据方面，中方管理者偏重于考虑员工的资历、经历和学历，并且将其作为区分员工工资水平的重要因素。在员工的工资调整方面，中方管理者受平均主义的影响，且由于相当部分员工存在“不患寡而患不均”的心理，报酬的发放是透明的。因而，管理者与普通员工间的报酬差距不大。

有时，中方管理者也把工资调整与经济效益直接挂钩，这样做的出发点是公司的经济效益增长，工资基数才能提高；美方管理者则认为应该根据工作的性质确定工资，并且把工资调整与生活费用指数的变动联系起来，只有当公司人员的工作岗位、工作内容发生变化时，工资调整才有可能发生。如果物价指数和生活指数上涨及通货膨胀发生了，公司就需要增长工资基数。美方的员工习惯于弹性薪酬体制，一般每年调整一次，并根据员工的工作责任和个人绩效确定其报酬，其结果是拉大了肩负重任的管理者与普通员工间的报酬差距。

同时，由于中美双方薪酬体制存在差异，美国在华跨国公司中的中方员工与外籍员工之间的工资水平存在巨大的差距，例如，在中美合资公司中，美籍外派人员的工资比相同职位的中方员工的工资高许多倍，中方员工认为这种差距是严重的不公平，这一点得到了相关研究的证实。在外资公司内部，中方员工和外籍员工的工资差别很大，这一差别显然是导致中外员工产生与工作相关的冲突的潜在因素。

西方的企业与员工的关系是单一的工作关系，企业与员工之间的相互了解仅限于工作范围内，绝不涉及员工的家庭生活问题；而中方的企业与员工的关系不仅限于工作关系，企业不仅关心员工的工作质量，还关心员工工作时间之外的生活质量，包括家庭生活的质量。在福利方面，中方员工在很大程度上依靠企业提供一部分生活保障和社会福利；而在合资企业中，中方员工得不到企业提供的这些生活保障福利，这使中方员工缺乏集体归属感，产生失落情绪。

在人才选拔使用的标准方面，中美双方注重点也不一致，中方管理者比较重视人的政治素质、个人历史（包括家庭背景、教育背景、工作经验）、人际关系和在上级面前的表现。这主要源于中国拥有五千年的文明史，尊重传统成为一种美德，所以，中方管理者在时间方面是以过去为导向的，同时又注重未来，提倡节约、节俭、储备，为的是未来的长远发展，中国人在改革开放之初在强调“时间就是金钱”的同时，也存在无休止的“内耗”。与此相反，美国属于以未来时间为导向的国家，美方管理者在人才选拔和使用上，把员工的能力和将来的发展方向放在首要地位，量才而用。在招募或聘用员工的问题上，中国的企业强调员工的可信任度、忠诚度和与同事的相容性，它们愿意聘用有所了解的人，如公司员工的朋友或亲戚。而美国在华跨国公司希望聘用具有个人工作技能或经验的人从事某项工作，他们鼓励求职者向公司投递个人简历。具体到对人才开发方面，中方管理者较注重思想政治教育对人的道德教化作用，而美方管理者则更注重技能培养。

（4）评价与激励体系中的文化冲突。美国在华跨国公司在评价及激励体系上的冲突主要表现在绩效评估、人员激励等方面。最集中的表现就是美方管理者对员工的评价“只看结果不看过程”；而中方管理者不但注重实际业绩和结果，而且很关心一个人的思想、道德等方面的表现以及工作的过程。现实生活中，有些中方下属抱怨虽然自己工作很努力，可能由于一些无法控制的原因造成最后的结果不理想，那么在美方上级的眼中自己就是一个不称职的人，而自己对此感到很不公平。另外，中方的评估体系中论资排辈现象严重，而美方人员不认为“年长”就有特权，完全根据个人的业绩确定评价结果。在人员激励方面，美方过于注重物质奖励而忽视了精神奖励。

（5）组织沟通中的文化冲突。美国在华跨国公司在组织沟通方面的冲突，主要表现在外方上级不善于与下属沟通并听取和采纳他们的意见，公司内部缺少有效的沟通制度和渠道，组织结构的设置不适合中国国情等。这些表现常常会造成沟通的误会，进而影响到跨国公司的正常运营。结合中美之间的文化差异，含蓄和直率成为美国在华跨国公司内部组织沟通的两种主要方式。中方管理者比较含蓄，处处体现中庸之道，对其下属的缺点错误避免公开点名批评和令其立即改正，同时也缺乏一定的规划性和前瞻性；而美方管理者以及外籍员工过于直率且直截了当的性格，使他们在与中方管理者和员工进行沟通交流时很容易产生文化冲突。

3. 美国在华跨国公司跨文化冲突产生的原因及根源

（1）个体的差异以及个体的自我意识与需要。因为资源是有限的，而对于有限资源的争夺，也是出于个体对于自我的一种追求。在跨文化冲突中，一旦感觉到没有得到应有的自我需要的满足或者期望中的尊重，则必然会引发管理者与雇员之间或者雇员与雇员之间的冲突。具体可以体现为诸如对于薪酬体系的不满，对于权力的渴望没有得到满足，或者工作的安排与个体的期望相背离等。这就是说，个体的需要得不到满足时，极易导致冲突的发生。

（2）由语言及非文字语言产生的沟通障碍。美国在华跨国公司里，管理者和员工面对的是不同文化背景、语言、价值观、心态和行为的合作者，管理是在异质文化的沟通和交流的基础上进行的。一旦沟通环节不畅，轻则造成沟通无效，重则导致误解和关系恶化，使公司经营目标无法实现。

（3）隐性文化导致的民族优越感。由于帝国主义对中国的侵略有着上百年的历史，所以在中国人的集体无意识当中，会对“帝国主义”的一切形式本能地拒绝乃至深恶痛绝。当这些跨国公司在已经中兴的中国再次以各种不同的形式摆出狭隘民族主义的谱，对这个国家的政权、民众指手画脚甚至作威作福时，人们集体无意识当中对“帝国主义”的一切形式本能的拒绝乃至深恶痛绝的程序就被激活，从而在面对明目张胆的权益侵犯和隐性的狭隘民族主义歧视时给予坚决的毫不留情的回应。

正是这种从骨子里就有的狭隘的民族主义，才使某些跨国公司常常认为自己的国家是发达国家，进而蔑视和轻慢所在国家和人民。其结果往往是跨国公司内部员工之间、管理者之间关系紧张，同时也会涉及跨国公司与外部客户之间关系的不融洽，最终影响跨国公司规模的扩大或市场占有率的提高。

（4）法律法规等外部经营环境的变化。美国在华跨国公司经营的外部环境主要是指中国的投资环境（主要包括现行的法律法规和经济政策等软环境，水、电、交通、运输等基础设施硬环境，以及社会经济发展水平）。这些外部环境并不是一成不变的，而是随着中国政治制度改革、经济政策的变化而不断地向好的方面变化。其中，硬环境的变化使在华工作的美国人感觉到生活舒适、方便，较容易融入中国文化的氛围之中，从而缓解文化差异带来的冲突，而现行的法律法规和经济政策等软环境的变化，则更直接地影响中美管理者及员工的沟通，最大限度地减少因法规政策方面的不同而产生的摩擦，促进在华跨国公司企业文化的发展与完善。

11.5.3 美国在华跨国公司跨文化有效管理的模式及途径

1. 美国在华跨国公司跨文化冲突与管理过程分析

在分析跨国公司跨文化冲突的发展过程中，按照发展阶段的顺序，可以将跨文化冲突处理过程分为三个阶段：第一阶段为输入阶段，主要指的是跨文化冲突产生的原因。跨文化冲突的产生既有微观层面的原因即个体自我与个体之间的冲突，中观层面的原因即跨国公司股东双方原有的企业文化之间的冲突，也有宏观层面的原因即跨国公司所有员工所在母国或民族文化背景之间的冲突。这些跨文化冲突的原因构成了跨文化冲突处理过程的输入阶段。跨文化冲突处理过程的第二阶段是冲突处理阶段，这一阶段也是最为关键的阶段，如果使用科学的手段，采用恰当的和谐处理方式，那么就会实现第三阶段“赢”的结果，即跨文化有效管理目标实现、跨国公司组织绩效提高、公司经营管理稳定。但是，如果这一阶段采用的跨文化冲突处理手段不和谐，没有实现跨文化冲突的正确处理，那么就极易导致跨文化冲突处理“输”的结果，即跨国公司组织绩效降低、公司经营管理矛盾百出、公司经营业绩下滑、跨文化管理失衡等。因此，在跨文化冲突处理过程中的处理阶段，采用何种手段来处理冲突就成为能否实现跨文化有效管理目标最为关键的步骤。

2. 跨文化有效管理实施的途径

（1）培养文化移情能力。文化移情的含义是指在跨文化言语交际中，交际双方主体有意识并自觉地摆脱自身个体文化的影响和约束，自觉转换立场，超越本土文化，如实感受、领悟和适应另一种文化的过程。使用语言和非语言行为进行移情，尽量从对方的角度看世界，这样就会缩小与他国的文化距离，更好地理解说话人的心态和意图。因此，文化移情是跨文化交际的前提和保证，是人类社会得以和谐共处的主要因素。同时，文化移情也是人们理解不同文化价值观与世界观、消除由文化差异产生的反差和鸿沟、解决跨文化交流沟通中产生的冲突的最佳途径。

实践中，主要从以下四个方面发挥移情的作用：1）关注；2）交流中的移情；3）选择文化上被接受的行为；4）避免种族优越感的反应。对于美国在华跨国公司而言，为了促使来自不同文化的中美管理者和雇员在交际沟通过程中实现和谐交流，就需要注意文化移情能力的培养。

（2）利用文化协同手段。对于跨国公司来说，文化协同是跨国公司跨文化管理的一种必要手段。具体而言，文化协同就是指跨国公司管理层从本公司员工的个人文化模式出发，发展形成适合本公司的战略、策略、结构和管理的过程，而不是限定文化差异或者彻底消除文化差异。从辩证唯物主义的观点来看，文化差异是长期存在并且不可能完全消除的，只要有跨国公司，就必定会有母国和东道国两种不同的文化存在，就必定会有文化差异的存在。在跨国公司跨文化管理中，能够做到的就是尽可能地减少文化差异带来的文化冲突的消极影响。如前所述，积极的文化冲突是跨国公司保持活力的源泉，是具有建设性意义的，会产生“鲶鱼效应”，对整个跨国公司的发展起到积极作用。

文化协同为解决跨国经营中的文化冲突提供了一种新的思维方式。首先，文化协同方法以文化差异的存在为前提，把跨国公司面临的双层文化差异转变为公司经营的资源和优势加以利用，使文化冲突的解决为公司的经营发展带来效益。其次，文化协同要求管理者在不侵犯他人个人文化规范的前提下创造出能够反映所有成员文化在战略、结构及管理上的协同的企业文化。美国在华跨国公司的管理者只有充分认识到中美之间的隐性文化差异的具体表现，才能够有效利用文化差异优势。

（3）采取跨文化培训方法。跨文化培训不仅能够帮助员工积极主动地面对并尽快适应其他文化，加速来自不同文化背景的员工之间沟通交流并实现相互理解，还可以将管理人员的管理思维定式从本土化管理转向多元文化管理，促使跨国公司在不同文化背景下更好地经营与发展。因此，在涉及跨越国家界限的商业活动中，跨文化培训一直被视为一种能够刺激交流沟通、商业活动和贸易业务的有效方法。由此说来，对美国在华跨国公司的中美管理人员和员工进行跨文化培训是解决文化差异，做好跨文化管理最基本、最有效的手段。跨文化培训主要是借助一些具体方法来完成的，其中最主要的方法就是对全体员工（包括外籍员工和本土员工）进行专门的文化训练，将具有不同文化背景的员工集中在一起进行专门的培训，消除他们心中原有的文化障碍和角色束缚，增强他们对不同文化环境的反应和适应能力。通过培训可以减轻美国在华跨国公司的外派管理者可能遇到的文化冲突，使其尽快熟悉和了解本公司的管理思想、企业文化、风俗习惯、中国的历史及现状，迅速适应当地环境并发挥正常作用；同时，能够在中美两种不同文化之间掌握良好的跨文化沟通技巧，维持本公司内部良好、稳定的人际关系，促进和帮助当地员工对公司经营管理理念及习惯做法的理解。

3. 实施跨文化有效管理的策略

第一，选拔合适的管理人才并进行人性化管理。

第二，制定有效的激励政策与措施。

第三，实行文化整合，构建跨国公司的企业文化。

第四，建立终身学习机制。

本章小结

文化是影响某一群体总体行为的态度、类型、价值和准则，是在一定环境里人们集体精神的程序编制。

跨文化管理理论主要包括美国人类学家克拉克洪与斯乔贝克提出的价值取向理论、荷兰管理学家霍夫斯泰德提出的文化维度理论、荷兰经济学家和管理咨询家特朗皮纳斯提出的文化架构理论、美国多位学者联合提出的 GLOBE 文化维度模型等。

跨文化沟通包括语言、非语言两种沟通形式。不同文化下的国家有其默认严格遵守的沟通禁忌。跨文化沟通可以通过跨文化理解、分析文化容忍度、选聘合适的海外经理、跨文化培训等路径实现。

跨文化商务谈判的策略有坚持立场、针锋相对策略，开诚布公策略，造势策略，合作竞争策略，一般策略等。

本章主要概念

文化（culture）

跨文化管理（cross cultural management）

个人主义（individualism）

集体主义（collectivism）

权力距离（power distance）

跨文化冲突（cross cultural conflict）

男性化指数（masculine index）

女性化指数（feminine index）

长期取向（long term orientation）

短期取向（short term orientation）

跨文化沟通（cross cultural communication）

思考题

1. 文化对管理的影响主要表现在哪些方面?
2. 试分析文化架构理论对国际商务活动的影响。
3. 语言沟通中的文化差异有哪些表现形式?
4. 形成中美文化差异的原因有哪些?
5. 什么是价值取向理论?
6. 跨文化商务谈判有哪些策略?
7. 如何解决跨文化冲突?
8. 美国在华跨国公司的跨文化冲突表现在哪些方面?
9. 请分析跨文化沟通中的非语言沟通如何造成冲突。
10. 跨国公司在跨文化信息沟通时应注意什么问题?
11. 请论述文化构架理论。

开篇案例讨论

1. 请分析开篇案例中 BAC 公司存在什么跨文化冲突?
2. 产生冲突的原因是什么?
3. 如何解决冲突?

推荐读物及网站

论文

1. Marianne Broadbent, Peter Weill and Don St Clair. The Implications of Information Technology Infrastructure for Business Process Redesign. *MIS Quarterly*, 1999, 23 (2) .

2. Stephen M. Rutner, Brian J. Gibson and Craig M. Gustin. Longitudinal Study of Sup ply Chain Information Systems. *Production and Inventory Management Journal*, 2001, 42 (2) .

3. 徐晓丹 . 中西方文化价值取向的差异及其融合趋向 . 理论探讨, 2005 (3) .

4. 颜静兰, 陈乐 . 个体主义——集体主义文化维度透视 . 深圳大学学报 (人文社会科学版), 2003 (6) .

5. 李兆熙 . 中外合资企业的跨文化管理 . 中外管理, 1996 (7) .

6. 彭剑锋 .21 世纪人力资源管理的十大特点 . 中国人才, 2000 (11) .

7. 崔慧广 . 企业跨国经营中的文化冲突与融合 . 陇东学院学报 (社会科学版), 2005 (2) .

8. 李彦亮 . 跨文化冲突与跨文化管理 . 科学社会主义, 2006 (2) .

9. 成瑶 . 试论跨文化冲突以及解决方案 . 兰州学刊, 2006 (6)

10. 赵伟君 . 中西文化冲突与我国跨文化商务谈判对策 . 商业研究, 2002 (22) .

11. 王腾宁 . 中西文化差异对商务谈判的影响 . 市场与管理, 2004 (4) .

12. 尹韵公. 跨文化现象与中国文化（热点研究）. 人民日报，2005-05-13.

著作

1. 李品媛. 现代商务谈判. 大连：东北财经大学出版社，1995.
2. 丁建忠. 国际商务谈判学. 北京：中信出版社，1996.
3. 白远. 国际商务谈判（第三版）. 北京：中国人民大学出版社，2006.
4. 魏光奇. 天人之际：中西文化观念比较. 北京：首都师范大学出版社，2000.
5. 拉里·A·萨默瓦，理查德·E·波特. 跨文化传播. 北京：中国人民大学出版社，2004.

网站

1. http：//www.amazon.com/Cross-Cultural-Conflict-Building-Relationships-ffective
2. http：//www.ehow.com/about_6523993_cross_cultural-conflict_.html
3. http：//www.uq.edu.au/events/event_view.php? event_id=3061
4. http：//ieeexplore.ieee.org/xpl/articleDetails.jsp? reload=true&arnumber=5577503&contentType=Conference%20Publications

第 12 章

跨国公司企业伦理与社会责任

本章学习目标

1. 掌握企业伦理的一般理论
2. 掌握企业社会责任理论的内涵
3. 理解伦理学的基本准则
4. 理解并应用伦理学分析框架
5. 了解跨国公司的主要伦理焦点
6. 了解主要的跨国公司国际伦理规范

开篇案例　孟山都：利益相关者的平衡

美国的孟山都公司是世界上最大的种子公司，目前世界上 90％的转基因种子都来自该公司。孟山都生产的作物能抗数星期的干旱、清除杂草并杀死入侵的害虫。其转基因种子提高了谷物的数量和质量，有助于世界各地的农民提高粮食产量、增加收益。一直以来，公司饱受诸如政府、农民、政治活跃分子、激进团体的批评。其支持者认为，该公司通过生产高产谷物和抗严酷环境的作物解决了世界饥荒。批评家指责这些跨国巨头试图控制世界粮食供给，并且破坏了生物多样性。批评家对转基因食品对人类健康及生态环境可能带来的负面影响同样表示出担忧。然而，这并未阻止其成为世界上最成功的公司。

孟山都公司创立于 1901 年，已由一家化学药剂公司成功转向生物技术作物，其中转基因种子是对农业的深刻变革。公司主要投资四种作物：玉米、棉花、大豆和加拿大油菜。历史上，杂草、虫害、干旱一直都是农民的克星。孟山都公司研制出的转基因种子本身含有农达除草基因，能够杀死杂草却留下庄稼。公司 60％收益来自转基因种子。目前，超过一半的美国农作物，其中包括大部分大豆和 70％的玉米是转基因的，增长最快的是发展中国家。

农民购买转基因种子后，能在更少的土地面积上种植更多的庄稼，且不必完全听天由命。通过减少损失、增加产量，转基因作物帮助农民节省了数十亿美元。但孟山都的种子在试图引入欧洲时遭到消费者的强烈反对。绿色和平组织与孟山都斗争了多年，特别反对该公司试图在发展中国家推广转基因作物。目前针对公司产品的担忧主要有两类：转基因食品的安全性及环境影响。

对转基因食品安全的担忧

对很多利益相关者而言，最大的担忧是转基因食品可能存在的道德与安全性问题。

批评者认为，生物技术作物是违背自然的，其对健康的潜在影响未来很多年都无从知晓。批评者还认为，目前尚无有效标准以确定生物技术作物的安全性。一些遗传学家认为，拼接基因片段到种子里面可能会产生一些微小变化，人和动物食用后健康可能受损，且尚未有足够长的时间来测量其长期效应。转基因食品的一个主要健康问题是过敏性，尽管消费者忐忑不安，美国食品和药物管理局（FDA）却正式宣布转基因食品是安全的。FDA 认定，美国人购买食品时无须知道是否为转基因食品，因此这一信息不会在标签标注。但在其他国家，尤其是英国和欧盟，需特别注明。

对孟山都公司产品环境影响的担忧

其一，研究已经证实，和核心转基因种子搭配使用的农达除草剂，对鸟类、昆虫尤其是两栖类动物有害。其二，另一个担忧是它对环境的污染。一些科学家担心转基因种子散播到天然植物里可能会使这些植物带上转基因特性，那些植物一旦产生遗传变异，可能对周边生态系统造成负面影响。孟山都公司并未对上述问题保持沉默，公司声称，其所有产品对环境产生的影响都被美国环保署研究过且已获得认可。其三，另一个新的环境问题是孟山都农作物可能导致杂草和害虫对除草剂和杀虫剂产生的抗药性，批评家担心对其的过度使用会导致超级杂草和超级害虫的产生，事实也的确如此。

组织伦理问题

作为孟山都公司生物工程的产物，种子受到专利法保护，农民不得将收获的种子作为来年之用，而是每一季都必须从公司重新购买，通过每年销售新种子，公司保证每年都有稳定利润，且维护了产权。批评者认为，要求农民年复一年购买新种子，会给农民带来过重的负担，也给了孟山都太大的权利。侵犯专利的农民常被提起诉讼并被罚款。

企业责任

公司已出资数百万美元支持多个项目帮助改善发展中国家的社区，曾荣登《企业社会责任杂志》2009 年度“企业公民百家排行榜”，排名第 20 位。在非洲，公司帮助过很多农民，让其渡过了困难时期并致富。批评者认为，孟山都正试图控制非洲农业，摧毁非洲持续数千年的农业传统。与此同时，公司还成立了基金项目和援助计划，旨在为儿童、青年等提供相应帮助。

孟山都的未来

孟山都面临很多需要解决的问题，包括纠缠不休的产品安全性与环境影响，还需要面对其他公司的竞争。但公司正在从事新的创新来提高竞争力，同时也给全世界的农民带来福音。尽管孟山都过去犯过很多伦理错误，它正试着把自己塑造成为对社会负责的致力于农业改善的公司。

资料来源：改编自《孟山都：努力平衡利益相关者的关系》，见约翰·弗雷德里希等：《企业伦理学——伦理决策与案例（第8版）》，259页，北京，中国人民大学出版社，2012。

国际管理中的伦理道德和社会责任问题是国际政治法律问题的进一步延伸。在经济全球化的进程中，跨国公司面临着日益严峻的国际伦理冲突与挑战。将伦理学分析方法纳入决策框架，有助于帮助跨国公司在面临伦理困境时做出最优决策。建立基于人类核心价值观的国际伦理规范，有助于弥合分歧与促进认同，推进全球化社会的形成。

12.1 跨国公司伦理的理论基础

12.1.1 企业伦理的一般理论

企业的不道德经营行为引发了学术界对企业伦理的关注与思辨，在国际政治经济环境中运营的跨国公司面临着更为复杂的伦理冲突。

1. 基本概念的界定

（1）伦理。伦理（ethics）一词源于西方的古希腊文，用来表示某种现象的本质或实质。历经演变后，该词表示一个民族特有的生活习惯、风尚、习俗等，同时兼有品质、德行之意。在我国，伦、理二字于公元前6世纪即出现在《周易》等早期文献中，战国末期的《礼记·乐记》开始将伦理二字联用，是指人与人相处应遵守的道理或人与人之间相互关系的道德规范。可见，伦理是包含价值判断的道德规范，是关于是非善恶的观念、情感和行为习惯。简单地讲，伦理包括道理意识、道德关系和道德规范。

1）伦理与道德。道德（virtue）一词有品行、品性之意。黑格尔阐述了伦理与道德的区别。就精神的发展而言，应先有道德后有伦理，道德与伦理之间是形式与内容、主观与现实、自律与他律的区别。伦理的对象是社会群体而非个体，道德是个体的行为规范。

2）伦理与价值观。价值观（values）是指人们对正确与错误、好与坏、重要与不重要所持的基本信念。从观念层面上看，伦理与价值观都是包含价值判断的基本观念，但价值观比伦理的范畴更为宽泛，在内容构成上分为真假、善恶、美丑三个领域，伦理是价值观的核心，是关于善恶是非的价值观。在企业经营活动中，存在大量关于“应该不应该”的价值判断。

3）伦理与规范。规范（norm）是指适当行为的标准或判断对错的原则、规则，是集体共有的行为准则。马莎·费丽莫（Martha Finnemore）将其定义为“行为共同体持有的适当行为的共同预期”。① 伦理支撑和影响规范的形成，规范体现一

① ［美］马莎·费丽莫：《国际社会中的国际利益》，29页，杭州，浙江人民出版社，2001。

定的价值、原则或伦理观念，规范又可以影响伦理的生成，二者互为因果，它们之间是相互建构的关系。规范不仅能够约束行为者的行为，同时也能建构行为者的观念与利益。

全球观察 12—1

跨国公司与可持续发展

简单地说，可持续性是指满足当代人的需要，而不损害下一代的利益。这是经济学家、人权行动者和环境保护者共同的美好目标。但对企业领导者来说，可能意味着更高的成本。当前。许多美国大公司在网站上公布其可持续发展报告，以塑造与展现公司形象。

福特公司前首席执行官威廉·C·福特（William C. Ford）数年来一直支持环保事业。他花费 20 亿美元重整了红河复合式工厂，修盖了 60 亩的植物房顶，可以获取雨水。福特公司还向 Conservation International 捐献 2 500 万美元，用来建设一个环境中心。

但是，福特公司在其最重要的业务领域却毫无准备，公司决定生产耗油量大的运动型多功能车和小型货运车。对此，评论者认为，福特公司的核心目标并不是拥有一家绿色工厂，而是节约燃料。

资料来源：弗雷德·卢森斯：《国际企业管理——文化、战略与行为（第 7 版）》，49 页，北京，机械工业出版社，2009。

（2）企业伦理。企业伦理（business ethics）是指企业在经济活动中处理其与利益相关者关系的善恶价值取向和应遵循的行为规范。企业伦理由各种指导企业行为的原则、价值、规范组成。一定的善恶标准、道德原则和行为规范为大多数员工所认同和执行，就成为企业伦理，表现为贯穿于企业全部行动过程中的道德意识、道德准则和道德活动的总和。企业伦理是企业文化的核心和精髓，企业价值观的核心是企业伦理观。企业伦理包括价值判断和行为准则，但一般更强调后者。其中最为关键的问题是，在面临是否选择替代式行动时，企业应如何进行取舍。经济利益与伦理道德的矛盾冲突越来越集中地表现在现代市场经济和现代企业制度中，在广泛推行现代企业制度的当今社会，企业伦理问题实际上转向了在追求利润最大化时，企业行动的手段与目的合理性之间的关系问题。

在传统观念中，讲求道德和追求利益是一对矛盾。在英语中，business 和 ethics 两个词有截然相反的含义。business 是指一切为主体谋取利益的事务，即商务活动与商务关系，其行为出发点和价值取向是利己、自私的。ethics 是指道德行为与伦理规范，其出发点和价值取向是约束自己、利他的。西方企业界长期奉行的一种理念是，企业组织及其行为完全是经济性的，与伦理道德无关，人们不能也不应对企业及其行为作出任何道德评价。20 世纪 60 年代末 70 年代初，随着社会生活诸领域的迅速经济化与经济全球化的不断加速，“企业非道德性神话”破灭，企业伦理学应运而生。

古典政治经济学的奠基人亚当·斯密在其两部传世之作《道德情操论》（1759）

和《国富论》（1776）中分别提出了两种不同的人性假设。其中，《道德情操论》提出人性善假设——道德人假设，《国富论》提出人性恶假设——经济人假设。这两个看似相互矛盾的人性假设难题恰好说明：人性假设不能非此即彼，人性是一个结构，理性经济人本质上也是道德人。基于这一前提，企业伦理得以成立。管理与伦理的结合给管理思想带来了深刻的变革。从以所有者为中心转变为注重利益相关者，从追求利润最大化转变为通过合乎法律与伦理的方式提供具有竞争力且能增进社会福利的产品与服务，从经济人转变为社会人，从注重目标、战略、结构转变为强调企业价值观。

（3）跨国公司伦理。跨国公司伦理是指跨国公司处理其与利益相关者之间关系的伦理体系。跨国公司伦理是关于跨国公司伦理的本质、特征及其规范的理论体系，它把跨国公司与东道国的利益与伦理结合起来，形成指导跨国公司行为的基本规范。跨国公司伦理是一种特殊的企业伦理，是跨越国界从事经营活动的企业所面临的特殊伦理问题，在企业伦理研究中占据重要地位。从企业伦理角度，可将跨国公司伦理分为内部伦理和外部伦理，或分为法人伦理和个人伦理。本章侧重从企业外部伦理和企业法人伦理的角度分析跨国公司伦理。

跨国公司伦理是企业伦理的一个分支，它具有企业伦理的一般特点，同时又有其独特性。

1）跨国性。跨国公司伦理是在多个国家不同伦理规范、价值观冲突的基础上形成的，具有典型的跨国性特点。其一，在当地商业惯例违背母国法律的情形下，不同的文化价值观和制度体系导致跨国公司可能遭遇与东道国无法达成共识的风险。其二，规模实力雄厚的跨国公司可能拥有与东道国相抗衡的力量，这种力量如果运用不当可能引发国际伦理困境。

2）复杂性。国际经营是影响范围最广、涉及关系最多、最难调节与控制的经济活动，与之相应，跨国公司伦理是一种涵盖范围最广、涉及关系最多的道德要求。跨国公司伦理是一种跨越企业的环境因素、行业因素、内部因素、行为因素和心理因素的多元价值体系，它超越道德说教和一般的规范管理，是对于所持信念、利益合理定位的选择与体验过程。跨国公司伦理涉及微观层面、中观层面和宏观层面的诸多伦理问题，包含企业伦理、经济伦理、社会伦理和国家伦理等多个层次，体现了全球普遍伦理、母国伦理和东道国伦理的多重特征。

3）冲突性。以西方跨国公司为例，其伦理立场通常主张全球化而非本土化。一方面，在伦理标准上其往往奉行“唯西方为尊”，忽视与东道国的伦理差异；另一方面，在实际经营活动中又免不了“入乡随俗”，在产品和营销方面注重本土化。不仅如此，跨国公司伦理还呈现内部一致性（员工）与外部冲突性（其他利益相关者）共存的特征。

4）可建构性。与全球伦理缺失固定主体不同，跨国公司伦理有其固定主体和载体，是其自身伦理的承担者。跨国公司的内部组织管理系统保证了其经营伦理的贯彻与推行，它能够将伦理差异与冲突融合在一个组织内存在。从这个意义上讲，与全球伦理的原则性与理想性相比，跨国公司伦理具有很强的实践性和可建构性。

2. 企业伦理的相关理论

有关企业伦理的理论诠释有很多，以下简单介绍其中的两对主要理论。

（1）伦理绝对论与伦理相对论。

1）伦理绝对论。依据绝对主义的观点，该理论强调道德规范的客观性与普适性，认为存在不受文化和国家界限影响的普遍道德准则，任何一个企业都必须服从并遵守这些准则。对跨国公司而言，这意味着企业的跨国经营可继续奉行母国伦理标准。其优点是能有效减少经营活动中的道德冲突，其缺陷是容易导致伦理优越感和文化帝国主义，将母国的价值观念凌驾于他国之上，而非基于全人类的核心价值观。

2）伦理相对论。依据相对主义的观点，该理论主张每个社会所遵循的伦理都是合理的存在，具有同等的价值，每个国家都有其独特的历史、文化与风俗，没有哪种文化的伦理标准在道德上有更大的优越性。对跨国公司而言，这意味着企业的跨国经营应致力于遵循东道国伦理观念。其优点在于承认各个国家在道德和文化价值上的平等地位，但由于缺乏一个可以用作道德判断的普遍标准，也为企业的跨国经营带来道德上的混乱。其缺陷是容易演变成“方便的相对论”，跨国公司可以随心所欲地选择其行为逻辑，通过“入乡随俗”获得更大的利润。

由于各个国家与民族在文化价值观上的差异不可能完全消除，跨国公司在国际经营中将长期面临伦理绝对主义和伦理相对主义的两难选择。无论采取何种方式，都会产生相应的伦理问题。

（2）股东理论与利益相关者理论。

1）股东理论（shareholders theory）。股东理论的代表人物米尔顿·弗里德曼（Milton Friedman）认为，企业的责任主要是其经营管理者的责任，即按照股东利益来经营管理，追求利润最大化。也就是说，“公司的社会责任就是为股东赚钱”。长期以来，股东价值最大化理论是企业理论的主流，它要求将企业对所有者的受托责任置于几近排他的至上地位。从某种意义上说，它是“企业非道德性神话”的理论支撑。

2）利益相关者理论（stakeholders theory）。利益相关者概念最早由斯坦福大学的一个研究所提出，利益相关者理论产生于 20 世纪 60 年代，是现代企业理论、契约理论研究的核心问题之一。

与传统的股东至上主义相区别，利益相关者理论以多重价值最大化为目标。该理论认为，任何一个企业的发展都离不开各种利益相关者的投入或参与，企业追求的是利益相关者的整体利益，而不仅是某个主体的利益。企业的经济活动涉及多方利益相关者，因此必须遵循多维的伦理规范，保障相关利益人合理权益的实现。具体而言，利益相关者包括投资者、员工、顾客、合作者/竞争者、政府/社区、资源/环境等。伊戈尔·安索夫是最早正式使用利益相关者一词的经济学家，他在其《公司战略》一书中指出，“要制定理想的企业目标，必须综合平衡考虑企业的诸多利益相关者之间相互冲突的索取权，他们可能包括管理人员、工人、股东、供应商以及顾客”。1984 年，美国经济学家弗里曼（R. Edward Freeman）在其著作《战略管理——利益相关者方式》中给出了一个广义的利益相关者定义，认为利益相关者是“那些能够影响企业目标实现，或者能够被企业实现目标的过程影响的任何个人和群体”。他将利益相关者区分为股东、雇员、消费者、供应者、社会、政府六大类，认为他们“影响公司行为而且被公司行为影响”。该定义将当地社区、政府部门、环境保护主义者等实体均纳入利益相关者管理的研究范畴，大大扩展了利益相关者的内涵，其观点与当时西方国家正在兴起的企业社会责任观点不谋而合，成为 20 世纪 80 年代后期 90 年代初期关于利益相关者界定的一个标准范式。此后，其他学者相继提出了关于利益相关者界定的观点。在管理实践中，越来越多的跨国公司开始采取利益相关者的全面管理模式。

12.1.2 企业社会责任理论

1. 企业社会责任的一般理论

（1）企业社会责任的内涵。企业社会责任（corporate social responsibility，CSR）概念最早于 1924 年由美国的谢尔顿提出。它是指企业在创造利润、对股东利益负责的同时，还要承担起对企业利益相关者的责任，以获得在经济、社会、环境等多个领域的可持续发展能力。标志着现代企业社会责任概念构建的著作是博文（Howard R. Bowen，1953）的《商人的社会责任》。他将商人的社会责任定义为“商人有义务按照社会所期望的目标和价值，来制定政策、进行决策或采取某些行动”。简言之，社会责任是指企业对社会负有的超越利润目标的责任和义务。企业社会责任是企业伦理的外在具体表现。从内容上看，两者是一致的，都是指企业的道德责任，但伦理同时强调权利与义务两个方面，社会责任则强调单向的义务。从对象上看，企业伦理不仅涉及外部伦理，而且涉及内部伦理及员工个人伦理；社会责任则偏重外部伦理且不涉及个人责任。企业伦理与企业社会责任都包含与利益相关者的诸多关系，但社会责任强调股东以外的其他利益相关者。可见，企业社会责任是企业伦理的核心内容，企业社会责任是社会对企业的伦理期待，企业作为具有独立法人资格的伦理实体和行为选择自由的伦理主体必须履行自己的道德责任。基于社会责任理念，企业的义务在于对利益相关者最大化其正面影响，最小化其负面影响。

企业社会责任与利益相关者理论原本分属两个相互独立的研究领域，20 世纪 90 年代起，二者开始呈现互相渗透、全面融合的趋势。这是因为从本质上看，利益相关者理论研究企业与利益相关者的关系问题，企业社会责任研究企业与社会的关系问题，两者是一个问题的两个方面。一方面，利益相关者理论明确了企业社会责任的定义，找到了衡量企业社会责任的方法，为企业社会责任研究提供了理论依据；另一方面，企业社会责任研究也为利益相关者理论提供了实证检验的方法。与此同时，必须明晰企业社会责任的范围。在所有的利益相关者中，只有股东并非企业的社会责任，而是企业天然的经济及契约责任，其他利益相关者都与企业的社会责任有关。从这个意义上说，企业社会责任不过是企业对非股东利益相关者责任的另一种说法。

（2）企业社会责任的构成。企业社会责任的构成为：

1）社会责任的主体——企业。分为两个层次：第一个层次为企业是法律实体与经济实体，这是其承担社会责任的现实基础；第二个层次为企业是自由意志和行为选择的道德实体，是企业公民（corporate citizenship）。2003 年世界经济论坛提出了企业公民的四个内涵：公司的治理结构和道德价值；对人的责任；对环境的责任；对发展的广义贡献。

2）社会责任的客体——利益相关者。企业社会责任的客体即利益相关者的界定，是由企业所涉及的社会结构中的责权关系决定的。由于企业社会责任关系是一个变化的范畴，在不同时期不同体制下，社会责任的对象也有所不同。

3）主体和客体之间的责任关系。具体包括企业对自身的责任（法律责任、经济责任）和企业对利益相关者的责任（法律责任、经济责任、道德责任、公益责任）。

（3）企业社会责任金字塔理论。有关社会责任的学说有很多，其中最具代表性的是企业社会责任金字塔理论。

该理论于 1979 年由美国佐治亚大学的阿奇·B·卡罗尔（Archie B. Carroll）教授提出。他认为，企业社会责任是特定时期社会对企业寄托的经济、法律、伦理和自由决定（慈善）的期望。因此，完整的社会责任应当包括经济责任、法律责任、伦理责任、慈善责任四种责任。卡罗尔把这四种责任由低到高排列成所谓的社会责任金字塔模型。

1）经济责任。企业要求得生存和发展，必须具有经济保障和实现盈利，否则就失去了经济组织存在的意义。

2）法律责任。企业必须遵守有关法律的约束与规定，既要承担对社会负责的法律义务，又要在不履行义务或超越法律约束和规定时接受法律的惩戒，这是企业作为社会公民的法律责任。

3）伦理责任。包括企业公平和正义的义务，即通过自身的合乎伦理规范的经济行为来服务社会，通过创造满足社会需要的产品和服务，把人类带入美好的追求和境界。

4）慈善责任。企业通过利用市场资源和社会资源获取利润，为回馈社会，企业应将其中一小部分让渡给社会。

2. 跨国公司与社会责任

社会责任描述了社会中各成员为了促进公共福利应该具有的道德行为。企业组织如同个人一样，具有社会责任的义务。一个企业在社会中的认可程度越来越多地取决于其活动在多大程度上满足社会环境和自然环境的要求，取决于其如何能透明地、可信地、有效地与社会沟通与对话。作为社会中一个有意识负责任的成员，跨国公司必须为推进社会可持续发展目标而控制自己的活动所产生的影响，在其各种各样的活动和组织影响范围之内应当平衡考虑利益相关方的诉求，尊重国家层面和国际层面的法律及权力标准等。具体地说，跨国公司应从对全社会负责的理念出发，尊重人权、关注环境、保护消费者利益及实行劳工标准和公平运营。

近年频繁出现的具有广泛影响的公共事件和丑闻（如美国安然公司倒闭）增强了全球对企业社会责任的关注和企业社会责任在全球经济中的地位。一个企业不应只是追求经济绩效，而是必须与社会和环境的意义相联系。从长远发展来讲，经济、社会和环境的目标彼此具有同等重要的地位。在每种具体情况之下，企业应当出于履行社会责任的考量来进行决策并确定优先重点，当不同目标之间出现冲突时，应当寻求使各利益方的期望达到平衡。

进入21世纪后，人们关注的问题不再是围绕企业是否采取社会责任措施或企业履行社会责任的动因，而是转向探讨如何使企业社会责任尽可能成为企业运营的组成部分。今天，企业社会责任被理解为企业为实现可持续发展作出的贡献，通过可持续管理综合平衡处理经济、环境和社会三个同等重要的主题。

现代企业社会责任的发展在很大程度上受到企业全球化的影响。在全球化的背景下，许多跨国公司将社会责任方案作为建立全球竞争优势的战略，自愿履行国际社会责任义务和采用国际规范标准。许多大型跨国公司积极开发和参与对社会和环境有重要意义的项目，开展与其他合作伙伴的合作，以表明其作为社会一员应采取的负责任的行动。为了更好地践行社会责任，跨国公司应制定可持续发展的方案，将其融入自身的业务流程，并创新管理方法，实现通过核心业务活动对社会和环境产生积极的影响。同时，许多企业还将发布环境报告或可持续发展报告作为有效的管理和沟通工具，以及作为社会责任方案的组成部分，从而提高了社会责任措施的有效性。此外，跨国公司可利用的另外一个重要工具是与利益相关方透明地沟通和合作，以负责任的方式考虑利益相关方的利益。跨国公司履行社会责任的主要形式及主要途径分别如表12—1、表12—2所示。

表12—1　　跨国公司履行社会责任的主要形式

1. 员工福利和劳工保护
2. 环境保护
3. 为消费者提供符合基本人权标准和环保标准的产品
4. 反腐败和商业贿赂
5. 慈善捐助和公益活动

表12—2　　跨国公司履行社会责任的主要途径

1. 建立国际性社会责任组织或制定国际性企业社会责任行为守则
2. 成立专门的社会责任机构
3. 把企业社会责任融入业务流程
4. 引进和建立发布公司报告制度
5. 加强员工操守管理

12.2 跨国公司伦理的分析方法与框架

企业伦理问题（ethical issue）是指一个需要个人、团体或组织在多个必须被评估是正确还是错误、道德还是不道德的行动方案中做出选择的问题、情形或机会。对于在复杂的跨文化环境中经营运作的国际企业来说，伦理困境（ethical dilemma）的发生十分频繁。运用伦理学的分析方法与分析框架，有助于跨国公司做出最优选择决策。

12.2.1　跨国公司伦理学分析方法

1. 企业伦理学的内涵

（1）基本定义。企业伦理问题由来已久，伦理学涉及作为判断标准和行动指导准则的价值识别、评估和选择，在经济全球化的加速进程中，企业伦理学应运而生。

企业伦理学是管理学与伦理学双向互动、相互交融的交叉学科。关于企业伦理学有多种解释，以下是其中两种比较有代表性的观点：1）企业伦理学是以经济决策和行动为中心的学说，在微观、中观、宏观三个层次上实现伦理学和经济学的整合，旨在提高多个层次经济决策和活动的伦理质量（ethical quality）。2）企业伦理学是从哲学伦理学角度对企业及其关系的系统研究，涉及对企业所处的总体社会政治经济体制、道德地位、结构和行为及其内部个人行为的伦理分析和评价，旨在充分系统地把握经济领域中的道德问题及其选择的可能性。

企业伦理学的简明定义可归纳为：1）企业伦理学是一门研究特定的企业制度、企业决策、企业行为及企业环境的伦理合理性（ethical rationality）的学科。2）企业伦理学是一门研究企业和个人（尤其是管理者）在经营管理活动中的伦理规范的学科。上述两个简明定义之间存在相互联系的关系。其中第一个定义中所谓企业制度的伦理合理性，是指企业制度得以确立的道德理由。这是企业得以建立的内在价值支撑。第二个定义中所谓伦理规范，是指企业经营管理行为所必须遵守的道德秩序和行为规范。这是企业赖以运行的外在技术支撑。

综上所述，一个企业的构建与持续发展必须依托于内在价值支持体系和外在规范支持体系，企业伦理学正是研究这两个维度的学科。

全球观察 12—2

海外药物试验的伦理困境

在曼谷最大的两家妇产医院里，感染了艾滋病的孕妇加入了美国一项旨在减少艾滋病母婴传播的试验。但是一半的泰国孕妇得到的是安慰剂，而不是有效药物，可能有 37 名婴儿因母亲没有得到有效的药物而在出生时呈现艾滋病病毒阳性。

一个凸显的事实是，在近年激增的私人和公共医学研究者的海外药物试验中，存在不平等的议价能力：富国有药物和治疗方案，穷国则有大量患者。然而，在试验中并不总是均等地分配费用和收益。

医学的进步总是得益于一些人为了社会利益而承担风险。许多科学家认为，安慰剂使研究人员更加清楚地了解到哪些试验治疗方法起作用，哪些不起作用。跟踪疾病如何毫无障碍地入侵人群的被动研究，能够为治疗和预防提供深刻见解。

随着富裕国家的科学家越来越多地在发展中国家从事研究试验，那些存在已久的研究方法变得更加复杂和备受争议。这些试验所引发的激烈争论，发生在美国大学的审查委员会、非洲和亚洲国家的卫生部，以及世界卫生组织的会议室里。

这些问题包括：当西方的研究者到贫穷国家进行药物试验时，应该应用哪个国家的道德准则？当面对贫穷的试验对象时，研究者是必须提供在富裕国家中可得到的最好治疗，还是可以自由地仅仅提供当地可以获得的最好治疗？在一些医疗设施缺乏的地区，这可能意味着一些试验对象根本无法得到治疗。

1964 年发布的《赫尔辛基宣言》是指导全世界范围内药物试验中的伦理决策的原则。在泰国艾滋病孕妇事件之后的一次修订大会上，投票表决通过如下原则：要用清晰的语言告知安慰剂的使用情形，那些已有可行的有效治疗却仍对一些试验对象使用虚拟药物的行为是不道德的。

与此同时，美国公共和私人研究者仍不确定的是：在处理威胁生命疾病的治疗与预防问题时，怎样做才能符合现有的国际要求？

资料来源：《在泰国的药物试验与受感染婴儿》，见约翰·M·克兰：《国际企业伦理——全球政治经济中的决策（第 2 版）》，103 页，北京，中国人民大学出版社，2013。

(2) 核心范畴。企业伦理学是一门面向企业实践的学科，贯穿始终的主线是经济和伦理的矛盾关系，其核心范畴包括：1）责任。责任是指行为主体对行为及其后果的担当。从某种意义上讲，责任是企业伦理的代名词。如前所述，关于企业责任存在两类不同观点，即股东理论和社会责任理论。后者认为，企业经营并非只是针对股东的责任，而是认同利益相关者导向，将企业责任扩展至经济之外。2）经济正义。经济正义是企业伦理学的核心价值目标。它既是企业伦理学研究的主要命题，也是企业伦理学追求的价值目标。

2. 基本的伦理学准则

几个世纪的哲学思辨产生了大量有关伦理学的学说，其论辩主要集中于功利主义目的论和道德义务论两种对立的伦理观。

(1) 功利主义目的论（teleological theory），也称目的论，该伦理观的关注点集中在效果上，寻求的是最大多数人的最大利益。依据该决策原则，一个行为，当且仅当其产生与任何其他可行的替代行为同样大的价值/无价值效用时，才是“正当”的。亚当·斯密的“看不见的手”就是一个功利主义概念。功利主义目的论的主要缺陷是：“好”的单位难以界定、量化和比较；测定效果的恰当时间点难以确定；可能出现的不公平结果令人担忧，尤其是在个人权利方面。

(2) 道德义务论（deontological theory），也称道义论，该伦理观的关注焦点不是行为效果，而是人应当怎样做及其行为动机等。在该哲学概念下，如果所有的理性人都进行理性思考并接受规则，该决策规则就被视为道德的，支持该理论的学者倾向于使用一套明确个人职责的外部规则来强化这一内在机制。例如，基本人权概念即源于道德义务论范畴。其优点是可根据当事者的情况和动机来创设标准或规则，以适用于不同场合。其缺陷是难以对心理动机与正当理由做出区分；难以在需要追溯很长时间或寻找很多细节的情况下确定个人“应该承担”的责任；难以在伦理标准发生冲突而引起道德两难困境时做出选择。

综上所述，功利主义目的论者试图设定一种决策方案（增值/贬值）以适用于所有场合，道德义务论者则试图设立规则（所具有的普遍性程度各异）以适用于不同情况。简言之，前者关心效果或目的，强调最终成本收益效果的计算；后者注重过程或手段，强调对正义准则和规则的关注。

(3) 伦理学理论连续图谱。哲学伦理学为该基本争辩提供了多种不同的阐释和替代理论，充当连接争论两极的桥梁，如规则功利主义论（rule utilitarian）、共同道德论（prima facie）等。上述理论可通过伦理学理论连续图谱直观地展现。伦理学理论连续图谱描述的是决策方法的对比轴，轴的一端是道德义务论对正义准则和规则的关注，另一端是功利主义目的论对最优成本和收益的计算，共同道德论和规则功利主义论则根据决策方法的基本理念是基于道德义务论的正义准则还是功利主义目的论的效果预测，顺序沿连续图谱轴排列，如图 12—1 所示。

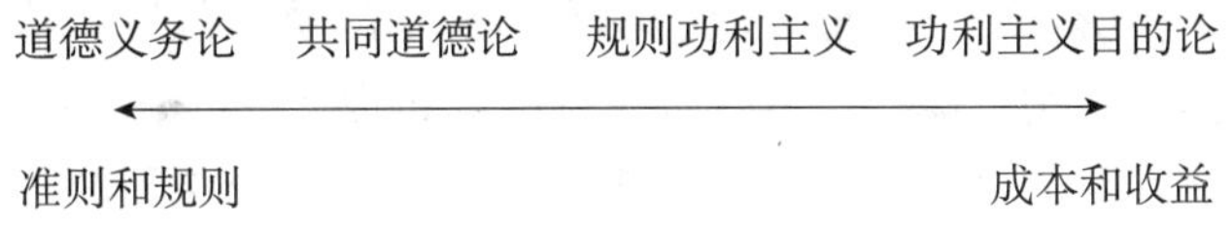

图 12—1　伦理学理论连续图谱

3. 伦理学分析与价值判断

民族国家体系在全球范围内划定了政治边界，在国界内规定了组织行为的规则。伴随着全球化的发展，在国家间相互依赖的影响中，企业与政治之间的传统界定方式变得模糊。一国的经济、社会和文化模式正在经由国际商务而改变，日益增多的外来理念使得不同国家、地区的规范性问题凸显。当一国的观点和标准与其他国家存在很大差别时，很难决定一种全球伦理（global ethics）标准。此时，无偏见的伦理决策过程对现代国际商务活动是必需的。

国际企业是在全球政治经济环境中运行的，全球化的规范性维度通常由以跨国公司所代表的国际企业的权利和影响的形式出现。社会需要在共同价值观的基础上谋求发展。对于处于全球化中的跨国公司而言，在核心价值上逐步形成共识，有助于用共同接受的规则和目标指导国际企业。如果可以基于共同的全球价值观，将伦理学分析纳入决策框架，其引导的企业决策将符合更广泛的人类利益。

一般而言，传统的伦理道德主要关注狭隘的个人问题，企业社会责任则关注更为普遍的问题，它由企业整体道德伦理定位驱动。有关企业社会责任边界的界定，股东视角关注的是企业的创设融资契约和预期投资收益；利益相关者视角则使用社会契约理论，将责任延展至对企业活动产生重大影响或深受其影响的群体。只有当国际企业将伦理关怀纳入基本价值观念，并将伦理规范融入企业战略部署，社会责任的价值在日常决策中才会根深蒂固。

跨国公司的影响范围、资源和潜在影响力，为其提供了不受制于任何一个国家政府的控制权，以及进行决策和行动的选择权。跨国公司在经营管理决策的全过程中，必须引入伦理思维，进行伦理分析，这样才能提高企业决策的伦理质量。在进行跨国公司伦理分析时，应将利益相关者作为分析主线。

在跨国公司的伦理学分析中，存在大量的价值判断或带有价值判断倾向的事实判断，在多种选择的可能性中，每个选择都或多或少具有伦理合理性。在制定商业决策时，跨国公司应该运用伦理学分析方法，思考其决策可能会对企业与社会产生的影响，尤其是负面影响，以促进负责任的商业行为。

决策（decisions）是一个包含计划、组织、领导和控制的复杂系统工程，价值判断在伦理决策中起着关键作用。在涉及全球的、跨文化的伦理困境时，国际企业决策者必须凭借其商业判断和价值判断进行决策。每个个体都有自己独特的个人原则和价值观，每个企业组织也都有其独有的价值体系、规则和伦理文化。企业伦理必须考虑组织文化及组织决策中个人与其他所涉关键人物之间的相互依存关系，在缺乏组织准则、政策与文化的真空里，不可能制定出最佳的符合伦理的决策。在跨国经营中，企业作为决策的责任主体，但不能因此淡化和否认个人在其中所承担的道德责任，个体所负责任一般取决于其在组织中的层级位置。跨国企业的决策面对多种可供选择的现实可能性，其作为责任主体的基本特征是必须明确选择目的，这必然涉及价值判断。显然，伦理学分析方法有助于推动跨国公司对现有决策选择进行更加开放和客观的评价。

需要指出的是，运用伦理学分析方法，不存在绝对正确、非此即彼的唯一结论，而是强调一种面向行动的实践导向。它提供的是一种可由企业自主选择的思维方法和行为方式，从而帮助国际企业实现未来的可持续发展。

4. 伦理学分析与最优选择

在经济全球化的背景下，跨国公司日益具有超越国家版图的能力，因此迫切需要存在一种普世的社会责任和伦理分析准则。全球化的复杂性带来新的挑战，面对错综复杂的国际商务伦理困境，要求以开放的观点使用规范的标准和程序来阐明价值选择。

与全球化相伴而来的是一系列复杂的伦理困境，对跨国公司而言，选择变得日益困难。全球化作为正在发生的过程，推动着全球社会接受共同的基本价值观。在以往的企业决策中，更多地把焦点集中在追求效率上，企业目标以利润最大化来定义。在这个过程中，伦理选择（ethical choice）的作用往往被忽视。基于国际商务的特殊性，在跨国经营中，指导企业决策的价值标准可能相互竞争甚至发生冲突。跨国公司在一个全球性的政治经济环境中运作，在面临不同社会中相互冲突的价值标准时应如何决策？这已然成为当前学术界与实践领域的一个巨大挑战。

如前所述，伦理学涉及作为判断标准和行动指导准则的价值识别、评估和选择，伦理学分析（ethical analysis）则提供了一种检验指导人们日常决策的价值观的途径。运用其方法论，可以对不同判断和行为所体现出的价值观进行识别、理解和有意识的选择。

决策本身包含在相互竞争甚至发生冲突的价值观中做出选择。企业决策是选择的结果，其伦理合理性需要一定的价值支撑。决策包括选择，而选择是由价值观指导的。价值观处于所有决策的中心，为选择不同的结果和行动方针提供规范性的基础。可见，这种选择的实质就是价值选择。

从本质上讲，伦理学关注的焦点在于价值选择。伦理学是系统地运用理性对经验做出诠释，以决定生活中的重要价值及主导行为的规则。与伦理相关的一个术语是道德，它是指人们为遵守社会的行为规范而应做的事情。伦理学分析有助于识别道德规范。

在跨国公司面临伦理困境时，其真正的挑战在于确定最优选择。而企业伦理的真正任务在于帮助个人与组织做出更普遍也更困难的最优选择，引导良好的道德观来支持可选择的行动方针。当面临伦理困境时，管理者通常需要在时间约束和信息过少的条件下做出决策。跨国公司在全球政治经济中必须同时回应多方政府和社会团体的压力，最优选择结果需要明确价值的优先顺序。在全球化社会，需要用共同接受的规则和目标指导国际企业的决策。对全球性社区而言，关注伦理学分析将有助于做出最优选择。

依据相对主义观点，伦理标准是相对的，其随不同社会崇尚的文化或信仰体系不同而千差万别。因此，对于国际企业而言，在许多情况下，行为的“对”与“错”之间并没有明确清晰的选项，甚至会出现伦理两难选择的局面，即可能同时存在多种竞争性备选行动方案，且各有其伦理合法性。因此，跨国公司面临的挑战是如何选择最优行为，而非简单地决定做什么是“对”的。不仅如此，在全球政治经济背景下，政府机构、非政府组织和国际企业共同肩负着伦理责任。因此，这种最优选择还会引发一个问题，即如何在相关的行为者中进行责任划分，因此，谁来决策也是一个问题。对此，伦理学分析框架将有助于我们对上述问题做出明确清晰的解答。

12.2.2　跨国公司决策的伦理分析框架

在本土价值观有别于企业母国的情况下，错综复杂的企业伦理问题随之产生。跨国公司必须找到并巩固其共同的社会价值基础，以便在全球协调企业经济进而持续获益。

1. 5W 分析框架的内容

在面对伦理困境时，伦理学分析提供了一条理性推理的途径，来澄清不同意见和尽可能弥合或减小个人及群体中存在的分歧，并且通常采取具体问题具体分析的方式完成。如果说正式的理论体系是一个长远需求，那么在时间和信息不充足的条件下做出最优选择则是一种实时需求，伦理学分析在上述两种需求之间提供了一个必要的桥梁。在全球不同的政治、经济和社会文化环境下，跨国公司的经营运作面临巨大挑战，其经营活动以及指导企业行为的价值决策首先涉及个人价值判断，并在此基础上形成更广泛的组织决策。组织和个人都对自己的行动拥有选择权，将伦理学分析纳入个人和组织决策，将有助于在全球政治经济的复杂环境中确保决策结果反映出有意识的最优选择判断。

在政治、经济及企业的相关决策中，伦理选择的重要性经常被忽视。对工具性术语的习惯性使用往往可能模糊实际指导政治、经济和企业决策的价值标准。例如，民族国家在谋求或保护国家利益时通常会找到其合理性，经济学将焦点集中在追求效率上，企业经营以利润最大化来定义目标。而伦理学分析有助于消除上述工具性术语的影响，使潜在的价值观得以清晰显现，从而得到明确的评估，做出明智的符合期望的选择。

国际企业与不同文化之间的关系及前者对后者的影响作用，提出了一个最具争议的全球化问题。当面临国际性伦理困境时，跨国公司应依据何种规范做出最优选择决策，以识别出最优的规范性标准和目标。对此，伦理学分析的5W框架将给出具体解答方法。

伦理学讨论的是社会应该怎样、价值的定义以及处事方式的指导，伦理学分析则旨在以实际方式实施上述价值选择。超越不同伦理学理论的瓶颈制约，综合应用不同的伦理学准则（功利主义目的论、规则功利主义论、共同道德论、道德义务论）构造而成的5W分析框架，能够为伦理决策困境的最优选择提供理性基础，帮助跨国公司进行合乎伦理的分析和决策。

所谓5W分析框架，包括who（谁）、when（何时）、where（何地）、what（做什么）、why（为何）5个要素。对跨国公司而言，有关其在全球政治经济中履行社会责任的规范，涉及4W问题，即谁、应在何时、何地、做什么。对此，可以通过伦理学分析框架做出解答，其解答效果取决于对为何的确定和阐释。为何提出了区分事实性描述是怎样与规范性说明应怎样的依据。

运用5W分析框架，能够为跨国企业做出最优决策提供理性基础，进而建立特定问题的伦理决策准则。依据5W分析框架，必须明确：(1) 建立问题的规范意义（伦理问题的本质）；(2) 确定相关行为者应承担的相对社会责任；(3) 识别适当的行动；(4) 提出类似管理情境的指导原则。通俗地讲，就是根据决策问题的背景信息，采用伦理学的规范术语和分析工具来探索相关伦理问题的本质，确定政府、跨国公司和其他非政府行为者的角色职责，以做出对承担责任的行动的最优选择决策。

5W分析框架是一个理性、规范、实用的分析框架，通过不断质询的逻辑演进过程，审视跨国公司的伦理困境，它不局限于对特定案例具体结论的争辩，而是试图通过伦理学分析，寻求可能的最优选择决策，并明确选择中包含的规范原理及标准。需要指出的是，在复杂的企业决策中使用伦理学分析方法，并不拘泥于某个既定的伦理学理论，而是根据问题背景因素提供的理性基础，对决策做出评价。

2. 5W分析框架的意义

全球商务把文化、价值观、法律及伦理标准各不相同的国家的人们聚集到一起。一个与文化差异有关的重要企业伦理问题是：谁的价值观和伦理标准在国际谈判与商业交易中说了算？因此，在谈到企业伦理时的一个基本问题是：应按照谁的道德行事或应遵循谁的伦理？另一个基本问题则是是否存在一套全球共享的普世价值观（global common values）？在一个包含多元信仰体系的全球社会中，伦理学分析是识别与设计共同价值准则的一条可行途径。伦理学关注的是正确行为的本质与合理性，它通过价值识别来引导现在或将来的行为，也为评判当前或过去的行为提供标准。为此，跨国公司应建立伦理价值（ethical values），以实现富有效率的经营，保证最低限度的契约履行。

5W 分析框架对处在国际伦理困境中的跨国公司具有重要意义，具体表现为：

(1) 弥合价值分歧。跨国企业的管理者面临着复杂程度难以预料的决策，伴随着政治与经济因素的相互交织，瞬息万变的全球化环境正在持续地塑造与加剧这种复杂性。从某种意义上说，跨国经营处于道德边缘地带，跨国公司母国与东道国在伦理判断标准方面存在灰色地带。并没有固定的、制度化的治理机构来约束跨国公司商业道德上有争议的做法，甚至何为道德上的争议，也没有真正的全球统一意见。运用 5W 分析方法，可以回答谁、做什么、何时、何地以及为何等问题，进而为跨国公司在全球政治经济中履行企业社会责任提供伦理学框架。

(2) 发展共同价值观。在全球化的背景下，跨国公司面临一系列复杂的伦理困境。由跨国公司的业务活动促进，经济和政治之间的相互依赖形成全球交互作用的模式，呼唤着对全球社会价值观基础的研究。全球化作为正在发展的进程，正在某种程度上促使全球社会接受共同的基本价值观。对全球社区而言，明确关注伦理学分析和决策将增大得到最优选择的可能性。

(3) 促进个人决策。全球化产生的巨大影响，其范围和规模是个人所无法企及的，但在个人层面上考察、识别和完善自我价值准则同样意义巨大。这是因为一个真正的全球性社会不仅联系着组织，而且连接着个体——基于有共同关注点且相互依存而建立的社区中的个体。因此，更为理性的伦理学分析还应源于包括企业在内的所有组织中个体的强烈意愿。从本质上讲，价值选择始于个人判断和个人选择，并在此基础上形成更广泛的私人和公共机构决策。因此，个人决策对于组织决策过程有重要的价值，个人的积极参与能够为思考的过程带来清晰的规范分析，从而在伦理困境中做出理性的最优选择。

(4) 促进组织决策。建立明晰的国际责任标准有助于指导跨国公司的行为，但是政治共识的缺乏阻碍了这一标准的建立。在通常情况下，大多数跨国公司努力避免有损核心业务的特定社会责任承诺，其行动动力大多来自民间团体对目标公司日益增强的施压能力。伦理困境的内在特征预示着在值得追求的目标间的优先顺序与取舍上将会有更多冲突，如当前面临的经济发展和环境保护之间的矛盾等。在此种情境下，跨国公司通常会采取目的论方法，对于此时此地的某一特定目的，以具体问题具体分析的方式做出回应，运用 5W 分析框架作出最优选择决策。

可见，伦理学分析方法的实质在于进行价值判断，5W 分析框架则为基于价值判断的最优选择提供了简单清晰的分析路径。在面对国际伦理困境时，企业决策是基于价值判断做出的最优选择。

12.3 跨国公司伦理焦点与国际规范

在经济全球化的进程中，跨国公司面临着日益严峻的国际伦理冲突与挑战。为了约束和指导跨国公司的经营行为，国际组织制定和发布了多个领域的国际伦理规范。

12.3.1 跨国公司的主要伦理焦点

全球观察 12—3

通用电气公司的营销困境

在印度，通用电气公司通过与当地外包巨头威普罗公司合资，成为印度地区超声波诊断仪的最大销售商。

其结果是，在因德格尔这样的小镇都可进行超声波检查，要知道，那里缺少饮用水和电，雨季过后道路泥泞。

通用电气公司成功开拓印度市场之时，该国正面临棘手的社会问题：想要男孩的家庭会将女孩流产。社会活动家和政府官员把广泛报道的性别比例失衡问题与超声波诊断仪器的蔓延相提并论，从而将在印度市场上占主导地位的通用电气公司推向风口浪尖。

一位在德蒂亚区政府负责妇女儿童福利事务的女士说："造成印度性别比例失调的直接元凶是超声波诊断仪。"用超声波诊断仪器扫描一次的成本通常为 8 美元，相当于印度当地的一周工资。在印度，女孩被视为父母一生难偿的债务，与出嫁时父母必须准备的巨额嫁妆相比，一次超声波诊断的费用简直不值一提。

此后的 10 多年，印度政府一直尽力阻止使用超声波诊断仪鉴定胎儿性别。政府颁布了相关法律条文，如禁止医生泄露胎儿性别，诊所要在官方注册，对于违反规定者要处以罚款等。

为此，通用电气公司采取了相应措施确保客户遵守法律。公司根据政府监管制度，要求顾客在购买仪器时提供不用来做性别鉴定的承诺书，并定期跟踪审查。在开始实施上述新措施的第一个完整年度，销量与上年相比下降了 10%，低端市场的黑白超声波诊断仪下滑得尤为严重。不仅如此，公司还受到反女婴非法堕胎的社会活动家的严密监视。尽管采取了诸多措施，但通用电气公司也无法真正了解医生是否将机器转售给了没有进行注册登记的其他用户。

曾将性别失调问题归咎于通用电气公司的印度卫生部也已承认：仅通过立法不足以解决性别失衡问题，只有在女孩是负担而男孩是资产这一观念得到转变时，性别比例失衡状况才能改善。

资料来源：《通用电气公司遭遇胎儿性别偏好问题》，见约翰·M·克兰：《国际企业伦理——全球政治经济中的决策（第 2 版）》，54 页，北京：中国人民大学出版社，2013。

有观点认为，经济全球化有普世伦理作为共同的价值支撑，从而能为各个国家、各个民族所接受，且其能从中普遍受益。事实上这只是一种伦理幻境。经济全球化由资本的扩张本性决定，在现实的经济全球化进程中，国家之间、民族之间、地区之间、企业之间，乃至人与人之间的伦理冲突和伦理困境日益凸显，世界范围的贫困、失业、歧视和危机有增无减。全球化冲击了现代国家的作用与效力，使现代国家和全球的政府机构不得不将其地位让给国际商务。跨国公司日趋增强的财力及影响力，使得公众、政府、社会有理由要求跨国公司尤其是巨型跨国公司更好地承担社会责任，为其他组织和个人做出表率，从而建立一个生态兼容的世界经济体系，形成真正公平、对等、合理和有序的国际商务关系。

然而，经济全球化带来的严酷现实是，由于其日趋增加的资源与影响范围，跨国公司一直饱受伦理批评，其对业务所在国的影响一直被激烈争论。在跨国公司产品的生产和推广过程中，同质化趋势正在侵蚀多元文化所提供的独特价值观。在某些情况下，跨国公司甚至已经控制了东道国的整个文化和国家。从本质上讲，跨国公司所面临的伦理问题来自多元文化情境中与生俱来的对立观点，跨国公司决策不仅要实现其自身目标，也要有利于其生产所在国和产品销售国。当前，企业跨国经营中的典型伦理问题表现为如下。

1. 劳工与生产标准——雇用方面的不道德行为

伴随着对外直接投资和国际贸易的繁荣，国家之间建立起广泛的社会经济联系，同时也进一步扩大了伦理困境的范围并改变了其性质。20世纪90年代关于血汗工厂（sweat shop）的报道与讨论引发了社会公众的极大关注，也导致许多企业（包括不在国外进行生产的零售商企业）发表了有关海外雇用和工作条件的供应链方面的伦理责任声明。

（1）供应链责任。尽管自然资源行业与服务行业都存在工作条件恶劣的情况，但对血汗工厂的指责更多来自制造业。比较而言，国际贸易企业比国外直接投资企业面临更新的、更具争议性的与国外劳工相关的企业责任问题。发达国家的进口企业及零售商虽然缺乏雇主身份和直接责任，但其提出的低价采购和快速交货等要求导致外国劳工的低水平工资和超时工作。在国际供应链中，从事跨国经营的进口企业及零售商能够决定产品的质量标准。以此推论，它们同样具有对国外生产过程施加影响的能力，即决定产品生产的劳工标准和工作条件标准。

（2）工资标准和工会权利。有关工资问题的争议主要围绕最低伦理工资标准展开，传统的做法是在当地法定最低工资水平和当地行业市场工资水平之间进行选择。尽管自由地组织工会是国际标准，但各国法律对此的规定各不相同，在实践中存在直接禁止、在政府领导下组织以及法律虽规定予以保护但实施不利的不同情况。

（3）社区与国外生产过程。将国外生产整合为全球商务网络引发了重要的伦理议题。尽管国际商务决策通常是指在一个国家的投资或对一个国家的出口，但生产过程实际上都发生在特定的社区内。不考虑构成企业决策基础的国际比较优势原则，国际生产基地的转移可能引发的伦理问题是：企业是否应对被生产转移伤害的社区承担社会责任。

综上所述，血汗工厂是一个包罗万象的议题，包含诸多独立的但与企业伦理密切相关的问题。它将相关议题综合在一起并以一种易于理解的形式展现出来，促使一些重要的民间团体持续参与其中，并将活动目的转向形成共同的国际标准，其结果是促使众多行业和企业守则得以制定和实施。

针对血汗工厂的运动使得很多产品的生产活动受到影响，包括地毯的编织、足球的缝制、服装的缝纫、运动鞋的生产等。耐克等全球最知名的服装和鞋类品牌企业面对有组织的公众活动，在产品生产工厂开始实行一系列监管劳工条件的准则，制定劳工年龄、工作时间、工资水平和组织工会等最低标准条款。

显然，利益相关者的概念有助于界定企业对谁负有责任，正式的法律契约关系和非正式的社会契约关系共同构建了企业的伦理责任。用伦理学分析方法能检验在国外生产过程中，国际商务联系是否以及如何影响相关行为者的伦理责任判定，包括谁应该做什么以及在何时何地解决相关问题。

2. 自然与物质环境——对环境的损害

自然的概念包括围绕和维持生命的诸多元素，如土地、空气、水和生物。人类影响环境变化的能力日益增强，远超人类对自身与自然之间复杂的相互依赖关系的理解，从而导致了新的环境问题出现，并引发了复杂的伦理选择问题。1992 年里约热内卢地球峰会形成了明确人本主义伦理观与自然主义伦理观的标准。关于对自然的所有权概念，自然主义伦理观强调人类充当自然的受托人来谋求所有人的福利的责任，人本主义伦理观则认可对私有财产的所有权。

20 世纪以来，人类改变物质环境的能力呈指数级增长。人类对于经济增长的需求给世界资源带来巨大压力，并威胁到自然环境的重要方面。随着河流被石油污染、森林被砍伐，以及废气超标排放、渔业资源耗尽、风景区被大坝水库淹没，人类改造自然和物质环境的努力受到冲击。而对植物和动物基因的操纵（诸如发展转基因作物、基因工程）又产生了另一个当代伦理困境，使得全球化增大了行动的潜在成本和收益。这也致使国际社会在寻求可持续发展（sustainable development）目标上达成一致，并引导人类在长期保护地球环境的范围内使用自然资源。许多跨越国界的环境问题使得伦理评估十分艰难，诸如臭氧层被破坏、海洋鱼类逐渐耗竭等问题具有全球影响。为解决上述问题，需要审视不同国家与文化的复杂且相互依赖的关系。对此，可持续发展准则提供了一个观念上的中间地带，试图在人本主义伦理观与自然主义伦理观相互竞争的优先事项中寻求平衡和融合。

3. 营销动机与方法——有问题的营销

营销理论认为交易发生在买卖双方都能取得期望收益之时，营销活动可促进产品和服务的销售。有关营销的重要伦理问题与自由选择原则相关，企业针对产品和服务的促销行为能在不同程度上影响消费者的购买决策及其相应福利的增减。伦理学分析要求企业和其他利益相关者都应承担任何由产品购买和使用所引发的有害影响的责任，尤其是在广告或其他促销技巧影响了购买者的偏好和行为的情况下。营销伦理涉及企业与潜在购买者就产品的性质、质量及可能的缺陷之间沟通的形式与内容及其后续行动，其伦理学分析可通过检验以下三种因素的相关性来进行，即目标受众的特征、所运用的营销技巧、所涉及产品的性质。当产品的推广活动跨越不同的国家和文化，可能遇到源自不同社会观念且敏感程度不同的问题。潜在消费者越脆弱，针对营销操纵行为的预防措施应该越严格。

当前国际上有关营销伦理的规范主要涉及：香烟的国际营销；酒精饮料的广告宣传；婴幼儿配方奶粉营销的国际守则；食品尤其是针对青少年的垃圾食品营销；种族、民族和社会经济方面的相关营销问题；营销中的贿赂与好处费等。

12.3.2　跨国公司的国际伦理规范

1. 跨国公司国际伦理规范的产生基础

（1）跨国公司国际伦理规范的内涵。在参与经济全球化的过程中，需要相应的政策支持、法律支持和伦理支持。相对于政策和法律来说，伦理是一种软性支持，但伦理作为处理人与人、人与社会之间关系的规范和准则是不可或缺的。法律的明文规定构成了明确的企业行为底线，但不同国家的法律不仅千差万别，而且存在直接冲突，国际企业在一个日益全球化但实质上仍由国家法律管辖的经济体系中运作，国际法律的管辖范围存在局限。当两种或更多相互排斥的法律标准存在冲突时，企业的行为选择显然应该基于某种道德规范而非法律条款。与之相应，国际协定从根本上说属于道德义务，旨在设立用于指导各国行为的通则，以塑造一个更加紧密统一的全球社会的初步轮廓。

简单地说，规范是集体对不同行为者正确行为的期望。规范性标准可以决定如何在一个社会内进行经济收益与负担的分配，同时为政治或法律上的处罚提供基础。国际关系中主体间的交往会形成某些共同观念，如果共有观念被赋予行为或制度的内涵，就成为规范。可见，规范是行为化和制度化的共有观念，据此可将规范理解为以权利和义务定义的行为标准。

规范不仅能够约束行为者的行为，同时也能建构行为者的观念。国际规范可以改变国家对国际利益的认识，改变国家偏好，使得国家对国际规范产生认同，并在认同基础上遵守国际规范，参与国际制度。国际规范中很大一部分与伦理规范有关。跨国公司国际伦理规范是指约束跨国公司行为的国际伦理规范，其实质是关于跨国公司的经济或经营伦理准则，如劳动时间问题、就业中的种族和性别歧视问题、经营活动的透明度问题等。跨国公司在全球经济活动中必然要遵守国际规范，同时，跨国公司本身也是产生国际规范的主体之一，尽管跨国公司通过全球经济活动在一定程度上对国际伦理规范起到了推进和强化作用，但跨国公司的经济属性决定了其在遵守国际伦理规范方面仍有一定限度。

（2）跨国公司国际伦理规范的形成基础。国际管理中的伦理道德和社会责任问题是国际政治法律问题的进一步延伸，国际管理者必须了解其所在国的政治和法律框架。这是因为某些商务行为可能在方法上合法或在政治上有利，但这并不意味着应该实施。在很多情况下，一项行动可能会引起更多个人、组织或社会的担忧。从长期观点来看，企业最好能够按照一套以价值观为底线的方针来采取行动。遵循这样的规则可能会提高顾客的信任度，避免未来的法律问题，甚至能够带来社会效益。

在全球化背景下，由于国家自主权的存在，每个国家遵从超国家层面裁决的可能性是优先的，国家之间的差别比同一社会不同个体之间的差别深远得多。因此，建立一个适用于世界上所有人的统一道德是一个有待实现的艰难目标。即便如此，依然可以在文化价值观多样性的基础上提供一个解决问题的基本框架。与此同时，国际贸易的发展增大了形成一套适用于不同国家文化制度的共同伦理方式的压力。无论国家文化背景如何，跨国公司在伦理行为基本准则方面都能与利益相关者达成共识，文化传统的差异并不妨碍普遍伦理或“伦理底线”的存在。

一方面，伦理本身是一个复杂的问题。当伦理概念从一个国家运用到另外一个国家时，问题会变得更加错综复杂。伦理价值取向左右着来自不同文化背景的人们对伦理规范行为的判断。不同国家对待伦理问题的态度可能类似，但其后的推理过程却大不相同。这些不同的观念可能产生于每个国家不同的法律架构、经济环境或独特的文化价值观。在短期内，伦理观念的跨国差异很难改变，甚至在一个国家的政治、社会和经济条件已发生急剧变化的情况下也是如此。例如，南非近年各方面都发生了翻天覆地的变化，但其商务伦理仍基本上维持不变。另一方面，全球化使得那些被物理距离分隔开的区域之间的联系变得更为紧密，这有助于更好地弥合分歧和促进认同，从而为一个全球化社会的形成提供了某种可能性。在传播全球化力量的过程中，国际企业扮演了一个重要的、不可或缺的角色。它们相互联系的经营运作将世界上不同的国家和文化联系起来。随着经营规模和范围的扩大，跨国公司在组织和调动资源、对某些类型的事件和结果施加有效影响方面的能力，甚至超过了某些国家的政府。

（3）跨国公司的监管机制。随着现代跨国公司的演变，基于国家法律监管企业的传统体系与跨国公司的经营触角伸向全球的现实无法匹配，跨国公司这一组织形式超出了绝大多数国家政府的监管。在国家机制止于一国边界的现实情况下，国际机构缺乏政治权力和执行能力。为此，应寻求有效的企业指导与监管机制，即选择和激活影响跨国公司行动的最优机制，使得跨国公司为其所服务的社会带来最大的利益和最小的危害。

1）政府监管。尽管基于一国法律而诞生，但企业实体通过跨国公司网络连接，能够采用全球而不是一国的经营战略和视野来计划、协调和完成交易，民族国家主权的约束通常使一国政府的行动限制在其国界之内。当各国政府不能通过执行有效的国家法律或借助国际协定协调这些法律标准时，便会出现监管不力的结果。对于那些拥有国际政治和经济影响力的强大的国家政府而言，可能做出的一种回应是其国家法律在域外适用，但这通常也会引发外交争议。美国比其他国家更倾向于向外扩展其法律，在反垄断、税收、出口管制及反贿赂立法等领域经常采用这种机制。美国《海外反腐败法案》的通过就是一个实例。

2）国际监管。与此同时，国际法之所以对企业监管不太有效，是因为现有的国际机构并不具有在国际层面上特许和管理跨国公司的政治权威和执行能力。国家之间的根本性差异阻碍了制定详细的、能直接适用于企业的国际法律标准所需的广泛共识，这也导致了试图指导企业行为的可选择性“软法”的发展。政府间组织努力制定更为广泛的标准，却缺乏一致的共识以及必要的政治力量来建立有约束力的法律，这使得演变中的全球标准变得尤为复杂。作为无法强制推行的法律要求，这些准则属于以某种压力带来的道德制裁作支持的“软法”标准。

3）企业自律。对跨国公司强制性的国际监管仍然受到标准和执行上的国际共识的限制，而国家主权冲突也抑制了域外法律的扩展实践。“软法”标准提供了政府鼓励优秀国际企业的途径，但这取决于跨国公司管理者的解读、运用和遵守该标准。20 世纪 70 年代中期以后，企业生产守则（corporate codes of conduct）和行业标准开始出现，它可以帮助建立或明确内部政策和程序，鼓励恰当的跨国公司行为，并从总体上减少强制性采取政府行动的压力。跨国公司伦理体系的建构受到国际规范的影响和制约，这种影响直观地表现为跨国公司的企业规范一般都以通行的国际规范为蓝本，而更深层的影响则表现为国际规范影响跨国公司伦理观的生成。除建立企业守则，跨国公司还可以加入日益增多的各类合作协议，颁布企业行为标准。行业行为守则表明跨国公司对公众对其商业行为的关注给予了回应，联合国《全球契约》特别鼓励跨国公司就其经营向公众进行报告。

综上所述，跨国经营中的伦理困境依靠单个国家难以解决，它呼唤着国际性伦理规范的产生。无论所在国家是否有合适的背景机制来执行，也无论这些国际性规范的现实约束力如何，给企业提供一套明示的、可用以指导其行为的清晰明确的伦理规范，有助于跨国公司面临更少的伦理冲突，也有利于政府、公众和各类社会组织对其经营活动进行有效的外部监控。

2. 国际组织关于跨国公司的主要国际伦理规范

国际协定本质上是一种道德义务。依据上述伦理学准则，可在全球政治经济中创设共同道德标准，将其作为评价和指导企业行为及决策的标准，推进当代国际商务领域中伦理学的应用。

国际社会对全球化的关注正在发生变化，违反国际人权标准的一些行为引发了对政府政策与跨国公司之间相互联系的更多关注。为此，经济、社会、文化方面的人权问题被要求在公共政策议题中考虑优先权，劳工和环境问题得到最广泛的关注。尽管存在文化相对主义问题，但在国际上，在可以接受的营销行为与涉及行贿、种族或民族的不可接受的营销行为之间，其描述与界定日渐清晰。随着全球化的发展和企业社会责任运动的兴起，国际组织、行业组织和全球企业组织等纷纷制定广泛使用的跨国公司伦理准则和行为规范。相比一般伦理准则的模糊不清，规范是说明性的和标准化的，因此更为具体，也更具操作性。

跨国公司代表了国际商务承诺的最高水平，以关注全球机遇的全球战略为特点。21世纪的企业伦理呈现新的重要性，被视为企业和国家经济可持续发展的关键。建立和完善有关跨国公司行为评价和政策决策的国际化标准，已成为全球化关注的焦点。国家政府、企业和民间团体都将在其中发挥重要作用。随着国际化将更多的国家、文化和个人聚拢在一个联系更加紧密的世界中，有关恰当的规范性决策和结果的期望不再停留在国家层面，为这个不断演进的社会的行为者规定统一规范标准，将有助于形成一个真正的全球化社会。目前，国际社会已经建立了一系列关于跨国公司的行为规范，用于评价和指导企业的行为。这些规范既涉及保护跨国公司的基本生存与发展利益的内容，也包含对跨国公司在人类生存环境、劳动者权利、市场有序公平竞争、经济持续发展等方面引起的问题进行控制的内容。国际组织是产生国际规范最重要的主体之一，研究国际组织相关规范可以对跨国公司国际规范有一个较为全面的了解。跨国公司国际规范的产生有三个基本理论依据：一是来自诸如劳动权利和安全权利等与基本人权相关的道义原则，从中引申出跨国公司的义务；二是从社会基本道德和市场道德中引申出跨国公司的基本伦理规范；三是来自国际商务交往的历史经验。这些规范的基础主要源于以下信念：国家主权；社会平等；市场统一；人权与人身自由。

国际组织产生的国际规范按主体可分为以下两类：

(1) 国际政府组织关于跨国公司的主要规范。

1) 联合国。主要规范有：

●《跨国公司行动守则（草案）》(Code of Conduct on TNCs，1970—)。联合国跨国公司委员会（U. N. Inter-governmental Commission on Transnational Corporations）成立于1974年，是联合国经社理事会的辅助机构，由48个成员组成，是一个政府间永久性组织。早在1977年，联合国跨国公司委员会就开始拟定《跨国公司行动守则》，尽管由于各国的严重分歧致使其未能取得实质性进展，但对确立跨国公司国际规范起到了重要的影响作用。它不是一个具有法律约束力的行为准则，只是企业出于自愿原则的一种承诺。《跨国公司行动守则》由6章组成，除“前言与目的”尚未订立，已草拟了71条条文，内容主要涉及5个方面：政治方面；经济方面；财务金融方面；社会方面；信息公开方面。

●《全球契约》。《全球契约》是世界上最大的自愿性企业公民行动和权威的联合国机构。目前联合国《全球契约》组织拥有来自100多个国家和地区的7 000多家企业和非企业成员。《全球契约》在中国也有了180多个成员，包括中石油、中石化、中国移动、海尔、华为等国内大型企业，也包括百度等新型互联网企业。1999年1月，时任联合国秘书长安南在瑞士达沃斯世界经济论坛上提出一项《全球契约》（又称《全球协议》）计划，2000年7月，联合国总部正式启动该计划。《全球契约》建立在三个原则基础上：《联合国世界人权宣言》、《国际劳工组织在工作中的基本权利和基本原则的宣言》、《里约热内卢的环境与发展政策》。《全球契约》要求跨国公司在各自有影响的范围内遵守、支持和实施一套在人权、劳工标准及环境方面的基本原则。其10项基本原则如表12—3所示。

表 12—3　《全球契约》原则

人权方面
原则 1：企业应该尊重和维护国际公认的各项人权
原则 2：绝不参与任何模式践踏人权的行为
劳工标准方面
原则 3：企业应该维护结社自由，承认劳资集体谈判的权利
原则 4：彻底消除各种形式的强制劳动
原则 5：禁止使用童工
原则 6：杜绝任何再就业和职业方面的歧视行为
环境方面
原则 7：企业应对环境挑战未雨绸缪
原则 8：主动增加对环保所承担的责任
原则 9：鼓励无害环境技术的发展与推广
反腐败方面（2004 年新增第 10 项原则）
原则 10：企业应反对各种形式的腐败，包括敲诈勒索和行贿受贿

●《世界人权宣言》（Universal Declaration of Human Rights，1948）。人权概念是公认的国际准则，能为全球社会提供价值观基础。其制定目的是给所有国家的人权提供一个标准，强调人性的尊严和价值、男女平等及人人拥有自由的权利。它是联合国大会的一项决议，不是一项国际公约，从国际法上说，不具有法律约束力。

●《关于环境与发展的里约热内卢宣言》（Rio Declaration on Environment and Development，1992）。又称《地球宪章》，是一项全球性的政治宣言，就环境与发展领域的国际合作规定了一般性原则。主要适用对象是国家而非企业，但宣言提出的许多关于环境和发展的定义和概念对公司的可持续发展具有前瞻性的指导作用。

2）经济合作与发展组织。主要规范有：

●《跨国企业指南》（OECD Guidelines for Multinational Enterprises，1976）。由经合组织起草，内容包括 10 个方面，明确要求企业应全面考虑其所在国家的政策，并考虑其他利益相关者的观点。

3）国际劳工组织。主要规范有：

●《关于多国企业和社会政策的三方原则宣言》（Tripartite Declaration of Principles Concerning Multinational Enterprises and Social Policy，1977）。

●《国际劳工组织关于工作中基本原则和权利宣言》（ILO Declaration on Fundamental Principles and Rights at Work，1998）。

● 国际劳工公约（ILO Conventions，1930—）。国际劳工公约由 8 个公约组成（见表 12—4），是国际劳工组织的核心公约。

表 12—4　国际劳工组织的八大核心公约

类别	公约名称	公约号
自由结社集体谈判	1948 年《结社自由与保护组织权公约》 1949 年《组织权与集体谈判权公约》	第 87 号公约 第 98 号公约
废除强迫劳动	1930 年《强迫劳动公约》 1957 年《废除强迫劳动公约》	第 29 号公约 第 105 号公约
平等权	1958 年《（就业与职业）歧视公约》 1951 年《同工同酬公约》	第 111 号公约 第 100 号公约
禁止使用童工	1973 年《最低年龄公约》 1999 年《最恶劣形势的童工公约》	第 138 号公约 第 182 号公约

此外，世界贸易组织、世界卫生组织也在各自领域内制定了相应国际规范。

（2）国际非政府组织关于跨国公司的主要规范。

1）社会责任国际（SAI）——《SA 8000 社会责任国际标准》（Social Accountability 8000 International Standard，1997）。SA 8000 是一个民间机构制定的劳工保护认证体系，是一个确保产品生产和服务符合社会道德的标准，其制定依据为国际劳工组织公约和国际人权组织的有关文件。SA 8000 是全球第一个有关企业道德规范的国际标准，其宗旨是供应商包括原材料、成品与半成品制造商，从事中间环节的商业企业，都要确保所供应的产品符合社会责任标准的要求。它是社会责任中劳工保护方面一个可用于第三方认证的国际化标准体系，而非国际标准。SA 8000认证一般需 1 年时间，证书有效期为 3 年，每半年复查一次。作为一个认证体系，SA 8000 在使用童工、强迫性劳动、健康与安全、消除歧视、结社自由和集体谈判权、惩戒性措施、工资报酬、管理体系这 8 个方面对企业做出了规范性要求。SA 8000 明确了社会责任劳工保护规范。它将劳工标准与订单挂钩，将社会责任与管理相结合，有助于规范企业的道德行为，保障劳工权益。这种道德标准已升华为一种隐性的市场力量，促使企业切实尊重和保护人权。

值得注意的是，20 世纪 90 年代中期开始，社会责任运动开始影响进入欧美公司供应链的中国企业。2005 年，西方跨国公司开始对其供应链上的所有厂商强制性地推行该标准，凡未取得认证的供应商都将退出供应链。可见，在经济全球化背景下，企业社会责任不仅是评价企业道德高低的标准，也是进入国际市场的准入门槛。

2）全球报告倡议组织（GRI）——《可持续发展报告指南》（Sustainability Reporting Guidelines，1999）。《可持续发展报告指南》主要针对可持续发展的三大基本概念，即企业的经济、社会和环境表现及相关信息进行披露。尽管该指南不是行为守则，不是管理制度，也不是一个标准，但其得到了全世界大公司和非政府机构的大力支持。在《商业周刊》公布的 15 个全球领先品牌中，80%已在《可持续发展报告指南》的基础上发布了其可持续发展报告，另外还有超过 1 000 家组织自愿在全球范围内使用其作为发布报告的基础。

3）国际标准化组织——《ISO 14000 国际环境管理系列标准》（1996）。国际标准化组织（International Organization for Standardization，ISO）是由多国联合组成

的非政府性国际标准化机构，成立于 1947 年，其主要功能是为制定协商一致的国际标准提供一种机制。目前已发布万余个国际标准，涉及各个行业各种产品的技术规范。1996 年推出 ISO 14000 系列标准，就此产生了环境管理体系认证制度，其目的是规范全球企业及各种组织的环境行为，协调其与社会需求和经济需求的关系。ISO 14000 标准和认证制度的产生适应了全球经济一体化形势的要求，获得其认证成为通向国内外市场的“绿色通行证”。《ISO 14000 国际环境管理系列标准》已被列入现有的美国环境法规条文中，一些大型跨国公司已制定认证计划。

4）国际标准化组织——《ISO 26000 社会责任指南标准》（2010）。2010 年底国际标准化组织发布了基于全球利益相关方共识的社会责任国际标准指南 ISO 26000。ISO 26000 有较强的适用性，适用于发达国家及发展中国家有关公共或私人的所有类型组织。ISO 26000 将社会责任定义为：一个组织用透明和道德的行为对其决策和活动在社会与环境中的影响负责。ISO 26000 用社会责任代替企业社会责任，不是管理标准，不用于第三方认证。该标准有三个特性：其一，是指导性文件；其二，不用于第三方认证；其三，不是管理体系。其框架分为 10 个部分，比较接近《全球契约》10 项原则的要求。

5）透明国际——《反行贿商业原则》（Business Principles for Countering Bribery，2002）。透明国际（Transparency International，IR）成立于 1993 年，是为反腐败结成的联盟。它将腐败视为人权和发展的阻碍，对国家进行腐败排行。2002 年 12 月，透明国际和社会责任联盟提出了《反行贿商业原则》。该原则主要针对私对私行贿，为企业提供了一个制定管理内部反腐败制度的框架。目前国际上有关反腐败的主要规范如表 12—5 所示。

表 12—5　　与反贿赂有关的国际规范

时间	发布机构（国家）	名称
1977 年	美国	《海外反腐败法案》
1977 年	国际商会	《反敲诈和反贿赂行为规则》
1999 年	经合组织	《防止在国际商务活动中贿赂外国公职人员的公约》
2002 年	透明国际	《反行贿商业原则》
2003 年	联合国	《反腐败公约（草案）》

12.4　延伸阅读：跨国公司社会责任的特殊性及其成因

跨国公司社会责任引起了国内社会各界的普遍关注。国人开始更加客观地认识跨国公司，更为客观公正地评价和要求跨国公司。跨国公司在中国已经度过其神秘的“信任我”阶段（“trust me”-phase），进入了“告诉我”（“tell me”-phase）和

"给我看"阶段（"show me"-phase）。[①] 国人曾经对跨国公司品牌存在的某种迷信，以及想当然地希望跨国公司能承担更多的社会责任，引发人们重新思考及其论争。事实上，有关的误区和分歧部分源自跨国公司社会责任的特殊性。

跨国公司社会责任的特殊性是客观存在的。根据其生存空间的性质分类，跨国公司社会责任的概念包括跨国公司母国（home country）的社会责任、跨国公司东道国（host country）的社会责任及跨国公司国际层面（international）的社会责任三个不同但相关的概念。跨国公司社会责任的概念广义上讲是由三个概念共同构成的，狭义上讲是特指跨国公司在东道国的社会责任（简称跨国公司社会责任）。从东道国视角考察，跨国公司与东道国企业之间存在诸多差异，无论是企业的国别属性还是企业运营系统的时空都迥然不同。跨国化经营本身所面临的跨文化挑战在社会责任领域更是被成倍放大，全球化趋势所引领的世界各种时尚潮流并未促使各国文化的趋同一致，东道国文化与母国、其他国家的文化在趋同表象的深层是各国悠久的历史决定的文化内核；经济全球化所浓缩的世界版图并未将各国的社会利益都纳入统一的世界社会利益概念范畴之内，东道国社会利益与母国、其他国家及其世界社会利益之间，虽有千丝万缕的联系却并非简单的正相关关系；跨国公司经营一体化的系统虽将世界四维时空重新排列组合为协调的一维价值增值链，但却难以将来自五湖四海、不同肤色雇员的思维路径与伦理空间重塑为一体的价值观基石。简而言之，跨国公司社会责任缘起的基础变得更为复杂与潜在，这一切决定了跨国公司与一般企业相比，在社会责任的构筑基础、主体目标、社会期望、评价标准及监控规管等方面的特殊性。

12.4.1 构筑基础的多元性

构筑基础的多元性是指跨国公司社会责任建立在包括母国和东道国等多种文化和伦理的基础之上，主要原因在于社会责任是经过文化和伦理塑造的社会期望，跨国公司社会责任同时受制于多元化环境。

文化和伦理是社会责任的构筑基础。企业社会责任既然是一种自律责任，则主要依靠经营者及其雇员的自觉性和自我约束，因此，个人的思想觉悟或意识形态在其中发挥着至关重要的作用。文化和伦理决定或影响个人意识形态的形成，"意识形态是与个人对其所领会的关于世界公平的道德和伦理判定纠缠在一起的"。不同的意识形态决定了不同的社会责任准则和行为，"它帮助个人对他和其他人在劳动分工、收入分配和社会现行制度结构中的作用作出道德评判"。同时，不同的文化和伦理形成的社会整体意识形态将会决定或影响社会责任的社会标准及其监管成本，"较大的意识形态拥有量能减少消费虔诚的影子价格，因此个人搭便车或违反规则的可能性较小"。"对现行制度安排的合乎义理性（legitimacy）的意识形态信

---

① 联合国贸易和发展会议认为，推进企业社会责任的过程可以浓缩为"信任我"、"告诉我"、"给我看"和"加入我"四个阶段。详见联合国贸易和发展会议跨国公司与投资司：《1999 年世界投资报告》，385 页，北京，中国财政经济出版社，2000。

念，能淡化机会主义行为。"[①] 实证研究发现，"日本公司（以及在海外运作的日本公司）社会责任的做法和概念在重要的方面都与西方的有所差别。"探究成因在于日本公司社会责任的基础是由组织成员观念、儒家学说和忠诚三个基本文化与伦理特征构成的。[②]"企业社会责任是由文化、观念、企业价值观、社会价值观等塑造而成的，并不存在统一的企业社会责任概念，认识到这一点是非常重要的。"[③]

跨国公司社会责任是由多元文化和伦理为基础构筑的。跨国公司在全球化经营与管理中，必然面临母国与东道国文化差异以及处于不同文化背景的消费群体的问题，多元文化和伦理使跨国公司所处的环境极为复杂，不同的制度法规、文化、风俗、商业惯例和意识形态会导致对企业社会责任理解上的差异。一项实证研究有效地验证了这一点，美国、法国、德国的消费者对企业应该承担何种社会责任有不同的理解和偏好。[④] 在对世界范围内 15 000 名经理人员的调查中，40%的美国经理人员选择一个公司唯一的真实目标是获取利润。而在日本，只有 8%的经理人员选择这个答案，更多的人认为一个公司除了要获取利润，还要保护各种利益相关者团体。[⑤] 基于此，跨国公司不可能将母国的社会责任直接输出到国外，而是需要建立一种超越母国价值观念、适用于多元文化背景的整体社会责任观念，以及指导、管理和约束分布于全球的子公司的社会责任方案，这样一个方案只有建立在多元文化和伦理基础之上才具有可行性。跨国公司社会责任的自愿行为深受其运营的文化、社会、经济、政治以及法律与规制环境的影响，一些案例表明，跨国公司的主动责任行为非常明显是对法律与规制激励做出的直接回应，以至于被称为公共法律与规制在私人管理实践中的延伸或反应。[⑥] 跨国公司承担的社会责任受到不同的要求和规定，以多元文化和伦理为基础构筑的社会责任才有更宽泛的普适性。

12.4.2　主体目标的异质性

主体目标的异质性是指跨国公司社会责任的目标与本土企业的目标存在质的差异，这种差异主要源于跨国公司的母国属性和在东道国的客人身份。

母国属性依然是当今跨国公司的重要特征。在经济全球化大背景下，跨国公司国籍淡化甚或消逝论十分流行，跨国公司的"国籍现在只有一种形式上的参照意义"[⑦]，跨国公司将发展成为全球性公司，全球性公司已经脱离了母国的身份，是非

---

① 林毅夫：《关于制度变迁的经济学理论：诱致性变迁与强制性变迁》，见《财产权利与制度变迁——产权学派与新制度学派译文集》，379～382 页，上海，上海三联书店、上海人民出版社，1994。

② 参见理查德·E·渥库齐、乔恩·M·谢巴德：《公司的社会责任、道德统一以及日本经济的成熟》，见乔治·恩德勒主编：《国际经济伦理》，404、408～410 页，北京，北京大学出版社，2003。

③ Lindiwe Mabuza，*Corporate Social Responsibility*，http：//www.environmental-center.com/articles/article1311/article1311.htm，2006－01－08.

④ Maignan，Isabelle and O.C.Ferrell，"Nature of Corporate Responsibilities：Perspectives from American，French，and German Consumers，" *Journal of Business Research*，2003，56（1），pp.55－68.

⑤ 参见乔治·斯蒂纳等：《企业、政府与社会》，32～33 页，北京，华夏出版社，2002。

⑥ OECD，"Public Policy and Voluntary Initiatives：What Roles Have Governments Played?，" OECD Working Paper on International Investment，No.2001/4，February，p.3.

⑦ 阿兰·伯努瓦：《面向全球化》（中译本），7 页，北京，中央编译出版社，1998。

国家实体的公司。[①] 它们“拒不效忠任何民族国家，而是在全球范围内追求自己的利益和利润，它们既不代表其母国也不代表东道国，仅仅代表公司自身的利益”。[②] 由于跨国公司的全球扩张，“民族国家已经失去了它们作为今天无国界的全球经济中有意义的参与单位的作用。”[③] 但是，现实并非如此，迄今为止跨国公司不仅无法实现国家权力，而且受益于母国属性。现在跨国公司确实拥有非常大的经济权力，但是其权力和国家的经济主权有质的区别，无法转化为类似国家所拥有的政治和社会权力，“国家及其代理人仍然是唯一可以合法地强制他人做什么（如兵役）或者禁止做什么（如贩毒）等的组织”。[④] 主权国家在国际社会发挥着跨国公司不可取代的作用，任何跨国公司都必须认同于特定的主权国家以便在必要的时候获得支持和寻求安全保护，母国基地的重要性仍是普遍性的规律。有研究表明，跨国公司的股价对国内股价指数的敏感度远远大于对国外股价指数的敏感度[⑤]，跨国公司国籍所带来的收益大于其成本，受益于国籍的“跨国公司的国别性在实质上并没有改变”。[⑥] 跨国公司的国别性同时决定了其在东道国的客人身份。

跨国公司的母国属性使其与东道国企业的社会责任目标存在质的差异。社会责任主体的目标决定了其行为，但同样的行为并不一定出自同样的目标。跨国公司与本土企业社会责任目标的根本区别如下：一是目标的形成不同。在目标形成的决策中，跨国公司决策者的本能反应不同，受到母国属性决定性影响，这一影响甚至超过了其种族属性。实证研究表明，“在选择伦理决策的方法时，国别身份可以而且确实压倒了种族身份。”[⑦] 决策者通常会本能地保持其决策习惯和母国的利益原则。“墨西哥和美国在伦理决策过程中采用的不同模式，以及在某种程度上韩国和中国伦理决策模式的不同均表明，伦理决策模式与这些国家的文化和经济体系存在联系。”[⑧] 二是目标的利益不同。跨国公司面临来自母国与东道国的双重压力，是国家之间利益与目标交锋的一种渠道。跨国公司虽然是微观经济主体，但背后可以说是一个主权国家的身影，为了从母国属性中获得更大的收益，跨国公司自然会与母国的目标和利益保持一致。跨国公司的目标受到来自母国因素的影响，目标中隐含了企业、东道国和母国三重利益。三是目标的性质不同。跨国公司的目标带有更多的经济责任色彩，尽管跨国公司与本土企业在合法性上没有区别，但是在情感和认同

---

① 参见爱德华·格莱汉姆：《全球性公司与各国政府》（中译本），38～39页，北京，北京出版社，2000。

② 汪晖、陈燕谷：《文化与公共性》，497页，北京，三联书店，1998。

③ Kenichi Ohmae, *The End of the Nation State: The Rise of Region Economies*, New York: The Free Press, 1995, p. 11.

④ 约瑟夫·斯蒂格利茨：《国家作用的重新定义》，见青木昌彦等编著：《市场的作用、国家的作用》，26页，北京，中国发展出版社，2002。

⑤ B. Jacquillat and B. Solnik, "Multinationals are Poor Tools for Diversification," *Journal of Portfolio Managemen*, Winter (1978), pp. 8-12.

⑥ 苑涛、佟家栋：《跨国公司国别性与国际性分析》，载《湖北经济学院学报》，2004 (1)。

⑦ C. B. Erdener, "Ethnicity: Nationality and Gender: A Cross-Cultural Comparison of Business Ethical Decisions in Four Countries," *International Journal of Human Resource Management*, 1976, No. 4, pp. 866-877.

⑧ 约翰·M·埃塞治、卡罗琳·B·厄德纳：《四个国家的伦理决策方式：理论观点之比较》，见乔治·恩德勒主编：《国际经济伦理》，64页，北京，北京大学出版社，2003。

上却存在天壤之别。事实上，无论发展中国家还是发达国家对跨国公司都存在多多少少的民族性或戒备性的敌意与防范。要想得到与本土企业一样的社会承认和尊敬、同样适宜的社会生存空间，作为外来者或客人必须在社会责任上有更佳的表现，故跨国公司履行社会责任的行为部分是出自经济责任目的，而非社会责任目标本身。与此同时，作为客人属性的社会责任是一种更软的“软约束”，诸如东道国的自然环境等方面与其自身利益的相关性更小，由此危机感和紧迫感衍生的自我约束力必然会减弱，毕竟跨国公司是一个追求利润最大化的经济体，而不是一个慈善组织。将跨国公司履行企业社会责任视为经营环境的压力所迫更符合实际。[①]

12.4.3　社会期望的超标性

社会期望的超标性是指东道国对于跨国公司社会责任的期望超过了本土企业的标准以及国际通行的标准。这种高期望值主要基于对跨国公司经济实力的看法及其在东道国的客人身份。

跨国公司的经济实力确实达到了前所未有的程度，对东道国具有一定的影响力。截至2004年底，跨国公司数目上升到70 000家左右，至少有69万家国外分支机构，其中至少有一半以上在发展中国家。最大的100家跨国公司在国际生产中发挥着主要作用，分别占全世界跨国公司国外资产总额、销售总额和雇员总数的12%，18%和14%。[②] 跨国公司国外分支机构创造了世界国内生产总值的11%以及全球出口额的1/3，在海外的雇员超过了5 000万人。1999年世界最大200家跨国公司的销售额占世界当年国内生产总值的27.5%。在世界最大的50个经济实体中，有14个是跨国公司，36个是国家。[③] 随着跨国公司规模和跨国性的增长，其追逐利润的能力越来越强，企业的目标与政府的目标存在分歧，跨国公司必然会对东道国经济社会发展的独立性产生负面影响，对东道国尤其是发展中东道国的经济权力构成了挑战。跨国公司在其发展过程中凝聚起来的强大经济力量以及由此产生的巨大权力，虽然没有达到与国家权力相抗衡的程度，但其确实拥有着（垄断着）不可小视的有组织的力量，并以此影响其所在社会和国家的公共以及政治行为，它正在侵蚀国家主权。[④]

东道国对跨国公司社会责任的期望不仅超过了本土企业的标准，而且超过了国际通行的标准。跨国公司掌握控制着巨大的经济和科技资源，耗费了大量的资源，并且对人类生存环境产生重大影响。联合国的一项研究表明，跨国企业广泛参与了许多污染严重和高环境危险行业的活动，是温室气体的主要排放者，对占全球温室

---

① 1999年威尔士王子国际商业领袖论坛（Prince of Wales International Business Leaders Forum）等非政府组织对25 000人所做的调查显示，有17%的人表示其曾经拒绝那些在他们看来缺乏商业道德的商家商品。详见谭深、刘开明：《跨国公司的社会责任与中国社会》，6页，北京，社会科学文献出版社，2003。

② United Nations，*2005 World Investment Report*，New York and Geneva，2005，p.13.

③ 参见联合国贸易和发展会议跨国公司与投资司：《2002年世界投资报告》，86页，北京，中国财政经济出版社，2003。

④ 参见唐勇：《跨国公司行为的政治维度》，45～46页，上海，立信会计出版社，1999。

气体排放量80%的地区的环境有很大影响。因此，跨国公司应该承担比一般企业更多的社会责任。在东道国，跨国公司作为客人在享受东道国提供的各种经营条件包括优惠待遇的同时，也理应承担比本土企业更为宽泛的社会责任，尤其是来自发达国家的跨国公司在发展中东道国。① 跨国公司社会责任应该包括本土企业社会责任之外的对东道国及其政府的责任，内容极其广泛，包括对东道国国家主权、社会制度的尊重，不以任何借口和形式干涉东道国的内政，维护东道国的政治安全、经济安全和领土安全等。② 跨国公司分享了全球赋予其在更大版图上发展壮大的机会，按照社会契约理论逻辑同时应该为全球的共同发展和繁荣承担更多的社会责任。各类不同的调查均表明，社会对于跨国公司的社会责任寄予了更高的期望，“2000年，Environics International组织了全球性新千年调查，访问了23个发达国家和发展中国家的25 000人，结果表明，越来越多的公众对跨国公司的社会责任期望值升高，其中79%的受访者认为跨国公司应对劳工的安全和健康负完全责任，73%的受访者认为跨国公司应对环境保护承担完全责任，72%的受访者认为跨国公司应对禁止童工负完全责任。”③ 对中国1 500家企业的调查结果显示，“77%认为跨国公司应承担更多企业社会责任问题，71%认为国有垄断企业应承担更多企业社会责任问题，32%认为民营企业应承担更多企业社会责任问题，61%认为上市公司应承担更多企业社会责任问题。”④

12.4.4 评价标准的差异性

评价标准的差异性是指无论从跨国公司主观还是东道国客观视角来看，跨国公司社会责任的评价标准都存在巨大的差异，这些差异主要由跨国化经营的经济逻辑和各国发展水平的差距决定。

跨国化经营的经济逻辑是规模经济，标准化与本土化是两难的抉择。规模经济概念出现的理论基础在于固定资产的不可分割性和固定成本的可分摊性，这一理念的推演使规模经济的范畴在扩大，除了传统意义上的生产规模经济，还包括范围规模经济和市场规模经济。规模经济现象在跨国化经营中更为突出，研发和大批量生产标准化的产品、研发和生产产品品目的增加以及标准化市场营销的范围和规模的扩大都会给跨国公司带来经营的规模经济。莱维特（Theodore Levitt）提出将整个世界视为一个大市场，实施全球标准化生产和营销，其出发点就是面向全球市场生产与销售标准化的产品可以获得规模经济。⑤ 文化适应是跨国经营的公认准则，而标准化所带来的利益又是不可或缺的经济基础，标准化与本土化一直是跨国化经营的一个两难抉择，在社会责任领域更加突出。文化和伦理的差异性决定了跨国公司

① 参见刘恩专：《论跨国公司的社会责任》，载《国际贸易问题》，1999（3）。

② 参见宓明君：《跨国公司社会责任刍议》，载《浙江工业大学学报（社科版）》，2004（2）。

③ 谭深、刘开明：《跨国公司的社会责任与中国社会》，6～7页，北京，社会科学文献出版社，2003。

④ 数据来自商务部《WTO经济导刊》杂志社中国企业社会责任发展中心组建独立的调查机构发布的《中国企业社会责任调查报告》（http//www.iblf.org/csr/csrwebassist.nsf/content/f1e2d3q4.html）。

⑤ Theodore Levitt, “The Globalization of Markets,” *Harvard Business Review*, May-June 1983, pp. 2-11.

必须入乡随俗，适应不同国家的社会责任理念和需求，法律上同样要求由附属原则确定企业的适当标准，并且据此才能就给定条件下企业的社会责任进行完好的表述，但是从管理的统一性和协调性视角，标准化不仅仅意味着利润，更是跨国公司内部化的纽带。而且，道德伦理的标准化也有其合理性的一面，"为防止认知不一致带来的负面影响，跨国公司的伦理风气应包括普遍执行的标准，即在国内和国外都执行的标准。""在'罗马'时，只有当'罗马人'即行为符合普遍标准时，我们才能与他们一致，即入乡随俗。"①

从跨国公司主观角度观察，无论潜意识还是有意识，跨国公司对于母国和东道国都在实施双重评价标准。在跨国化经营决策中，决策者的国籍和自我参照准则在潜意识上发挥着作用，会不自觉地推行双重标准。"韩国组织的大多数成员处理伦理的困境时，主张将自己的情感和自我参考作为标准，而不是以法律或理论为标准。可以推断出韩国组织的成员更倾向于赞成自己的道德标准，而不是现有的规范。此外，他们看来持有双重标准，对于自己的公司采用组织逻辑，对于社会采用机构逻辑。"② 与此同时，经济逻辑决定了决策者在有意识地实施双重标准。事实上，两难抉择对跨国公司产生一种张力，一方面要求跨国公司在东道国应承担做一个好的企业公民（一种基于个别国家价值观念之上的概念）的义务，另一方面在整个公司范围内（一种基于个别企业价值观念之上的概念）要履行公司自己设置的社会责任标准。这一张力至少同时在两个方面呈现动态变化。世界各国在社会的价值观、企业行为标准、对企业行为的预期可能根本不同，在这种文化、态度和体制多样化的世界同时经营，使跨国公司较之相对一致的经营环境中为设想的企业行为确立共同的标准要困难得多。"思维全球化，行动当地化"是跨国化经营的一个基本的指导原则，在不同国家众多关联企业构成的跨国公司经营系统内部，跨国公司有必要追求统一的战略，并以此协调其在不同国家的经营。

从东道国客观情况来讲，跨国公司推行社会责任的双重评价标准具有一定的客观必然性。发展中国家对跨国公司社会责任的行为规范处于一种矛盾心态，一方面希望跨国公司在东道国承担更广泛的社会责任，另一方面又指责跨国公司在母国与东道国推行社会责任的双重标准，这种心态其实是期望跨国公司在东道国社会责任的最大化。现实可能恰恰相反，图明（Tumin）的"道德规范最小化原则"揭示出"公司内部或外部的竞争影响公司对社会需求做出响应的能力"。③ 跨国公司实施双重评价标准有一定的客观必然性：一是缺乏各国公认的规范统一的社会责任标准。许多国际准则和标准都是基于发达国家的法律框架和社会期望发展起来的，发展中国家在决定标准的内容、实施和可能的影响方面没有发挥应有的作用。发展中国家要求跨国公司承担更为广泛的社会责任本身也反映了这一点。二是企业社会责任主

---

① 诺曼·博威、保罗·瓦勒：《关于普遍道德标准的辩论》，见乔治·恩德勒主编：《国际经济伦理》，160～173页，北京，北京大学出版社，2003。

② 李济求、朴动俊：《韩国财阀的伦理环境：关于管理者主观性的探索性研究》，见乔治·恩德勒主编：《国际经济伦理》，348～349 页，北京，北京大学出版社，2003。

③ 亨利·明茨伯格：《企业的社会责任》，载《IT 经理世界》，2005（5）。

体的社会责任理念和标准之间存在明显的差异。尽管 SA 8000 较为流行，但它并非国际普遍认可的标准，只是一个独立审核机构提出的标准。许多跨国公司在接受 SA 8000 的同时都提出了公司不同的社会责任理念和准则，即便来自同一个国家的跨国公司之间也存在巨大差异。[①] 三是各国经济和科技发展水平的差距决定了社会责任标准难以统一，发展中国家相对处于弱势地位。不同的经济发展水平意味着不同的社会责任需求，对于尚未完全解决国民温饱问题的发展中国家，一方面强调人权和最低工资标准的全球一致性无疑是一种超前的高标准，另一方面渴求跨国公司推行发达国家的环境保护标准同样是不现实的。此外，不同的科技发展水平意味着不同的社会责任的衡量标准，对于某些方面在技术上还没有解决衡量方法和工具的发展中国家，一方面要求本土企业在环境保护中承担与发达国家同样的责任是一种强人所难的过高要求，另一方面期盼跨国公司自觉实施与发达国家一致的高精密度的社会责任标准或测量指标无疑也是一种自欺欺人的幻想。

12.4.5 监控规管的复杂性

监控规管的复杂性是指东道国对于跨国公司社会责任的监控规管比本土企业更为复杂和困难，这主要取决于跨国公司超越东道国疆界的内部化经营系统和各国发展水平的差距。

内部化分析方法不仅阐释了跨国公司的形成机理，而且揭示了跨国公司内部的系统性与东道国主权性之间的冲突。内部化是“在企业内建立一个内部市场的过程。在这个过程中，企业内部市场取代外部不规则市场，并且由行政命令来解决企业资源配置问题，企业组织由内部价格来调节，并且使内部市场像潜在的规则市场一样具有效率。”[②] 当市场交易所需成本高于企业内部协调成本时，企业内部交易活动将取代外部市场交易活动，科斯的内部化思想同样适用于阐释跨国公司的形成，“市场内部化和跨国公司的存在之间的联系很简单：当市场内部化跨越国境时，跨国公司就产生了。”[③] 内部化概念应用于跨国公司研究领域的意义不在于其经济学分析，而是“这个概念把市场的经济理论和组织控制的管理理论连接起来”。[④] 同时以二维研究视角（经济学宏观视角的跨国公司与东道国之间的利益关系和管理学微观视角的跨国公司与东道国之间的作用关系）的立体透视，揭示了跨国公司与东道国之间关系的内在机理，跨国公司与东道国的国家目标和利益并不完全重合甚或存在

---

① 西门子、戴姆勒-克莱斯勒、巴斯夫、拜耳、英国石油、杜邦、法国电力公司、埃克森美孚、IBM、爱立信、拉法基、日本电气公司、雀巢、诺维信、壳牌、东芝、索尼、利乐、通用磨访、卡特彼勒、丰田、李维斯、联合利华、S.C. 约翰逊父子、锐步等众多公司所确定的企业社会责任理念和标准，无论是囊括范畴还是强调重点都存在明显的区别。详见王志乐：《软竞争力：跨国公司的公司责任理念》，7～19、87～259 页，北京，中国经济出版社，2005；联合国贸易和发展会议跨国公司与投资司：《1994 年世界投资报告》，458～478 页，北京，对外经济贸易大学出版社，1995。

② Alan Rugman, *Inside the Multinationals*: *Economics of Internal Markets*, New York: Columbia University Press, 1981, pp. 28 - 32.

③ 彼得·J·巴克利、马克·卡森：《跨国公司的未来》，40 页，北京，中国金融出版社，2005。

④ 同上书，1 页。

冲突，事实上，内部化的目的之一就是降低外部市场交易成本，包括规避或减少各国政府设置的关税、配额、税收、资本输出限制、汇率政策或其他政府干预形成的障碍。跨国公司通过对外直接投资建立具有绝对控制权的海外子公司，形成跨越国界的垂直一体化或水平一体化的内部网络结构，这种企业组织的内部控制在某种意义上弱化了东道国的主权。"东道国政府面临的一个主要问题是：对于外国公司在本国的附属机构来讲，最终的决定权在别的国家。"①

跨国公司内部化经营系统直接导致其社会责任监控规管的复杂性。跨国公司一体化国际经营系统强化了公司战略和结构的国际性，一方面它隶属于最大企业的范畴，另一方面是它的功能和地理域际超出国内企业，从某种程度上讲，跨国公司既游离于母国的控制之外，又不受东道国的控制。跨国公司的社会责任不仅涉及东道国、母国等各方利益主体的利益分配问题，而且也是一个企业内部一体化经营问题，针对东道国社会责任的适宜的规定和调整属于企业经营自主权范畴。这种独立于国家主权之外合法的跨国公司内部化经营系统使得东道国对其社会责任行为监控规管变得极为困难和复杂。第一，跨国公司高层的一些经营决策属于最高商业机密，无论在公司内外都没有透明度，东道国难以了解且更难约束。第二，跨国公司实力雄厚，跨越一国主权版图的内部系统流畅通达，便于规避外界的监管和逃避惩罚。据联合国统计，跨国公司贸易额占世界贸易总额 60％左右，其中跨国公司内部贸易额约占世界贸易总额的 30％。联合国贸易和发展会议的调查显示，84％的被调查的发展中国家认为，跨国公司明显在利用转移价格来转移收入，以实现逃税的目的。② 第三，跨国公司领先的科技水平使东道国对其客观的评价变得模糊和困难，技术水平对应着相应的检测手段和工具，东道国难以在监测水平落后的情况下进行有效的监管。以电子商务为例，电子商务的发展已使跨国交易更加难以确认、跟踪和量化，交易参与者的多国性、流动性、无纸化操作的快捷性等特征，已使各国基于属地和属人两种原则建立的税收管辖权及税收征管面临挑战。第四，发展中东道国的经济和科技落差不仅使跨国公司社会责任评价标准及其衡量变得复杂，而且使跨国公司社会责任缺乏客观的可比性。例如，跨国公司在东道国的环保标准高于本土企业的或者东道国的法律规定，但是低于其母国的标准甚至是在其他东道国的标准。第五，监督主体的缺失直接影响东道国有效的监管。跨国公司的社会责任是一个十分复杂的体系，有些适合国家监管（东道国监管和母国管辖），有些适合国际监管（联合国、国际刑事法院、国际劳工组织等），或者其他的监管形式（跨国公司行业自律、非政府组织和私人团体制定公司行为准则），东道国单一的监管主体难以实现有效的监管。一方面，一些监督主体的参与动机具有多元化和不稳定的特征，参与方式又具有自发性和流动性，必然会削弱对跨国公司的影响效力；另一方面，通过商业公司或非政府组织作为"社会认证师"来承担社会准则认证功能的作用相对有限，目前已有的监督主体有待进一步强化。

---

① 彼得·J·巴克利、马克·卡森：《跨国公司的未来》，90 页，北京，中国金融出版社，2005。

② 参见陈宝森：《美国跨国公司的全球竞争》，428～432 页，北京，中国社会科学出版社，1999。

跨国公司社会责任需要规范的监控规管，以减少其复杂性。东道国对于跨国公司监控规管的力度在一定意义上决定了跨国公司履行社会责任的水准。虽然社会责任是一种自律性责任，但是来自政府、非政府组织以及消费者等群体的监督和压力无疑是跨国公司自我约束的强大动力源。研究表明，跨国公司的自发性努力与具有强约束力的实施机制都是不可或缺的，应该寻求二者之间的合理结合与协同。[①] 可以通过一种联合规则，即由政府、多边的民间社会组织和商业界共同组成联合体，致力于公私合作关系（public-private partnerships）以及与标准制定、报告、监督、审计和认证等相关的多边股东主动行为（multi-stakeholder initiatives），来促进跨国公司社会责任的实现。[②] 监控规管的复杂性所产生的作用是双重的，由于跨国公司在东道国承担社会责任的具体情况缺乏必要的掌控度和透明度，一方面使东道国倾向于形成更高的社会期望和更为严格的规制体系，另一方面使跨国公司趋向于构建更加隐秘和更合理的规避系统。这样两个背离的相向走势会同时增加两者的经济成本，因此，规范东道国的监控规管和减少其复杂性对东道国和跨国公司两者都是十分必要的。

本章小结

伦理是包含价值判断的道德规范，是关于是非善恶的观念、情感和行为习惯。企业伦理是企业在经济活动中处理其与利益相关者关系的善恶价值取向和应遵循的行为规范。跨国公司伦理是跨国公司处理其与利益相关者之间关系的伦理体系。伦理绝对论强调道德规范的客观性与普适性，伦理相对论则主张每个社会所遵循的伦理都是合理的存在。跨国公司在国际经营中将长期面临伦理绝对主义和伦理相对主义的两难选择。股东理论奉行股东至上主义，利益相关者理论则以多重价值最大化为目标。企业社会责任是企业对社会负有的超越利润目标的责任和义务，是企业伦理的外在具体表现。依据社会责任金字塔模型，完整的社会责任应当包括经济责任、法律责任、伦理责任、慈善责任四种责任。

企业伦理学是一门面向企业实践的学科，贯穿始终的主线是经济和伦理的矛盾关系。当前，伦理学学说主要集中于两种对立的伦理观：功利主义目的论和道德义务论，规则功利主义论和共同道德论则充当连接两极的桥梁。跨国公司在经营管理决策的全过程中必须引入伦理思维，才能提高企业决策的伦理质量。伦理学关注的焦点在于价值选择，跨国公司面临伦理困境时的挑战在于确定最优选择。运用 5W（who，when，where，what，why）分析框架，能够为跨国企业做出最优决策提供理性基础。

当前企业跨国经营中的典型伦理问题表现为：雇用方面的不道德行为、对环境的损

① 参见冼国明、李诚邦：《跨国公司自愿责任行为的产生与促进：一种博弈论分析》，载《国际贸易问题》，2004（5）。

② UNRISD, *Corporate Social Responsibility and Business Regulation*, UNRISD Research and Policy Brief 1., 2004.

害、有问题的营销。国际管理中的伦理道德和社会责任问题是国际政治法律问题的进一步延伸，应寻求有效的企业指导与监管机制，具体可通过政府监管、国际监管和企业自律实行。跨国公司国际伦理规范是约束跨国公司行为的国际伦理规范，是关于跨国公司的经济或经营伦理准则。国际组织关于跨国公司的国际伦理规范，按主体划分为两类：一类是国际政府组织规范，主要有联合国的《跨国公司行动守则（草案）》、《全球契约》、《世界人权宣言》、《关于环境与发展的里约热内卢宣言》等；一类是国际非政府组织规范，主要有社会责任国际的《SA 8000 社会责任国际标准》、全球报告倡议组织的《可持续发展报告指南》、国际标准化组织的《ISO 14000 国际环境管理系列标准》和《ISO 26000 社会责任指南标准》等。

本章主要概念

企业伦理（business ethics）
企业社会责任（corporate social responsibility，CSR）
利益相关者（stakeholder）
国际伦理规范（ethical international norms）

思考题

1. 简述伦理、企业伦理、跨国公司伦理之间的关系。
2. 简述伦理绝对论与伦理相对论的优缺点。
3. 如何理解利益相关者的内涵？简述利益相关者理论与股东理论的区别。
4. 简述企业社会责任金字塔理论。
5. 简述企业伦理与社会责任的关系。
6. 请绘制伦理学理论连续图谱，并说明各理论间的关系。
7. 何为 5W 分析框架？简述 5W 分析的要点。
8. 举例说明跨国公司的主要伦理焦点。
9. 简述国际组织关于跨国公司的主要国际伦理规范。

开篇案例讨论

1. 该案例涉及的主要利益相关者有哪些？其核心利益诉求分别是什么？
2. 目前公众对孟山都公司的质疑主要聚焦在哪几个方面？为什么？
3. 如何评价孟山都公司的组织伦理和社会责任？
4. 请运用 5W 分析框架对孟山都公司的相关决策进行伦理分析。
5. 依据孟山都公司目前所处的伦理困境，指出哪些现有的国际伦理规范有助于评价其行为并指导其未来决策。
6. 孟山都公司的产品目前已进入中国市场，作为发展中的大国，借鉴国际已有经验，我国政府相关部门应采取何种方式对其经营行为进行有效监管？

推荐读物及网站

著作

1. [美] 劳拉·P·哈特曼，德斯贾丁斯．企业伦理学（中国版）．北京：机械工业出版社，2011.

2. 海伦·德雷斯基．国际管理：跨国与跨文化管理（第7版）（课程与案例）．北京：清华大学出版社，2011.

3. 克里斯托弗·巴特利特，休曼特拉·戈歇尔，保罗·比米什．跨国管理：教程、案例和阅读材料（第5版）．大连：东北财经大学出版社，2010.

4. [美] 杜维明．新加坡的挑战：新儒家伦理与企业精神．北京：生活·读书·新知三联书店，2013.

5. 北京大学汇丰商学院跨国公司研究项目组．与中国一起成长：宝洁公司在华20年．北京：北京大学出版社，2009.

参考文献

1. 白远．国际商务谈判（第3版）．北京：中国人民大学出版社，2006.

2. 贝赞可等．战略经济学．北京：中国人民大学出版社，2012.

3. 彼得·J·道林等．国际人力资源管理．北京：中国人民大学出版社，2012.

4. 查尔斯·希尔．国际商务（第8版）．北京：中国人民大学出版社，2012.

5. 柴庆春．国际物流管理．北京：北京大学出版社，2011.

6. 陈伟利，陈坚．跨国公司财务管理．北京：对外经济贸易出版社，1998.

7. 陈向东，魏拴成．当代跨国公司管理．北京：机械工业出版社，2011.

8. 陈向东．国际技术转移的理论与实践．北京：北京航空航天大学出版社，2008.

9. 崔新健．国际市场营销．北京：高等教育出版社，2008.

10. 崔新健．外商对华直接投资的决定因素．北京：中国发展出版社，2001.

11. 崔新健．中国利用外资三十年．北京：中国财政经济出版社，2008.

12. 崔新健．外资研发中心的现状及政策建议——基于国家创新体系框架的研究．北京：人民出版社，2011.

13. 丹尼尔斯，拉德巴赫，沙利文．国际商务：环境与运作（第13版）．北京：机械工业出版社，2012.

14. 单宝．跨国公司经营与管理．北京：北京大学出版社，2008.

15. 迪恩·B·麦克法林，保罗·D·斯威尼．国际管理（第3版）．北京：中国市场出版社，2009.

16. 菲利普·凯特奥拉．国际营销（第16版）．北京：中国人民大学出版社，2013.

17. 弗雷德·卢森斯，乔纳森·P·多．国际企业管理：文化、战略与行为（第7版）．北京：机械工业出版社，2009.

18. 符正平．国际商务．北京：中国人民大学出版社，2013.

19. 高湘一．跨国公司经营与管理．北京：中国商务出版社，2009.

20. 关雪凌等．跨国公司经营与管理．北京：中国人民大学出版社，2012.

21. 海伦·德雷思凯．国际管理（第5版）．北京：机械工业出版社，2008.

22. 韩福荣．国际企业管理．北京：北京工业大学出版社，2006.

23. 黄兆银．R&D全球化研究．武汉：武汉大学出版社，2006.

24. 贾旭东．国际管理学．北京：中国人民大学出版社，2013.

25. 蒋瑛．跨国公司管理．成都：四川大学出版社，2006.

26. 金润圭．国际企业管理．北京：中国人民大学出版社，2011.

27. 寇小萱等．国际市场营销学．北京：首都经济贸易大学出版社，2013.

28. 匡海波．企业社会责任．北京：清华大学出版社，2010.

29. 拉里·A. 萨默瓦，理查德·E·波特．跨文化传播．北京：中国人民大学出版社，2004.

30. 李怀政．全球物流管理．北京：中国物资出版社，2006.

31. 刘可风等．企业伦理学．武汉：武汉理工大学出版社，2011.

32. 刘永胜．供应链管理基础．北京：中国物资出版社，2009.

33. 龙云安．跨国公司新战略——社会责任研究．北京：西南财经大学出版社，2014.

34. 逯宇铎，李杰．全球采购管理．北京：机械工业出版社，2006.

35. 吕晨钟．学谈判必读的 95 个中外案例．北京：北京工业大学出版社，2005.

36. 马述忠，廖红．国际企业管理．北京：北京大学出版社，2010.

37. 毛付根，林涛．跨国公司财务管理．大连：东北财经大学出版社，2008.

38. 苗月新．市场营销学．北京：清华大学出版社，2008.

39. 彭维刚．全球商务．北京：中国人民大学出版社，2011.

40. 沈玉芳等．外商投资 R&D 中心建设．北京：机械工业出版社，2004.

41. 孙国辉，崔新健，王生辉．国际市场营销（第 2 版）．北京：中国人民大学出版社，2012.

42. 孙国辉，柴庆春，王生辉．国际企业管理．北京：中国财政经济出版社，2011.

43. 孙国辉，曲扬．国际商务管理．北京：清华大学出版社，2007.

44. 孙继荣．现代企业社会责任——应对经济社会环境挑战的系统化管理方法．北京：中国经济出版社，2013.

45. 孙杨澄．跨国公司生产外包战略及其管理研究．上海：复旦大学博士学位论文，2003.

46. 王朝晖，朱云霞．国际企业管理：理论与实践．北京：北京大学出版社，2013.

47. 王道平，杨岑．供应链管理．北京：北京大学出版社，2012.

48. 王巾英，崔新健．国际经济学．北京：清华大学出版社，2010.

49. 王巾英，崔新健，王彦华．WTO 框架下中国涉外经贸运行与管理．北京：中国财政经济出版社，2006.

50. 王巾英，崔新健．中国利用外资（理论/效益/管理）．北京：北京大学出版社，2002.

51. 王生辉．企业技术创新战略：基于技术路径演化的研究．北京：中国财政经济出版社，2006.

52. 吴建民．交流学．杭州：浙江人民出版社，2004.

53. 徐杰，鞠颂东．采购管理（第 2 版）．北京：机械工业出版社，2012.

54. 许晖．国际企业管理．北京：中国人民大学出版社，2011.

55. 薛求知，廖勇凯．国际人力资源管理教程．上海：复旦大学出版社，2010.

56. 闫国庆．国际市场营销学．北京：清华大学出版社，2004.

57. 杨晶．商务谈判．北京：清华大学出版社，2005.

58. 袁林．跨国公司管理．北京：清华大学出版社，2012.

59. 袁宪军．国际财务管理．北京：北京大学出版社，2008.

60. 原毅军．企业跨国管理概论．北京：高等教育出版社，2009.

61. 约翰·M·克兰．国际企业伦理——全球政治经济中的决策（第 2 版）．北京：中国人民大学出版社，2013.

62. 约翰·弗雷德里希，O.C. 费雷尔，琳达·费雷尔．企业伦理学——伦理决策与案例（第 8 版）．北京：中国人民大学出版社，2012.

63. 约翰·库伦．跨国管理：战略要径．北京：机械工业出版社，2003.

64. 张静．全球化背景下跨国公司伦理冲突与沟通．北京：时事出版社，2013.

65. 朱晋伟．跨国经营与管理．北京：北京大学出版社，2011.

66. 邹昭晞，李志新．跨国公司管理．北京：清华大学出版社，2013.

67. J. M. Brett. *Negotiating Globally: How to Negotiate Deals, Resolve Disputes, and Make Decisions Across Cultural Boundries*. US: Jossey-Bass Inc., 2001.

68. P. N. Ghauri. *Negotiating International Package Deals: Swedish Firms and Developing Countries*. Stockholm: Almgvist & Wiksell, 1983.

69. E. T. Hall. *Beyond Culture*. New York: Anchor, 1981.

70. M. A. Hitt, R. D. Ireland and R. E. Hoskisson. *The Management of Strategy: Concepts*. 9th Edition. Cengage Learning, 2012.

71. G. Hofstede. *Culture's Consequence: International Differences in Work-related Values*. Beverly Hills, CA: Sage, 1980.

72. G. Hofstede. *Cultures and Organizations: Software of the Mind*. London: McGraw-Hill, 1991.

73. W. J. Keegan and M. C. Green. *Global Marketing*. 7th Edition. New Jersey: Prentice Hall International, 2012.

74. A. H. Maslow. *Motivation and Psychology*. 2nd Edition. New York: Harper Row, 1970.

75. J. Swales. *Genre Analysis: English in Academic and Research Settings*. Cambridge: Cambridge University Press, 1990.

76. H. C. Trandis. *Individualism and Collectivism*. Boulder, CO: Westview, 1995.

教师教学服务说明

中国人民大学出版社管理分社以出版经典、高品质的工商管理、统计、市场营销、人力资源管理、运营管理、物流管理、旅游管理等领域的各层次教材为宗旨。

为了更好地为一线教师服务，近年来管理分社着力建设了一批数字化、立体化的网络教学资源。教师可以通过以下方式获得免费下载教学资源的权限：

在中国人民大学出版社网站 www.crup.com.cn 进行注册，注册后进入“会员中心”，在左侧点击“我的教师认证”，填写相关信息，提交后等待审核。我们将在一个工作日内为您开通相关资源的下载权限。

如您急需教学资源或需要其他帮助，请在工作时间与我们联络：

中国人民大学出版社　管理分社

联系电话：010－82501048，62515782，62515735

电子邮箱：glcbfs@crup.com.cn

通讯地址：北京市海淀区中关村大街甲 59 号文化大厦 1501 室（100872）